고등학생을 위한

학교상담 프로그램

강진령 · 유형근 공저

SCHOOL COUNSELING

학지사

머리말

학교상담은 예방적, 발달적, 종합적, 체계적인 활동이 강조된다. 그중에서도 대부분의 청소년 상담과 생활지도 관련 서적에서는 청소년 지도에 있어서 예방활동의 중요성을 강조하고 있다. 그러나 우리 학교 장면의 현실은 반응적 서비스, 즉 청소년에게 외현적인 문제가 생기고 나서야 그에 대처하는 식의 활동을 전개해 왔다. 이러한 대처방식에 문제가 있음을 인정하면서도 왜 우리의 학교 현장에서는 그런 일들이 반복되는 것일까? 여러 이유가 있겠지만, 그중의 하나는 바로 예방적 활동을 효과적으로 전개하는 데 필요한 지침, 즉 '무엇을' '어떻게' 실천해야 하는지에 대한 분명한 제시가 없었기 때문이다. 예방이 최선책이라는 점을 인식하면서도, 막상 문제에 봉착하게 되면 기존의 대처방식을 답습하는 교사들의 심정은 충분히 이해하고도 남는다.

과연 여러분은 청소년의 문제 예방을 위해 어떤 노력을 기울이고 있는가? 이제 바야흐로 이 땅에 전문상담교사 제도가 법제화된 시점에서 청소년의 발달과정상 흔히 발생하는 문제를 예방할 수 있도록 구체적으로 준비해야 할 시대가 도래하였다. 이에 전문가들은 체계적이고 과학적인 연구를 통하여 일선 교사들이 효율적으로 예방활동을 전개할 수 있도록 도와야 한다.

이 책은 고등학교 교사들이 청소년들의 학업, 진로, 인성 · 사회성 발달을 촉진시키는 데 도움이 되었으면 하는 바람으로 집필되었다. 지금까지 대집단 생활지도 프로그램은 시 · 도 교육연구원들로부터 개발 · 보급되어 왔고 그것이 학교 현장에 적잖은 기여를 해 온 것이 사실이다. 그러나 학교상담 프로그램이 학교교육의 중요한 요소로서 예방적이고 종합적이며 발달적이고 체계적으로 구성되고 활용되어야 한다는 관점에서는 여전히 해결해야 할 과제를 안고 있다. 이 책에서 제시되는 학교상담 프로그램은 이러한 과제를 수행한다는 일념하에 학교 현장에서 손쉽고 유용하게 활용할 수 있도록 개발되었다.

이 프로그램은 다음의 여섯 가지 측면에서 기존의 프로그램과 차별화를 시도하였다. 첫째, 이 프로그램은 계획단계부터 청소년의 발달단계별 특성과 과업을 고려하여 개발되었다. 둘째, 모든 청소년의 균형적인 성장과 발달을 촉진하기 위해 필요한 영역들로 편성되었다. 셋째, 발달과정에 따라 청소년에게 흔히 발생할 수 있는 다양한 어려움을 예상하여 사전에 적극적으로 도울 수 있는 내용으로 구성되었다. 넷째, K-12, 즉 유치원부터 초 · 중 · 고교에 이르기까지 연계성 있고 체계적인 학교상담 활동을 감안하여 개발되었다. 초등학교 저학년과 고학년용은 이미 2000년도에 개발한 바 있다. 다섯째, 학교상담 프로그램의 목표를 각 교과의 목표와 비교하여, 유사한 목표들은 통합하여 상호 보완할 수 있도록 구성하였다. 여섯째, 학생들의 능력과 학교가 처한 상황에 따라 학교나 담임교사들이 능동적으로 대처하여 재량활동과 같은 시간에 교육활동을 전개하는 데 유용하게 활용할 수 있도록 제작되었다. 따라서 학교 현장의 교사들에게 좋은 길잡이 역할을 하는 자료가 될 수 있을 것이다.

이 책은 총 3부로 구성되어 있다. 제1부에서는 한국 학교상담의 문제점과 극복방안 및 최근 대두되고 있는 종합적 학교상담 모형과 학교상담 교육과정에 관해 상세히 언급하고 있다. 제2부에서는 학교상담 프로그램의 활용방법과 사례를 예시하고 있다. 제3부에서는 학교 장면에서 교사가 직접 활용할 수 있는 학교상담 프로그램을 세 영역, 즉 진로발달, 인성 · 사회성 발달, 학업발달 영역으로 나누어 제시하고, 부록으로 학교 장면에서 손쉽게 활용할 수 있는 다양한 양식들과 참고자료들을 제공하고 있다. 이 책의 학교상담 프로그램은 독자 제현들의 비판적 충고와 폭넓은 학문적 가르침을 토대로 지속적으로 개선해 나가고자 한다.

끝으로 이 책이 출간되기까지 많은 시간을 할애하여 기꺼이 도움을 제공한 교원대학교 일반대학원 6기 조귀영, 강미경, 김새하 선생님과 7기 김명선, 신미진, 조병금 선생님께 큰 고마움을 전한다. 아울러 이 책의 출판을 적극적으로 맡아 주신 김진환 사장님, 출판을 위해 많은 협조와 수고를 아끼지 않으신 최임배 상무님과 신경아 선생님께도 깊은 감사를 드린다. 특히 어려울 때마다 묵묵히 힘이 되어 준 가족들에게도 그동안 표현하지 못했던 고마움을 전한다.

2009년 6월

다락골에서 강진령 · 유형근

차 례

제1부 학교상담 개관

제1장

학교상담, 새로운 패러다임

최근 들어, 집단따돌림, 학교폭력, 원조교제, 자살, 약물중독 등의 학생 문제가 심각한 사회문제로까지 대두되고 있다. 이러한 문제들이 불거질 때마다 관계자들이 그에 대한 진단, 처방, 대책 등을 일거에 쏟아 내다가, 시간이 지나면 다시 시들해지는 상황이 계속 반복되어 왔다. 이러한 미온적인 대응은 결국 교실 붕괴, 공교육 붕괴를 공공연히 걱정하는 사태까지 초래했다. 때문에 이제는 생활지도에 있어서 무엇이 문제이고, 어디서부터 이 얽힌 실타래를 풀어 가야 할 것인가에 대한 해결방안을 근본적이고도 다각적인 측면에서 강구해야 할 시점에 이르렀다.

전문가들 사이에서도 기존의 생활지도 개념 및 모형으로는 한계가 있으므로 새로운 접근법이 요구된다는 공감대가 형성되어 왔다. 특히 한국학교상담학회가 창립되면서 새로운 패러다임을 갖춘 학교상담 모형에 관한 연구가 더욱 활발해지고 있다. 이는 문제가 발생한 후에야 학생과 그의 문제행동에 관심을 갖게 되는 방식의 학교상담 및 생활지도는 한계에 도달했으므로, 이제는 근본적인 틀을 변화시켜야 한다는 것이다. 즉, 학교상담의 체제를 새롭게 정립해야 할 필요성이 있다는 것이다.

따라서 이 장에서는 현재 우리나라 학교상담의 실태 및 문제점은 무엇이고, 이에 대한 근본적인 해결방안과 발전방향은 무엇인지에 대해 살펴보기로 한다.

1. 한국의 학교상담, 무엇이 문제인가

학교상담은 학생, 교직원, 학부모 등을 대상으로 학교 장면을 중심으로 지역사회까지 포함하여 전개되는 교육활동으로서 예방적, 발달적, 종합적, 체계적인 운영 시스템을 필요로 한다. 그러나 한국의 학교 장면에서는 다음과 같은 문제점들로 인하여 이를 효과적으로 지원할 수 없는 실정이다.

먼저, 지나치게 문제해결 중심이거나 또는 문제가 발생했을 때 그것을 해결하고 처리하는 데 생활지도의 대부분의 시간을 소진하고 있다. 즉, 문제가 있는 학생들이 상담실에 찾아오면 그것을 해결해 주는 활동에만 집중하고 있다고 할 수 있다

(한국청소년상담원, 1999). 그러다 보니 학생들이 가지고 있는 여러 문제들이 심화되어 사회문제화된 다음에야 그에 대한 진단, 처방, 대처방법 등을 마련하느라 부산하다. 이와 같이 문제가 발생한 후에 그것을 해결하려 할 경우에는 학교상담 및 생활지도 역량의 대부분을 소수의 문제학생들에게 소진하게 되며, 결국 모든 학생들에게 골고루 돌아가야 할 생활지도 서비스가 특정 학생들에게 집중되는 결과를 낳는 악순환이 계속될 수밖에 없다. 따라서 모든 학생을 대상으로 예방적인 측면이 강조되는 새로운 학교상담 시스템의 도입이 절실하다고 하겠다.

둘째, 학교상담 활동이 영역별 · 활동별로 단편적으로 이루어지고 있다는 문제점이 있다. 학교상담은 크게 학업발달, 진로발달, 인성 · 사회성 발달 영역으로 나뉜다. 이는 다시 신체발달, 대인관계 및 의사소통 기술, 자기개념, 인지발달, 의사결정 및 문제 해결, 진로 인식 및 계획 영역 등으로 세분화된다. 학교상담의 주요 활동에는 학교상담 교육과정, 반응적 서비스, 개별계획, 체제지원 등이 포함된다. 이처럼 다양한 서비스가 균형 있게 제공됨으로써 학생들이 올바른 적응과 선택 및 발달을 도모할 수 있다. 그러나 현재 우리나라의 생활지도는 앞서의 다양한 영역 및 활동들을 모두 포함하는 종합적이고 균형 있는 학교상담 활동을 전개할 시스템을 갖추고 있지 못하다는 문제가 있다.

셋째, 학교상담은 학교교육의 일환으로 학생들의 발달과정을 고려하여 전개되어야 함에도 불구하고 우리나라의 학교 장면에서는 사실상 이러한 준비가 미흡한 실정이다. 물론 학교 현장에서 교사나 상담교사를 중심으로 갖가지 생활지도 관련 프로그램들이 실시되고 있다고는 하나, 이러한 프로그램이 학생들의 발달단계를 고려하여 편성되었는가의 여부는 미지수다. 고등학교에서 시행되고 있는 프로그램과 중학교에서 시행되고 있는 프로그램에 차이가 없이 동일한 내용을 동일한 방법으로 적용하고 있다면, 그 프로그램이 의도하는 목표를 온전하게 달성하기란 어려울 것이다. 그러므로 학생들의 발달단계에서 흔히 겪게 되는 잠재적 문제를 파악하여 사전에 효과적으로 대처할 수 있도록 돕는 것은 매우 중요하고 경제적인 학생 지도 전략임과 동시에 한국의 생활지도에 시급히 보완해야 할 사항이라 하겠다.

넷째, 학교상담은 교육의 일환이므로 분명한 의도가 있는 계획적인 활동으로 구성되어야 한다. 횡적으로 펼쳐진 여러 영역과 종적으로 펼쳐진 학생들의 발달단계를 고려한 체계적인 교육활동이 실행되어야 한다. 이를 위해서는 유치원부터 고등학교까지를 포괄하는 틀, 즉 학교상담 교육과정이 있어야 하나, 현재 한국에는 그러한 틀이 없다. 그러다 보니 발달단계에 따라 꼭 지도해야 할 사항들이 누락되거나 초등학교에서 이미 다룬 내용을 중학교에서 다시 거론하는 등의 혼선을 초래하게 된다. 따라서 유치원, 초등학교, 중학교, 고등학교가 상호 연계성을 가지고 체계적인 학교상담 활동을 할 수 있는 학교상담 교육과정의 틀을 시급히 갖출 필요성이 있다.

이러한 문제점들로 인하여 현재 한국의 학교상담은 예방보다는 문제 해결을, 종합적이기보다는 단편적인 접근을, 발달을 고려한 프로그램의 구안보다는 구하기 쉬운 기존의 프로그램에 의존을, 그리고 계획적이고 체계적이기보다는 비계획적인 접근을 하고 있는 실정이다. 이러한 상황하에서 전문상담교사제의 시행 또한 여러 가지 난관에 부딪히고 있다. 특히 상담교사의 역할과 임무조차 모호하여 전문가로서의 책무성이 도전받을 가능성이 있으며, 따라서 전문상담교사제의 성공적인 실행을 위해서 다각적인 연구와 보완이 필요하다.

2. 학교상담의 문제점, 어떻게 극복할 것인가

학교상담은 일반 상담과는 분명히 다른 전문적인 영역이다. 왜냐하면 학교상담은 교육의 일환이며 학교라는 장소에서 이루어지는 만큼 예방적, 발달적, 종합적, 체계적인 특성을 가지고 있기 때문이다. 대부분의 생활지도와 상담 관련 전공서적에서는 학교상담 및 생활지도의 제1원리로 예방적인 활동이어야 한다는 것을 강조하고 있다. 그러나 대부분의 상담교사들은 주로 반응적 서비스(responsive service), 즉 문제가 생기면 도움을 제공하는 활동에 치중하고 있다. 그렇다면 그 이유는 어디에 있는가? 그것은 예방적 활동을 하기 위해 '무엇을' '어떻게' 해야 하는지에 대한 분명하고 구체적인 지침이 마련되어 있지 않기 때문이다. 예방활동이 학생 생활지도의 최선책이라는 사실을 알고 있는 것과 구체적으로 무엇을 어떻게 해야 하는가를 아는 것과는 큰 차이가 있다. 가령, 수학교사가 학생들 전체를 대상으로 수업을 하지 않고 "공부하다가 어려운 점이 있으면 와라, 도와줄 테니."라고만 한다면 어떻게 될까? 아마도 제대로 된 수학교육이 이루어질 수 없을 것이다. 제대로 된 수학교육을 위해서 교수법과 함께 교육과정이 필요하듯이 예방적인 생활지도 및 상담을 위해서는 학교상담의 교육과정과 교수법이 반드시 제시되어야 한다. 그러면 교수법이란 무엇인가? 그것은 바로 '어떻게 가르칠 것인가?'에 대한 대답이다. 그렇다면 교육과정이란 무엇인가? 그것은 바로 '무엇을 가르칠 것인가?'에 대한 대답이다. 만일 여러분이 금년도에 전문상담교사로 발령받아 역할을 수행할 때 누군가로부터 '무엇을 가르칠 것인가?'라는 질문을 받는다면 어떻게 대답할 것인가? 상담교사로서의 길을 가고자 한다면 이 물음에 당당히 대답할 수 있어야 한다. 그러할 때에만 실질적인 예방적 학교상담이 이루어질 수 있을 것이다.

상담교사가 '무엇을 가르칠 것인가?'에 대해 분명히 답할 수 있다면, 고등학교에도 전문상담교사가 배치되고 확장될 필요가 있다. 물론 초등학교에서부터 상담교사의 전문적인 지도와 조력이 필요하다. 다만 초등학교에서는 예방 대 반응적 서비스의 비율을 70% 대 30%로 배분한다면, 중학교에서는 50% 대 50%, 고등학교에서는 30% 대 70% 등의 비율로 탄력 있게 적용할 필요는 있을 것이다. 이렇게 볼 때, 중점을 두는 영역별 비율이 다를 뿐, 초등학교 및 중학교에서와 마찬가지로 고등학교에서도 상담교사의 예방적 교육 활동의 중요성은 크다. 단지 그 속성상 초등학교 및 중학교와 비교하여 예방적 활동보다는 반응적 서비스에 좀 더 중점을 두기는 하나 고등학교에도 학생을 잘 이해하고 조력할 수 있는 전문성을 갖춘 전문상담교사가 배치되어 예방적 활동에 전념해야 할 필요성이 있다.

이처럼 전문상담교사를 학교에 배치하여 예방적 프로그램을 전문적으로 지도한다면, 현재 상담교사가 직면하고 있는 책무성에 대한 도전에도 효과적으로 대응할 수 있을 것이다. 특히 우리나라의 학교상담이 모든 학생을 대상으로 하는 예방적 활동이기보다 문제가 있는 학생들을 호출하여 면담하는 식으로 이루어지고 있는 실정에서, 이러한 책무성에 대한 도전에 직면하게 되면 상담교사의 직위는 위태로워질 가능성이 크다. 만일 이러한 현상이 학교에 상담교사가 배치되었을 때에도 그대로 재현된다면 교과를 지도하고 있는 일반 교사들의 강한 반발에 부딪히게 될 것이며, 결국 상담교사의 존재 이유마저 상실할 수 있는 위기에 처할 수밖에 없을 것이다. 이러한 점을 고려할 때, 전문상담교사의 배치를 통한 예방적, 종합적, 발달적, 체계적인 학교상담 프로그램의 구안 및 실행은 그 중요성이 아주 크다고 하겠다.

고등학생들은 성장의 급등으로 인한 혼란스러움, 격렬한 감정 체험, 자기정체성의 확립, 자기중심적 사고의 극복, 원만한 인간관계 기술의 학습, 부모와 사회의 기대에 부응, 진로에 대한 선택과 준비 등 발달과정에서의 다양한 문제들을 경험하고 있다. 이러한 과제들을 적절히 해결하지 못했을 때, 그들은 발달과 성장을 위협받고 심각한 문제 상황에 빠지게 된다. 따라서 청소년들의 발달과제를 해결할 수 있도록 조력하기 위해 모든 학생들을 대상으로 하는 종합적, 예방적, 체계적인 학교상담 프로그램의 개발이 필요하다.

요약하면, 현재 우리나라 학교상담의 문제점을 보완하고 학교상담에 대한 새로운 요구에 대응하며 인성교육의 문제점에 대한 근본적인 해결과 학생들의 적응상의 어려움에 대한 효과적인 조력을 위해서는 전통적인 생활지도와는 차별화된 학교상담의 개념들이 도입되고 그에 맞는 학교상담이 실행되고 정착되어야만 할 것이다.

제2장

종합적 학교상담 모형

1. 학교상담의 내용 영역
2. 종합적 학교상담 모형의 조직적인 틀
3. 종합적 학교상담 모형의 소요 자원
4. 종합적 학교상담 프로그램의 계획 및 실행 단계
5. 종합적 학교상담 프로그램의 평가
6. 종합적 학교상담 모형의 이점
7. 종합적 학교상담 모형의 한국화를 위한 전제

우리나라 학교상담의 문제점과 그 해결방안에 관한 인식을 바탕으로 하여, 이 장에서는 최근에 미국을 중심으로 활발히 논의되고 있는 종합적 학교상담 모형을 소개하고, 이를 한국적 상황에 적용하여 효과적으로 정착 · 발전시키기 위한 전제들은 무엇인가를 간단하게 논의할 것이다.

앞 장에서도 언급하였듯이, 학교상담은 교육의 일환으로 예방적, 발달적, 체계적, 종합적인 특성이 있는데, 이를 모두 충족시킬 수 있는 접근법으로 최근 대두되고 있는 것이 종합적 학교상담 모형(comprehensive school counseling model)이다. 종합적 학교상담 모형은 학교상담의 내용, 조직적인 틀(organizational frame), 자원의 세 가지 요소로 구성된다(Gysbers & Henderson, 2001). 학교상담의 내용 요소는 학생들이 종합적 학교상담 프로그램에 참여함으로써 달성할 수 있는 것으로서 학교에 의해 중요하다고 판단되는 내용들을 명시한 것이다. 미국학교상담자협회(American School Counselor Association: ASCA; Campbell & Dahir, 1997)는 이를 학업발달, 진로발달, 인성 · 사회성 발달 영역으로 제시하고 있다. 조직적인 틀은 학교상담의 정의(definition), 당위성(rationale), 가정(assumption)의 세 가지 구조적 요소와 학교상담 교육과정, 개별계획, 반응적 서비스, 체제지원 등의 네 가지 프로그램 요소를 포함한다. 또한 학년 수준에 따라 네 가지 프로그램 요소에 대한 상담교사의 시간 배분에 관한 지침도 함께 제시된다. 마지막으로 자원 요소는 프로그램을 완전하게 실행하는 데 필요한 인적, 재정적, 정치적 자원으로 구성된다(Gysbers & Henderson, 2001). 이와 같은 내용을 종합하여 학교상담 모형의 전반적인 틀을 제시하면 [그림 2-1]과 같다.

1. 학교상담의 내용 영역

학교상담의 내용 영역은 학업발달, 진로발달, 인성 · 사회성 발달 등으로 나눌 수 있는데(Campbell & Dahir, 1997), 이를 구체적으로 살펴보면 다음과 같다. 첫째, 학업발달 영역에는 효과적인 학습과 성공적인 학교생활을 위한 전략 채택 방법, 학업과 직업의 세계, 가정과 지역사회에서의 삶 사이의 관계를 이해하는 데 도움

	초등학교	중학교	고등학교
학교상담 교육과정	35~45	25~35	15~25
개별계획	5~10	15~35	25~35
반응적 서비스	30~40	30~40	25~35
체제지원	10~15	10~15	15~20
	100	100	100

[그림 2-1] 종합적 학교상담 모형

이 되는 기술과 태도, 지식의 습득 등이 포함된다. 학업발달 영역의 목적은 모든 학생들이 지역 및 국가 수준에서 제시하고 있는 목표에 도달하도록 하는 것이다. 둘째, 진로발달 영역은 학생들이 전 생애에 걸쳐 학교에서 직장으로, 한 직장에서 다른 직장으로 성공적으로 전환할 수 있도록 지식, 기능, 태도의 습득을 위한 기초를 제공한다. 진로발달은 개인적인 특성, 교육 및 훈련과 직업 세계 간의 관계에 관한 이해를 촉진할 뿐만 아니라 장차 진로와 직업에 대해 만족할 수 있도록 하기 위한 전략의 채택을 포함한다. 진로발달의 목적과 목표는 학생들이 진로 인식, 탐색, 준비활동의 종합적인 계획에 참여함으로써 진로목적을 개발할 수 있도록 도움을 주는 것이다. 셋째, 인성 · 사회성 발달 영역은 학생들이 성인으로 성장하는 데 필요한 인성 · 사회성 측면에서의 기초 지식과 기술을 제공한다.

2. 종합적 학교상담 모형의 조직적인 틀

종합적 학교상담 모형의 조직적인 틀에 포함되어야 할 요소는 크게 구조적 요소, 프로그램 요소, 프로그램 시간 배분 등으로 나누어지는데, 이들 각각에 관해서 간단히 살펴보면 다음과 같다.

1) 구조적 요소

구조적인 요소는 정의, 당위성, 가정으로 구성된다. 프로그램 정의는 학교상담 프로그램의 임무와 전반적인 학교교육 내에서 학교상담 프로그램의 위치에 관해 진술한다. 또한 누가 프로그램을 전달하며, 프로그램에 참여한 결과로서 학생들이 달성하게 되는 과제들은 무엇이고, 누가 프로그램의 수혜자이며, 학교상담 교육과정, 개별계획, 반응적 서비스, 체제지원에 관한 프로그램 요소를 활용하여 프로그램이 어떻게 조직되었는가 등에 대해 언급한다.

당위성은 교육체제 내에서 학교상담의 중요성과 학생들이 종합적 학교상담 프로그램에서 달성하게 될 목표들을 왜 습득해야 하는지에 관해 설명한다. 당위성은 학교상담 프로그램이 모든 학생들에게 발달적인 조력을 제공하는 동시에 독특한 욕구를 가진 개인들에 대한 전문적인 조력을 제공함으로써 모든 학생들이 그들의 잠재력을 개발하도록 돕기 위해 설계되었음을 밝힌다. 이러한 당위성은 프로그램의 필요성을 표현하는 데 목적이 있다. 또한 더불어 학생, 학교, 지역사회의 요구분석을 통하여 이끌어 낸 결정을 포함시킴으로써 프로그램 실행의 방향을 제시하기도 한다.

가정은 프로그램을 구안하고 안내하는 원칙으로서, 학생의 발달에 대한 상담교사와 학교상담 프로그램의 기여, 프로그램의 종합성 및 균형적 특성, 학교상담 프로그램과 기타의 교육 프로그램과의 관계 등에 관해 진술한다. 가정은 또한 전문적인 상담교사와 그의 지도감독하에 프로그램을 담당하는 기타 요원들에 대한 기본적인 역할에 관한 진술도 포함한다.

2) 프로그램 요소

종합적 학교상담 모형의 프로그램 요소에는 학교상담 교육과정 요소, 개별계획 요소, 반응적 서비스 요소, 체제지원 요소의 네 가지가 있다(Dahir et al., 1998).

학교상담 교육과정 요소는 인간 발달의 세 가지 주요 영역인 학업발달, 진로발달, 인성 · 사회성 발달 영역을 다루는 교실 및 집단 활동을 통하여 모든 학생들에게 체계적으로 제공되는 구조화된 발달적 경험들로 구성된다. 교육과정 내용은 의사결정, 목적 설정, 동료관계, 자아 인식, 진로 인식, 일의 세계, 노동시장 정보, 교육 및 진로계획 등에 초점을 맞춘다. 학교 상담자 또는 상담교사는 학급단위 학교상담 수업, 집단상담의 조직 및 실행 등을 책임진다.

개별계획 요소는 모든 학생들이 자신의 학업발달, 인성 · 사회성 발달 및 진로발달을 계획 · 점검 · 관리하도록 도와주기 위해 설계된 활동들로 구성된다. 이 요소의 초점은 각각의 학생이 자신의 학업, 직업, 개인적 목적과 계획을 수립 · 분석 · 평가하도록 돕는 데 있다. 개별계획은 학교상담 교육과정의 수업 및 집단 활동에서 시작될 수 있으나 결국 상담교사와의 개별계획 회기에 초점이 맞춰진다. 이러한 개별계획 활동은 대개 유치원부터 초등학교 3학년의 아동은 발달단계상 상담교사와 개별계획 회기를 수행할 준비가 되어 있지 않기 때문에 초등학교 고학년에서 시작된다.

반응적 서비스는 개별 학생들의 긴급한 요구나 문제들에 대한 반응들이다. 이러한 문제들에는 학업문제, 개인적 위기, 사회적 관계, 안전, 진로 정보 등이 포함될 수 있다. 상담교사는 학생 각각의 요구를 충족시키는 데 있어서 적절하고 도움이 되는 개입기법들을 사용한다. 또한 구체적인 정보를 원하는 교직원, 학부모, 보호자, 학생들의 요청도 지속적으로 수용해야 한다. 상담교사는 상황에 따라 다양한 방법과 전략을 활용하며 학부모, 교직원, 지역사회 자원들을 자문해야 하는데, 이때 전 교직원의 협조와 지원이 필수적이다. 반응적 서비스는 개인상담, 위기개입팀 활동, 갈등 해결, 동료중재(peer mediation), 단기상담, 집단상담, 또래 촉진 및 지지 프로그램, 학생 조력 팀 활동(Student Assistant Team: SAT), 의뢰활동, 자문활동(consultation) 등을 통해 실행된다.

한편 종합적 학교상담 프로그램의 운영 및 관리는 계속적인 지원체제를 필요로 한다. 체제지원 요소는 전반적인 학교상담 프로그램을 수립 · 유지 · 강화하는 관리활동으로 구성된다. 체제지원은 프로그램 평가 및 측정, 지역사회 확장(outreach), 진로 개발, 자료 개발, 학부모 교육 프로그램, 홍보활동, 프로그램 활동 등과 같은 전략을 통해 수행된다.

이상에서 정리한 종합적인 학교상담 모형의 프로그램 요소와 내용 영역을 코네티컷 주 교육부(Connecticut State Dept. of Education, 1991)에서는 [그림 2-2]와 같이 정리하고 있다. 즉, 학교상담 교육과정, 개별계획, 반응적 서비스, 체제지원 요소 등의 활동을 통하여 학생들의 학업발달, 진로발달, 인성 · 사회성 발달 영역에서의 성공과 학업성취를 할 수 있도록 돕는 것이 바로 학교상담이라고 할 수 있다.

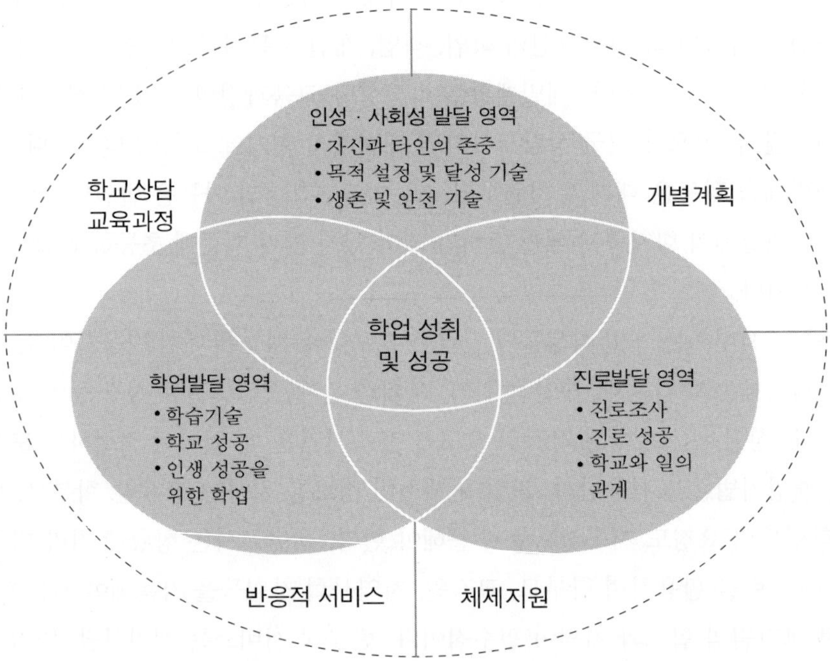

[그림 2-2] 종합적 학교상담 모형의 프로그램 요소와 내용 영역

3) 프로그램 시간 배분

상담교사는 최소한 자기 시간의 80% 이상을 학생을 위한 직접적인 서비스(교육과정, 개별계획, 반응적 서비스)를 제공하는 데 써야만 한다(Myrick, 1993). 특히 고등학교에서는 반응적 서비스에 25~35%를 배정하여 개별 학생들의 긴급한 요구나 문제에 도움을 주어야 하고, 학교상담 교육과정에 15~25%를 배정하여 학생들에게 발달적이고 예방적인 서비스를 제공해야 한다. 체제지원 활동은 학생을 위한 간접적인 서비스로서 15~25%를 배정할 것을 추천하고 있다. 학생들을 위한 직접적인 서비스에 전념할 80% 이상의 상담교사 시간을 확보하기 위해서는 학교상담과 무관한 활동들을 분명히 파악하여 최소한으로 줄여야만 한다.

3. 종합적 학교상담 모형의 소요 자원

종합적인 학교상담 모형에서 자원에 관련된 요소에는 인적 자원, 재정적 자원, 정치적 자원이 있는데, 이들 각각에 관하여 살펴보면 다음과 같다.

먼저 인적 자원에는 상담교사, 교사, 행정가, 학부모, 학생, 지역사회 인사, 산업계 인사 등이 포함된다. 이들 모두는 학교상담 프로그램에 있어서 중요한 역할을 한다. 상담교사는 학교상담 활동의 주요 제공자이며 프로그램의 조정자이지만, 프로그램의 성공적인 실행을 위해서는 교사와 행정가뿐만 아니라 학부모, 지역사회 인사, 산업계 인사 등의 참여와 협력 및 지원이 반드시 필요하다. 특히 학교운영위원회는 학교와 지역사회 간의 가교 역할을 하며 학생과 지역사회의 요구에 관한 조언을 제공하기도 한다. 따라서 학교운영위원회는 정책이나 의사결정의 주체라기보다는 조언, 상담, 지원의 역할을 하며 학교상담 프로그램 관련 인사와 학교 및 지역사회 간의 의사소통을 원활히 하도록 도와준다.

학교상담 프로그램이 효과적으로 기능하기 위해서는 적절한 재정적 지원이 필수적이다. 이것은 프로그램을 위해 자료와 장비가 구비되어야 하며 학교가 프로그램 참여 인사들이 근무할 수 있는 적절한 설비를 제공해야 함을 의미하기도 한다.

전통적으로 학교상담 설비에는 일대일 상담이나 자문, 조력을 제공하기 위해 설계된 상담실이 있어야 하며, 그 밖에 대기실, 교육 및 직업 정보실 등도 있어야 한다. 이러한 사무실은 상담 요원이 학생들의 기록에 쉽게 접근할 수 있는 장소에 위치하게 된다.

정치적 자원의 동원은 성공적인 학교상담 프로그램에 있어서 중요하다. 학교상담 프로그램에 대한 교육위원회의 전폭적인 지지는 교육청에서 다른 프로그램에 비하여 학교의 종합적 학교상담 프로그램의 통합적이고 핵심적인 본질을 강조하는 분명하고 정확한 교육정책을 제시하는 데 있어서 중요한 역할을 할 수 있는데, 이러한 것들이 정치적 자원의 대표적인 예다(Gysbers, Lapan, & Jones, 2000).

이상에서 살펴본 학교상담 모형이 제대로 적용될 때, 상담교사들은 자신의 역할과 기능에 관한 분명하고 전문적인 정의를 추구할 수 있으며, 학교상담 교육과정, 개별계획, 반응적 서비스, 체제지원의 네 가지 요소를 갖춘 종합적 학교상담 프로그램 모형이 그러한 정의를 제공해 줄 수 있을 것이다.

4. 종합적 학교상담 프로그램의 계획 및 실행 단계

여기에서는 종합적인 학교상담 프로그램을 실행하기 위한 일련의 활동들을 10단계로 나누어 제시하고 있는데, 이러한 과정은 학생, 학교, 지역사회의 요구를 좀 더 적극적으로 반영하고 상담교사가 프로그램을 더 종합적이고 발달적으로 만드는 데 도움을 준다. 각 단계를 자세히 살펴보면 다음과 같다.

1) 프로그램의 정의와 철학 작성

철학이 프로그램의 기저에 있는 의미나 신념을 나타내는 것이라면, 정의는 프로그램의 초점을 나타낸다. 정의와 철학에 관한 각각의 예시를 살펴보면 다음과 같다.

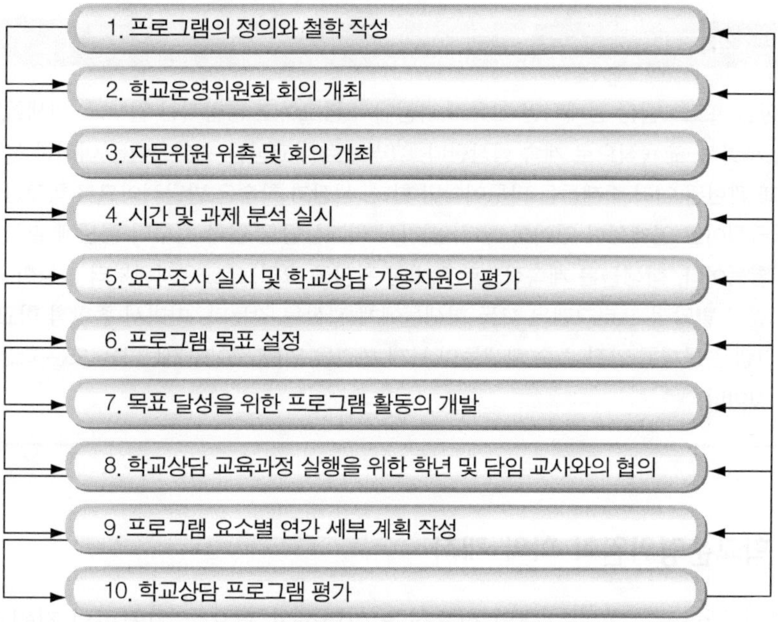

[그림 2-3] 종합적 학교상담 프로그램의 실행단계

[예시 2-1] 종합적 학교상담 프로그램의 정의

학교상담은 학교의 전반적인 교육 프로그램의 통합적인 일부다. 여기에는 발달적이고, 연계성 있게 설계된 조직화된 활동들이 포함된다. 이것은 교사, 행정가, 학생 및 학부모들의 지원하에 자격 있는 상담교사에 의해 실행된다. 학교상담 프로그램에는 다음과 같은 요소들이 포함된다.

- 학교상담 교육과정
- 개별계획
- 반응적 서비스
- 체제지원

학교상담 프로그램은 진로 계획 및 탐색, 자신과 타인의 이해, 교육 및 직업적 발달에 관한 목표들을 모든 학생들이 습득할 수 있도록 도와줌으로써 그들의 욕구를 충족시키도록 설계된다.

[예시 2−2] 종합적 학교상담 프로그램의 철학

학교상담 프로그램은 전체적인 교육의 과정에서 중요하고 통합적인 일부다. 학생들은 정서적, 사회적, 교육적으로 계속 성장한다. 그러므로 학교상담 프로그램은 이러한 성장 및 발달과 관련된 여러 주제들을 다루어야만 한다. 성장과 학습은 발달적이므로 학교상담 역시 발달적이고 연계성이 있어야 한다. 따라서 학교상담은 입학 전부터 평생에 걸쳐 요구되는 활동이다. 학생들은 계속적으로 특별한 관심을 요하므로, 유치원부터 고등학교 3학년에 걸친 발달적 프로그램은 모든 학생들에게 관심을 갖는다. 따라서 종합적 학교상담 프로그램은 문제를 가진 소수 학생들의 문제 해결을 위한 것이라기보다는 모든 학생들을 위한 것이다.

2) 학교운영위원회 회의 개최

종합적 학교상담 프로그램의 필요성을 설명하고 필요한 위원회의 지원과 보장을 받기 위해서는 학교운영위원회의 의결을 거쳐야 한다. 학교운영위원회가 의결해야 할 사항은 다음과 같다.

[예시 2−3] 학교운영위원회의 의결 사항

학교운영위원회에서는 종합적 학교상담 프로그램 모형을 채택하고 그 모형에서 제시하고 있는 목적과 목표에 대한 지원을 약속해야 한다. 학교운영위원회는 구체적으로 다음과 같은 일을 해야 한다.

1. 교직원들이 양질의 종합적 학교상담 프로그램을 개발·실행·관리할 수 있는 시간을 제공한다.
2. 계속적인 프로그램 개발 및 개선을 위해 자문위원회나 행정가들로부터 정기적인 보고를 받아 필요한 결정을 내린다.
3. 자문위원회의 도움을 받아 관계자들이 프로그램을 지역사회에 홍보하도록 지도한다.
4. 계속적인 프로그램의 개발, 실행, 평가를 보장하기 위한 적절한 예산을 제공하되, 예산을 결정하는 데 프로그램의 평가 결과를 활용한다.

3) 자문위원 위촉 및 회의 개최

학교의 학교상담 프로그램을 책임지고 있는 행정가는 자문위원회를 결성하기 위해 자문위원을 임명해야 한다. 이 자문위원은 학교운영위원회, 교직원, 학부모, 학생, 지역사회 유지나 지도자들 가운데서 선임한다. 대개 자문위원회는 1년에 1회 혹은 프로그램 내용 및 구조에 관한 조언이나 상담을 제공할 필요가 있을 때 소집된다.

첫 번째 회의에서 협의해야 할 사항들에는 종합적 학교상담 프로그램의 소개, 수행해야 할 과제의 확인, 과제의 할당, 과제를 달성하기 위한 일정 수립, 회의 날짜 결정 등이 포함된다. 두 번째 회의에서는 시간 및 과제 분석과 요구조사 내용 등을 다룬다.

4) 시간 및 과제 분석 실시

시간 및 과제 분석은 기존의 프로그램이 있을 경우 그 체제하에서 상담교사의 활동시간 및 과제의 할당에 관해 조사하고 분석하는 데 사용된다. 이 분석은 기존의 프로그램에서 시행되고 있는 시간 및 과제들을 종합적 학교상담 프로그램에서의 시간 및 과제들과 비교하기 위한 기초를 제공한다. 시간 및 과제 분석은 30분 단위로 이루어지는 것이 보통이다. 시간 및 과제 분석의 단계는 다음과 같다.

① 시간 및 과제 분석 양식([부록 1] 참조)을 활용하여, 학기 초 첫째 주 월요일에 자료 수집을 시작한다. 둘째 주에는 화요일에, 셋째 주에는 수요일에 자료를 수집하고, 넷째 주에는 목요일에, 다섯째 주에는 금요일에 자료를 수집한다. 여섯째 주부터는 다시 이 과정을 시작하여 남은 기간 동안 이를 되풀이한다.

② 다양한 활동에 소요된 시간을 파악하기 위해 시간 및 과제 분석 양식을 활용한다. 선택된 날짜에는 제시된 양식에 나와 있는 다섯 가지 범주(학교상담 교육과정, 개별계획, 반응적 서비스, 체제지원, 학교상담 무관활동)를 활용하여 사용된 시간을 추적한다. 이 양식에는 프로그램이 행해지는 일과 전, 일과 후 및 저녁 활동을 위한 시간란 역시 포함되어 있어야 한다.

③ 시간 및 과제 분석 양식을 보고 각 범주에 들어갈 활동을 결정한다. 30분 간

격으로 적절한 범주를 체크한다. 학교상담과 무관한 범주들에 관해서는 실제로 행한 과제의 이름을 기입한다.

④ 하루 일과에 대한 30분 단위의 시간 블록을 계산하되, 비번일 때의 시간 블록은 세지 않는다. 범주별로 15분 혹은 30분 단위의 시간 블록을 세어 그 수치를 각 표의 끝에 있는 해당 공란에 적는다.

⑤ 시간 및 과제 분석 요약지에 범주별 시간 블록을 합산한다. 각 범주별로 소비한 시간의 백분율을 계산한다. 이것은 범주별 총 시간 블록의 합계를 시간 블록의 총합계로 나누어서 구한다.

⑥ 종합적 학교상담 프로그램에서 권장하는 시간의 배분([그림 2-1] 참조)에 기초하여 적당한 시간 배분 백분율을 결정하고, 학년 수준에 맞게 갱신된 프로그램에 배정된 백분율을 시간 배분표에 기록한다.

5) 요구조사 실시 및 학교상담 가용자원의 평가

(1) 요구조사

요구조사에서 요구란 대개 '학생들이 숙달하는 데 있어서 도움이 필요하다고 생각하는 목표들'로 정의한다. 요구조사를 통하여 상담교사들은 학생, 교직원, 학부모들이 중요하다고 생각하는 프로그램 범주 및 목표들을 확정할 수 있다. 요구조사는 학생들이 달성해야 할 목표의 선정과 이러한 목표들을 습득하도록 도와주기 위해 활용되는 학교상담 학습활동의 계획을 위한 하나의 기초 자료로 활용된다. 요구조사를 하면 학생 요구의 확인, 프로그램 계획을 위한 기초 자료의 제공, 정책 입안자의 프로그램 지원에 대한 근거 제공, 학교상담 학습활동의 선택과 실행을 위한 기초 제공, 학생, 교직원, 학부모의 상호작용 기회 증진 등의 이점이 있다.

요구조사에 소요되는 경비에는 설문지 인쇄비, 통계 처리비, 결과보고서 작성비 등이 포함된다. 요구조사는 프로그램이 작성되어 실행된 첫해에 시행되어야 하며, 이상적으로는 그 후 3년마다 한 번씩 이루어져야 한다. 이러한 조사는 비교적 실행이 간단하고 쉬우므로, 소규모나 중간 규모의 학교(학생 수 500명 이하)에서는 전 학생을 대상으로 조사하는 것이 좋다. 대규모 학교(학생 수 500명 이상)에서는 50%의

무선표집조사를 권장한다. 학부모 조사에서는 적어도 50% 이상의 부모를 대상으로 해야만 한다. 학교운영위원회는 어떻게 조사할 것인지를 결정해야 한다. 또한 모든 교사들에게도 학생들에게 필요한 학교상담 내용이 무엇인가에 대한 조사를 실시해야 한다. 이러한 요구조사 결과를 종합하여 목표를 추출하기 위해서 문항별, 범주별 요구 순위를 매기고, 이를 바탕으로 목표를 설정한다.

① **문항별 학생 요구 순위**: 이 보고서는 각 문항에 대한 집단의 반응 빈도와 그 문항에 순위를 매긴 학생들의 비율을 제시한다. 또한 각각의 범주들과 그 범주 안에 포함되어 있는 요구 문항의 수를 나타낸다. 학생들에 의해 가장 많이 선택된 상위 네다섯 가지의 범주를 확인한 후에, 상담교사들은 상위 4~5개의 문항 중에서도 특히 50% 이상의 학생들에 의해 선택된 요구 문항에 주목해야 한다. 이러한 문항들은 학교상담 프로그램에서 다루기를 바라는 구체적인 요구 문항이다. 요구 문항이 확인된 후에는 목표 진술 목록을 작성해야만 한다. 이 목록은 각각의 요구 문항을 목표 진술로 바꾼 것이다. 상담교사는 최상위의 요구 문항을 반영하여 목표를 진술해야 한다.

② **범주별 학생 요구 순위**: 이 보고서는 모든 범주와 각 범주의 상대적인 순위를 제시한다. 상담교사들은 학년별 범주들의 상대적 순위를 기록 및 비교해야 한다. 모든 학년 수준에서 상위 4~5개의 범주들은 학년 수준별 순위를 합산함으로써 확인된다. 상담교사들은 영역별(학업발달, 진로발달, 인성·사회성 발달 영역)로 순위가 매겨진 범주들에 주목해야 한다. 상담교사들은 학교상담 프로그램에 도입될 목표를 선택하기 위해서 각 영역 내에서 최상위 1~2개의 범주들을 선택하는 것이 좋다.

이렇게 파악된 학생 요구조사 자료는 다양하게 활용된다. 기본적으로 이 결과는 학생들이 부족하다고 보고한 구체적인 목표들을 선택하는 데 활용된다. 또한 상담교사는 세 영역(학업발달, 진로발달, 인성·사회성 발달 영역) 사이의 균형에 대하여 고려해야 한다. 요구조사의 결과는 또한 종합적 학교상담 프로그램의 구체적인 활동을 선택하는 데에도 사용된다. 전문가의 판단과 자문위원회의 의견을 포함한 다양한 의견 및 자료들을 사용하여 요구조사 자료를 보충하기도 한다.

이러한 공식적인 요구조사 외에도 비공식적인 요구조사도 필요하다. 특히 비공식적인 요구조사에서는, 공식적인 요구조사에서 학생들에 의해 보고되지는 않았으나 점차 심각해지고 있는 문제(예: 약물남용 등)들이 있다면 이들을 발굴하여 프로그램의 목표로 선정할 필요가 있다.

(2) 활용 가능한 자원의 평가

자원평가는 기존의 학교상담 프로그램과 활동들, 공간, 시간 배당, 장비, 구성원의 전문 지식과 지역사회 자원 등과 같은 측면들에 관한 체계적이고 철저한 재검토를 요한다. 학교상담 프로그램 실행에 필요한 자원의 평가는 다음과 같은 영역에서 실시된다.

① 장비 및 재료 조사: 학교상담 프로그램에서 사용될 학교의 시설과 장비를 조사하고 교직원들에게 필요한 새로운 장비와 재료를 신청할 수 있는 기회를 제공한다.

② 교직원의 전문성 조사: 학교상담 프로그램 활동들을 수행하는 데 도움을 줄 수 있는 관련 교직원들의 특별한 능력이나 기술을 확인한다.

③ 지역사회 인적 자원의 조사: 지역사회 봉사단체, 지역사회의 업계, 상공회의소, 노동조합 등과 같이 학교상담 프로그램을 수행하는 데 유용하게 활용될 수 있는 지역사회의 인적 자원들을 확인한다.

6) 목표 설정

목표는 공식적, 비공식적 요구조사 결과에 근거하여 설정해야 한다. 또한 목표 진술은 다음의 예시와 같이 요구 문항을 변형하여 재진술한 것임을 알아야 한다.

[예시 2-4] 목표 설정

- **요소**: 학교상담 교육과정
- **영역**: 진로발달 영역
- **범주**: 진로 계획 및 발달
- **요구 문항**: 내가 관심 있는 진로를 준비하기 위한 방법을 알기 위해 도움이 필요하다.
- **목표 진술**: 내가 관심 있는 진로를 준비하기 위한 방법을 안다.

이에 앞서 각각의 요구 범주들이 중요하다는 것을 지적해야 한다. 또한 목표의 수를 선택하는 데 있어 학교상담 교육과정의 실행을 위해 배당된 시간의 양을 감안하는 것도 중요하다.

목표가 설정되면 다음 단계는 각각의 목표들을 어떤 프로그램 요소에 배정할 것인가를 명확히 하는 작업이다. 상담교사는 특정한 목표를 달성하기 위해 학교상담 학습활동을 개발할 수도 있고, 학생들과의 개별계획 시간을 통해 목표를 달성하려 할 수도 있다. 상담교사는 또한 어떤 목표는 특정한 문제에 관심을 갖고 있는 학생들을 위한 집단상담을 실시함으로써 가장 잘 성취될 수 있다고 결정할 수도 있다.

각각의 목표가 가장 잘 달성될 수 있는 방법을 결정한 후에는 그것들이 통합될 수 있는 학교 교과과정 및 종합적 학교상담 프로그램에서의 적합한 분야를 찾아내는 것이 중요하다.

7) 목표 달성을 위한 활동 개발

확정된 목표를 가장 잘 달성할 수 있는 학교상담 활동을 선택, 수정 및 작성하여 사용한다. 학교상담 학습활동은 효과적으로 활용될 수 있도록 작성되어야 한다.

8) 학교상담 교육과정 실행을 위한 학년 및 담임 교사와의 협의

교실에서 실행될 학교상담 활동은 일정이 겹치는 것을 막기 위해서 관련 교사와의 협의가 필요하다. 특히 학교상담 활동이 학급에서 이루어져야 할 때, 관련된 교사들과 밀접하게 협의하여 활동해야 한다. 교사들은 대개 자기 수업시간이 아니면 열의를 보이지 않을 수 있으므로 프로그램 계획단계부터 그들과 좋은 인간관계를 맺는 것이 좋다. 이러한 협의를 통해서 교사들도 활동의 목적, 소요시간, 활동내용 등에 대해 세부적으로 알아야만 한다. 평가방법도 활동에 포함되어야 하는데, 이는 그 활동의 중요성을 증명하는 데 도움을 줄 수 있다. 프로그램 실행에 있어서 상담교사가 주도적인 역할을 수행하지만 교사들도 중요한 기여를 한다는 사실을 강조하고, 교사에게도 어느 정도 구체적인 책임을 지게 할 필요가 있다.

9) 프로그램 요소별 연간 세부 계획 작성

연간 계획은 상담교사로 하여금 프로그램의 활동들을 조직 및 관리할 수 있게 해 준다. 그것은 자원과 장비들을 계획하는 데 있어서 시간적인 틀을 제공하고, 더불어 종합적 학교상담 프로그램을 실행하고 전달하는 조직적이고 체계적인 방법을 제공해 준다. 또한 상담교사로 하여금 학생들의 요구를 충족시켜 줄 시간을 계획하게 해 주고 학생, 교직원, 학부모 및 지역사회에게 학교상담 프로그램의 목표와 관련된 정보를 제공할 수 있게 해 준다. 연간 계획은 학교상담 프로그램을 전반적인 학교교육 활동에 통합시켜 준다. 그리고 모든 교직원들의 참여를 유도하고 학교상담 프로그램을 실행하는 데 있어서의 조직적 능력에 관한 증거를 제공해 준다. 상담교사가 연간 계획을 효과적으로 활용하도록 돕기 위해서 2주 단위 계획표를 작성함으로써 활동들을 개관하는 데 사용할 수 있다. 2주 단위 계획표는 상담교사의 활동들이 네 가지 프로그램 요소 간의 균형을 추구하고 있는지를 점검할 수 있는 점검도구로도 활용될 수 있다. 2주 및 월 단위 계획표의 예는 [부록 2]에 제시되어 있다.

10) 학교상담 프로그램 평가

이 단계에서 학교는 새로운 프로그램을 채택하여 얼마나 성공하였는가를 결정한다. 모든 과정이 실행된 후에 각 학교는 프로그램 표준의 달성 정도, 개인별 수행평가, 학생의 목표 달성도에 기초하여 새로운 프로그램의 효율성을 평가해야 한다. 이를 위해 각 학교는 프로그램의 열 가지 요소가 도입되었음을 나타내는 문서 파일을 개발하는 것이 중요한데, 여기에는 다음과 같은 항목들이 포함된다([부록 3] 참조).

① 문서화된 프로그램의 정의 및 철학
② 학교운영위원회의 보장사항
③ 자문위원들의 명단
④ 자문위원회 회의 의사록 및 일정
⑤ 요구평가 자료의 요약
⑥ 요구평가 자료에 근거한 범주와 목표
⑦ 학교상담 학습활동 계획안
⑧ 시간 및 과제 분석 요약표
⑨ 시간배당 관련 원형 분포표
⑩ 연간 계획표

5. 종합적 학교상담 프로그램의 평가

종합적 학교상담 프로그램 모형의 평가 요소에는 세 가지가 있다. 여기에는 인적 자원 평가, 프로그램 평가 그리고 학생 성취도 평가 등이 포함된다.

1) 인적 자원 평가

(1) 업무 진술의 명세화 여부 평가

상담교사에 대한 수행중심 평가체제를 수립하는 데 있어서 첫 번째 단계는 종합적 학교상담 프로그램 모형 구조에 기초한 문서화된 업무 진술의 작성 단계다. 이 업무 진술은 초·중·고등학교의 상담교사마다 달리 작성되어야 한다. 고등학교 상담교사를 위한 업무 진술문의 예는 [부록 4]에 제시되어 있다.

(2) 업무 진술에 기초한 상담교사의 수행평가

상담교사 업무 진술을 기초로 한 수행중심 평가체제를 적용할 필요성이 있다. 각각의 책임 영역(학교상담 교육과정, 개별계획, 반응적 서비스, 체제지원, 전문성 및 대인관계, 전문적인 책임)에 대한 수행 기준이 불만족에서 만족에 이르기까지 관찰 및 측정 가능한 용어로 기술되어 있어야 한다. 이런 평가도구의 활용은 지금까지의 상담교사 업무 수행 성취도에 대한 판단을 용이하게 하며, 앞으로의 업무 수행 방향과 목표를 잡는 데에도 도움을 준다. 상담교사의 수행평가 양식의 예는 [부록 5]에 제시되어 있다.

2) 프로그램 평가

프로그램 평가에는 프로그램 표준과 지침의 설정이 포함된다. 세 가지 구조적 요소와 4개의 프로그램 요소가 프로그램 기준이 된다. 프로그램의 전체 범위와 효과를 결정하기 위해서는 이러한 기준에 관한 지침이 개발되어야 한다. [부록 7]에 제시된 양식은 자기평가 도구로 활용되거나 혹은 외부 평가자에 의해 활용될 수 있다.

3) 학생 성취도 평가

학생 성취도 평가는 프로그램이 학생에게 어떤 영향을 미쳤고, 학생이 목표를 얼마나 달성했는가를 측정한다. 이것은 중요한 요소로 프로그램이 개발될 때 함께 개발되어야 한다. 학생들의 목표 달성 정도를 측정하기 위해 활용될 수 있는 방법은 여러 가지가 있다. 예를 들면, 사례 연구, 교사의 관찰, 성취도 검사 등이 그것이다. 각 학교가 종합적 학교상담 모형을 실행할 때, 상담교사와 상담교사 교육자들은 평가를 위한 자료 수집 방법을 개발하기 위하여 이러한 과정을 연구할 필요가 있다.

6. 종합적 학교상담 모형의 이점

종합적 학교상담 프로그램은 학생은 물론 학부모, 교사, 학교 행정가, 상담교사, 산업 및 노동계, 교육청 등 다양한 주체들에게 많은 이점을 제공하고 있다. 이러한 이점들을 알래스카 주 교육부(Alaska State Dept. of Education, 1989)는 다음과 같이 제시하고 있다.

첫째, 학생들에게는 진로 탐색 및 발달에 관한 지식과 도움을 제공하며, 의사결정 기술을 개발할 수 있도록 도움을 준다. 또한 자신과 타인에 관한 지식, 변화하는 세계에 관한 지식 등을 확장시켜 주며, 상담교사와 학생 간의 상호작용 기회를 증가시켜 준다.

둘째, 학부모에게는 자녀의 교육적 발달에 관한 정보를 제공해 주고 자녀에 관한 장기계획을 수립할 수 있도록 도와주며, 부모와 상담교사 간의 상호작용 기회를 증가시켜 주고 부모가 필요로 할 때 자료를 얻을 수 있게 해 준다.

셋째, 교사에게는 긍정적이고 지원적인 관계를 맺을 수 있도록 도와주며 '핵심 기술 및 학습 능력'을 도입할 수 있는 팀 구성을 도와준다. 더불어 상담교사를 자원인사로 활용할 수 있다.

넷째, 행정가에게는 구체적인 내용이 담겨 있는 프로그램 구조와 학교상담 프로그램 노력들을 평가하는 수단을 제공하며 지역사회에 학교상담 프로그램의 이미지를 강화시켜 준다.

다섯째, 상담교사에게는 분명하게 정의된 역할과 기능을 제공하고, 그에 따라서 학교상담과 무관한 기능들을 제거할 수 있게 해 준다. 또한 대다수의 학생들과 접촉할 수 있는 기회와 프로그램 관리를 위한 틀을 제공해 주고, 발달과정상 획득해야 하는 구체적인 학생 능력에 대해 분명하게 개관해 준다.

여섯째, 교육청에는 학교에 종합적 학교상담 프로그램을 포함시키기 위한 정당성을 제공해 주며, 학교 후원자들에게 프로그램 정보를 제공해 준다. 또한 프로그램을 통해서 달성되는 학생의 능력에 관한 계속적인 정보를 제공해 주며, 학교상담 프로그램을 위한 예산 배당의 기초를 제공해 준다.

마지막으로 산업 및 노동계에는 상담교사와 산업 및 노동 기관의 협력을 위한 더 많은 기회를 제공하며 자원인사로서 상담교사의 역할을 강화한다. 더불어 산업 및 노동계가 전반적인 학교 프로그램에 적극적으로 참여할 기회를 증가시켜 주며 의사결정 기술, 고용준비(pre-employment) 기술, 증가된 노동자 성숙도를 갖춘 잠재적 노동력을 제공한다.

7. 종합적 학교상담 모형의 한국화를 위한 전제

종합적 학교상담 모형이 한국에 성공적으로 도입·정착되어 학생들의 성장 및 발달에 도움을 주기 위해서는 학교상담에 관한 하드웨어적인 면과 소프트웨어적인 면이 보강되어야 한다.

먼저 하드웨어적인 측면을 살펴보면, 우선 학교상담에 있어서 전문성을 가지고 실질적인 상담활동을 하는 상담교사가 일선 학교에 배치되어야 한다. 두 번째로 이름뿐인 상담실이 아니라 전문적인 상담이 이루어질 수 있는 시설과 설비를 구비한 상담실이 갖추어져야 한다. 이러한 하드웨어적 측면은 많은 재정적 부담과 정책적 뒷받침이 있어야 가능하다. 따라서 교육당국이 학교상담의 필요성과 중요성을 인식하여 정치적, 정책적으로 지원을 해야 할 필요성이 있다. 미국의 경우에도 일선 학교에 상담교사가 배치되고 학교상담이 초등학교에까지 실시되게 된 이면에는 대통령의 정책적, 정치적 지원이 있었다.

다음으로 소프트웨어적인 측면을 살펴보면, 우선 학교상담 교육과정이 정규 교과에 포함되어야 한다. 학교상담의 선진국이라 할 수 있는 미국의 경우에는 상담교사가 학교상담 교육과정을 가지고 학급 및 집단 활동을 통하여 학생들의 학업발달, 진로발달, 인성·사회성 발달 영역을 유치원부터 고등학교까지 연계하여 지도하고 있다. 반면 한국에서는 학교상담이 교육과정에 포함되어 있지 않은데, 주당

2시간씩 배정되어 있는 특별활동과 재량활동 시간을 통해서 연간 34시간, 즉 주당 1시간씩은 활용할 수 있는 여지가 있다. 특히 재량활동 시간은 교사들이 교육과정을 작성하도록 하고 있는 바, 교육과정 작성에 어려움을 겪고 있는 교사들에게 학교상담 교육과정을 구안하여 제시하면 학교상담의 목적을 많은 부분 달성할 수 있을 것이다. 두 번째로 학교상담 교육과정에 관한 연구가 시급하다고 하겠다. 학교상담이 교육이라는 큰 틀 속에서 기능하는 것이라고 보았을 때, 그리고 학교상담의 성격이 예방적, 발달적, 체계적, 종합적이고 모든 학생들을 대상으로 하는 것이라는 점을 고려할 때, 학교상담 교육과정의 구안 및 실행은 종합적 학교상담 체계 구축에 있어서 핵심적인 사항이라 할 수 있다. 특히 초등학교부터 고등학교에 이르기까지의 연계성 있는 교육과정은 현재의 생활지도 및 상담의 문제점을 극복할 수 있는 대안이라 할 수 있다.

앞서 살펴본 학교상담의 하드웨어적인 면과 소프트웨어적인 면을 준비하는 데 있어서 핵심적인 역할을 해야 할 주체는 전문학회와 그 구성원들이다. 미국의 경우에도 ASCA를 중심으로 많은 활동을 통하여 학교상담의 중요성과 필요성에 대한 공감대를 형성해 왔고 학교상담에 관한 많은 연구를 수행하여 이를 정착시켜 왔다. 마찬가지로 우리도 학교상담에 관한 지속적인 연구를 수행해야 할 것이다. 이러한 연구가 계속될 때 정책을 선도하고 지원을 유도할 수 있을 것이고, 이는 결국 학교상담이 정착되는 계기가 될 수 있을 것이다.

제3장

학교상담 교육과정

종합적 학교상담 모형의 네 가지 활동, 즉 학교상담 교육과정, 반응적 서비스, 개별계획, 체제지원 중에서 종전의 생활지도와 가장 차별화되는 부분은 바로 학교상담 교육과정의 구안 및 실행이라는 측면이다. 학교상담 교육과정이란 초등학교 1학년(나아가서는 유치원)부터 고등학교 3학년에 해당되는 모든 학생들의 건전한 발달과 성장을 위하여 발달과정에서 도움을 요하는 내용들을 구조화한 것으로, 학급활동 및 대집단 활동을 통해 체계적으로 제시된다. 이 교육과정의 목적은 학생들에게 정상적인 성장 및 발달에 관한 지식을 제공하고, 긍정적인 정신건강을 촉진하며, 삶의 기술을 습득하고 활용하도록 돕는 데 있다. 학교상담 교육과정은 다음의 세 가지 주요 영역, 즉 인성·사회성 발달 영역(자신과 타인에 관한 지식을 습득, 적용), 진로/직업 발달 영역(진로/삶을 계획하는 능력 개발), 학업발달 영역(학업적인 성공 달성) 등으로 나뉜다.

1. 미국 학교상담 교육과정의 영역 및 목적

미국에서 학교상담의 중추적인 역할을 하고 있는 ASCA(미국학교상담자협회)와 학교상담 교육과정이 비교적 효과적으로 운영되고 있는 코네티컷 주, 위스콘신 주, 알래스카 주 등의 학교상담 교육과정의 영역 및 목적에 관해서 살펴보겠다.

1) ASCA 학교상담 교육과정의 영역

ASCA에서는 학교상담 교육과정의 영역을 3개 영역으로 나누고 그 세부 목적을 다음과 같이 제시하고 있다.

인성·사회성 발달 영역

- 자기인식과 자기수용 능력을 개발한다.
- 개인적인 책임감을 개발한다.
- 효율적인 대인관계 및 의사소통 기술을 개발한다.

- 효율적인 의사결정 기술(또는 올바른 선택기술)을 배운다.
- 타인을 이해하고 존중하는 태도를 개발한다.

학업발달 영역

- 효과적인 학습기술과 수험전략을 학습한다.
- 비판적인 사고기술을 개발한다.
- 학업상의 강점, 약점, 개인적인 학습양식 등을 확인한다.
- 교육적인 의사결정에 필요한 기술을 개발한다.
- 집단활동에서 자신의 역할을 이해한다.
- 학급 내에서 책임감 있게 행동한다.
- 학교환경에 적응한다.

진로발달 영역

- 개인적인 특성, 흥미, 적성, 기능을 지각한다.
- 직업 세계의 다양성에 대해 인식하고 존중하는 태도를 개발한다.
- 학교생활과 장래의 진로 선택 사이의 관계를 이해한다.
- 일에 대한 긍정적 태도를 갖는다.

2) 코네티컷 주 학교상담 교육과정의 영역

코네티컷 주에서는 학교상담 교육과정의 영역을 3개 영역으로 나누고 그 세부 영역을 다시 8개로 나누어 제시하며, 각 영역의 목적을 학교급별로 제시하고 있다.

인성 · 사회성 발달 영역

- 학생들은 긍정적인 자기개념을 개발하기 위해서 자신의 흥미, 능력, 개인적 특성을 이해한다(자신과 타인의 이해).
- 학생들은 대인 간 의사소통 기술과 사회화 기술을 개발한다(대인관계 및 사회화).

- 학생들은 공동체 의식과 시민으로서 자신의 역할에 관한 이해를 도모한다(지역 공동체).

학업발달 영역

- 학생들은 학교환경을 이해하고 학습기술을 개발한다(학교환경).
- 학생들은 학교생활을 성공적으로 이끌어 가는 기술과 지적 호기심을 개발한다(학교 성공 기술).

진로발달 영역

- 학생들은 진로를 인식하고 교육계획을 수립한다(진로 인식 및 탐색).
- 학생들은 자신의 교육적인 경험과 목적을 진로계획과 연관시킨다(진로계획).
- 학생들은 고교 졸업 후 다음 단계로의 성공적인 전환을 위해 필요한 기술을 발달시킴으로써 일의 세계에 대하여 준비한다(진로 준비).

3) 위스콘신 주 학교상담 교육과정의 영역

위스콘신 주에서는 학교상담 교육과정의 영역을 학업발달 영역, 인성 · 사회성 발달 영역, 진로/직업 발달 영역의 3개 영역으로 나누고, 이에 대한 세부 목적을 제시하는 대신에 초등학교, 중학교, 고등학교 등의 학교급별로 달성해야 할 발달과제들을 제시하고 있다.

위스콘신 주 학교상담 모형은 유치원부터 고등학교 학생들에게 맞는 발달에 기초한 전달체계를 제공하며 연령집단이나 학년 수준에 가장 적합한 과제들을 제시한다. 초등학교 아동들은 새로운 것과 사고에 관해 지각하고 배우는 데 중점을 두며, 중학교 학생들은 새로운 사실과 아이디어들에 계속 열중함으로써 '이해'와 실험을 할 준비를 갖추는 데 중점을 둔다. 그리고 고등학교 학생들은 그들이 이전에 배웠던 것을 '적용'하고 지속적으로 이해를 증진하고 추가적인 지식을 얻는 데 중점을 둔다.

그리하여 초등학교부터 고등학교까지 학생들이 달성해야 할 과제들을 배열하는 데 있어서 초등학교에서는 '~에 관한 학습'을, 중학교에서는 '이해'를, 고등학교에서는 '적용'을 강조하였다. 이 중에서 고등학교 학생들의 발달과제들을 살펴보면 다음과 같다.

인성 · 사회성 발달 영역

- 신체적, 정서적, 지적 성장과 발달을 이해한다.
- 변화에 대처하고 미래를 계획하는 방법을 배운다.
- 성인 및 동료들과의 인간적인 갈등해결 기술을 배운다.
- 자신과 타인의 능력을 이해하고 인식한다.
- 인간관계와 독립적인 정체성의 형성방법을 이해한다.
- 자신의 결정에 대한 책임을 진다.

학업발달 영역

- 자신의 학습능력과 그것을 가장 잘 적용하는 방법을 이해한다.
- 평가기법을 통해 자신에 관한 정보를 습득한다.
- 현실적인 목적 설정 방법을 알고 이에 도달하기 위한 전략들을 개발한다.
- 학교교육과정을 이해하고 과목 선택이 장래계획에 미치는 영향을 검토한다.
- 학교환경과 학교가 요구하는 것이 무엇인가를 이해한다.

진로발달 영역

- 의사결정 기술을 이해하고 개발한다.
- 일의 설계와 취업을 위해 필요한 사항들을 이해한다.
- 교육적, 직업적 대안들에 관한 정보를 습득한다.
- 성역할의 계속적인 변화와 이것이 진로 선택과 어떻게 관련되는가를 이해한다.
- 직장에서의 융화에 필요한 대인관계 기술을 개발한다.
- 고교 재학 및 졸업 후에도 최근 고용 동향 등에 관한 정보를 습득한다.

- 잠정적인 진로목적 설정 및 달성 전략들을 개발한다.
- 선호하는 생활방식을 이해하고 그것을 직업적 흥미와 관련시킨다.

4) 알래스카 주 학교상담 교육과정의 영역

알래스카 주에서는 학교상담 교육과정의 영역을 학업발달 영역, 인성 · 사회성 발달 영역, 진로/직업 발달 영역의 3개 영역으로 나누고 그 세부 목적을 다음과 같이 제시하고 있다.

인성 · 사회성 발달 영역

- 자신을 이해하고 수용하며 존중한다.
- 타인을 이해하고 존중하며 그들과 잘 지낸다.
- 효과적으로 의사소통을 한다.
- 가정에서 책임감 있게 행동한다.
- 집단기술 및 지도성 기술을 개발한다.
- 약물 및 술에 관한 적절한 의사결정을 한다.
- 개인적인 안전에 관한 적절한 의사결정을 한다.

학업발달 영역

- 학교 및 학습에 대한 긍정적인 태도를 갖는다.
- 교육 기회에 관한 의사결정을 한다.
- 학교에서 책임감 있게 행동한다.

진로발달 영역

- 적절한 의사결정 능력을 활용한다.
- 문제해결 능력을 습득한다.
- 미래의 목적을 설정하여 계획하고 준비한다.
- 진로에 대해 탐색하고 이를 계획 및 준비한다.

• 일자리를 찾고 유지하기 위한 준비를 한다.

지금까지 ASCA와 미국에서 학교상담이 체계적으로 이루어지고 있는 세 개 주의 학교상담 교육과정의 영역 및 목적에 관해 살펴보았는데, 이를 종합적으로 정리해 보면 다음과 같다.

첫째, 학교상담 교육과정의 영역은 대체로 학업발달 영역, 진로/직업 발달 영역, 인성 · 사회성 발달 영역으로 나누어져 있음을 알 수 있다. 물론 주에 따라서 이러한 각 영역에 대한 하위 영역을 배정하기도 하였으며 용어에 있어서도 학습에 대한 학습, 생계에 관한 학습, 삶에 대한 학습 등으로 표현하기도 하였으나, 전반적으로는 세 가지 영역으로 나눌 수 있을 것이다.

둘째, 목적의 진술 방식과 폭이 다양함을 알 수 있다. ASCA와 알래스카 주에서는 목적을 영역별로 몇 개씩 간략하게 진술하고 있는 반면, 위스콘신 주와 코네티컷 주에서는 학교급별, 영역별로 목적을 좀 더 구체적이고 세부적으로 제시하고 있다.

이 책에서는 학교상담 교육과정의 영역을 학업발달 영역, 진로발달 영역, 인성 · 사회성 발달 영역으로 나누고, 각 영역별로 목적을 설정하기 위해 앞에서 살펴본 ASCA와 세 개 주의 교육과정을 분석하여 고등학교의 학교상담 교육과정을 구안 및 제시할 것이다.

2. 고등학교 학교상담 교육과정의 구안

고등학교의 학교상담 교육과정을 구안하기 위해서 먼저 범위와 계열을 설정하는데, 학교상담 프로그램 목적에 관한 선행 연구를 검토하여 범위를 설정한 후 여러 가지 발달이론을 근간으로 하여 학교상담 교육과정의 수직적인 계열을 작성할 것이다.

1) 학교상담 교육과정의 범위

교육과정은 범위와 계열이 있어야만 한다. 따라서 학교상담 교육과정도 각 학년 수준에서 무엇을 가르칠 것이며 얼마만큼 전달할 것인가에 관해 답을 해야 할 필요성이 있다. 따라서 여기에서는 학교상담 프로그램 목적에 관한 선행 연구를 고찰해 보고 이를 바탕으로 학교상담 교육과정의 목적을 설정할 것이다.

(1) 학교상담 프로그램의 목적에 관한 선행 연구

학생의 능력 차원에서 진술된 학교상담 프로그램에 대한 광범위한 목적을 수립하는 것은 중요하다. 이러한 목적 개발을 위해서 선행 연구를 찾아보았으나 국내에는 이에 관한 연구를 찾기가 힘들었다. 따라서 이와 관련된 미국의 선행 연구들을 근거로 하여 잠정적인 학교상담 교육과정의 목적을 설정하였다. 선행 연구들에는 미국학교상담자협회(ASCA)의 '학교상담 프로그램을 위한 ASCA 국가 표준', 미국직업정보조정위원회(National Occupational Information Coordinating Committee: NOICC)의 '국가 진로발달 지침', Robert D. Myrick의 '발달적 목적과 목표' 그리고 앞 장에서 제시한 몇몇 주의 학교상담 교육과정 목적 등이 포함되어 있다.

이러한 내용을 ASCA와 NOICC의 제안을 중심으로 요약하면 〈표 3-1〉과 같다.

〈표 3-1〉 ASCA 표준 및 NOICC 역량 요약표

ASCA 표준(목적)	NOICC(역량)	추출 가능 목적
표준 1(학업발달 영역) 학생들은 학교생활과 전 생애에 걸쳐 효과적인 학습을 가능케 하는 태도, 지식, 기술을 습득할 것이다.	역량 4 교육적 성취의 장점에 관한 인식 역량 5 일과 학습 간의 관계에 관한 인식	학습 기술
표준 2(학업발달 영역) 학생들은 고교 졸업 이후의 대학을 포함한 광범위하고 실질적인 진로 선택을 위해 필수적인 학업 준비를 하고 졸업할 것이다.	역량 6 진로 정보의 이해 및 활용 기술	학교 성공

표준 3(학업발달 영역) 학생들은 학업과 일의 세계, 가정 및 지역 사회에서의 삶 간의 관계를 이해할 것이다.	역량 7 개인적인 책임의 중요성과 좋은 작업습관의 인식 역량 8 일이 사회의 요구와 기능에 어떻게 관련되는지 알기	삶의 성공을 위한 학업
표준 4(진로발달 영역) 학생들은 자신에 관한 이해와 관련하여 일의 세계를 탐색하고 현명한 진로 결정을 하는 기술을 습득할 것이다.	역량 9 의사결정 방법 알기 역량 10 일이 가족 및 개인 생활에 미치는 영향 알기	진로 조사 탐색
표준 5(진로발달 영역) 학생들은 장래의 진로 성공과 만족을 성취하기 위한 전략을 갖출 것이다.	역량 11 서로 다른 직업과 변화하는 남녀 역할 인식하기	진로 성공
표준 6(진로발달 영역) 학생들은 개인적 특질, 교육 및 훈련, 일의 세계 간의 관계를 이해할 것이다.	역량 12 진로계획 과정의 인식	학교와 일 간의 관계
표준 7(인성 · 사회성 발달 영역) 학생들은 자신들과 타인을 이해하고 존중하도록 도와주는 태도, 지식 및 대인관계 기술을 습득할 것이다.	역량 1 자기개념의 중요성 알기 역량 2 타인과 상호작용하는 기술	자신과 타인의 존중
표준 8(인성 · 사회성 발달 영역) 학생들은 의사결정 및 목적 설정을 할 것이며 목적을 달성하기 위해 필요한 행동을 취할 것이다.	역량 3 변화와 성장의 중요성 인식	목적 설정 및 도달 기술
표준 9(인성 · 사회성 발달 영역) 학생들은 안전 및 생존 기술을 이해할 것이다.		생존 및 안전 기술

(2) 학교상담 교육과정의 목적 설정

ASCA에 의해 개발된 아홉 가지 표준이 전반적인 학교상담 프로그램 목적 개발을 위한 토대로 활용된다. 다음의 내용들은 학생 발달에 관한 내용 영역별로 잠정적인 목적을 설정한 후 대학교의 상담전문가들로부터 자문을 구하여 확정한 학교상담 교육과정의 목적이다.

① 학업발달 영역

학업발달 영역에서의 활동은 학생들이 자신들에게 적합한 경험들을 선택하도록 도와주며 이는 그들이 각각의 학습내용으로부터 최상의 것을 얻도록 할 수 있을 것이다. 우리가 살고 있는 '정보화 시대' '기술의 시대'를 위한 새로운 기초에는 의사결정 기술, 문제해결 기술, 비판적 사고, 논리적 추론, 목적 설정, 변환기술, 대인관계 기술, 정보를 조직하고 관리하는 능력 등이 포함된다.

- 목적 1(효과적인 학습을 위한 기술 습득): 학생들은 학교에서 효과적인 학습에 도움이 되는 태도, 지식 및 기술을 습득한다.
- 목적 2(학교에서의 성공전략 활용): 학생들은 학교에서의 학업적 성공을 달성하기 위한 전략들을 습득하고 활용한다.
- 목적 3(학업과 성공적인 삶의 관계 이해): 학생들은 학업이 직장, 가정 및 지역사회에서의 삶과 밀접한 관계가 있음을 이해한다.

② 진로/직업 발달 영역

진로발달 영역은 일에 대한 긍정적 태도의 개발과 학생들이 학교에서 직장으로, 한 직장에서 다른 직장으로 긍정적인 전환을 할 수 있도록 도와줄 기술의 개발을 포함한다. 추가적인 목적들은 진로에 따른 생활양식, 직업 정보, 학교와 훈련 요건에 관한 인식과 이러한 목적들이 일의 가치, 적성, 흥미, 능력, 성격 등과 어떻게 관련되는지에 관한 인식을 포함한다.

- 목적 4(진로 탐색을 위한 기술의 습득): 학생들은 자신에 관한 이해를 바탕으로 진로 선택 및 직업 세계를 탐색하기 위한 기술을 습득한다.
- 목적 5(성공적인 진로 달성 전략의 사용): 학생들은 장래의 진로 성공과 만족을 달성하기 위한 전략들을 습득 및 활용한다.

• 목적 6(학교와 일의 관계 이해): 학생들은 개인적인 특성, 교육, 훈련이 직업 세계와 어떤 관계가 있는지를 이해한다.

③ 인성 · 사회성 발달 영역

인성 · 사회성 발달 영역에는 학생들의 개인 및 집단들과의 대인관계 기술의 발달을 돕는 활동들이 포함된다. 이는 교육, 진로, 인생 성공 및 강력한 자기개념의 발달과 관련된 목적들에 기초한다. '나는 누구인가?'라는 자기에 관한 인식은 계속적으로 교육의 주요 목적이 되고 있다.

• 목적 7(자신과 타인의 이해): 학생들은 자신과 타인의 이해와 존중을 위해 도움이 되는 지식, 태도, 대인관계 기술을 습득한다.
• 목적 8(목적 설정 및 달성): 학생들은 의사를 결정하고 목적을 설정하며 이를 달성하기 위한 행동을 취한다.
• 목적 9(생존 및 안전 기술 이해): 학생들은 안전 및 생존 기술을 이해한다.

2) 학교상담 교육과정의 계열

교육과정은 범위와 계열이 있어야만 하며, 학교상담 교육과정도 어느 학년에서 특정 주제들이 도입될 것인지, 어떤 주제활동이 각 학년 수준에서 적합한 것인지 등을 고려해야만 한다. 따라서 여기에서는 학교상담 교육과정의 수직적 조직을 위한 기초로서 발달이론을 고찰해 보고, 이를 근거로 학교상담 교육과정의 계열을 설정한다.

(1) 학교상담 교육과정의 수직적 조직을 위한 근거

권낙원(미발간)은 교육내용의 조직에 있어서 심각하게 고려해야 할 기초적 이론 문제가 바로 계열성이나, 우리나라에서는 계열성 문제가 이론의 중요성에 비추어 거의 연구되지 않았다고 주장하였다. 따라서 학교상담 교육과정의 수직적인 조직, 즉 학년별 내용 조직을 위한 근거로서 발달심리학적 연구 결과를 바탕으로 하였다.

기존의 다양한 발달이론을 참고했는데, Piaget의 인지발달이론, 정서발달이론, Erikson의 심리사회성 발달이론, Selman의 대인관계 발달이론, Tuckman의 진로발달이론, Havighurst의 발달과업 이론 등을 중심으로 분석 · 참고하였다. 학교상담 교육과정의 조직을 위하여 이러한 이론들을 바탕으로 발달이론에서 시사받을 수 있는 내용들을 특정 학년 수준에 배열했는데 그러한 내용들은 여타의 학년 수준에서도 중요한 요인이 될 수 있다(Snowman & Biehler, 2000). 이러한 내용을 학교상담 교육과정의 계열 설정에 참고하기 위해 다음과 같이 요약할 수 있다.

고등학교에서 심리사회적 발달단계, 인지발달 단계, 도덕성 발달단계, 기타 중요한 요소 등을 중심으로 정리해 보면 다음과 같다. 첫째, 신체적 변화로서 신장과 체중뿐만 아니라 근육, 골격, 신경, 얼굴, 내장, 생식기관 등에서 변화가 일어난다. 성적 성숙을 동반하는 청소년기의 급격한 신체적 발달은 매우 자연스러운 현상이지만, 청소년들에게는 이전에 겪어 보지 못하였던 새로운 경험이므로 당황하고 불안과 긴장감에 휩싸이게 된다. 또한 청소년기의 신체적 발달 양상과 속도는 개인차가 상당히 크고, 다른 사람과 비교 · 평가하여 자신이 다른 사람과 같이 정상적인지를 항상 확인하고 인정받고 싶어 한다. 청소년들은 신체적 경험과 함께 자신의 신체에 대한 평가에 따라 자기 관심과 자아의식을 형성하게 된다. 둘째, 사회적으로는 대인관계 추론(interpersonal reasoning)의 발달로 타인의 감정을 더 많이 이해하게 된다. 동조의 욕구는 이 시기에 절정에 달한다. 따라서 집단원들과 똑같이 행동하거나 똑같은 옷을 입으려는 경향도 나타난다. 셋째, 정서적으로는 '폭풍과 스트레스(storm and stress)'의 시기로 혼란, 불안, 우울, 극단적인 기분, 낮은 자신감 등을 겪게 된다(Hall, 1904). 넷째, 인지적으로는 신체적 발달, 사회적 역할, 인지발달, 남녀의 구별(sexuality) 등에서의 변화로 인하여 불안정한 시기다. 따라서 개방적이고 지지적이며 지적으로 자극적인 교실환경을 필요로 하지만 현재의 학교환경은 발달하는 청소년들의 이러한 욕구들을 제대로 충족시키지 못한다는 주장이 제기되고 있다(Eccles et al., 1993). 따라서 청소년들의 자기개념, 학업 동기, 학업성취 수준은 낮아지게 된다. 또한 이 시기에는 학생들의 자아효능감(self-efficacy)이

지적, 사회적 행동에 중요한 영향을 미치는데, Bandura(1986)는 이러한 자아효능감은 학생들의 활동에 다양하고 중요한 영향을 미친다고 주장하였다. 다섯째, 기타 주목해야 할 요인들로는 고등학교 시기는 학생들이 급격하게 성장하고 사춘기를 거치는 시기이며 이는 학생들의 행동에 여러 측면으로 영향을 미친다. 특히 또래에 의한 수용 여부는 이 시기의 학교생활 적응에 아주 중요한 영향을 미친다.

이상의 내용과 진로발달이론, 대인관계 발달이론, 발달과업이론 등을 참고로 고등학생의 발달과정을 고려하여 종합적으로 정리하면 〈표 3-2〉와 같다.

〈표 3-2〉 중·고등학교 학생의 발달이론 종합

이론	내용
정서 발달이론	• 부모, 형제, 친구 관계 등의 사회적 관계에 대한 공포와 가난, 죽음, 학교에서의 실패 등과 같은 일반적인 공포 등이 생긴다. • 자기의 능력 부족, 불만, 정신적 동요, 고민 등이 있을 때 불안이 생기며, 이는 의논 상대와 이야기하는 것 자체가 도움이 된다. • 방해, 간섭, 압박, 꾸중을 듣거나 무시당했을 경우 분노가 생기며, 이는 아동기 때보다 현저히 오래 지속되는 특징이 있다.
대인관계 발달이론	• 자신과 타인이 제3자의 편견 없는 입장에서 어떻게 보일 수 있는지를 생각할 수 있다. • 친구관계를 통해 자신의 개인적 감정보다는 공동 목적을 위해서 타인과 더불어 일하기를 배우며 사회적으로 인정된 성인 남성 혹은 여성으로서의 역할을 받아들이고 배운다. • 인지적, 정서적으로 성숙함에 따라 타인과의 관계에서 충성심, 친밀감, 공감적 이해 등을 더 많이 기대하게 된다.
진로 발달이론	고등학교 단계: 진로 준비 단계 • 직업 선택에 대한 개념을 형성하는 시기로 근로하는 사람으로서의 자아상 형성이 중요하다(Super, 1957). • 직업에 대한 긍정적인 태도를 발전시키고 직업훈련 계획을 세우며 특정 직업에서 요구하는 지식과 기술을 습득한다.

발달과업	• 남녀 동년배와 새롭고 성숙한 태도의 형성 • 남녀의 사회적 역할의 습득 • 자신의 체격 인정 및 신체의 효율적 사용 • 부모와 다른 성인들로부터의 정서적 독립 • 경제적 독립과 직업 선정 및 그 준비 • 결혼과 가정생활의 준비 • 시민으로서 필요한 지식 기능과 개념의 발달 • 사회적으로 책임 있는 행동의 형성 • 행동 지표로서의 가치 및 윤리 체계의 습득
인지 발달이론	형식적 조작기 • 논리적인 방식으로 추상적인 문제들을 해결할 수 있다. • 사고에 있어 더 과학적이게 된다. • 사회적 쟁점, 정체성에 대한 관심을 발달시킨다.
심리 사회성 발달이론	자아정체감 대 역할혼미 단계 • 이 시기의 중심적 쟁점은 정체감의 발달이다. 아동은 유아기 이후 자기에 대한 개념을 발달시켜 왔으나, 이 시기는 '나는 누구인가?'에 대하여 답하기 위해 의식적으로 노력하는 시기다.

(2) 학교상담 교육과정의 계열 설정

학교상담 교육과정의 계열을 설정하기 위하여 우선 선행 연구들을 기초로 발달이론을 참고하여 잠정적인 계열을 설정하였다. 이를 바탕으로 학년별, 영역별 내용을 설정하여 현장의 전문가들로부터 그 적절성을 판단하도록 함으로써 연역적인 방법으로 계열을 설정하였다. 따라서 이러한 계열들은 3차에 걸쳐 계속적으로 수정이 되며 그 결과로서 학교상담 교육과정의 계열이 확정되게 된다. 이를 바탕으로 학교상담 교육과정의 잠정적인 학년별 내용체계를 〈표 3-3〉과 같이 제시하였다.

〈표 3-3〉 학교상담 교육과정의 잠정적인 학년별 내용체계

목적 학년	효과적인 학습을 위한 기술 습득	학교에서의 성공전략 활용	학업과 성공적인 삶의 관계 이해
초 1	• 학습의 중요성 • 학습에 필요한 기술	• 교칙 인식, 자기 통제 • 소속감, 과제 집중력	• 협동의 중요성 인식 • 차례 지키기
초 2	• 학습과 노력의 관계 • 독립적, 협동적 활동	• 지시 따르기 • 과제 완성 능력	• 학업과 일의 연계성 • 의사결정 과정의 이해
초 3	• 자신과 타인의 권리와 책임 • 긍정적인 학습 태도 • 계획의 중요성	• 목적 설정 기법 • 결정 전 사고과정 이해 • 의사결정 단계	• 소속감 의미 알기
초 4	• 개인적 학습양식 • 학습기술	• 학업기술 개선 • 시간활용 방법	• 시민의 책임 • 정부와 법의 필요성
초 5	• 학업 및 대인관계 문제 조력 자원 확인 • 스트레스 경감 전략	• 집단 내 협동기술 • 과제 완성 계획 수립 • 의사결정 단계 적용	• 부적절한 선택의 위험성 • 교육적 목적과 진로계획 간의 관계 탐색
초 6	• 협동능력 • 목적 설정 및 달성 과정	• 스트레스와 문제 해결 • 의사결정 기법	• 직업에서 요구하는 기술 • 개인적인 흥미와 능력
중 1	• 효과적인 학습 및 수험 기술 • 시간관리 기법 • 상담교사의 역할	• 학업 수행과 미래의 교육적 선택 간의 관계 이해 • 개인적 태도와 신념 • 직업에 대한 고정관념	• 학업적 통제소재 이해 • 비판적 사고와 의사결정 기술의 적용 • 스트레스 관리 방법
중 2	• 시간 및 과제 관리 기술 • 신뢰성	• 장단기 목적 설정 및 달성 계획 수립 • 내적 통제소재	• 개인적 특성과 교육적 목적 간의 관계 • 진로와 학과 간의 관계
중 3	• 상담실 이용 절차 이해 • 자신의 학습양식 점검 • 시험불안 감소 전략	• 교직원의 역할과 업무 • 장단기 목적 설정 • 공부기술	• 스트레스와 통제소재 • 균형 있는 생활
고 1	• 학업 프로그램 계획 • 학업 수행에 도움이 되는 태도, 행동	• 중 · 고교 간의 환경차 • 다양한 검사 결과의 활용	• 표준화 검사의 이해
고 2	• 효과적인 경청 및 의사소통 기술 • 수험전략	• 교육목적 달성을 위한 진전 상황 평가 • 효과적인 의사결정	• 대학환경의 이해 • 학교와 직장의 유사점, 차이점 탐색
고 3	• 졸업 요건 • 책임감, 생산성, 주도성, 독립성	• 조직적인 시간관리 • 흥미, 성취, 적성, 능력에 맞는 졸업 후 진로선택	• 학습과 일 간의 관계 • 평생학습의 가치 • 학업성취와 진로 간의 관계

〈표 3-3〉 계속

목적 학년	진로 탐색을 위한 기술의 습득	성공적인 진로 달성 전략의 활용	학교와 일의 관계 이해
초 1	• 좋아하는 것, 싫어하는 것 알기 • 협동과제의 수행	• 계획의 중요성	• 부모의 직업 • 교직원의 역할
초 2	• 기호, 흥미, 재능상의 개인차 이해 • 모든 진로의 존엄성 인식	• 직업을 갖는 이유 • 직업 선택의 기준	• 성격과 진로와의 관계 • 일과 수입
초 3	• 재능과 흥미의 가치 • 진로 정보의 출처 알기	• 진로 선택과 흥미, 능력 간의 관계 • 취미와 여가활동	• 학업과 일의 관계 • 선택과 결과의 이해
초 4	• 학생과 노동자의 유사점 • 흥미와 진로 만족 간의 관계	• 장래 희망에 대한 상상 • 일과 개인적인 성공 달성 간의 관계	• 진로와 사회의 요구 및 기능 간의 관계
초 5	• 진로군의 개념 탐색 • 직업별 교육 수준의 요구 조건 인식	• 진로 기회의 인식	• 개인적 특징과 진로 성공
초 6	• 장래 희망 • 직업 및 관련 기술	• 의사결정의 효율성 분석	• 풍부한 정보의 중요성
중 1	• 직업 분류에 관한 이해 • 성역할 고정관념 • 진로 선택 및 탐색	• 직장 및 학교에서의 규칙 이해 • 성역할 고정관념과 성차별	• 개인적 태도와 특성
중 2	• 진로와 교과 간의 관계 • 직장인 면담을 통해 진로 정보 습득 • 진학 가능한 고교 탐색	• 진학 희망 고교의 진학 요건 탐색 • 진학 희망 고교에 관한 정보 수집	• 직업에서의 성역할 고정관념 • 진로와 학과 간의 관계
중 3	• 가용 진로 정보, 자원 인식	• 표준화 검사의 유용성 • 진로계획 포트폴리오	• 여가 및 학교 활동과 직업기술의 습득
고 1	• 개별적인 진로 탐색 • 진로계획 결정	• 전통적 직업과 비전통적 직업 • 진로 탐색 프로그램의 이해	• 응시과정의 이해 • 바람직한 면접행동 • 진로에 적합한 교과 선택
고 2	• 자신의 강점 탐색 • 졸업 요건 검토 • 장단기 진로목적 설정	• 개인적인 진로계획 수립 • 고용 경향과 취업 기회	• 응시원서 작성방법 • 이력서 작성방법 • 면접을 위한 의사소통 기술 습득
고 3	• 흥미, 가치, 능력에 맞는 직업 확인	• 졸업 후의 진로 준비	• 평생학습의 필요성 • 취업 및 진학 준비

〈표 3-3〉 계속

학년 \ 목적	자신과 타인의 이해	목적 설정 및 달성	생존 및 안전 기술 이해
초 1	• 친구 사귀는 방법 알기 • 자신과 타인의 유사점, 차이점 알기 • 대인문제 해결방법 알기	• 개인적인 목적의 정의	• 부적절한 신체 접촉 • 안전한 환경의 확인
초 2	• 가족의 역할과 책임 • 자신이 잘하는 것 • 자신이 못하는 것	• 좋은 작업습관	• 다양한 정서 • 청결 유지 • 적절한 분노 표시 방법
초 3	• 자신의 개인적 특징 이해 • 개인차의 이유 알기 • 의사소통의 역할	• 목적 설정과 우선순위	• 거부와 좌절의 감정 • 자신의 사고, 감정, 행동의 통제
초 4	• 말과 행동이 타인에게 미치는 영향 알기 • 친구와의 문제해결 방법	• 의사결정에 대한 책임 • 자신의 결정이 타인에게 미치는 영향	• 불안 감소법 • 효과적인 감정 다루기
초 5	• 사회적인 감정표현 방법 • 자신의 책임 감수하기	• 의사결정 및 문제해결 과정 이해	• 약물 오·남용의 이해 • 스트레스 경감방법
초 6	• 주장 훈련 • 비언어적 의사소통 이해 • 갈등해결 과정	• 목적 설정의 중요성 인식 • 장단기 목적 설정	• 주장 훈련의 요소 • 또래 압력의 영향
중 1	• 패거리의 부정적 측면 인식 • 효과적인 상호작용 기술	• 목적 설정과 가치, 신념의 역할 • 결정의 효율성 분석	• 효과적인 갈등해결 기법
중 2	• 성차의 가치 인식 • 주장적 반응 • 효과적인 감정 전달 방법	• 긍정적인 대인관계 기술 • 목적 설정과 달성의 중요성 이해	• 책임 있는 행동 • 스트레스의 신호
중 3	• 개인차와 대인관계 • 협동의 중요성 인식	• 갈등해결 기법의 개발 • 또래 압력과 의사결정	• 분노 관리 및 사회적 기술 • 약물 오·남용의 정서 및 신체적 영향
고 1	• 스트레스 대처방법 • 의사소통의 기본 요소	• 좋은 의사결정 기법 • 개인적, 사회적, 교육 및 진로 목적 달성	• 사회생활에서의 협동의 필요성 • 성인의 도움이 필요한 상황
고 2	• 성역할 고정관념이 태도, 행동에 미치는 영향	• 목적 설정 및 달성을 위한 행동계획	• 위기 관리 및 대응 기술
고 3	• 개인적, 사회적 역할 • 긍정적인 자기개념	• 의사결정 모형의 적용 • 갈등해결 및 협상 기술	• 괴롭힘의 결과 분석

3. 고등학교 학교상담 교육과정의 내용

고등학교 학교상담 교육과정의 학년별 내용은 설정된 목적을 바탕으로 발달이론과 발달과업을 분석한 결과와 비교하여 잠정안을 만든 후, 현장 교사들의 세 차례에 걸친 설문과정을 통해 수정 · 보완함으로써 완성되었다. 이 과정에서 고등학교 교육과정상의 학교상담 관련 교육목표를 분석하고 연관성을 고려하여 학년별 교육과정 내용을 조정했다. 현장 교사들이 제안한 내용도 다수 포함시켜 최종안을 확정하였다. 확정된 학년별 학교상담 교육과정의 구체적인 내용은 다음과 같다.

1) 고등학교 1학년

목적 1: 효과적인 학습을 위한 기술 습득

- 자신의 장단점에 관한 이해를 바탕으로 학업 프로그램을 계획한다.
- 학습양식이 학업성취에 미치는 영향을 이해한다.
- 고차원의 학습을 하는 데 있어서 시간관리 기법과 공부기술을 평가 및 수정한다.
- 시험 불안을 줄이기 위한 기법을 적용한다.
- 학업 수행에 기여하는 태도와 행동을 확인한다.

목적 2: 학교에서의 성공전략 활용

- 중학교와 고등학교의 환경적 차이를 확인할 수 있다.
- 학업 수행의 향상을 위하여 학습양식에 관한 지식을 활용한다.
- 자신의 교육계획을 수립하는 데 다양한 검사 결과를 활용한다.

목적 3: 학업과 성공적인 삶의 관계 이해

- 표준화 검사의 근거와 활용방법을 이해한다.

- 학업 동기와 성취에 있어서 내적 통제소재를 체득한다.
- 학과공부를 보강할 수 있는 학교 및 지역사회 내의 경험을 찾아 수행한다.
- 학교에서의 성공과 지역사회 및 진로 변화 간의 관련성을 인식한다.

목적 4: 진로 탐색을 위한 기술의 습득

- 진로 흥미 탐색을 완성한다.
- 진로 자료와 비품 및 관련 자원의 활용에 관해 안다.
- 진로흥미검사와 진로군에 관한 지식에 기초하여 개별적인 진로를 조사한다.
- 모든 가용자원을 참고하여 자신의 진로계획을 결정한다.

목적 5: 성공적인 진로 달성 전략의 활용

- 진로계획과 관련하여 능력, 흥미, 가치를 확인한다.
- 남녀의 진로 패턴에 관한 성차별과 고정관념에 영향을 미치는 태도 및 행동을 비교한다.
- 자신의 진로 선택과 관련하여 전통적 직업과 비전통적 직업을 인식한다.
- 진로 탐색 프로그램에 대해 안다.
- 의사결정을 돕기 위한 노력으로 직업 설명회, 실습, 직업 면접과 같은 학교 내 경험에 참여한다.
- 진로계획 포트폴리오를 평가하고 수정한다.

목적 6: 학교와 일의 관계 이해

- 응시의 예(고용, 교육, 장학금 등)를 안다.
- 응시과정에서의 단계를 확인한다.
- 취업을 위한 응시과정과 진학을 위한 응시과정을 비교한다.
- 면접에서의 중요한 요소들을 확인한다.
- 적절한 면접행동과 부적절한 면접행동을 안다.
- 고교 졸업 후의 포부에 적합한 구체적인 교과 선택을 한다.

• 고교 졸업 후의 교육 및 훈련 요건과 관련하여 개인적인 장단점을 기술한다.
• 직업 세계의 다양성에 관해 이해한다.

목적 7: 자신과 타인의 이해

• 고등학생으로서 자신의 책임을 인식한다.
• 스트레스 상황에 대처하는 방법을 설명한다.
• 작업장에서 협동적으로 활동하는 것이 성공에 도움이 된다는 것을 체득한다.
• 의사소통의 세 가지 기본 요소에 관해 이해한다.

목적 8: 목적 설정 및 달성

• 책임 있는 의사결정 및 목적 설정의 좋은 기법들을 선택한다.
• 의사결정 결과에 대한 개인적인 책임을 진다.
• 지식과 기술을 습득하는 데 있어서 인내와 지속성의 가치를 인식한다.
• 개인적, 사회적, 교육 및 진로 목적의 달성에 관한 이해를 체득한다.
• 개인적, 사회적, 교육 및 진로 목적이 어떻게 상호 관련되는지를 이해한다.

목적 9: 생존 및 안전 기술 이해

• 사회에서의 삶은 왜 상호 의존과 협동을 필요로 하는지 분석한다.
• 폭력을 사용하는 대신에 분노를 관리하는 방법을 검토한다.
• 괴롭힘이 자신과 상대방에게 어떤 영향을 미치는지를 안다.
• 또래의 지원을 필요로 하는 상황과 성인의 전문적인 도움을 받아야 하는 상황을 구분한다.

2) 고등학교 2학년

목적 1: 효과적인 학습을 위한 기술 습득

• 성공적인 목적 달성과 관련하여 효과적인 경청 및 의사소통 기술을 체득한다.

• 각종 시험을 치르는 데 수험전략들을 적용한다.
• 자신의 성취에 대한 책임을 진다.
• 타인과 협동적일 뿐만 아니라 독립적으로 활동할 수 있다.
• 이미 배운 학업적 지식에 관해 타인과 의사소통할 수 있다.

목적 2: 학교에서의 성공전략 활용

• 졸업 요건을 검토하고 적절한 교과를 선택한다.
• 교실 수행과 학교에서의 성공 간에 상관을 확인한다.
• 교육목적을 향한 진전을 평가하기 위해 문제해결 및 의사결정 기법을 활용한다.
• 자신이 한 결정이 어떤 결과를 낳을지에 관해 예상한다.
• 자신에게 가장 도움이 되는 의사결정 방법을 배운다.

목적 3: 학업과 성공적인 삶의 관계 이해

• 다양한 영역에서 학업적인 성공을 예언하는 데 있어서 표준화 검사의 적절성을 인식한다.
• 고등학교와 대학 환경의 서로 다른 특징을 안다.
• 학교환경과 일의 세계의 유사점과 차이점을 안다.

목적 4: 진로 탐색을 위한 기술의 습득

• 고등학교 수행에 기초하여 자신의 강점을 평가한다.
• 졸업 요건 충족을 위해 필요한 것이 무엇인가를 회상한다.
• 장단기 진로목적을 설정한다.
• 관심 있는 진로 영역에서 필요로 하는 능력을 추구하고 개발한다.

목적 5: 성공적인 진로 달성 전략의 활용

• 흥미, 적성, 능력을 고려한 미래에 대한 개인적 진로계획을 수립한다.
• 진로계획에 성역할 고정관념의 개입을 논의한다.

- 변화하는 경제 · 사회적 요구가 고용 경향과 취업 기회에 어떻게 영향을 미치는지 안다.
- 진로목적을 지원하기 위해 작성된 학업 프로그램을 평가하고 수정한다.
- 진로계획 포트폴리오를 평가하고 수정한다.

목적 6: 학교와 일의 관계 이해

- 흥미, 능력, 미래의 목적과 관련하여 교육적, 직업적 대안들을 조사한다.
- 취업을 위한 응시원서를 작성한다.
- 예상 면접질문을 만든다.
- 어떤 과제를 수행함에 있어서 최종 시한의 필요성에 대한 인식을 보인다.
- 응시과정에서 이력서의 중요성과 역할을 인식한다.
- 개인적인 자료의 종합 목록과 점검표를 완성하고 이력서를 작성하는 데 그것을 활용한다.
- 면접에 필요한 의사소통 기술을 체득한다.
- 면접 중에 자신의 긍정적인 특성과 측면들을 전달하는 법을 배운다.

목적 7: 자신과 타인의 이해

- 성역할 고정관념이 태도와 행동에 미치는 영향을 분석한다.
- 가정과 학교 내에서 자신의 다양한 역할을 인식한다.
- 지역사회와 작업장에서 타인과 협동하는 것의 중요성을 분석한다.

목적 8: 목적 설정 및 달성

- 장단기 교육 및 진로 목적을 확인한다.
- 현실적인 목적을 설정 및 달성하기 위한 행동계획을 수립한다.
- 장단기 목적 달성을 위한 긍정적인 대안들을 선택한다.

📖 목적 9: 생존 및 안전 기술 이해

- 안전하고 건강한 선택을 위해 효과적인 문제해결과 의사결정 기술을 적용한다.
- 개인적인 위기를 관리하기 위한 대응기술을 인식하고 체득한다.
- 학교와 지역사회에 있는 적절한 자원인사를 확인하고 도움을 받을 필요성을 깨닫는다.

3) 고등학교 3학년

📖 목적 1: 효과적인 학습을 위한 기술 습득

- 졸업 요건을 충족시킨다.
- 장기적인 진로와 교육 목적을 충족하도록 설계된 교과목을 선택한다.
- 성공적인 목적 달성과 관련하여 효과적인 경청 및 의사소통 기술을 체득한다.

📖 목적 2: 학교에서의 성공전략 활용

- 조직적인 시간관리와 학습기술을 계속적으로 검토하고 수정한다.
- 향상에 도움이 되는 추가적인 자원들을 확인하고 접근한다.
- 개인적인 행동계획을 수립하고 그것을 달성하기 위한 단계들을 확인한다.
- 흥미, 성취, 적성, 능력에 맞는 졸업 후의 선택을 확인한다.

📖 목적 3: 학업과 성공적인 삶의 관계 이해

- 학교공부, 특별활동, 여가시간, 가족생활의 균형을 유지하는 능력을 체득한다.
- 학교 경험을 강화하기 위한 보조교육 과정과 지역사회 경험들을 수행한다.
- 학습과 일의 관계를 진술한다.
- 삶의 목적을 추구하고 달성 및 유지하는 본질로서 평생학습의 가치에 관해 이해한다.

• 학교 성공과 학업성취가 장래의 진로와 취업을 어떻게 강화하는지 안다.

목적 4: 진로 탐색을 위한 기술의 습득

• 흥미, 가치, 능력에 맞는 직업들을 확인하기 위한 진로평가를 완결한다.
• 직장에서 책임감, 신뢰감, 시간 엄수, 노력 등의 중요성을 개관한다.

목적 5: 성공적인 진로 달성 전략의 활용

• 미래의 진로 성공과 만족을 달성하기 위한 전략을 활용한다.
• 진로계획과 진로 전환을 위해 의사결정 기술을 적용한다.
• 개인적인 기술, 흥미, 능력을 재평가하고 고교 졸업 후의 진로 준비를 향해 적절한 다음 단계를 취한다.
• 장단기 미래계획을 수립하기 위해서 개발된 의사결정 기술을 활용한다.
• 졸업 후 계획 수립에 있어서 이미 배운 의사결정 기술을 적용하고 연습한다.
• 고등학교에서 졸업 후의 훈련이나 직장으로의 전환을 위해 요구되는 단계들을 확인하고 완결한다.

목적 6: 학교와 일의 관계 이해

• 개인적 특성, 교육 및 훈련과 일의 세계 간의 관계를 인식한다.
• 교육적 성취와 진로 성공 간의 관계를 인식한다.
• 일이 개인적 성공과 만족을 달성하는 데 어떻게 도움을 주는지 설명한다.
• 변화하는 직장은 새로운 기술의 습득과 평생학습을 요구함을 인식한다.
• 실습, 취업 설명회 등과 같은 직업중심 학습 상황에서 학업 및 취업 준비를 한다.
• 대입 및 면접을 위한 준비에 있어서 능력, 기술, 성취 및 개인적 특질을 확인한다.

목적 7: 자신과 타인의 이해

- 개인적인 강점과 자산을 확인한다.
- 변화하는 개인적, 사회적 역할을 확인하고 논의한다.
- 독특하고 가치 있는 개인으로서 자기에 대한 긍정적인 태도를 기른다.
- 모든 사람은 권리와 책임을 가짐을 인식한다.

목적 8: 목적 설정 및 달성

- 의사결정 모형을 생활 경험에 적용한다.
- 의사결정과 계획 개발에 있어서 계속적인 변화에 관한 지식을 평가한다.
- 문제를 해결하고 의사결정을 하는 데 대한 도움을 어디서, 언제, 어떻게 구하는지를 체득한다.
- 갈등해결 및 협상 기술을 언제, 어떻게 적용하는가를 체득한다.
- 지식과 기술을 습득하는 데 있어서 인내와 지속성을 갖는다.
- 세 가지 영역 각각에서 개인적인 목적을 확인하고 목적 달성을 위한 과정을 수립한다.
- 목적 달성을 도와줄 중요한 자원을 확인한다.
- 확인된 자원에 접근하기 위한 계획을 수립한다.

목적 9: 생존 및 안전 기술 이해

- 스트레스를 덜기 위한 방법들을 적용할 수 있다.
- 한계, 권리, 개인적 사생활을 주장하는 능력을 체득한다.
- 스트레스와 갈등을 관리하기 위한 기법을 적용한다.
- 중요한 사건들을 관리하기 위한 대응기술을 적용한다.

제2부 학교상담 프로그램의 활용

제4장

학교상담 프로그램의 활용방안

1. 학교상담 프로그램의 특징
2. 학교상담 프로그램의 학교 수준에서의 활용방법
3. 학교상담 프로그램의 지도방법

학교 장면에서 대집단 활동을 바탕으로 한 학교상담 프로그램은 많이 제시되고 있다. 특히 진로 및 인성 · 사회성 발달 프로그램은 각 시 · 도의 교육연구원을 중심으로 많이 개발되어 보급되고 있다. 학교상담 프로그램은 교육의 일부이므로 예방적이고 종합적이며 발달적이고 체계적으로 구성되고 활용되어야 한다. 그러나 현행 학교상담 프로그램은 이러한 측면에서 아쉬운 점이 많다고 하겠다.

이 책에서 제시되는 학교상담 프로그램은 기존 프로그램들의 그러한 부족한 측면들을 보강하여 개발되었다. 특히 이 장에서는 학교상담 프로그램을 제7차 교육과정과 연계하여 활용할 수 있도록 운영방법을 예시로 제시했고 학교상담 프로그램의 특징 및 학교 수준에서의 활용방안도 함께 제시했다.

1. 학교상담 프로그램의 특징

학교상담 프로그램이 기존의 상담 프로그램과 차별화될 수 있는 특징들로는 여러 가지가 있으나, 몇 가지로 정리해 보면 다음과 같다.

1) 발달단계를 고려한 프로그램

이 프로그램은 계획단계부터 학생들의 발달단계를 기초로 하여 구성되었다. 특히 발달이론을 바탕으로 해당 학년 학생들에게 꼭 필요한 내용들을 분석하여 이를 기초로 내용 선정을 하였다. 그리고 현장 교사들을 대상으로 델파이(delphi) 기법을 활용하여 선정된 내용의 적절성을 검증했다.

또한 같은 학년의 학생들이라도 학교 및 학생이 처한 환경과 능력 그리고 여건이 다름을 고려하여, 요구조사를 통해 구체적인 학년을 지정할 수 있도록 특별한 경우를 제외하고는 세부 학년을 지정하는 대신에 고등학교 1~3학년으로 묶어서 제시하였다.

2) 모든 영역을 포괄하는 종합적인 프로그램

학교에서 활용되고 있는 기존의 학교상담 프로그램의 대부분은 특정 영역(예: 진로발달 영역)에 한정하여 만들어진 단편적인 것들이 대부분이다. 그러나 모든 학생들의 정상적인 발달과 건전한 성장을 돕기 위해서는 필요한 모든 영역을 아우를 수 있도록 종합적으로 구성되어야 한다.

따라서 이 프로그램은 기존의 선행 연구를 바탕으로 학교상담의 세부 영역을 설정하고, 이렇게 설정된 영역들이 타당한 것인지에 관하여 상담전문가들을 대상으로 의견을 수렴하여 수정하였다. 이러한 결과를 기초로 학교상담의 세부 목표를 설정하여 학교상담 프로그램을 구성하였다.

3) 모든 학생을 대상으로 한 예방 중심의 프로그램

이 프로그램은 문제가 생겼을 때 당사자들을 도와주는 데 목적이 있다기보다는 해당 연령의 학생들에게 발생할 수 있는 다방면에서의 어려움을 예상하여 도와줄 수 있는 내용으로 구성되었다. 따라서 이 프로그램은 모든 학생을 대상으로 하는 예방 중심의 프로그램이다.

또한 이러한 프로그램을 지도하는 과정에서 눈에 띄는 학생들을 관찰하여 활동이 끝난 후에 개인상담, 심리검사 등의 개별적인 도움을 받도록 함으로써, 해당 영역에서 이미 어려움을 겪는 학생들을 파악하여 도움을 줄 수 있는 장점도 있다.

4) 학년별 연계를 강조한 체계적인 프로그램

학교상담이 학교교육의 일환이며 예방 중심이 되어야 한다면, 초등학교부터 고등학교에 이르기까지 연계성을 가지고 체계적으로 내용을 구성하여 제시해야 한다. 여기에 제시된 고등학교 프로그램은 초등학교 및 중학교 프로그램과의 연계성을 고려하여 작성된 것이다.

따라서 이 프로그램은 선행 학년에서 어떤 프로그램을 행하였는지에 관해 전혀 모르는 상태에서 중복적으로 행해지거나 혹은 꼭 필요한 부분이 누락될 위험이 감소될 수 있다. 이는 꼭 필요한 부분이 누락되어 나타날 수 있는 많은 문제들을 예방할 수 있으며, 같은 프로그램의 반복에서 오는 흥미의 저하와 노력의 낭비를 막을 수 있는 장점이 있다.

5) 관련 교과와 연계하여 지도할 수 있는 프로그램

학교상담이 교육의 일환이므로, 이를 효율적이고 효과적으로 수행하기 위해서는 학교상담 프로그램을 교과와 연계하여 지도하여야 한다. 특히 학교상담 프로그램의 목표를 각 교과의 목표와 비교하여, 유사한 목표들은 통합하고 상호 보완할 수 있는 활동을 하게 함으로써 교과목표와 학교상담의 목표를 동시에 달성할 수 있다면 더욱 효과적이라 할 것이다.

6) 누구나 쉽게 활용할 수 있는 프로그램

이 프로그램은 그 양식이나 내용을 교사들에게 익숙한 교과 지도안 형태로 제시함으로써 학교상담에 대한 간단한 기초 지식만 있다면 교사들이 쉽게 활용할 수 있도록 구성되어 있다. 특히 학생들이 활동할 때 필요로 하는 활동지, 활동을 하면서 학생들에게 읽어 줄 필요가 있는 읽기자료, 교사들의 이해를 돕기 위한 참고자료, 과제를 제시할 때 필요한 과제 활동지 등 프로그램을 수행하는 데 필요한 일체의 자료들을 자세히 제시하여 교사들이 별도로 준비하지 않고도 쉽게 활용할 수 있도록 하였다.

7) 제7차 교육과정의 정신에 부합하는 프로그램

제7차 교육과정에서는 학생들의 능력과 학교가 처한 상황에 따라 학교나 담임교사들이 능동적으로 대처하여 교육활동을 하도록 하기 위해서 학교와 담임교사에게 교육과정 결정권을 대폭적으로 이양하고 있으며, 교육과정에서도 담임교사에게 재량시간을 부여하고 있다. 그러나 학교 현장에서는 이러한 변화에 대응하여 재량시간을 어떤 내용으로 어떻게 지도하고 활용해야 하는지에 대해서 어려움을 겪고 있는 것이 현실이다.

이 프로그램은 이러한 제7차 교육과정의 정신에 부합하고 학교 현장의 교사들에게 좋은 길잡이 역할을 하는 자료가 될 수 있다.

2. 학교상담 프로그램의 학교 수준에서의 활용방법

현행 교육체제하에서 학교상담 교육과정을 적용하기 위한 방안으로 교과와의 연계를 통한 지도방법과 특별활동 및 재량활동 시간을 활용한 독자적인 지도방안을 생각해 볼 수 있다. 이를 위해 제7차 고등학교 교육과정상의 학교상담 관련 목표를 추출하여 이와 연계 지도 및 보완을 통해 학교상담 교육과정의 목표도 함께 달성할 수 있는 방안을 강구할 것이며, 교과에서는 다루어지지 않는 학교상담의 고유 영역은 특별활동 및 재량활동 시간에서 가용시간을 확보하여 지도하는 방안을 제시할 것이다.

1) 교과와의 연계를 통한 학교상담 교육과정의 운영

학교상담 교육과정의 목표와 내용을 살펴보면 교과와 밀접하게 관련된 목표들이 있다. 이러한 부분들은 기존의 교과를 보완할 수 있는 프로그램을 작성하여 활용함으로써 교과목표의 달성과 아울러 학교상담의 목표를 동시에 달성할 수 있다. 이를 위해서는 우선 제7차 교육과정 중에서 학교상담과 관련성을 가지고 있는 국어, 도덕, 사회, 기술 · 가정 등을 중심으로 교육과정 및 수업의 목표를 분석할 필요가 있다.

2) 독자적인 학교상담 교육과정의 운영

학교상담 교육과정의 내용 및 목표를 살펴보면 교과에서 다루어지지 않는 학교상담의 고유 영역이 있음을 알 수 있다. 이러한 영역들로는 대개 긍정적 자기개념

형성, 사회성 기술, 스트레스 및 분노 대처하기, 좋은 학습습관의 형성, 목적 설정 기법, 효과적인 의사결정 기술 등을 들 수 있다. 이러한 영역들은 별도의 시간을 배정하여 독자적인 학교상담 교육과정을 운영해야 한다. 그러기 위해서는 가용시간을 추출하여 활용해야 하는데, 제7차 교육과정에서 특별활동 및 재량활동 시간을 적절히 활용하는 방안이 제안될 수 있다.

(1) 특별활동 시간에서의 가용시간 추출

제7차 교육과정에서 특별활동에 배당된 시간은 초등학교 1학년은 30시간, 2 · 3학년은 34시간이며, 4학년부터 고등학교 1학년까지는 68시간, 그리고 고등학교 2 · 3학년은 136시간(8단위)을 이수하도록 배정되어 있다. 특별활동의 5개 영역 중 학교상담 교육과정 영역과 매우 유사한 영역이 바로 적응활동 영역임을 감안하여 적응활동 영역의 배당시간(4시간)을 학교상담 교육과정 시간으로 편성할 수 있다. 특별활동의 편성 · 운영상 4～7시간을 배정할 수 있고 시간 수가 확보되지 않은 16일, 즉 64～96시간을 특별활동 시간으로 편성하여 활용하도록 하였는데, 이 중 고등학교 1학년에서 13시간 정도를 확보한다면 대략 주당 1시간씩 총 17시간을 확보할 수 있을 것이다. 또한 고등학교 2 · 3학년은 재량활동 시간이 확보되지 않았으므로 특별활동 시간에서 34시간을 확보해야 할 것이다. 정리해 보면, 특별활동에서는 〈표 4－1〉과 같은 시간 수를 학교상담에 활용할 수 있다.

〈표 4-1〉 고등학교 특별활동 시간에서의 추출 가능 시간 수

구분 \ 학년	1	2	3
특별활동	68	136	136
적응활동 시간 수	4	8	8
융통성 시간 수	13	26	26
학교상담 적용 가능 시간 수	17	34	34

(2) 재량활동 시간에서의 가용시간 추출

제7차 교육과정에서 재량활동에 배당된 시간은 초등학교 1학년은 60시간, 2~6학년은 68시간이며, 중학교는 136시간, 고등학교 1학년은 204시간(12단위)이다. 이 중 학교상담 교육과정 영역에 배정할 수 있는 재량활동 하위 영역은 창의적 재량활동 시간에 한정될 것이다. 따라서 고등학교는 1학년에만 34시간 이상을 창의적 재량활동 시간에 배정할 수 있을 것이다. 이러한 내용을 바탕으로 학년별 추출 가능한 시간 수를 정리해 보면 〈표 4-2〉와 같다.

〈표 4-2〉 고등학교 재량활동 시간에서의 추출 가능 시간 수

구분 \ 학년	1	2	3
재량활동	204	–	–
창의적 재량활동	34	–	–
학교상담 적용가능 시간 수	34	0	0

(3) 학교상담에 적용 가능한 시간 수

제7차 교육과정에서 특별활동 및 재량활동에 배정된 시간 중에서 학교상담 교육과정을 적용할 수 있는 시간을 추출한 결과 최소한 주당 1시간씩 연간 34시간을 배당할 수 있다. 구체적인 배당시간은 〈표 4-3〉과 같다.

〈표 4-3〉 고등학교에서 학교상담 교육과정에 적용 가능한 시간 수

구분 \ 학년	1	2	3
특별활동	17	34	34
재량활동	17	–	–
계	34	34	34

3. 학교상담 프로그램의 지도방법

학교상담 프로그램은 수업활동과 집단활동으로 실행된다. 먼저 수업활동은 상담교사가 담임교사와 협의하여 학교상담 교육과정의 학습활동이나 단원을 교실에서 운영하는 것이며, 집단활동은 상담교사가 확인된 학생들의 흥미나 요구에 반응하기 위하여 교실 밖에서 집단을 운영하는 것이다. 상담교사는 학생 참여자들의 기술과 지식을 향상시키기 위해 고안된 구조화된 활동을 계획하고 이끌어 나간다. 이 중에서도 학교상담의 수업활동은 필연적으로 대집단(학급단위) 상담방법들을 활용하게 되는데, 이에 관해 구체적으로 살펴보면 다음과 같다.

1) 학급단위 학교상담 프로그램 구성 시 고려사항

(1) 학급단위 학교상담의 단원 조직

학급단위 학교상담은 학생들이 상담교사, 교사 또는 둘 다와 함께 모여 활동하는 조력의 과정으로 볼 수 있다. 이것은 또한 조직화된 학교상담 교육과정의 일부인 일련의 수업과정일 수도 있다. 학교상담 교육과정은 핵심적인 초점이나 주제를 갖는 몇 개의 단원으로 구성되며, 여기에도 일반적인 목적과 구체적인 목적들이 있다. 단원들은 좀 더 구체적인 목표와 활동이 포함된 회기들로 세분되며 이러한 단원과 회기들은 학생들의 발달적인 욕구와 흥미에 초점을 맞춘 계열적인 순서에 따라 배치된다.

① 목적과 목표

학급단위 학교상담 활동에서도 개인상담이나 소집단 상담에서 다루는 것과 동일한 주제들을 가지고 활동할 수 있으나 학급단위 학교상담은 좀 더 구조화되고 탐색적이며 학생들의 일반적인 욕구와 흥미를 지향하는 경향이 있다.

학교상담 단원들은 서로 다른 학년 수준에 있는 학생들의 발달적 욕구와 흥미에 초점을 맞춘다. '친구가 놀릴 때의 대처방법'은 놀림이나 험담으로 인해 친구들과 문제를 겪고 있는 초등학교 집단에 적합할 수 있는 반면, '직업 구하기'에 관한 학교상담 단원은 중학교나 고등학교 집단에서 관심을 가지고 잘 참여할 수 있을 것이다.

② 시기적으로 적절한 시기에 지도하기

Faust(1968)는 학교 교실에서 학교상담 수업이 어떻게 도입될 수 있는가를 기술하였다. 그는 특정한 사건이 학생의 사고를 자극하고 상상과 감정을 유발할 수 있는 '시기적으로 적절한 교수'의 가치를 강조하였고, 교사와 상담교사가 적절한 시기에 기회를 마련하여 학생들이 사고, 감정, 행동들을 탐색할 수 있도록 권장하였다.

③ 개인화

Faust의 연구(1968)에 의하면 대부분의 학급단위 학교상담에서 각 회기의 개인적 목표들은 주제에 관계없이 다음과 같다. 첫째, 인간은 모두 감정이 있으며 감정, 사고, 행동은 어떻게 관련되는가를 아는 것이다. 둘째, 모든 사람은 다양한 종류의 기쁨과 슬픔의 감정을 경험하게 되며 이러한 감정들이 삶의 일부라는 것을 아는 것이다. 셋째, 감정을 갖는다는 것은 잘못된 것이 아님을 아는 것이다. 넷째, 감정을 표현하는 데는 사회적으로 수용될 수 있는 몇 가지의 방법이 있음을 배우는 것이다. 학생들은 감정을 가지고 있다고 하여 반드시 그에 따라 행동할 수만은 없으며, 타인과 더불어 살아가는 데 있어서 서로에게 도움이 되는 사회적 행동들이 존중되어야 함을 배울 수 있다.

④ 접근 용이성

일과시간 중에 학급단위 학교상담 활동의 시간이 정규적으로 계획되고, 이에 따라 학교상담 각 단원활동이 실시되어야 한다. 그렇지 않으면 상담교사들은 담임교사들에게 교과 수업시간을 내어 주도록 설득해야만 한다.

(2) 학급단위 학교상담의 리더

종합적, 발달적 학교상담 프로그램이 있는 학교에서는 교사와 상담자가 학교 상담 단원들을 함께 개발하는데 그 단원들은 학생들과 그들의 일반적인 발달적 욕구 및 흥미에 맞게 개발된다. 상담교사는 학급단위 학교상담에서 적어도 두 가지의 역할을 수행할 수 있다. 우선 학교상담 교육과정을 개발함에 있어서 교사들을 자문하고 학교상담 교육과정에 대한 방향을 제공할 수 있다. 또한 학교상담 단원이나 회기들을 직접 지도하고 경우에 따라서 교사나 다른 상담자의 보조 지도자로서 역할을 수행할 수도 있다.

소수의 선택된 학생들만이 발달적 학교상담 프로그램에 참여할 수 있게 하는 것은 적절치 못하므로 담임교사가 학급단위 학교상담 활동에 적극적으로 참여해야만 한다. 그들은 발달적인 학교상담의 이면에 있는 철학과 학교상담 단원들의 조직 및 제시방법을 이해하고, 모든 학생들이 참여할 수 있는 대집단의 운영과 집단 논의를 촉진하는 방법 등에 관한 지식과 기술도 갖추어야 한다.

상담교사는 교과수업에서 활용하는 많은 기술들을 학급단위 학교상담에 적용할 수 있으나, 이때 지도자의 역할과 집단의 목적을 고려해야 할 필요가 있다. 학교상담 활동을 위해서 교사와 상담교사들은 아주 촉진적인 반응들을 많이 사용함으로써 촉진적인 조건 조성에 관해 더 많이 노력해야 한다. 상담교사는 이미 교육과정으로 개발되거나 조직된 학교상담 단원에 대해 담임교사와 만나 논의할 수 있다. 만약 이미 조직된 단원들에 계열성이 없다면 상담교사는 그 단원들이 제공되는 가장 적절한 시기를 결정하는 데 도움을 줄 수 있다. 또한 몇몇 활동들을 재검토하고 절차들을 논의하면서 대안적인 활동이나 방법들을 찾을 수 있다. 뿐만 아니라 상담교사는 담임교사에게 시범을 보여 주고 그들의 노력과 기술들에 대해 강화해 주어야 한다.

(3) 학급단위 학교상담 활동 시의 집단 구성

집단의 크기는 발생하는 상호작용의 양과 유형, 도입되는 주제의 본질, 개인적인 참여도와 비밀 유지의 정도에 분명히 영향을 미칠 수 있다. 그러나 활동과 절차에 따라 학급단위 학교상담 참여자들은 적극적인 역할을 부여받을 수 있으며 개인적인 주제도 논의할 수 있다. 구성원들은 집단을 이끌고 있는 상담교사나 교사로부터 개인적인 주목을 받고 있음을 느낄 수 있어야 한다. 그러할 때 학급단위 학교상담 회기가 학생들의 삶에 많은 영향을 미칠 수 있다. 따라서 학급단위 학교상담에 있어서 활동대상의 수에 제한이 있는 것은 아니며, 100명 이상의 학생들과도 활동할 수 있다. 즉, 옆에서 도와주는 조력자와 함께 할 수 있다면 집단의 크기는 문제가 되지 않는다. 그러나 상담교사들은 25~30명의 학생들과 활동하는 것이 가장 바람직하다. 이는 약 5~6명의 학생들을 5~6개의 집단으로 편하게 나눌 수 있으며, 이러한 소집단들은 2명 또는 3명씩 나누어 짝을 지어 소집단 활동을 하는 데도 도움이 될 수 있기 때문이다.

(4) 학급단위 학교상담의 활동 장소

집단의 크기는 가용 시설이나 공간에 의해 결정될 수도 있다. 학급단위 학교상담에서 학생들과 만나는 가장 일반적인 장소는 교실이다. 교실 이외의 다른 장소로는 도서실, 급식실, 체육관, 강당 등이 있을 수 있다. 이러한 장소는 네 구석과 중앙에 최소한 5개의 작은 원을 만들 수 있을 정도의 충분한 공간이 있어야 한다.

학급단위 학교상담이 주로 정보 제공을 목적으로 할 때나 시간이 제한되어 있을 때에는 강당을 활용할 수 있다. 이러한 상황에서는 학생집단의 대표자들에게 질문을 하고, 패널토의에 참여하게 하거나 집단에서 요구되는 대화를 제시하게 하는 방법도 있다.

(5) 학급단위 학교상담의 활동 시간과 시수

고등학교에서의 학급단위 학교상담은 간혹 50분 이상 계획되는 경우가 있기도 하나, 대부분은 학교의 시종 계획에 따라 구조화된다.

학교상담 단원은 몇 개의 회기로 조직될 수 있으나 실제적으로 단원당 6회기로 조직하는 것이 좋으며, 마지막 회기는 주로 평가와 정리에 활용하는 것이 바람직하다.

(6) 학급단위 학교상담에의 활동내용 선정

집단활동은 참여자들이 어떤 과제에 참여한 후 그들의 경험에 관해 이야기하는 활동들로 구성된다. 그 활동들은 자기 개방, 피드백, 인식 확대 및 의사결정, 책임 있는 행동에 관한 네 가지 촉진적 과정과 관련된다. 단지 활동만으로는 학생들을 돕는 데 있어서 거의 효과가 없으므로 각 활동은 단원이나 회기의 목표들과 관련되어 실시되어야 한다. 또한 특정 연령집단과 학교 장면에의 적합성 여부도 함께 고려되어야만 한다. 만일 학교상담 활동들이 주의 깊게 선택되지 않으면 오용되거나 부적절한 활동이 될 가능성이 높아지며, 학교상담 목표에도 어긋날 수 있기 때문이다.

모든 활동들은 목적에 부합되도록 수정되어야 하며, 이미 출간되어 많이 활용되고 있는 활동이라도 상담교사가 생각하기에 부적절하다고 생각된다면 그것을 대치하거나 수정하여 활용하면 된다.

2) 학급단위 학교상담의 촉진방법

소집단 상담에서 사용하는 많은 기술들은 학급단위에서도 적합할 수 있다. 상담교사는 고도로 촉진적인 반응들을 사용하고 집단 참여자들로부터 촉진적인 반응들을 이끌어 내야 한다. 상담교사가 활동이나 논의를 통해서 집단을 이끌어 나갈 때 다음의 사항들을 고려하면 도움이 된다(Myrick, 1993).

첫째, 모든 긍정적인 면들을 수용해야 한다. 비록 목표에는 부적합하더라도 학생들의 노력에 대해 인정해 주는 것이 좋다. 상담교사는 학생이 표현한 것의 핵심 생각을 파악하여 그것을 부정하지 말고 주제와 관련시켜야 한다. 또한 필요하다면 그 말의 핵심을 재구성하고 방향을 수정할 필요도 있다. "좋아요. 그것 참 재미있네요. 하지만 ~과는 어떻게 관련시킬 수 있을까요?" "좋습니다. 영철이는 지금 ~라고 말하는 것 같네요."(사고의 재구조화)와 같은 반응들이 그 예가 될 수 있다.

둘째, 시선(eye contact)을 활용해야 한다. 시선은 의사소통의 일부로서 상담교사가 주목하고 있다거나 관심을 보인다는 것을 나타내 준다. 상담교사의 시선은 학생들에게 그들을 주목하고 있음을 표현하거나 간단한 인정을 해 주는 것일 수도 있으며, 잘한 점을 강화하고 그것을 유도하는 역할을 하기도 한다. 또한 무시나 관심의 표시 등 말로 하는 것보다 더 많은 것을 의사소통하고 감정을 표현해 주기도 한다. 특히 학급단위 학교상담에 있어서 몇 개의 하위 그룹으로 나누어 활동할 때 시선을 활용하면 효과적이다. 전체 집단에게 개방적 질문을 하고 나서, 상담교사는 각 집단 중의 하나로부터 반응을 유도하기 위하여 시선을 활용할 수 있으며, 손짓을 하며 "이 집단에 있는 여러분들 중의 한 사람으로부터 들어 보고 싶네요."라고 말할 수도 있다.

참여자들은 자신이 언제 이야기를 해야 할지를 모르거나 혼자서 너무 많이 이야기할 수도 있다. 이때 상담교사의 시선과 말은 이야기할 시간이 되었을 때를 나타내 줄 수도 있으며 사람들의 반응을 유도할 수도 있다. 한편 자신감이 없는 학생들은 상담교사와 시선 마주치기를 꺼리는데, 그들의 반응을 유도할 경우에는 반응이 금방 나오지 않을 수도 있다. 그럴 때는 "좋아요. 시간을 가지고 잠시 생각해 보세요."라고 말하고 잠시 후 그 질문을 다시 하는 것이 좋다. 기타의 비언어적 행동들(예: 몸짓, 얼굴 표정, 목소리 톤, 집단에서의 신체적 거리 등)도 집단을 촉진시키는 데 있어서 중요한 역할을 한다. 상담교사는 그러한 것들이 집단에 어떤 영향을 미치는지 알고 긍정적으로 활용할 수 있어야만 한다.

셋째, 참여를 강화해야 한다. 시선이 참여를 거부하거나 강화하는 데 사용될 수 있듯이, 단어의 선택도 마찬가지다. "잘했어." "훌륭해." "너무 잘했어." "대단해." "아주 잘했어." 등과 같은 평가적 용어를 너무 많이 쓰는 것은 주의해야 한다. 평가는 긍정적이든 부정적이든 집단에서 촉진적인 조건의 형성을 방해한다. 평가는 필요하고 피할 수 없는 것이나 촉진적이지는 않다. 따라서 "좋아요." "맞았어요." "얘기해 줘서 고마워요." "감사합니다." 등은 덜 평가적이면서도 더 많은 인정을 해 주는 것처럼 보이기 때문에 좋은 말들이다.

칭찬의 형태로 하는 피드백은 개인이나 집단을 효과적으로 강화해 줄 수 있다. 대부분의 상담교사와 교사들은 칭찬을 충분히 하지 않는다. 개인이나 집단으로 하여금 상담교사가 그들의 반응을 가치 있게 생각한다는 것을 인식할 수 있는 방법을 강구해야 한다. 학생들은 집단이 진행되고 있으며, 자신들이 이에 중요한 공헌을 하고 있다는 것을 확인하고 싶어 하기 때문이다.

넷째, 학생들에게 가까이 다가가거나 멀리 물러설 필요가 있다. 상담교사가 대집단에 도움이 된다고 생각하는 행동의 형태를 유도하지 못했거나 저항에 직면한다면, 집단원들의 행동이 상담교사에게 미치는 영향에 관해 개인이나 집단에게 정중하게 이야기하는 피드백 모형을 활용하는 것이 좋다. 또한 집단 내에 비참여적이고 파괴적인 학생이 있다면, 그 학생의 주의를 환기시키기 위해 상담교사의 신체적 움직임을 활용할 수도 있다. 즉, 그런 학생이 있을 때 그 학생에게 가까이 다가가면 그 학생이 좀 더 조심하게 되는 경향이 있기 때문이다. 그렇게 되면 불안이 증가하고 상담교사의 말과 움직임에 대한 집중도 증가할 것이다. 학생들이 피로해할 때에 상담교사는 교실의 앞이나 한쪽에 멈추어 있는 대신에 계속해서 움직일 필요가 있다. 그러한 움직임은 단조로움을 깨고 학생들에게 자극을 주기도 하며 사람들로 하여금 주목하게 만든다.

반대로 한 집단이나 학생이 논의에 너무 지배적으로 참여한다면 그 학생이나 집단에게서 멀리 물러설 필요가 있다. 즉, 다른 집단 쪽으로 이동하여 "우리는 이미 몇몇 집단원들의 이야기를 들었습니다. 이제 우리 나머지 사람들의 생각을 들어 봅시다. 이쪽에 있는 누군가의 말을 들어 보는 게 어떨까요?"라고 이야기하는 것도 한 방법이 될 수 있다.

다섯째, 한계를 정할 필요가 있다. 종종 집단에는 파괴적이거나 수용될 수 없는 행동을 하는 학생들이 있을 수 있는데, 그런 경우에는 그들의 감정에 대해 먼저 반응을 하고 나서 그들이 할 수 있거나 할 수 없는 것에 관해 이야기함으로써 그 학생들에게 몇 가지 한계를 정해 줄 필요가 있다. 또한 원칙적으로 그들에게 어떤 행동을 못하게 하는 대신 그 사람에게 기대하는 것에 초점을 맞추는 것이 가장 좋다. 상담교사가 누군가에게 하길 원하는 것을 먼저 요구하고 나중에 복종을 요구하면 방향을 제시하는 데 실패하기가 쉽다.

한계 설정은 또한 한 학생이 너무 많이 이야기하거나 너무 이야기를 안 할 때 사용될 수도 있다. 너무 많은 스트레스나 불안을 가지고 있는 학생들은 특별히 그들의 마음을 바꾸어 놓을 기회가 주어지지 않는다면 스스로 집단에 참여하지 않고 방관하기 때문이다.

여섯째, 과제를 부여할 필요가 있다. 대집단에서 집단 구성원들에게 구체적인 과제를 제시하는 것은 촉진적일 수 있다. '지금-여기'의 과제들은 집단을 동기화시키고 경험을 내면화하기에 충분한 흥미를 유발한다. "그 당시에 그 학생은 무엇을 느꼈을까요?"와 같은 '그때-거기'의 과제들은 너무 가정적이고 집단의 경험과 동떨어진 것일 수 있으므로 동기 유발과 참여를 유도하는 데 실패할 위험이 크다.

일곱째, 계획을 수립할 필요가 있다. 경험이 있는 상담교사나 교사들은 계획을 구체적으로 세우지 않더라도 활동을 매끄럽게 진행하지만 그렇지 못한 교사들은 계획을 상세하게 수립할 필요가 있다. 가장 효과적인 상담교사는 그들이 달성하려는 목표에 관해 분명한 의식과 필요한 자료들을 가지고 있으며 집단을 어떻게 시작할 것인지를 알고 있는 상담교사다. 그들은 집단을 진행할 교실이나 장소에 적합한 구체적인 활동절차에 관한 계획을 가지고 있으며 집단 논의를 결론지을 방법이나 요약 진술을 마음속에 가지고 있을 수 있다. 그러나 경험이 없는 지도자라면 구체적인 수업안을 가지고 있는 것이 아주 효과적이다.

3) 학급단위 학교상담의 집단 배치 방법

집단 배치는 집단의 대인간 역동과 상담교사와 학생들 간에 일어날 수 있는 상호작용의 종류에 영향을 미칠 수 있다. 일반적으로 학생들이 앉을 수 있는 기본적인 좌석 배치로는 [그림 4-1]에 나타난 다섯 가지를 들 수 있다(Myrick, 1993). 각각은 장단점을 가지고 있다.

열별 배치 이는 줄별로 학생들이 앉는 것으로서, 모든 학교에서 학급단위 배치에 가장 보편적으로 사용된다. 의자는 대개 6~7줄로 배치되어 있으며 각 줄에는 5~6개의 좌석이 있다. 종종 책상들이 추가되나, 앞쪽에 교사의 교탁과 함께 몇 줄에만 배치된다. 이 배치방법은 강의를 하는 데 가장 이상적인 방법이다. 학생들의 시선은 교실의 정면을 향하고 있으며 다른 곳에 주의를 집중시키기 어렵다. 참여자들 간에 시선을 마주 보는 것이 제한되어 있기 때문에 토의를 하는 데는 어려움이 따른다. 시선 접촉의 부족은 피드백 과정을 저해하며, 학생들은 자신의 행동이 타인들에 의해 어떻게 받아들여지고 있는가를 알 수 없기 때문에 참여를 주저하게 된다. 그러나 학생들을 소개하고 그들에게 발표를 듣게 하려고 할 때는 이러한 좌석 배치는 가장 적합하다고 할 수 있다.

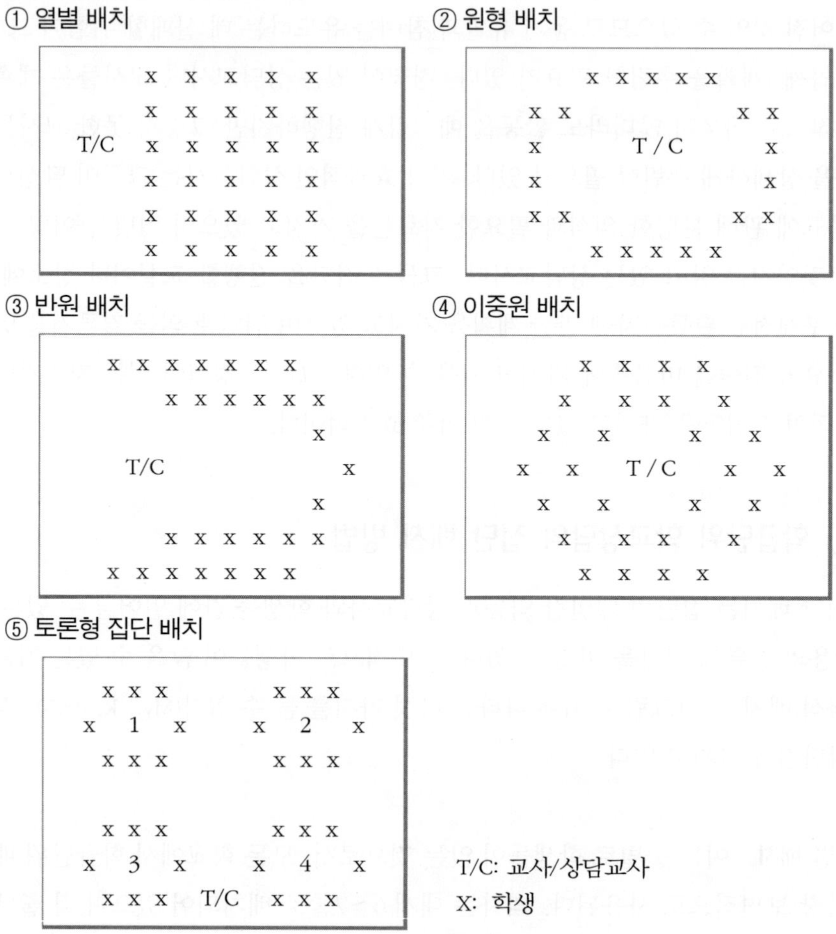

[그림 4-1] 학급단위의 좌석 배치

원형 배치 원형 배치는 서로 시선을 마주 보게 함으로써 참여를 자극하기 위하여 학생들을 큰 원으로 앉게 하는 방법이다. 이것은 모든 사람들이 서로를 볼 수 있게 해 주며 모든 사람이 좀 더 참여할 수 있도록 만든다. 그러나 집단원의 수가 너무 많으면 시선 접촉이 제한되고 참여가 저조해지기 쉬우므로, 보통 15~20명의 학생으로 원을 만드는 것이 바람직하다.

반원 배치 반원 배치에서도 시선은 여전히 앞을 보고 있으나 열별 배치보다 서로를 좀 더 잘 볼 수 있으며 모든 사람이 토의에 참여하기가 더 수월하다. 그러나 원형 배치와 마찬가지로 20명 이상의 학생들이 참여하게 되면 반원이 아주 커지게 되어 집단 속에 참여한다는 느낌이 줄어든다. 이를 극복하기 위해서는 두세 줄의 반원으로 학생을 배치하여 집단을 더 집중할 수 있게 하기도 한다.

이중원 배치 학생들은 종종 두 개의 동심원으로 배치되기도 하는데, 안쪽 원에는 바깥쪽 원보다 학생들의 수가 적다. 이러한 배치는 시범을 보이거나 한 집단 내에 있는 하부집단 활동을 관찰할 때 적합하다. 그리고 이러한 경우에 바깥쪽 원에 있는 학생들은 안쪽 원에 있는 집단원들이 하는 말을 잘 듣되, 이를 방해하지 않고 관찰하도록 해야 한다. 그러나 관찰만을 하게 되면 지루해지기 쉬우므로 구체적인 관찰과제를 제시하거나 중간중간에 안쪽 원에 있는 집단원들이 하고 있는 활동들을 잠시 멈추게 하고 바깥쪽 원에 있는 집단원들에게 간단한 피드백을 하게 할 수도 있다.

토론형 집단 배치 자주 활용되는 또 다른 배치방법은 학생들을 약 5~6명 정도의 집단으로 나눈 다음, 각 집단에 서로 다른 토론과제나 활동을 제시하는 것이다. 이러한 과제가 배정되면 교사나 상담교사는 감독자로서 집단을 오가며 학생들의 참여를 자극하게 된다. 토론형 집단으로 활동하게 하는 것은 소극적으로 방관하는 학생들을 줄여 시선 접촉을 증가시키며 협동심을 높임으로써 활발한 활동을 유도한다. 따라서 이것은 집단 학교상담 수업에 모든 학생이 적극적으로 참여하도록 도와주는 가장 손쉬운 방법이다.

4) 학급단위 학교상담의 장점과 단점

학급단위 학교상담은 대집단 활동으로서 많은 장점이 있는 반면 단점도 있다. 먼저 학급단위 학교상담 활동의 장점을 살펴보면 다음과 같다. 첫째, 대집단은 한 번에 상담교사로부터 도움을 받을 수 있는 학생들의 수가 많으므로 상담교사의 활동 가운데 가장 경제적인 접근방법이다. 둘째, 학급단위 학교상담은 대개 개인 및 소집단 상담보다 덜 심각하고 덜 사적이기 때문에 외부 인사들이 이러한 활동을 하는 데 도움을 줄 수 있고 학급단위 회기에 참여할 수도 있다. 또한 도움을 줄 수 있는 사람을 외부에서 초빙할 수도 있다. 셋째, 몇몇 학생들은 개인 및 소집단 상담에 혼자 참여하는 것보다는 대집단에서 좀 더 안전함을 느낀다. 따라서 학생들은 대집단 속에서 부담을 덜 가지고 좀 더 참여적이게 된다. 넷째, 학급단위 학교상담은 학교에서 상담교사의 다른 개입책들(예: 개인상담)보다 더 신속하게 긍정적이고 허용적인 분위기를 조성할 수 있다. 더욱이 사고, 감정, 행동의 탐색은 대부분의 학생들에게 익숙한 맥락에서 이루어지며 학교상담 수업은 학교에서의 일상적인 사건들에 일반화시킬 기회를 더 많이 제공해 준다.

반면에 학급단위 학교상담 활동은 다음과 같은 단점도 있다. 첫째, 어떤 학생들은 학급단위에서 받을 수 있는 것보다 더 많은 주의를 필요로 하나 집단 학교상담에서는 일반화 경향이 더 강하므로 이러한 측면을 충족시키기가 어렵다. 둘째, 몇몇 주제나 학생의 욕구들은 너무 사적이어서 학급단위 장면에서 탐색하는 데는 무리가 있을 수 있다. 집단의 크기로 인하여 모든 사람의 반응을 제대로 받아들일 수 없도록 만듦으로써 잘못된 의사소통을 할 가능성이 크다. 셋째, 학급단위 학교상담에서는 상담교사가 지시를 많이 하도록 요구하며 더욱 구조화할 것을 요구하므로 경직될 수가 있다.

5) 학교상담 교육과정 지도 시 관련 인사들의 역할

학교상담 교육과정을 지도하는 데 있어서 핵심적인 역할을 수행하는 것은 상담교사다. 하지만 상담교사 혼자만의 노력으로는 의도한 바를 제대로 이루어 내기가 힘들다. 따라서 교사, 교육 행정가, 학부모, 지역사회 인사 등의 협력이 절대적으로 필요하다. 학교상담 교육과정의 지도에 있어서 이들 각각이 어떤 역할을 해야 하는지에 관해서 정리하면 다음과 같다(Wilson, 1986).

상담교사 상담교사는 모든 학생들을 위하여 학업, 인성 · 사회성, 진로/직업적 욕구들에 초점을 맞춘 학교상담 교육과정을 작성하며, 직업 세계에 관한 인식을 돕기 위해 지역사회와 동반자적 관계를 유지하여 이들과 연계한 프로그램을 제공한다. 또한 학생들과의 개별적, 집단적 접촉과 학급단위 지도, 교사들과의 공동 지도 등을 통해서 학생들의 성장 · 발달에 도움을 준다.

담임교사 담임교사들은 학생들이 학업, 인성 · 사회성, 진로/직업적 욕구를 달성하도록 상담교사와 긴밀히 협조하고 자문을 받아 학교상담 교육과정을 전달한다. 특히 학생의 전반적인 발달에 필수적인 학교상담 활동들을 계획하고 실행하기 위한 팀원으로서 참여한다.

교장 및 교감 학교상담 지도요원들이 학교상담 교육과정을 지도하는 데 필요한 기능과 지식을 향상시킬 수 있도록 지원하며, 상담교사가 학교상담 교육과정을 수립하는 데 있어서 적극적인 지원을 제공한다. 또한 학교상담 교육과정이 효율적이고 제대로 지도되고 있는지 등을 모니터한다.

학부모 및 지역사회 인사 학부모는 자녀의 학업, 인성 · 사회성, 진로/직업적 성장을 지원하기 위하여 교사 및 상담교사와 함께 학교상담 교육과정을 지도하는 데 참여한다. 또한 지역사회 내의 산업계 대표자는 학생들에게 최근의 노동시장 정보와 실습 등에 관한 현장감 있는 정보를 제공하고 이에 관해 자문을 하는 역할을 한다.

제5장

학교상담 프로그램의 활용 사례

1. 학교상담 프로그램의 기본 방향
2. 학교상담 프로그램의 요구조사
3. 학교상담 프로그램의 목표 설정
4. 학교상담 프로그램의 내용 및 활동안 개발
5. 학교상담 프로그램의 실행계획 수립 및 실행
6. 학교상담 프로그램의 평가

여기에서는 이 프로그램의 현장 적용에 대한 이해를 돕기 위하여, 노향옥(2004)이 학교 현장에서 고등학교 1학년 학생을 대상으로 학교상담 프로그램을 구성하여 활용한 사례를 편집 및 수정하여 제시했다.

1. 학교상담 프로그램의 기본 방향

1) 학교상담 프로그램의 성격(정의)

학교상담은 학교의 전반적인 교육 프로그램의 통합적인 일부다. 이는 발달적으로 설계되며, 연계성 있는 조직화된 활동들이 포함되고, 교사, 행정가, 학생 및 학부모들의 지원하에 자격 있는 상담교사에 의해 실행된다. 학교상담 프로그램에는 학교상담 교육과정, 개별계획, 반응적 서비스, 체제지원 등의 요소들이 포함된다. 학교상담 프로그램은 진로 계획 및 탐색, 자신과 타인의 이해, 교육 및 직업적 발달에 관한 목표들을 모든 학생들이 습득할 수 있도록 도와줌으로써 그들의 요구를 해결하도록 설계된다.

2) 학교상담 프로그램의 기본 방향(철학)

학교는 학교상담 프로그램을 전체적인 교육의 과정에서 중요하고 통합적인 일부라고 생각한다. 학생들은 정서적, 사회적, 교육적으로 계속 성장하기 때문에, 학교상담 프로그램은 이러한 성장 및 발달과 관련된 여러 주제들을 다루어야만 한다. 또한 성장과 학습이 발달적이기에 학교상담 역시 발달적이고 연계성이 있어야 한다. 학교상담은 입학 전부터 평생에 걸쳐 요구되는 활동이므로 유치원부터 고등학교 3학년에 걸친 발달적 프로그램은 모든 학생들에게 관심을 갖는다. 곧 종합적 학교상담 프로그램은 위기 지향적이라기보다는 모든 학생들을 위한 것이다.

2. 학교상담 프로그램의 요구조사

고등학교 교육과정의 교육목표, 미국 학교상담 프로그램의 목표, 고등학교 학생의 발달과업을 분석한 결과를 문항 제작의 근거로 해서, 일반계 고등학교 1학년 학교상담에 필요하다고 생각되는 내용으로 요구조사 문항을 설계하였다. 설계된 문항은 영역별로 나누었으며 44개 항목이다. 문항 작성은 연구자가 작성한 후 전문가의 자문을 받아 수정 · 보완하였다.

1) 요구조사 대상 및 도구

요구조사는 서울특별시 광진구에 소재하고 있는 1개 고등학교의 전체 16학급 중에서 4개 학급의 학생 130명, 학부모 130명, 교사 50명과 서울특별시 구로구에 소재하고 있는 1개 고등학교의 15학급 중에서 4개 학급의 학생 130명, 학부모 130명, 교사 50명을 대상으로 질문지 형식으로 실시되었다. 기간은 2003년 7월 11일부터 18일까지 실시하였다. 요구조사의 대상과 질문지 회수 결과는 〈표 5-1〉과 같다.

요구조사의 문항은 44개로서 종합적 학교상담의 내용 영역별로 구분하였다. 학업발달, 진로발달, 인성 · 사회성 발달로 나누고, 인성 · 사회성 발달은 다시 하위 영역으로 자신에 대한 이해, 타인에 대한 이해, 문제 해결, 알코올 · 흡연 · 약물 예방, 의사소통, 가족관계 등으로 나누었다. 학업발달은 학습습관이나 학습태도,

〈표 5-1〉 요구조사 대상과 응답지 회수 결과

대 상	배수(명)	회수(명)	회수율(%)
학생	260	259	99.9
학부모	260	170	65.7
교사	100	92	92
합계	620	521	84.3

여가시간의 활용에 대한 내용으로서 4문항을 설정하였다. 진로발달은 자신의 진로에 대한 의사결정을 비롯하여 관심 있는 직업 선택, 대학 선택을 내용으로 하는 항목으로 8문항이다. 자신에 대한 이해는 10문항으로서 고등학교 발달과업 중 중요하다고 생각되는 자아정체감 확립과 관련 있는 부분으로 문항을 작성하였다. 타인에 대한 이해는 8문항으로서 고등학생의 현재 생활에 큰 영향을 미치는 친구관계를 비롯하여 타인에 대한 신뢰, 민주시민으로서의 책임감에 관련된 내용이다. 문제 해결과 의사소통은 각각 4문항과 2문항으로 자신과 타인에 대한 폭넓은 이해를 통하여 건강한 삶을 만드는 내용으로 하였다. 알코올이나 흡연, 약물에 대한 내용은 청소년기의 습관이 중요하다고 생각되어 5문항으로 하였다. 가족관계에 관해서는 가족구성원으로서의 책임감과 갈등해결 방법, 화목한 가정생활 방법 등에 관한 3문항으로 구성하였다. 영역별 문항 수는 〈표 5-2〉와 같다.

요구조사의 각 문항 척도는 요구 수준이 높은 순서부터 '매우 그렇다, 약간 그렇다, 그저 그렇다, 별로 그렇지 않다, 전혀 그렇지 않다'의 다섯 개로 구성하였고, 문항의 내용을 보고 요구 수준에 따라 해당되는 칸에 표시하도록 하였다.

〈표 5-2〉 요구조사 문항 영역별 분류

영 역	학업 발달	진로 발달	인성 · 사회성 발달						합계
			자신 이해	타인 이해	문제 해결	의사 소통	알코올 · 흡연 · 약물 예방	가족 관계	
문항 수	4	8	10	8	4	2	5	3	44

2) 요구조사 결과

학교상담 프로그램을 위하여 실시한 이 요구조사의 대상은 학생, 학부모, 교사다. 또한 〈표 5-1〉에 나타난 바와 같이 그 대상의 수가 일치하지 않는다. 그러나 우선순위를 결정하기 위해 학생, 학부모, 교사 응답자 수에 상관없이 일괄적으로 SPSS를 이용하여 빈도분석 처리하였다. 요구분석 결과를 프로그램에 어떻게 적용할 것인가는 요구분석의 목적에 따라 다르다. 요구분석의 목적이 어떤 조직의 요구를 종합적으로 분석하여 새로운 프로그램을 개발하고자 할 경우에는 요구분석 결과가 그 프로그램의 목표 설정, 내용 선정과 조직, 지도-활동의 전개, 평가 등에 모두 반영되어야 한다(한국청소년개발원, 1997). 이 연구에서 실시한 요구조사는 학교상담 프로그램의 목표를 결정하기 위한 목적에서 이루어진 것이다. 따라서 요구조사 분석 결과 우선순위가 높은 것부터 30개를 학교상담의 목표로 설정하였다. 학교상담의 목표로 설정된 문항을 보면 응답자의 수를 고려하지 않고 결과를 분석하였으므로 응답자 수가 많은 학생의 요구와 일치되는 것들이 많았다. 요구조사 결과 우선순위가 높은 순서대로 학교상담 프로그램의 목표로 설정된 30개의 문항을 조사 대상과 내용 영역별로 구분하면 〈표 5-3〉과 같다.

〈표 5-3〉 요구조사 결과의 내용 영역별 분류

영역 / 대상·문항	학업 발달	진로 발달	인성·사회성 발달						합계
			자신 이해	타인 이해	문제 해결	의사 소통	알코올·흡연·약물 예방	가족 관계	
요구조사 문항 수	4	8	10	8	4	2	5	3	44
학생 응답 문항 수	4	8	7	5	3	2	0	1	30
학부모 응답 문항 수	4	7	8	4	3	2	0	2	30
교사 응답 문항 수	2	7	7	8	3	2	0	1	30
전체 결과 문항 수	4	7	8	6	3	2	–	–	30

(1) 내용 영역별 결과 분석

〈표 5-3〉에 나타난 요구조사 결과를 내용 영역별로 분석해 보면 학교상담에 대한 학생, 학부모, 교사의 요구는 비교적 일치하는 부분이 많았다. '진로발달' 영역과 '자신에 대한 이해'에 대한 문항에는 전반적으로 높은 관심을 보였다. 학생과 학부모는 학업발달의 모든 영역에 높은 관심을 나타내었으나, 교사는 과제의 시작과 마무리 방법과 같은 학생이 스스로 해야 하는 문항에는 관심도가 낮은 것으로 보였다. '타인에 대한 이해' 영역에서는 교사가 8문항을 모두 선택한 데 비해 학

생이 5문항, 학부모는 4문항을 요구한 것으로 나타났다. 이를 통해 교사들이 학교생활에서 학생들에게 바라는 것이 무엇인지를 엿볼 수 있었다. '문제 해결' 및 '의사소통' 영역에서는 학생, 학부모, 교사 모두 3문항, 2문항씩을 선택하여 모든 문항이 학교상담 목표에 포함되었다. '알코올 · 흡연 · 약물 예방' 및 '가족관계'에 대해서는 학생, 학부모, 교사 모두 요구순위가 낮게 나타나서 학교상담 목표에 포함되지 않았다. 그 밖에 '친구와 잘 지내는 방법'에 대해 학생들은 2문항 모두에 관심이 높았으나, 학부모와 교사의 관심은 낮은 편이었다. 교사들은 '민주시민으로서의 역할'이나 '자신의 결정에 대한 책임' 등 타인에 대한 이해나 공동체 사회의 시민으로서의 역할에 대해 높은 관심을 보였으나, 학생과 학부모의 요구 수준은 높지 않았다. '미래사회의 변화'에 대해서는 학생들의 관심은 높은 반면, 교사나 학부모의 관심은 그다지 높지 않은 것으로 나타났다. '가족에 대한 책임'이나 '가족에게 문제가 생겼을 때 도움을 청하는 방법'에 대해서는 학부모의 요구순위는 높았으나, 교사와 학생의 요구는 그다지 높지 않았다. 학생, 학부모, 교사의 요구순위에 대한 문항별 분석 결과는 〈표 5-4〉에 제시하였다.

(2) 요구조사 대상별 결과 분석

〈표 5-4〉에 의하면 학생들의 제1순위 요구 문항은 '대학, 학과에 대한 정보를 얻는 방법 알기'로서 대학 진학을 목표로 하는 일반계 고등학교 학생들의 최대 관심사가 무엇인지 알 수 있다. 학생들의 우선순위 내용을 보면 자신이 잘하는 것이 무엇인지 알기, 학업 능력 향상시키는 학습태도 기르기, 자신의 흥미와 적성 알기, 관심 있는 직업 준비하는 방법 알기, 바람직한 학습방법 알기, 자신감 있게 살아가기, 21세기 사회와 직업 세계의 변화 알기, 자신의 인생목표 탐색, 직업 선택에서 자신이 중요하게 생각하는 것 알기 등으로 학습과 진로 선택에 관심이 많은 것으로 나타났다. 학생들은 약물, 흡연에 관한 내용뿐만 아니라 친구 돕기, 도움 청하기, 민주시민으로서의 역할 알기 등의 내용에는 관심도가 낮았다.

학부모는 '스트레스 상황을 조절하는 방법을 알기' 문항에 가장 높은 관심을 보였다. 학부모의 우선순위 내용을 보면 자신감 있게 살아가기, 학습태도 기르기, 관심 있는 직업 준비하는 방법 알기, 가정에 문제가 있을 때 도움 구하는 방법 알기, 직업을 선택할 때 중요하게 생각하는 것 알기, 대학, 학과에 대한 정보를 얻는 방법 알기, 진로에 대한 의사결정 방법 알기, 바람직한 학습방법 알기, 자신이 내린 결정에 책임지는 방법 알기 등으로 학습, 진로, 가정문제, 의사결정 등에 다양한 관심을 보였다. 학부모들은 약물, 흡연에 관한 것과 친구 돕기, 민주시민의 역할 알기 등의 내용에는 관심이 적은 것으로 나타났다.

교사는 '관심 있는 직업을 준비하는 방법 알기'에 가장 높은 관심을 보였고, 자신이 내린 결정에 책임지는 방법 알기, 학습태도 기르기, 자신과 다른 사람을 존중하는 방법 알기, 민주시민으로서의 역할 알기, 직업을 선택할 때 자신이 중요하게 생각하는 것 알기, 갈등 상황 해결하는 방법 알기, 자신의 흥미와 적성 알기, 자신을 이해하고 자신감 있게 살아가는 방법 알기, 자신이 잘하는 것 알기 등 학습, 진로, 자신의 결정에 대한 책임뿐만 아니라 타인에 대한 존중도 학교상담 프로그램의 중요한 내용으로 생각하였다. 약물, 알코올에 관한 내용에는 낮은 관심을 보였고, 친구관계를 나타내는 문항에 대해서도 낮은 관심을 보였다.

〈표 5-4〉 문항별 요구조사 결과 분석

내 용	학 생		교 사		학부모		전 체		요구 순위
	평균	요구 순위	평균	요구 순위	평균	요구 순위	평균	표준 편차	
1. 관심 있는 직업을 준비하는 방법 알기	4.29	5	4.71	1	4.62	4	4.47	.88	2
2. 학업 능력을 향상시키는 학습태도 기르기	4.39	3	4.64	3	4.67	3	4.53	.81	1
3. 민주시민으로서 사회적으로 요구되는 역할 알기	3.38	39	4.57	5	4.27	38	3.88	1.04	38
4. 갈등 상황 해결하는 방법 알기	3.96	19	4.46	7	4.49	17	4.22	.93	17
5. 우울하고 불안한 친구를 돕는 방법 알기	3.75	33	4.03	36	4.31	37	3.98	.97	35

6. 알코올이 신체와 정신에 미치는 영향 알기	2.83	43	3.95	42	4.11	43	3.45	1.28	44
7. 직업을 선택할 때 자신이 중요하게 생각하는 것이 무엇인지 알기	4.11	10	4.55	6	4.60	6	4.35	.92	8
8. 가족 구성원으로서 책임감을 가지고 역할을 수행하는 방법 알기	3.65	35	4.21	25	4.50	15	4.03	1.03	34
9. 동성 · 이성 친구들과 잘 지내는 방법 알기	4.04	16	4.03	35	4.33	35	4.13	.97	22
10. 진로에 대한 의사결정 방법 알기	4.07	13	4.26	20	4.59	8	4.27	.90	13
11. 자신과 다른 사람을 다같이 존중하는 방법 알기	3.77	32	4.57	4	4.51	13	4.15	1.01	20
12. 다른 사람을 신뢰할 수 있고 자신도 신뢰받을 수 있는 방법 알기	4.07	15	4.32	19	4.54	11	4.26	.94	15
13. 과제를 잘 해낼 수 있는 시작과 마무리 방법 알기	3.89	23	3.96	41	4.44	24	4.08	1.03	29
14. 어려운 일이 생겼을 때 친구나 어른들에게 도움 받는 방법 알기	3.52	37	3.99	38	4.41	31	3.89	1.04	37
15. 자신의 인생목표를 탐색하는 방법 알기	4.12	9	4.33	16	4.50	16	4.28	.92	12
16. 흡연이 신체와 정신에 미치는 영향 알기	2.83	44	4.16	28	4.21	42	3.52	1.38	43
17. 고등학교 생활을 잘할 수 있는 방법 알기	3.79	31	4.09	31	4.41	29	4.04	1.07	33
18. 성장하고 있는 자신의 신체적 · 정서적 변화에 대해 이해하기	3.61	36	4.13	30	4.25	39	3.91	1.07	36
19. 바람직한 인간관계 형성 방법 알기	3.80	29	4.36	12	4.52	12	4.14	1.00	21
20. 자신의 흥미와 적성에 대한 이해	4.35	4	4.39	8	4.49	18	4.40	.86	5

21. 자신이 내린 결정에 책임지는 방법 알기	4.03	17	4.64	2	4.56	10	4.31	.93	10
22. 자신의 감정의 변화가 행동에 미치는 영향 이해하기	3.83	26	4.16	29	4.44	23	4.09	1.01	28
23. 자신의 가치관에 대한 탐색과 이해	3.82	27	4.36	13	4.42	28	4.11	1.02	25
24. 가정에 문제가 있을 때 도움 구하는 방법 알기	3.70	34	3.99	39	4.62	5	4.05	2.46	31
25. 약물이 신체와 정신에 미치는 영향 알기	2.96	42	4.17	27	4.23	41	3.59	1.27	41
26. 친구들을 이해하는 방법 알기	3.91	22	4.03	34	4.39	33	4.09	.96	27
27. 의사소통의 중요성과 자신의 의사소통 방식 알기	3.83	25	4.33	15	4.41	30	4.10	1.01	26
28. 21세기 사회와 직업 세계의 변화 알기	4.17	8	4.33	17	4.43	26	4.28	.96	11
29. 자신의 공부하는 습관을 점검해보고 바람직한 학습방법 알기	4.25	6	4.05	33	4.58	9	4.32	.94	9
30. 스트레스 받고 있다고 느낄 때 자신을 조절하는 방법 알기	4.10	11	4.24	22	4.84	1	4.37	2.83	7
31. 자신을 이해하고 자신감 있게 살아가는 방법을 알기	4.18	7	4.38	9	4.72	2	4.39	1.53	6
32. 여가시간의 효율적인 사용방법 알기	3.97	18	4.08	32	4.39	32	4.13	.99	23
33. 대학, 학과에 대한 정보를 얻는 방법 알기	4.45	1	4.21	24	4.59	7	4.45	1.58	3
34. 성역할이 직업 선택에 어떤 영향을 미치는지 알기	3.49	38	3.88	43	4.24	40	3.80	1.10	39
35. 타인에 대해, 더불어 살아가는 방법에 대해 이해하기	3.81	28	4.36	11	4.48	19	4.12	.98	24

36. 자신이 잘하는 것이 무엇인지 알기	4.42	2	4.37	10	4.48	20	4.43	.86	4
37. 약물, 알코올 등의 문제를 가지고 있는 친구를 돕는 방법 알기	3.12	40	3.68	44	4.10	44	3.54	1.20	42
38. 가족과 잘 지내는 방법 알기	3.87	24	4.01	37	4.32	36	4.04	1.68	32
39. 자신의 생각과 느낌을 효과적으로 전달하는 방법 알기	3.91	21	4.32	18	4.46	21	4.16	1.03	19
40. 자신이 걱정하고 있거나 화가 났을 때 무엇이 문제인지 구별하는 방법 알기	3.80	30	4.17	26	4.44	25	4.07	1.07	30
41. 자신에게 가치 있고 중요한 것이 무엇인지 이해하기	4.07	14	4.34	14	4.51	14	4.26	.95	14
42. 알코올, 약물을 사용하도록 권유받았을 때 거절하는 방법 알기	3.12	41	3.98	40	4.33	34	3.66	1.29	40
43. 자신의 문제에 대해 실행 가능한 해결책을 찾는 방법 알기	3.95	20	4.25	21	4.45	22	4.16	1.01	18
44. 자신의 성격을 이해하고 다른 사람과 어떻게 다른지 알기	4.10	12	4.21	23	4.42	27	4.23	1.03	16

3. 학교상담 프로그램의 목표 설정

학교상담의 목표를 학생, 학부모, 교사의 요구조사를 통하여 결정하였다. 요구조사 문항 선정을 위해 제7차 교육과정의 고등학교 교육목표와 각 교과목표를 분석하였고, 고등학생의 신체적, 심리 · 사회적, 인지 발달의 특징을 분석하여 고등학교 시기에 이루어야 할 발달과업을 제시하였다. 국가 수준의 학교상담 목표는 ASCA의 학교상담 목표를 참고하였고 위스콘신 주와 미주리 주에서 제시한 고등학교 학교상담 목표를 내용 영역별로 참고하였다. 이러한 과정을 통해 고등학교 1학년 학교상담에 필요하다고 생각되는 내용으로 요구조사 문항을 설계하였고, 학생, 학부모, 교사에게 요구조사를 실시한 결과를 종합하여 우선순위에 따라 30개의 항목을 학교상담 프로그램의 목표로 선정하였다. 참고로 요구조사 대상의 수에 관계없이 평균점수를 계산하였다.

프로그램의 목표가 30개인 것은 이 프로그램이 고등학교 1학년 학생의 교육과정에 포함되어 있는 창의적 재량활동 시간에 활용할 목적으로 개발되었으므로 고등학교의 교육과정에서 1단위 교과의 일 년 동안에 실시하는 수업 시수와 일치한다. 학교상담 프로그램의 목표는 요구조사 결과의 우선순위 문항과 같고, 학교상담의 내용 영역별로 구분되었다. 영역별 목표 수를 보면, 학업발달 영역은 학습방법, 학습습관, 시간 활용 등의 내용으로 4개, 진로발달 영역은 직업 준비를 위한 자신 이해, 진로 의사결정, 대학에 대한 정보 알기 등의 내용으로 7개다. 자신에 대한 이해는 자신의 성격 이해, 가치관 이해, 감정 변화 등을 내용으로 하여 8개고, 타인에 대한 이해는 인간관계 이해, 친구 이해, 타인 존중 등을 내용으로 하여 6개, 문제해결은 갈등 상황의 해결 등의 내용으로 3개, 의사소통은 자신의 의사소통 방식에 대한 이해 등의 내용으로 2개의 목표로 구성되었다. 30개의 목표를 학교상담의 내용 영역별로 구분하면 〈표 5-5〉와 같다.

〈표 5-5〉 학교상담 프로그램 목표의 내용 영역별 분류

내용 영역	목표
학업발달	• 자신의 공부하는 습관을 점검하고 바람직한 학습방법을 안다. • 학업 능력을 신장시키기 위한 학습태도를 기른다. • 여가시간을 효율적으로 사용할 수 있는 방법에 대해 안다. • 과제를 효과적으로 시작하고 마무리하는 방법을 안다.
진로발달	• 자신의 적성과 흥미를 알고 자신에게 맞는 직업이 무엇인지 안다. • 미래사회와 직업 세계의 전망에 대해 이해한다. • 관심 있는 직업을 어떻게 준비해야 하는지 안다. • 직업을 선택할 때 중요하게 생각하는 것이 무엇인지 안다. • 진로에 대한 의사결정을 하는 방법을 안다. • 자신이 내린 결정들에 대해 어떻게 책임져야 하는지 안다. • 가고 싶은 대학에 대한 정보를 안다.

인성·사회성 발달	자신 이해	• 자신을 이해하고 자신감 있게 살아가는 방법에 대해 안다. • 스스로 잘할 수 있고 잘하는 것이 무엇인지 안다. • 인생의 목표가 무엇인지 안다. • 자신에게 가치 있고 중요한 것이 무엇인지 안다. • 자신의 가치관에 대해 탐색하고 이해한다. • 자신의 성격을 이해하고 다른 사람과 어떻게 다른지 안다. • 감정의 변화가 행동에 어떻게 영향을 미치는지 이해한다. • 스트레스를 받고 있다고 느낄 때 자신을 조절하는 방법을 안다.
	타인 이해	• 바람직한 인간관계란 어떤 것인지 이해한다. • 동성 친구나 이성 친구와 잘 지내는 방법을 안다. • 친구들을 이해하는 방법을 안다. • 타인에 대해, 더불어 살아가는 방법에 대해 이해한다. • 자신과 다른 사람을 존중하는 방법을 안다. • 다른 사람을 신뢰하고 다른 사람에게 신뢰받는 방법을 안다.
	문제 해결	• 갈등 상황이 생겼을 때 해결하는 방법을 안다. • 문제에 대해 실행 가능한 해결책을 찾는 방법을 안다. • 걱정하고 있거나 화가 났을 때 문제의 원인과 그에 대처하는 방법을 안다.
	의사 소통	• 자신의 생각과 느낌을 효과적으로 전달하는 방법을 안다. • 의사소통의 중요성과 자신의 의사소통 방식에 대해 이해한다.

4. 학교상담 프로그램의 내용 및 활동안 개발

학교상담 프로그램의 목표에 따라 구성된 프로그램의 내용과 활동안 그리고 실제로 학교에서 실행할 때의 실행 절차와 방법에 대해 기술한다.

1) 학교상담 프로그램의 내용

학교상담 프로그램의 내용은 한국청소년개발원(1997)의 내용 선정 기준에 따라 각 목표에 적합하게 구성하였으며 그 기준은 다음과 같다.

첫째, 프로그램의 내용은 합목적성 목표가 지시하는 내용으로 구성되어야 한다. 이에 따라 학교상담의 목표와 발달과업에 맞고 학교상담 프로그램의 진로발달, 인성·사회성 발달, 학업발달의 각 영역들을 발달시키는 데 적합한 소재를 선정하였다. 또한 학생들이 학교나 가정에서 직접 경험하게 되는 실생활에 초점을 맞춰 선정하였다.

둘째, 프로그램의 내용 선정에 있어서 가장 중요한 것은 지도 대상자의 능력 수준과 흥미에 대한 고려다. 프로그램의 내용은 지도 대상자의 필요나 흥미 또는 능력 수준을 고려하여 주제의 내용과 방법이 일치된 친밀감 있는 것으로 선정되어야 한다. 이 프로그램은 고등학생의 발달과업을 고려하여 내용을 선정하였다.

셋째, 아무리 좋은 내용이 선정되었다 하여도 지도 가능성이 없으면 활동내용으로서 쓸모가 없게 된다. 즉, 선정된 내용이 현실적으로 지도가 가능한지 검토하여야 한다. 이 프로그램은 내용 선정에 있어 전체 학생들을 대상으로 학급 전체와 모둠으로 병행하여 프로그램이 진행될 것을 고려해서 지도자가 적절히 진행할 수 있을 정도의 내용으로 계획하였다.

넷째, 한 가지 목표를 달성하기 위하여 꼭 한 가지 경험 내용을 선정하는 것이 아니라 몇 가지 내용을 관련지어 선정할 수 있어야 하며, 반대로 한 가지 내용이 두 개 이상의 목표와 관련되어 동시 훈련이 이루어질 수 있도록 선정하여야 한다. 따라서 이 프로그램에서는 회기별 목표와 전체 목표 간의 연관성을 고려하여 프로그램 내용을 선정하였다.

다섯째, 프로그램의 내용은 사회적 요구에 대응하며, 사회에서 적용될 수 있는 것으로 실용성이 있어야 한다. 학교교육은 지식 위주이고 장기간이 지난 후에야 활용하게 되는 경우가 많기 때문에 사회 변화의 속도가 무척 빠른 현대 산업사회에서는 그 실용성이 미약하다. 이 프로그램의 내용은 실천적 활동을 중심으로 구성하여 학교, 사회에서 실제적으로 적용하고 활용할 수 있도록 하였다.

이러한 선정 기준에 따라 구성된 학교상담 프로그램의 내용을 영역별로 구분하여 표로 제시한다.

(1) 학업발달

학업발달 영역은 학생의 학습습관, 학습태도, 여가시간 활용 등과 관계있는 부분이다. 이 영역에서는 학생들로 하여금 우선 공부하는 목적에 대해 스스로 답할 수 있고, 자신의 학습행동의 좋은 점과 고칠 점을 찾아서 효율적인 시간 안배로 능률적인 학습을 할 수 있는 방법을 배우는 것을 주 내용으로 하였다. 목표에 따른 구체적인 내용은 〈표 5-6〉과 같다.

〈표 5-6〉 학업발달 영역의 목표와 내용

목표	내용
나의 공부하는 습관을 점검하고 바람직한 학습방법을 안다.	• 학습습관 검사를 통해서 자신의 학습습관을 점검 · 분석해 보고 자신의 학습행동의 문제점을 발견한다. • 자신의 학습행동의 문제점과 원인을 찾아보고 바른 학습습관을 배운다.
학업 능력을 신장시키기 위한 학습태도를 기른다.	• 자신의 학습 태도와 동기에 대해 알아보고 공부에 대한 동기와 감정이 결과에 많은 차이를 낳는다는 것을 깨닫는다. • 검사를 통해서 자신의 학습태도의 좋은 점과 나쁜 점을 발견한다.
여가시간을 효율적으로 사용할 수 있는 방법에 대해 안다.	• 시간관리 능력의 중요성을 알고 현재 시간을 잘 사용하고 있는가를 평가한다. • 자신의 시간을 분석해 봄으로써 자신이 해야 할 일의 우선순위를 정하는 방법을 안다. • 현재 시간을 어떻게 쓰고 있으며 어떻게 바람직한 시간 안배를 할 수 있는지 이해한다.
과제를 효과적으로 시작하고 마무리하는 방법을 안다.	• 자신이 공부하는 이유를 스스로에게 대답함으로써 목표를 세운다. • 과제를 잘할 수 있는 체계적인 방법을 배운다.

(2) 진로발달

진로발달 영역은 자신의 흥미와 적성을 이해하기, 미래사회에 대해 이해하기,

직업 선택 시 고려해야 할 사항에 대해 알아보기, 미래사회 변화에 대해 알아보기, 합리적 의사결정 과정을 이해하기, 대학에 대한 정보를 알아보고 고등학교 과정에서 어떤 준비를 해야 하는지 이해하기, 자신의 진로를 명확하게 결정하기 등의 내용으로 구성되었다.

〈표 5-7〉 진로발달 영역의 목표와 내용

목 표	내 용
나의 흥미를 알고 나에게 맞는 직업이 무엇인지 안다.	• 진로의사 결정에서 흥미의 중요성을 이해하고, 자신의 흥미를 알아보아 자신에게 맞는 직업이 어떤 것인지 찾아본다. • 자신의 흥미가 무엇인지 구체적으로 알고 발표한다.
나의 적성을 알고 나에게 맞는 직업이 무엇인지 안다.	• 진로의사 결정에서 적성의 중요성을 이해하고 자신의 적성을 알아보아 자신에게 맞는 직업이 어떤 것인지 찾아본다. • 자신의 적성이 무엇인지 구체적으로 알고 발표한다.
미래사회와 직업 세계의 전망에 대해 이해한다.	• 미래사회의 변화에 대해 예측해 보고 그에 대응하기 위해 어떤 준비를 해야 하는지 생각해 본다. • 변화되는 사회에서 직업은 어떤 것이 있는지 알아본다. • 유망 자격증의 종류를 알고 자신에게 필요한 것에 대한 정보를 찾아본다.
관심 있는 직업을 어떻게 준비해야 하는지 안다.	• 자신의 진로계획을 어떻게 발달시켜 나갈지 계획을 세운다. • 자신이 하고 싶은 일을 하면서 살기 위해서 지금부터 어떤 준비를 해야 하는지 안다. • 자신이 희망하는 직업과 자신의 흥미나 개인적 능력은 어떤 상관을 가지고 있는지 이해한다.
직업을 선택할 때 중요하게 생각하는 것이 무엇인지 안다.	• 직업과 진로를 선택하는 데 자신이 중요하게 생각하는 것이 무엇인지 알아본다. • 미래에 대한 결정과 자신의 가치 사이의 관계를 이해한다.
진로에 대한 의사결정을 하는 방법을 안다 .	• 결정하기 쉬운 일과 어려운 일을 구분해 본다. • 의사결정 유형과 합리적 의사결정 과정을 이해한다.

좋은 의사결정을 하는 방법을 안다.	• 의사결정을 하는 이유가 주어진 문제를 해결하기 위함이라는 사실을 안다. • 합리적인 의사결정 과정을 이해한다.
내가 내린 결정들에 대해 어떻게 책임을 져야 하는지 안다.	• 의사결정 과정에서 맞닥뜨릴 수 있는 위험들을 찾아본다. • 의사결정 과정에서 마주할 수 있는 결과들에 대해 생각한다. • 자신의 결정에 대한 결과를 어떻게 받아들일지 안다. • 행동에 대해 책임을 진다는 개념을 이해한다.
가고 싶은 대학에 대한 정보를 안다.	• 대학의 여러 가지 형태와 그 특징을 안다. • 의사결정 과정을 통하여 자신이 가고 싶은 대학에 대한 정보를 알아보고, 고등학교 과정에서 어떤 준비를 해야 하는지 이해하며 자신의 진로를 명확하게 결정한다.

(3) 인성 · 사회성 발달

인성 · 사회성 발달은 소영역별로 나누어져 있다. 우선 '자신에 대한 이해'는 자신의 미래를 좋은 방향으로 개발하기 위해 자부심을 가지고 긍정적으로 자신을 바라보기, 개인적인 성장과 성공을 기대함으로써 자신감 개발하기, 자신이 좋아하는 것, 소중히 여기는 것, 하고 싶은 일 등을 찾아봄으로써 자신의 가치관 정립하기, 바람직한 인간관계를 형성하기 등을 내용으로 선정하였다. '타인에 대한 이해'는 우정에 대한 가치관을 탐색해 봄으로써 자신과 친구를 이해하는 방법 알기, 개인적으로 의미 있는 사건, 생각, 느낌을 다른 사람과 공유함으로써 자신과 타인에 대해 신뢰감을 형성하기 등을 내용으로 선정하였다. '문제 해결'은 말다툼의 해결대안에는 어떤 것들이 있는지 알아보고, 다른 사람의 문제를 해결함으로써 자신의 고민에 대한 해결책을 찾는 것을 내용으로 하였다. '의사소통'은 직접적인 경험을 통하여 의사소통 방법과 의사소통이 인간관계에 미치는 영향을 이해하는 것을 내용으로 하였다.

〈표 5-8〉 인성 · 사회성 발달 영역의 목표와 내용

목 표	내 용
자신을 이해하고 자신감 있게 살아가는 방법에 대해 안다.	• 자신의 미래를 좋은 방향으로 개발하기 위해 자부심을 가지고 긍정적으로 자기 자신을 바라본다. • 자신이 가진 재능과 기능을 알고 그런 자신을 자랑스럽게 생각한다.
내가 잘할 수 있고 잘하는 것이 무엇인지 안다.	• 신체적, 사회적으로 빠른 성장과 변화를 겪는 자신을 발견한다. • 자신의 독특성과 특별한 재능 그리고 다른 사람과의 차이를 인식한다. • 자신이 변화를 위한 큰 자원을 가지고 있음을 깨닫는다.
인생의 목표가 무엇인지 안다.	• 자신의 미래의 모습을 상상하는 백일몽을 통해 자신의 꿈을 이해하고 앞으로의 계획을 세운다. • 개인적인 성장과 성공을 기대함으로써 자신감을 개발한다. • 자신의 직업에 대해 구체적으로 생각한다.
내게 가치 있고 중요한 것이 무엇인지 안다.	• 자신의 인생에서 좋은 결심을 하기 위하여 자신이 가치를 두고 있는 것이 무엇인지 이해하고 명백하게 인식한다. • 사람마다 가치를 두는 영역이 다르다는 것을 알고 다른 사람의 가치도 존중한다.
나의 가치관에 대해 탐색하고 이해한다.	• 자신이 좋아하는 것, 소중히 여기는 것, 하고 싶은 일, 희망하는 것 등을 기록하면서 자신에게 가치 있는 것이 무엇인지 구체적으로 안다. • 개인적인 가치를 다른 사람에게 소개한다.
나의 성격을 이해하고 다른 사람과 어떻게 다른지 안다.	• 다른 사람에게 비춰진 자신의 모습을 볼 수 있는 기회를 가짐으로써 자신을 돌아본다. • 자신의 성격 중에서 고치고 싶은 점을 찾고 바꾸려는 시도를 한다. • 긍정적인 피드백을 통해 자신의 장점을 발견함으로써 그것을 더욱 살리고 발전시키며 긍정적인 자기개념을 갖는다.
감정의 변화가 행동에 어떻게 영향을 미치는지 이해한다.	• 사고, 감정(느낌), 행동의 차이점을 깨닫고 자신과 타인을 더 잘 이해한다. • 어떻게 행동해야 하는가를 결정해야 할 상황에서 자신의 감정에 따라 행동이 달라짐을 이해한다. • 생각, 감정, 행동은 함께 일어나는 것임을 이해한다.

스트레스를 받고 있다고 느낄 때 자신을 조절하는 방법을 안다.	• 자신이 어떤 상황에서 가장 많은 스트레스를 받는지 분명히 이해하고 스트레스를 벗어나기 위한 긴장완화 방법을 실제로 해 본다.
바람직한 인간관계란 어떤 것인지 이해한다.	• 자신의 인간관계를 알고 바람직한 인간관계를 형성한다. • 주변 사람과 자신의 관계에 대해 생각해 본다. • 다른 사람과 만날 때 하는 행동을 통하여 인간관계를 이해한다.
동성 친구나 이성 친구와 잘 지내는 방법을 안다.	• 우정에 대한 가치관을 점검해 본다. • 각각의 상황에는 긍정적인 면과 부정적인 면이 있다는 것을 이해한다. • 각각의 상황을 조정하는 데는 여러 가지 방법이 있다는 것을 안다.
친구들을 이해하는 방법을 안다.	• 역할극을 통하여 모두 별개인 듯하나 많은 역할들이 여러 상황에서 여러 가지 관계를 맺고 있다는 개념과 우리들이 여러 다른 인간관계나 상황에서 많은 역할들을 하고 있다는 것을 이해한다.
타인에 대해, 더불어 살아가는 방법에 대해 이해한다.	• 각 상황에 따른 선택의 과정과 결과가 개인마다 다르다는 것을 이해한다. • 개인이 선택한 것은 다른 사람이 비판할 수 없으며 자신의 것과 동등하게 존중받아야 함을 체험한다.
나와 다른 사람을 존중하는 방법을 안다.	• 태도, 신념, 행위, 확신, 관심, 흥미, 열망, 기호 등의 다양한 가치들의 미완성 문장을 완성해 봄으로써 자신의 의견과 함께 다른 사람의 의견도 중요하고 가치 있다는 것을 이해한다.
다른 사람을 신뢰하고 다른 사람에게 신뢰받는 방법을 안다.	• 개인적으로 의미 있는 사건, 생각, 느낌을 다른 사람과 함께 공유함으로써 자신과 타인에 대한 신뢰감을 형성한다.
갈등 상황이 생겼을 때 해결하는 방법을 안다.	• 자신의 갈등해결 방법을 이해한다. • 말다툼의 해결방안에는 어떠한 것들이 있는지 안다.
문제에 대해 실행 가능한 해결책을 찾는 방법을 안다.	• 바람직하지 못한 행동이나 효과적이지 못한 행동을 변화시키는 방법을 이해한다. • 다른 사람의 문제를 해결해 봄으로써 자신의 문제해결 방법을 찾아낸다.

걱정하고 있거나 화가 났을 때 문제의 원인과 그에 대처하는 방법을 안다.	• 여러 가지 문제가 동시에 일어났을 때 문제들에 대한 우선순위를 정하고, 자신에게 가장 큰 걱정을 끼치는 것이 무엇인지 구별한다. • 다른 사람의 고민을 해결하면서 자신의 고민에 대한 해결책을 찾는다.
나의 생각과 느낌을 효과적으로 전달하는 방법을 안다.	• 자신의 생각과 감정을 표현하는 방법을 연습한다. • 분노, 미안함 같은 부정적인 감정도 예의 바르고 비공격적인 방법으로 적절히 전달하고, 어렵고 어색한 상황에서도 자신의 의사를 분명하게 전달하기 위해서는 다른 사람의 감정을 이해하는 것이 중요하다는 것을 이해한다.
의사소통의 중요성과 나의 의사소통 방식에 대해 이해한다.	• 의사를 전달하는 데 있어서 비언어적인 표현의 중요성을 체험한다. • 타인의 말을 잘 듣고 상대방과 따뜻하고 부드럽게 대화하는 것이 우리 생활에 어떤 효과를 주는지 깨닫는다. • 소중하고 깊은 마음의 표현방법을 배운다. 무관심, 마음 없는 태도가 인간관계에 미치는 영향을 이해한다.

2) 학교상담 프로그램의 활동안

고등학교 1학년 학생을 위한 학교상담 프로그램 목표는 총 30개다. 그리고 프로그램의 목표를 달성하기 위한 각각 30개의 활동이 있으며 이에 따른 활동안이 있다. 각 활동들은 고등학생들의 흥미 유발에 초점을 두고, 그에 필요한 활동지를 제작한다.

각 회기활동의 활동안에서는 먼저 프로그램의 목표를 제시하고, 영역, 내용, 각 활동의 도구와 준비물, 집단크기, 활동절차, 유의사항의 순서로 구성하였다. 목표의 영역은 종합적 학교상담의 영역에 기준하여 구분하고, 내용은 목표에 도달하기 위한 수업시간의 활동목표를 나타낸다. 활동절차는 프로그램의 진행 절차를 의미하며, 유의사항에는 프로그램을 진행할 때 교사가 주의해야 할 사항을 제시한다.

〈 활동안 예시 〉

나의 학습습관은

<table>
<tr><td>목 표</td><td colspan="3">나의 공부하는 습관을 점검하고 바람직한 학습방법을 안다.</td></tr>
<tr><td>영 역</td><td colspan="3">학업발달 — 학습 개선과 학습기술 향상</td></tr>
<tr><td>내 용</td><td colspan="3">1. 학습습관 검사를 통해서 자신의 학습습관을 점검 · 분석해 보고 자신의 학습행동의 문제점을 발견한다.
2. 자신의 학습행동의 문제점과 원인을 찾아보고 바른 학습습관을 배운다.</td></tr>
<tr><td>준비물</td><td>활동지: 학습습관 검사지, 결과 분석지
읽기자료: 좋은 습관 만들기</td><td>집단크기</td><td>학급 전체 — 학생 4명을 1모둠으로 한다.</td></tr>
<tr><td>활동절차</td><td colspan="3">1. 성공한 사람의 학습습관을 정말로 시도해 볼 생각이 있는지 질문함으로써 학생들로 하여금 각오를 새롭게 다지도록 한다.
2. '학습습관 검사지'를 작성한다.
3. 항목에 따라 자신의 점수를 계산하여 적는다. '결과 분석지'를 참고하여 자신의 지금까지의 학습습관을 분석해 보고 기록한다.
4. 모둠원끼리 자신의 문제점과 해결방법에 대해 발표하고 서로에게 도움말을 해 준다. 활동지에 자신이 생각한 내용을 적는다.
5. 모둠별로 읽기자료 '좋은 습관 만들기'를 한 사람씩 돌아가며 소리 내어 읽는다.
6. 자신이 지금까지 해 온 공부방법과 비교하여 같은 점, 다른 점을 발표하고 좋은 학습방법은 무엇인지 모둠원끼리 토론한다.
7. 활동을 하면서 느낀 점이나 생각나는 것 그리고 자신에 대해 느낀 점을 구체적으로 경험보고서에 적는다.</td></tr>
<tr><td>유의사항</td><td colspan="3">1. 상대방의 의견을 존중하며 들어 주고 도움말을 주고받을 수 있도록 한다.
2. 자신의 생각이나 의견, 느낌을 솔직하게 표현할 수 있는 분위기를 만든다.
3. 검사지 작성 시간에 먼저 한 사람은 다른 사람이 완성할 때까지 조용히 기다린다.</td></tr>
</table>

5. 학교상담 프로그램의 실행계획 수립 및 실행

성공적인 학교상담 프로그램이 되기 위해서는 프로그램 내용을 학생들에게 지도하기 위한 치밀한 계획과 조직화된 구조가 있어야 한다. 따라서 학교상담 프로그램이 완성되면 학년 담임교사, 교장, 교감 등과 함께 학교상담 프로그램을 실행하는 데 필요한 전반적 실행사항, 즉 프로그램의 적용 대상, 프로그램 적용을 위한 시간 확보 방안, 실행 장소, 프로그램을 지도할 담당자 등에 관해 심도 있게 논의하여 결정해야 한다.

1) 대상

학교상담 프로그램은 학교 교육과정과 연계성을 가지고 이루어지므로 부적응 행동을 하거나 문제행동을 보이는 학생뿐만 아니라 건강한 학생, 즉 모든 학생을 대상으로 학생의 발달 수준에 맞는 학교상담 교육과정을 제공한다. 따라서 고등학교 1학년의 모든 학생들이 프로그램의 실시 대상이 된다.

2) 실시 시간

고등학교의 창의적 재량활동은 범교과 학습과 자기 주도적 학습활동을 포함하여 연간 2단위, 주당 1시간 이상 편성 · 운영할 수 있다. 현재 고등학교 1학년 교과과정에는 창의적 재량활동 시간이 주당 1시간으로 편성되어 있다. 학교 단위의 창의적인 교육활동을 통하여 학생들의 자기 주도적 학습 능력과 창의적인 사고 능력을 함양하여 21세기를 주도할 수 있는 인간을 목표로 한다. 재량활동은 학생의 다양한 흥미, 적성, 요구를 수용하고 교육내용에 대한 학생의 선택권을 보장하기 위한 것이다. 학교상담 프로그램은 이러한 창의적 재량활동 시간에 활용하도록 개발하였다.

3) 활동지도자

프로그램의 지도는 각 학교의 전문상담교사 또는 상담연수를 받은 교사가 한다. 실시 시간은 수업시간을 이용하므로 매 회 50분으로 구성하였다. 프로그램 진행방식은 활동의 교사용 지침서 내용을 따르는 것을 원칙으로 하였다.

회기별 프로그램의 절차로 각 회기의 목적을 제시한 후 회기활동의 필요성에 대해 설명한다. 활동에 필요한 준비물, 활동방법을 사전에 철저히 확인하고 시간 배분에 신경을 써서 진행을 한다. 모둠 구성은 실시 시간과 장소를 고려하여 학생 수를 배정할 수 있다. 프로그램이 진행되는 동안 학생들의 모둠활동 시간에 교사는 집단을 돌아다니며 필요한 경우 교사와 학생의 일대일 활동이 이루어지도록 할 수 있다. 매 회기에 활동이 끝나면 그날의 활동을 통해 경험하고 느낀 점을 모둠별로 이야기 나누고 경험보고서에 기록하도록 한다.

4) 활동 장소

학교상담 프로그램은 예방적이고 발달적인 프로그램으로 모든 학생이 그 대상이라는 점, 학교 현장에 집단 상담실이 거의 없다는 상황과 한 학급을 수용할 만한 크기의 적당한 공간이 부족하다는 점 등을 고려하여 각급 학교의 교실에서 실시한다. 또한 집단활동을 할 수 있는 적당한 크기의 도서실, 급식소, 체육관, 강당 등에서 실시할 수 있다.

5) 프로그램 실험 운영 사례

(1) 대상

이 프로그램의 평가를 위한 실험 운영은 서울특별시 광진구에 소재하고 있는 한 고등학교의 1학년 16학급 중에서 1개 학급 학생을 대상으로 하였다. 학급 전체 학생 수는 35명이며, 남학생 23명, 여학생 12명으로 구성되어 있다.

(2) 도구

이 연구의 실험 운영에 사용된 도구는 프로그램의 내용인 30개의 활동지 중 영역별로 나누어 10개를 선별하였다. 프로그램 실험 운영의 구체적인 일정과 내용은 〈표 5-9〉에 제시되어 있다.

〈표 5-9〉 프로그램 실험 운영 계획

회기	일시(요일)	주 제	내 용
1	8. 22(금)	나의 공부하는 습관을 점검하고 바람직한 학습방법을 안다.	• 프로그램 소개 • 학습습관 검사와 결과 분석 • 좋은 습관 만들기에 관한 자료 제시
2	8. 29(금)	학업 능력을 신장시키기 위한 학습태도를 기른다.	• 자신의 공부방법의 좋은 점과 고칠 점 알아보기 • 학습기술에 관한 자료 제시
3	9. 1(월)	인생의 목표가 무엇인지 안다.	• 40세가 된 자신의 현재 생활에 대한 인터뷰를 경험하면서 자신의 목표를 생각해 보기
4	9. 5(금)	가고 싶은 대학에 대한 정보를 안다.	• 대학에 대한 의사결정 • 대학에 관한 자료 제시
5	9. 8(월)	관심 있는 직업을 어떻게 준비해야 하는지 안다.	• 나의 희망 직업 알아보기 • 자신에 관하여 알아보기 • 직업의 종류와 특성 자료 제시
6	9. 15(월)	동성 친구나 이성 친구와 잘 지내는 방법을 안다.	• 친구의 역할에 대해 생각해 보기 • 상황 설정 후 자신의 의견 말하기
7	9. 19(금)	친구들을 이해하는 방법을 안다.	• 학교에서나 집에서 자신이 어떤 역할을 하고 있는지 알아보기 • 역할극 하기
8	9. 22(월)	나의 가치관에 대해 이해한다.	• '나의 모습' 활동지를 통해 자신의 가치에 대하여 탐색하기

9	9. 26(금)	갈등 상황이 생겼을 때 해결하는 방법을 안다.	• 갈등 상황에서 나의 해결방법을 알아보기 • 말다툼의 처리 자료 제시
10	9. 29(월)	나의 생각과 느낌을 효과적으로 전달하는 방법을 안다.	• 여러 가지 활동을 통하여 자신의 의사를 전달하는 비언어적인 표현의 중요성을 이해하기

(3) 절차

이 프로그램은 2003년 8월 22일에서 9월 29일까지 매주 학급회의 시간과 창의적 재량활동 시간을 이용하여 주 2회씩 총 10회기의 활동을 실시하였다. 프로그램 실시 장소는 학급 교실이었으며, 프로그램의 내용에 따라 전체 학급 단위, 소그룹 단위, 개인 단위 등으로 학생의 수를 나누어 진행하였다. 프로그램 진행은 연구자가 직접 하였으며, 매 회기의 실시시간은 수업시간을 이용하였으므로 매 회 50분간 진행하였다.

프로그램 진행방식은 활동내용의 교사용 지침서를 따르는 것을 원칙으로 하였다. 회기별 프로그램 절차는 각 회기의 목적을 제시한 후 회기활동의 필요성에 대한 설명을 하였다. 활동에 필요한 준비물, 활동방법을 사전에 철저히 확인하여 시간 배분에 신경을 써서 진행하였고 학생들에게는 활동지를 배부하였다. 모둠 구성이 필요할 때는 실시 시간과 장소를 고려하여 4명의 학생을 1모둠으로 하였다. 프로그램이 진행되는 동안 학생들의 모둠활동 시간에는 교실을 돌아다니며 필요한 경우 연구자와 학생의 일대일 활동이 이루어지도록 하였다. 매 회기에 활동이 끝나면 그날의 활동을 통해 경험하고 느낀 점을 모둠별로 이야기 나누도록 하고 경험보고서에 기록하였다. 9월 29일 마지막 프로그램을 종결한 후 프로그램 만족도 평가를 실시하였다.

6. 학교상담 프로그램의 평가

실험 운영의 결과를 알아보기 위하여 프로그램의 회기를 마치고 마지막 시간에 프로그램에 대한 만족도 검사를 실시하였고, 프로그램 실시 후 자신의 변화에 대한 의견을 진술문 형식으로 작성하게 하였다. 만족도를 알아보기 위한 평가지의 내용은 매 회기의 활동에 대해 '매우 도움이 되었다, 도움이 되었다, 보통이다, 별로 도움이 되지 않았다, 도움이 되지 않았다'의 다섯 개의 항목으로 구성하였다. 결과 처리는 빈도분석 처리하였다. 프로그램에 대한 만족도 평가 결과는 〈표 5-10〉과 같다.

〈표 5-10〉 프로그램 만족도 평가 결과

보기	학생 수	백분율(%)
매우 도움이 되었다.	4	11.4
도움이 되었다.	10	28.6
보통이다.	14	40.0
별로 도움이 되지 않았다.	5	14.3
도움이 되지 않았다.	2	5.7
전체	35	100

프로그램에 대한 만족도 평가 결과는 보통이다(40.0%), 도움이 되었다(28.6%), 별로 도움이 되지 않았다(14.3%), 매우 도움이 되었다(11.4%), 도움이 되지 않았다(5.7%)의 순서로 나타났다.

각 회기에 대한 만족도 평가 결과는 〈표 5-11〉과 같다. 이 표에 의하면 각 회기에 대한 검사 결과는 각 항목에 대해 '보통이다'라고 대답한 학생의 수가 가장 많았고, 나머지 항목은 분포가 고르게 나타났다. 만족도가 가장 높은 활동은 '나의 가치관 알기'(48.6%) 항목이었고, 그다음 '갈등 상황 해결방법 알기'(48.5%), '학습방법 알기'(45.7%), '친구 이해하기'(40%), '인생의 목표 탐색'(40%), '친구와 잘 지내는 방법 알기'(31.4%) 등의 순으로 학생들이 도움이 되었다고 대답하였다. '대학에 대한 정보 알기' 활동은 도움이 되지 않았다고 대답한 학생이 31.4%로, 도움이 되었다고 대답한 학생보다 14.2% 많았다. '직업 준비 방법 알기' 활동은 도움이 되었다고 대답한 학생이 31.5%, 도움이 되지 않았다고 대답한 학생이 31.4%로 비슷한 반응을 보였다.

한 회기의 프로그램을 마친 후 학생들로 하여금 경험보고서를 작성하게 하였는데, 그 기록을 간략하게 정리하면 다음과 같은 내용이 공통적이었다. 1회기 '바람직한 학습방법 알기' 시간에는 평소 자신의 학습방법을 알게 된 것이 좋았고 학습에 대한 여러 가지 정보를 얻을 수 있어서 도움이 되었다고 진술하였다. 2회기 '바람직한 학습태도 기르기' 시간에는 자신의 지금까지의 학습태도를 돌아보고 실천의 중요성을 깨닫는 시간이 되어서 좋았다고 진술하였다. 3회기 '인생의 목표를 탐

〈표 5-11〉 회기별 만족도 평가 결과

프로그램 내용	프로그램 평가 문항				
	매우 도움이 됨	도움이 됨	보통	별로 도움이 안 됨	도움이 안 됨
학습방법 알기	4(11.4)	12(34.3)	13(37.1)	4(11.4)	2(5.7)
학습태도 기르기	4(11.4)	8(22.9)	15(42.9)	7(20.0)	1(2.9)
인생의 목표 탐색	5(14.3)	9(25.7)	14(40.0)	6(17.1)	1(2.9)
대학에 대한 정보 알기	3(8.6)	3(8.6)	18(51.4)	9(25.7)	2(5.7)
직업 준비 방법 알기	2(2.9)	10(28.6)	13(37.1)	4(11.4)	7(20.0)
친구와 잘 지내는 방법 알기	2(5.7)	9(25.7)	16(45.7)	5(14.3)	4(11.4)
친구 이해하기	3(8.6)	11(31.4)	14(40.0)	4(11.4)	2(5.7)
나의 가치관 알기	5(14.3)	12(34.3)	11(31.4)	5(14.3)	2(5.7)
갈등 상황 해결방법 알기	4(11.4)	13(37.1)	10(28.6)	7(20.0)	1(2.9)
의사소통 방법 알기	3(8.6)	12(34.3)	13(37.1)	4(11.4)	3(8.6)

* 표의 숫자는 학생 수(명), 괄호 안의 숫자는 백분율(%)을 나타냄.

색하기' 시간에는 미래의 성공적인 자신의 모습을 상상하면서 지금 이 순간에 어떻게 해야 할지 알게 된 점이 좋았다고 하였다. 4회기 '대학에 대한 정보를 알아보기' 시간에는 아직까지 대학이나 학과에 대해서 구체적으로 결정하지 못했는데 이제는 자신의 목표를 정해 놓고 공부를 해야겠다고 생각하였다고 하였다. 5회기 '직업 준비하는 방법 알기' 시간에는 아직까지 구체적인 직업을 정하지 않은 학생들이 많아서인지 어떻게 하면 자신에게 맞는 직업을 선택하는지 알게 되어서 도움이 되었다고 진술하였다.

6회기와 7회기는 친구에 관한 내용이었는데, 새로운 활동을 하면서 자신과 생각이 다른 친구들도 있을 수 있다는 것을 알았고 서로를 존중하며 지내야겠다고 하였다. 8회기는 자신의 가치관을 탐색하는 시간이었는데, 가치를 탐색하는 것이 좀 어렵다고 느끼는 것 같았으나 자신에 대해서 긍정적으로 생각해야겠다고 다짐하는 모습을 보이기도 하였다. 9회기는 갈등 상황을 어떻게 하면 슬기롭게 해결할 수 있을까라는 주제였는데, 자신이 그동안 친구와 말다툼을 했을 때 어떻게 해결하려 하였는지 생각하게 되었고 더 좋은 해결방법을 알게 되어서 도움이 되었다고 진술하였다. 10회기는 의사소통에 관한 내용으로 활동하였는데, 대화할 때 서로의 태도가 얼마나 중요한지 알 수 있었다고 하였다.

이상의 내용을 종합해 보면, 프로그램 자체에 대해 대상자의 80% 이상이 보통 이상의 만족도를 보였고, 각 회기별로도 70~80% 정도의 대상자들이 보통 이상의 만족도를 보이는 것으로 나타났다. 아울러 경험보고서상에서도 학생들의 긍정적인 진술들이 많이 나타나는 것으로 미루어 볼 때 전반적으로 만족스러운 프로그램이었음이 드러났다.

제3부 학교상담 프로그램의 실제

제6장

학교상담 프로그램의 구성

이 프로그램은 3개 영역, 12개 범주, 53개의 목표로 구성되어 있다. 각 목표를 달성하기 위한 활동들이 여러 개씩 제시되어 있으며, 각 활동마다 그에 필요한 활동 지도안, 활동지, 읽기자료, 참고자료, 과제 제시자료 등이 제시되어 있다. 이 장에서는 학교상담 프로그램의 목표와 구성양식에 관해 간단히 살펴보겠다.

1. 학교상담 프로그램의 목표

학교상담 프로그램의 구체적인 목표는 〈표 6-1〉과 같다.

〈표 6-1〉 고등학생을 위한 학교상담 프로그램의 구체적 목표

영역	범주	문항 번호	목표
영역 I 진로 발달	A. 진로 계획 및 개발	1	진로계획을 작성하는 방법을 안다.
		2	가능한 진로와 일의 세계에 관해 안다.
		3	내가 관심을 가지고 있는 구체적인 영역에서의 진로를 탐색하는 방법을 안다.
		4	내가 관심을 가지고 있는 진로를 준비하는 방법을 안다.
		5	졸업 이후(취업, 훈련 프로그램, 대학/직업기술학교, 재정지원, 군 입대 등)에 관한 계획을 수립한다.
		6	나의 흥미와 능력을 알고 이러한 것들이 진로를 선택하는 데 어떤 도움을 줄 수 있는지 안다.
		7	내가 가진 특징과 장점을 알고 그것이 취업에 어떤 영향을 미치는지 안다.
	C. 남녀가 직업 및 진로와 어떻게 관련되어 있는지 이해하기	14	대개 이성에 의해 선택되는 직업이나 남녀 모두 할 수 있는 직업에 관해서 안다.
		15	주로 이성에 의해 선택되는 교과목에 관심이 있거나 그것을 선택하려 할 때, 성인의 불인정, 적대감, 반대 등을 다룰 수 있다.
		16	주로 이성에 의해 선택되는 교과목에 관심이 있거나 그것을 선택하려 할 때, 다른 학생들의 놀림이나 괴롭힘 등을 다룰 수 있다.
		17	특정 직업에서 남녀 구성원 모두와 사이좋게 지내는 방법을 안다.
		18	인간의 성이 나의 진로 선택에 어떤 영향을 미치는지 안다.

<table>
<tr><td rowspan="4">영역 I
진로
발달</td><td rowspan="4">D. 대학에
관한
의사결정
하기</td><td>19</td><td>여러 대학들과 그 대학들이 제공하는 것에 관해서 안다.</td></tr>
<tr><td>20</td><td>대학을 선택하는 방법을 안다.</td></tr>
<tr><td>21</td><td>대학을 방문한다.</td></tr>
<tr><td>22</td><td>장학금과 재정적 지원에 관한 정보를 얻는 방법을 안다.</td></tr>
<tr><td rowspan="12">영역 II
인성 ·
사회성
발달</td><td rowspan="6">B. 자신을
이해하고
수용하기</td><td>8</td><td>나 자신을 이해 · 수용하고 좋아한다.</td></tr>
<tr><td>9</td><td>나 자신에 대해 자신감을 갖는다.</td></tr>
<tr><td>10</td><td>나의 감정이 나의 행동에 어떤 영향을 미치는지 이해한다.</td></tr>
<tr><td>11</td><td>나 자신의 생각을 진술할 수 있다.</td></tr>
<tr><td>12</td><td>개인적인 문제점들을 다룰 수 있다.</td></tr>
<tr><td>13</td><td>기분이 좋지 않을 때의 생활에 대처할 수 있다.</td></tr>
<tr><td rowspan="4">H. 타인을
이해하고
사이좋게
지내기</td><td>35</td><td>감정을 전달하는 좋은 방법을 안다.</td></tr>
<tr><td>36</td><td>우정을 오래 지속 · 발전시킬 수 있다.</td></tr>
<tr><td>37</td><td>타인들에게 수용될 뿐만 아니라 그들을 수용할 수 있다.</td></tr>
<tr><td>38</td><td>내가 도움을 필요로 할 때 누군가와 이야기할 수 있다.</td></tr>
<tr><td rowspan="2">K. 약물과
술이 나와
친구들에게
미치는
영향 알기</td><td>48</td><td>술과 약물의 문제점을 안다.</td></tr>
<tr><td>49</td><td>음주로 인한 문제점을 안다.</td></tr>
<tr><td rowspan="12">영역 III
학업
발달</td><td rowspan="5">E. 직업
선택을
위한
준비하기</td><td>23</td><td>고용주가 구직자 및 피고용자에게 요구하는 것이 무엇인지를 안다.</td></tr>
<tr><td>24</td><td>입사지원서를 정확히 작성할 수 있다.</td></tr>
<tr><td>25</td><td>취업 면접에 대해서 안다.</td></tr>
<tr><td>26</td><td>이력서(고용주를 위한 개인적인 정보서류)를 작성할 수 있다.</td></tr>
<tr><td>27</td><td>구직을 어디서 어떻게 시작해야 하는지 안다.</td></tr>
<tr><td rowspan="7">F. 의사결정
하기</td><td>28</td><td>나의 목적은 무엇이고 그 가치가 무엇인지를 안다.</td></tr>
<tr><td>29</td><td>의사결정을 할 수 있다.</td></tr>
<tr><td>30</td><td>이미 이루어진 결정을 평가 및 판단할 수 있다.</td></tr>
<tr><td>31</td><td>잘된 결정은 따르고 잘못된 결정은 바꿀 수 있다.</td></tr>
<tr><td>32</td><td>변화하는 세계에 적응하는 방법을 안다.</td></tr>
<tr><td>33</td><td>어려움을 겪을 때 진정한 문제가 무엇인지를 알 수 있다.</td></tr>
<tr><td>34</td><td>문제에 대한 여러 가지 해결책을 도출할 수 있다.</td></tr>
</table>

<table>
<tr><td rowspan="15">영역 III
학업
발달</td><td rowspan="2">G. 직업
선택하기</td><td>39</td><td>자기가 살고 있는 지역에서 구할 수 있는 직업에 대해 안다.</td></tr>
<tr><td>40</td><td>시간제 및 계절제 직업을 구하는 방법을 안다.</td></tr>
<tr><td rowspan="7">J. 공부 및
기본적 학습
기술의 향상</td><td>41</td><td>자신의 성격을 이해하고 그에 맞는 학습방법을 알아간다.</td></tr>
<tr><td>42</td><td>읽기, 쓰기, 말하기, 듣기, 연산 기술 등을 향상시키는 방법을 안다.</td></tr>
<tr><td>43</td><td>내가 시작한 과제나 프로젝트를 완성할 수 있다.</td></tr>
<tr><td>44</td><td>수험기술을 향상시키는 방법을 안다.</td></tr>
<tr><td>45</td><td>일생을 통해 활용할 수 있는 학습 습관 및 기술을 개발하는 방법을 안다.</td></tr>
<tr><td>46</td><td>공부하는 방법을 알고 공부시간에 최선의 효과를 거두는 방법을 안다.</td></tr>
<tr><td>47</td><td>필기하는 요령을 안다.</td></tr>
<tr><td rowspan="2">M. 졸업한
친구 및 타인
으로부터
학습하기</td><td>50</td><td>졸업생들이 어떤 직업을 가지고, 어느 곳에서 일하는지 안다.</td></tr>
<tr><td>51</td><td>졸업생들이 취업에서 겪는 문제들이 무엇인지 안다.</td></tr>
<tr><td rowspan="2">O. 직업
선택 및 훈련</td><td>52</td><td>나의 가장 강력한 직업 흥미, 적성, 능력이 무엇인지를 안다.</td></tr>
<tr><td>53</td><td>내가 흥미, 적성, 능력을 가지고 있는 직업 프로그램에 등록하는 데 있어서 도움을 받는다.</td></tr>
</table>

2. 학교상담 프로그램의 구성양식

1) 학교상담 프로그램의 구성양식

각 프로그램은 활동 지도안, 활동지, 읽기자료, 참고자료, 과제 제시자료 등으로 구성되어 있는데, 이들 각각에 대해서 자세히 살펴보면 다음과 같다.

활동 지도안 각각의 활동 지도안 맨 위쪽에는 자료번호, 활동제목, 활동영역 등이 제시되어 있다. 그리고 그 아래 표 양식에는 활동목표, 대상, 소요시간, 준비물, 집단크기, 활동내용 등이 제시되며, 활동내용은 활동소개, 활동절차, 유의사항의 세 부분으로 나뉘어 제시되고 있다. 이들 각각에 대해 살펴보면 다음과 같다.

'자료번호'는 'Ⅱ-B-6' 'Ⅰ-A-3'의 형태로 제시되는데, 여기서 Ⅰ, Ⅱ는 영역을 나타낸다. 참고로 Ⅰ은 진로발달 영역, Ⅱ는 인성 · 사회성 영역, Ⅲ은 학업발달 영역이다. 또한 B, A는 활동 범주로서 각 영역의 하위 범주를 나타낸다. 6, 3은 목표의 일련번호를 나타낸다. '활동대상'은 적절할 것으로 판단되는 학년을 제시한 것이나, 이는 학생이나 학교에 따라 융통성 있게 적용될 수 있다. '소요시간'은 대개가 45분을 기준으로 구성되어 있으나, 몇몇 활동은 2~3차시에 걸쳐서 이루어지는 경우도 있다. '집단크기'는 대개 학급 전체나 소집단으로 실시하도록 구성되어 있다.

'활동소개'는 각각의 활동에 대한 개략적인 안내 및 의의 등을 소개하고 있으며, '활동절차'에는 교사들이 쉽게 이해할 수 있도록 활동의 구체적인 절차들이 순서대로 제시되어 있다. 마지막으로 '유의사항'에서는 활동에 있어서 주의해야 할 점이나 참고가 될 만한 내용들이 제시되어 있다. 이러한 활동 지도안은 그대로 사용해도 좋으나, 학생의 수준, 학교의 여건, 교사의 의도 등에 맞게 수정 · 보완하여 융통성 있게 활용하면 더욱 효과적이다.

활동지 활동지는 학생들이 활동을 하는 데 도움이 될 수 있도록 쉽게 작성되어 있으며, 학생들이 해야 할 활동들에 대해서 자세하게 안내하고 있다. 또한 교사들이 학생들을 지도할 때 쉽게 복사하여 활용할 수 있도록 구성되었다.

참고자료, 읽기자료, 과제 제시자료 참고자료는 교사의 이해를 돕기 위한 보충설명 자료나 예시자료다. 읽기자료는 활동 시 교사가 읽어 줄 필요가 있는 자료이며, 과제 제시자료는 과제로 제공해 줄 수 있는 자료다.

2) 학교상담 프로그램의 구성 내용 예시

앞에서 설명한 구성 내용들을 하나씩 예시를 들어 살펴보면 다음과 같다.

(1) 활동 지도안 예시

자료번호 : I-A-1
영역 : 진로발달

진로설계

구분	내용		
활동영역	진로 계획 및 탐색	활동범주	진로 계획 및 개발
활동목표	진로계획을 작성하는 방법을 안다.		
활동대상	고등학교 1학년	소요시간	100분
준비물	교사: '생애설계' '진로목표' 활동지	집단크기	소집단, 학급 전체
활동소개	인생을 계획하고 진로를 선택하는 것은 중요한 문제다. 단기, 중기, 장기 목표를 정함으로써 학생이 진로를 계획해 나가는 데 도움이 된다.		
활동절차	[1차시] 1. 진로설계는 인생설계의 하위개념임을 설명한다. 2. 학생들에게 '생애설계' 활동지를 나누어 주고 작성하게 한다. 3. 소집단별로 이야기를 나누게 한다. 4. 학생들이 발표한 후, 생애설계는 자신이 장래에 무엇을 해야 할지 생각하게 하고 자신의 진로 방향에 대한 장단점을 생각해 볼 수 있게 한다는 것을 요약해 준다. 5. 학생들에게 새롭게 알게 되었거나 느낀 점을 발표하게 한다. [2차시] 1. 진로계획의 중요성을 설명한다. 2. 학생들에게 '진로목표' 활동지를 나누어 주고 진로목표 달성을 위한 단기목표, 중기목표, 장기목표에 대해 설명한다. 3. '진로목표' 활동지를 작성하도록 한다. 4. 희망 직업을 갖기 위한 장기, 중기, 단기 목표를 소집단별로 발표한다. 5. 예상 장애요인과 대처방안에 대해 학생 상호 간의 피드백을 촉진한다.		
유의사항	진로계획에 대해 혼란스러워하는 학생에게는 개별적인 도움을 제공한다.		

(2) 활동지 예시

진로목표

활동지 번호 : Ⅰ-A-1-②

_____학년 _____반 _____번
이름: ____________________

희망 직업을 갖기 위한 구체적인 진로목표를 세워 봅시다.

희망 직업: ____

장기목표

중기목표
1. 2. 3.

단기목표
1. 2. 3.

희망 직업에 대한 예상 장애요인을 알아보고 대처방안을 모색해 봅시다.

직 업	예상 장애요인	대처방안

(3) 참고자료 예시

참고자료 번호 : I-A-1

토의 진행 안내

토의에 다음의 내용들을 참고하세요.

1. 학생들은 '진로탐색검사'에서 얻은 결과와 'Holland 성격유형'에서의 각 그룹의 특성을 살펴보고, 각자의 그룹 특성을 비교하면서 자신이 어느 그룹에 속하는지를 결정하고 가장 유사한 그룹을 선택한다. 단, '진로탐색검사'에서의 검사 결과와 'Holland 성격유형'에서의 특성이 서로 일치하지 않는 경우 자신이 원하는 방향으로 결정할 수 있다.
2. 6개 유형의 집단원들(실재형, 탐구형, 예술형, 사회형, 설득형, 관습형)이 모여 앉을 수 있도록 집단별 자리를 정한다.
3. 학생들은 6개의 집단 중 자신과 가장 유사하다고 생각되는 집단으로 이동한다.
4. 그룹 토의를 진행한다.

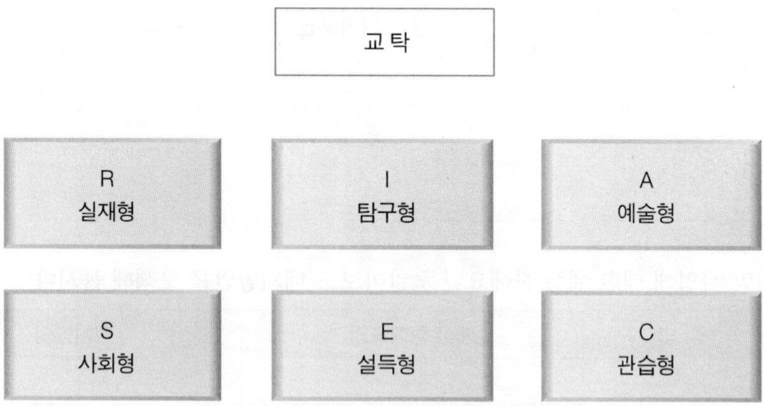

좌석 배치도

(4) 읽기자료 예시

진로평가

읽기자료 번호 : I-A-4

직업 선택에 관한 글입니다. 다음을 읽고 생각해 봅시다.

여러분은 장래 직업이나 진로에 대해 생각해 보았습니까? 의사, 우주비행사, 교사 등 무엇이 되려고 합니까? 이 직종에 종사하는 사람들이 실제 어떤 일을 하는지 알고 있습니까? 위의 직업을 갖기 위해 무엇을 해야 하는지 알고 있습니까?

어떤 사람들은 매력 있어 보이기 때문에 혹은 돈을 많이 벌기 때문에 특정 직업을 선택합니다. 어떤 사람들은 부모님이 하시는 일이기 때문에 그 일을 그대로 자신의 진로로 선택합니다. 또 다른 사람들은 TV나 영화에서 멋있게 보이는 특정 직업을 보고 진로를 결정하기도 합니다.

그러나 진로를 올바르게 결정하는 가장 좋은 방법은 각자의 흥미, 능력을 검사해서 두 가지 모두를 만족시키는 진로를 선택하는 것입니다. 직업 세계에 존재하는 직업의 특성을 알아야, 어떤 직업 특성이 흥미를 끄는지 확인할 수 있습니다. 여러분은 학교 생활을 하면서 진로에 유용하게 쓰일 기술이나 재능 분야들을 확인할 수 있을 것입니다. 이러한 기술이나 재능을 능력이라고 부릅니다. 스스로 진로에 대한 연구를 계속하는 동안, 관심 있는 직업활동과 여러분이 잘할 수 있는 활동 모두를 만족시키는 진로를 찾을 수 있을 것입니다.

이 단원은 진로 탐색 중 조금 더 정보에 근거한 선택을 하는 데 도움이 될 것입니다. 미래는 지금부터 시작됩니다. 여러분은 진지하게 진로 탐색을 시작해야 하고 주의 깊게 당신의 능력과 진로 흥미를 평가해야 합니다.

제7장

진로발달 영역

자료번호 : Ⅰ-A-1
영역 : 진로발달

진로설계

구분	내용		
활동영역	진로 계획 및 탐색	활동범주	진로 계획 및 개발
활동목표	진로계획을 작성하는 방법을 안다.		
활동대상	고등학교 1학년	소요시간	100분
준비물	교사: '생애설계' '진로목표' 활동지	집단크기	소집단, 학급 전체
활동소개	인생을 계획하고 진로를 선택하는 것은 중요한 문제다. 단기, 중기, 장기 목표를 정함으로써 학생이 진로를 계획해 나가는 데 도움이 된다.		
활동절차	[1차시] 1. 진로설계는 인생설계의 하위개념임을 설명한다. 2. 학생들에게 '생애설계' 활동지를 나누어 주고 작성하게 한다. 3. 소집단별로 이야기를 나누게 한다. 4. 학생들이 발표한 후, 생애설계는 자신이 장래에 무엇을 해야 할지 생각하게 하고 자신의 진로 방향에 대한 장단점을 생각해 볼 수 있게 한다는 것을 요약해 준다. 5. 학생들에게 새롭게 알게 되었거나 느낀 점을 발표하게 한다. [2차시] 1. 진로계획의 중요성을 설명한다. 2. 학생들에게 '진로목표' 활동지를 나누어 주고 진로목표 달성을 위한 단기목표, 중기목표, 장기목표에 대해 설명한다. 3. '진로목표' 활동지를 작성하도록 한다. 4. 희망 직업을 갖기 위한 장기, 중기, 단기 목표를 소집단별로 발표한다. 5. 예상 장애요인과 대처방안에 대해 학생 상호 간의 피드백을 촉진한다.		
유의사항	진로계획에 대해 혼란스러워하는 학생에게는 개별적인 도움을 제공한다.		

생애설계

_____학년 _____반 _____번

이름: ____________________

희망 직업과 관련하여 자신의 미래를 다음 표에 구체적으로 설계해 봅시다. 막연하거나 공상적이지 않게 보다 구체적이고 실현 가능한 일을 적어 보시오.

시 기	하고자(갖고자) 하는 것	이미 가진 것	준비할 것
1년 이내 (　　　년) (나이　　세)			
2년 이내 (　　　년) (나이　　세)			
3년 이내 (　　　년) (나이　　세)			
10년 이내 (　　　년) (나이　　세)			
20년 이내 (　　　년) (나이　　세)			

⇨ 친구들과 이야기한 후 새롭게 알게 되거나 느낀 점

활동지 번호 : Ⅰ-A-1-②

진로목표

_____학년 _____반 _____번

이름: ____________________

희망 직업을 갖기 위한 구체적인 진로목표를 세워 봅시다.

희망 직업: ______________________________

장기목표

중기목표
1. 2. 3.

단기목표
1. 2. 3.

희망 직업에 대한 예상 장애요인을 알아보고 대처방안을 모색해 봅시다.

직 업	예상 장애요인	대처방안

진로 정보

자료번호 : I-A-1
영역 : 진로발달

구분	내 용		
활동영역	진로 계획 및 탐색	활동범주	진로 계획 및 개발
활동목표	진로계획을 작성하는 방법을 안다.		
활동대상	고등학교 1학년	소요시간	100분
준비물	교사: '진로 탐색 1' '진로 탐색 2' 활동지, '진로 정보' 참고자료	집단크기	학급 전체
활동소개	학생들은 진로 정보의 의미와 목적, 최신 정보 수집방법을 알게 되고, 인터넷을 통한 진로 정보센터 이용방법을 익힌다.		
활동절차	[1차시] 1. 진로 정보의 의미와 목적을 설명한다. 2. 진로 정보의 수집방법에 대해서 학생들에게 브레인스토밍을 하게 하고 진로 정보의 수집 시 유의점을 학생들과 함께 이야기한다. 3. '진로 정보' 참고자료를 나누어 주고 중요한 진로 정보 사이트를 방문하여 보여 준다. 4. 학생들에게 수집할 정보를 미리 생각해 두도록 안내한다. 5. 학생들이 관심을 보인 내용에 대해 교사가 정보를 수집하는 시범을 보인 후, 시간을 주어 학생들이 직접 진로 정보를 찾아보도록 한다. 6. 진로 정보의 수집 후 소감을 발표하도록 한다. [2차시] 1. '진로 탐색 1' 활동지를 나누어 주고 진로 정보를 수집할 방법을 생각하여 학생들이 희망 직업에 대한 정보를 탐색해 보도록 한다. 2. 희망 직업에 대한 탐색 결과를 발표함으로써 학생들이 서로의 정보를 공유할 수 있도록 한다. 3. '진로 탐색 2' 활동지를 나누어 주고 관심 직업에 대한 현실적 여건과 자신이 가지고 있는 생각 사이에 차이는 없는지 이야기해 본다.		
유의사항	수집한 진로 정보가 항상 유효한 것이 아니기 때문에 항상 최신의 자료인지 확인한다.		

활동지 번호 : Ⅰ-A-1-①

진로 탐색 1

_____학년 _____반 _____번

이름: _______________

관심 있는 직업들에 대한 다음의 항목들을 알아봅시다.

1. 관심 직업

____

____

____

____

____

2. 연봉/월수입

____

____

____

____

____

3. 주당 근로시간

____

____

____

____

____

4. 관심 직업 관련 교육기관

5. 고용 기회(취업 가능성은 어느 정도인가?)

6. 근로조건

7. 관련 유사 직업(유사 직종)

활동지 번호
: Ⅰ-A-1-②

진로 탐색 2

_____학년 _____반 _____번
이름: ____________________

선택한 직업에 관한 다음 질문에 답하시오.

	예(○)	아니요(×)	
1.			이 일에 정말 흥미가 있는가?
2.			이 직업이 요구하는 성격 특성을 가지고 있는가?
3.			이 직업에 만족할 수 있을 것인가?
4.			고등학교에서 이 직업과 관련된 수업을 받고 있는가?
5.			이 직업을 위해 기꺼이 전문교육을 받을 수 있는가?
6.			추가적인 교육이나 연수를 받는 데 필요한 비용을 감당할 수 있는가?
7.			이 분야에 충분한 일자리가 있는가?
8.			일자리가 없다면 일자리가 있는 곳으로 이사를 갈 수도 있는가?
9.			이 직업에서 받은 수입으로 생활할 수 있는가?
10.			하는 일은 유사하면서 연수조건과 근로조건이 더 나은 직업은 없는가?

'○'의 개수: ____________________ '×'의 개수: ____________________
⇨ 이 직업이 나에게 적당한가? ____________________
____

진로 정보

다음은 진로 정보를 획득할 수 있는 인터넷 사이트에 대한 소개입니다. 지도 시 참고하세요.

진로 정보란 개개인의 진로를 개발하는 과정을 지원하기 위한 모든 형태의 정보이며, 진로 정보 제공 활동이란 장래 계획이나 의사결정을 할 때 학생과 그 자신을 둘러싼 환경을 이해하도록 돕기 위해 필요한 정보와 자료를 수집해서 제공해 주는 활동을 의미한다.

1. 진로상담 사이트

1) 커리어넷(www.careernet.re.kr)

커리어넷을 운영하고 있는 진로 정보센터는 교육인적자원부의 위탁을 받아 한국직업능력개발원에 설치된 직업 및 진로지도 관련 연구 · 개발센터다. 국민들의 진로 개발을 지원하기 위해 다음과 같은 역할을 수행한다.

- 진로지도 관련 정책 및 제도 운영에 관한 연구
- 직업/진로 정보의 생산 · 보급
- 직업 및 직업의식 연구
- 직업안정 정책 및 제도에 관한 연구
- 직업/진로 관련 검사도구 및 프로그램의 개발 및 보급
- 진로상담 및 교육 서비스, 진로 관련 전문가 연수 등

2) 진학진로정보센터(www.jinhak.or.kr)

서울시 교육연구정보원에서 운영하는 종합 진로정보 사이트다. 진학진로상담, 심리검사를 비롯해 초 · 중 · 고등학교 진학진로에 관련된 각종 정보를 제공하고 있다. 특히 '대학진학정보' 코너에서는 진학진로정보센터에서 발간되는 유용한 자료 및 전국 각 대학 정보 및 학과 정보, 대학별 모집요강 등을 제공하고 있다.

3) 청소년 워크넷(youth.work.go.kr)

워크넷의 패밀리 사이트 중 하나로 초등학생부터 대학생 및 미취업 청년들을 대상으로 하는 진로정보 사이트다. 직업 정보, 심리검사, 진로상담 등의 서비스가 제공되고 있으며, 한국고용정보원에서 운영하고 있는 청소년직장체험 제도도 소개하고 있다.

4) YMCA 청소년진로진학상담실(www.myway.or.kr)

YMCA가 청소년을 대상으로 운영하고 있는 진로진학상담실의 홈페이지다. 상담실에서 실시하고 있는 '청소년직업탐험대' 등의 프로그램에 대한 안내를 받을 수 있다. 오프라인을 통한 대면 상담 서비스도 제공하고 있으며, 이메일, 게시판, 채팅 등 다양한 방식을 이용한 사이버상담도 받을 수 있다.

2. 직업 정보 사이트

1) 워크넷(www.work.go.kr)

- 한국직업사전(워크넷/취업자료실/한국직업사전): 직업사전은 우리나라에 존재하는 수많은 직업에 대한 백과사전이다. 직업별로 '직업의 특성' '적성 및 능력' '준비방법' 등이 요약되어 있다. 우리나라에 존재하는 1만 2,000여 개의 직업 명칭을 정리하고 있으며, 각 직업의 직무뿐만 아니라 해당 직업의 직무를 수행하는 데 필요한 교육 및 자격, 작업 강도, 조사산업 등의 정보를 보여 준다. 직업 세계에는 어떠한 직업들이 있는지를 알고 싶을 때, 그리고 내가 되고 싶은 직업에 대하여 알고자 할 때 직업사전을 이용할 수 있다.
- JOB MAP(워크넷/취업자료실/JobMap): 2005년 실시된 '산업 · 직업별 고용구조조사' 결과로서 194개 산업과 392개 직업별로 임금, 종사자 수, 남녀 비율, 근속년수 등 자세한 노동시장 정보를 제공한다.
- 한국직업전망(워크넷/취업자료실/직업정보/한국직업전망): '2009 한국직업전망'은 우리나라를 대표하는 16개 분야, 186개 직업에 대한 상세 정보를 수록하고 있다. 더불어 향후 5년간 각 직업에 대한 고용 전망을 비롯해 일의 특성, 근무환경, 직업 준비 방법 등에 대한 상세 정보를 제공함으로써 자신이 희망하는 직업에 한발 더 가까이 다가갈 수 있도록 유용한 직업 정보 자료로서의 역할을 한다.
- 전문가가 말하는 나의 직업(워크넷/취업자료실/직업정보/전문가가 말하는 나의 직업): 각 분야에 종사하고 있는 전문가들이 자신의 직업을 소개한다. 현장의 목소리를 통해 생생한 직업 세계를 느낄 수 있다.

2) 통계청(www.nso.go.kr)

- 한국표준직업분류(통계청/통계표준분류/한국표준직업분류): 우리나라의 전체 직업을 분류하기 위한 국가적 표준으로서 직업 관련 통계 작업의 기준이 되고 있다.

3) 한국직업정보시스템(know.work.go.kr)

우리나라 학과와 직업에 대한 상세 정보를 제공함으로써 적성과 흥미 그리고 능력에 맞게 진로를 계획하도록 도와주는 직업 정보 시스템이다.

진로 탐색 I

자료번호 : I-A-1
영역 : 진로발달

<table>
<tr><th>구분</th><th colspan="3">내용</th></tr>
<tr><td>활동영역</td><td>진로 계획 및 탐색</td><td>활동범주</td><td>진로 계획 및 개발</td></tr>
<tr><td>활동목표</td><td colspan="3">진로계획을 작성하는 방법을 안다.</td></tr>
<tr><td>활동대상</td><td>고등학교 1학년</td><td>소요시간</td><td>50분</td></tr>
<tr><td>준비물</td><td>교사: '진로준비도 검사' 활동지, '진로 선택의 기본 요소' 읽기자료</td><td>집단크기</td><td>학급 전체</td></tr>
<tr><td>활동소개</td><td colspan="3">진로 선택의 기본 요소를 이해하고, 진로준비도 검사를 통해 자신이 선호하는 직업들의 특성에 대해 알아봄으로써 진로를 계획할 수 있다.</td></tr>
<tr><td>활동절차</td><td colspan="3">1. 진로 선택을 할 때 기본적으로 고려해야 할 요소를 생각해 보도록 한다.
2. '진로 선택의 기본 요소' 읽기자료를 나누어 주고 설명한다.
3. '진로 선택의 기본 요소' 읽기자료의 3번 새로운 직업 세계의 변화를 설명한다.
4. 학생들에게 직업 선택 시 가장 중요하게 고려하는 요소가 무엇인지 질문한다.
5. '진로준비도 검사' 활동지를 나누어 주고 작성하게 한다.
6. 활동지 결과를 발표한다.</td></tr>
<tr><td>유의사항</td><td colspan="3">진로계획에 대해 혼란스러워하는 학생은 개별적인 도움을 제시해야 한다.</td></tr>
</table>

활동지 번호 : Ⅰ-A-1

진로준비도 검사

_____학년 _____반 _____번

이름: ____________________

직업을 통해 무엇을 얻고 싶습니까? 그 직업이 여러분에게 무엇을 제공해 줍니까? 이러한 점에 초점을 맞추어 다음을 작성해 봅시다('진로 사전 검사지'(활동지 번호: Ⅰ-A-6)와 관련).

1. 호감을 갖는 직업 특성에 해당하는 항목은 첫 번째 빈칸에 √표를 하시오.
2. 희망하는 직업(혹은 선택한 직업)의 특성에 해당하는 항목은 두 번째 빈칸에 ○표를 하시오.

⇨ 내가 희망하는 직업은 ________________________________

___ ___ 고소득
___ ___ 보통 소득
___ ___ 저소득
___ ___ 공장 근무
___ ___ 상점 근무
___ ___ 사무실 근무
___ ___ 시끄러운 곳에서 근무
___ ___ 조용한 곳에서 근무
___ ___ 더운 곳에서 근무
___ ___ 추운 곳에서 근무
___ ___ 에어컨이 있는 곳에서 근무
___ ___ 스스로 일을 계획하면서 근무
___ ___ 매일 같은 일을 하는 업무
___ ___ 창의력을 발휘할 수 있는 근무
___ ___ 명령에 따르는 업무
___ ___ 사장으로 근무
___ ___ 타인을 위한 근무
___ ___ 주로 정신노동
___ ___ 주로 육체노동

___ ___ 눅눅한 환경에서 근무
___ ___ 안전한 환경에서 근무
___ ___ 위험한 환경에서 근무
___ ___ 실외 근무
___ ___ 실내 근무
___ ___ 정해진 곳에서 근무
___ ___ 불특정 지역에서 근무
___ ___ 내 고장 근무
___ ___ 여행이 잦은 근무
___ ___ 동료와 함께 하는 일
___ ___ 혼자서 하는 일
___ ___ 건조한 곳에서 근무
___ ___ 가족과 시간을 보낼 수 있는 업무
___ ___ 주기적으로 근무
___ ___ 충분한 여가시간
___ ___ 시간제 근무
___ ___ 주당 40시간 정도의 근무
___ ___ 근무시간의 탄력성
___ ___ 존경받는 일

___ ___ 지엽적인(세밀한) 일	___ ___ 부수적인 이익이 있는 일
___ ___ 전반적인 일	___ ___ 생산직
___ ___ 서서 하는 일	___ ___ 서비스직
___ ___ 앉아서 하는 일	___ ___ 봉사직
___ ___ 많은 교육을 요하는 일	___ ___ 남을 감독하는 일
___ ___ 도시에서 근무	___ ___ 남을 돕는 일
___ ___ 교외에서 근무	___ ___ 남에게 영향력을 미치는 일
___ ___ 의사결정을 내리는 일	___ ___ 경력을 쌓아 나가는 일
___ ___ 승진의 길이 열려 있는 일	___ ___ 사회적 기술이 필요한 일
___ ___ 쇠퇴해 가는 직장	___ ___ 듣기기술이 필요한 일
___ ___ 고등학교 졸업장이 필요 없는 일	___ ___ 지시사항 준수가 필요한 일
___ ___ 기술교육이 필요한 일	___ ___ 기초 읽기능력이 필요한 일
___ ___ 학위가 필요 없는 일	___ ___ 기초 쓰기능력이 필요한 일
___ ___ 직장 내 현직연수 기회가 있는 일	___ ___ 기초 말하기 능력이 필요한 일
___ ___ 수습기간이 있는 일	___ ___ 기억력이 필요한 일
___ ___ 자격증이 필요한 일	___ ___ 예절이 중요시되는 일
___ ___ 기초 수학능력이 필요한 일	___ ___ 단정함이 중요시되는 일
___ ___ 고급 수학능력이 필요한 일	___ ___ 기초 과학능력이 필요한 일
___ ___ 기초 사회연구 능력이 필요한 일	___ ___ 워드 능력이 필요한 일
___ ___ 타인과 경쟁하는 일	___ ___ 특정 기술이 필요한 일

두 칸 모두에 표시된 특성을 정리해 봅시다.

※ 여러분의 반응을 잘 살펴보세요. 직업 특성에 '√'와 'O'가 모두 표기된 항목을 살펴보세요. 개수가 많으면 많을수록 적성과 잘 맞는 직업을 선택했다고 볼 수 있고, 개수가 적다면 직업 탐색을 더 많이 해 보아야 할 것입니다.

읽기자료 번호 : I-A-1

진로 선택의 기본 요소

진로 선택의 요소들은 다음과 같이 제시할 수 있습니다.

1. 기본 요소

1) 적성, 직업적 흥미, 학력, 성격 등에 관련된 요인에 따라 직업을 선택한다.

2) 가정, 학교, 사회 등의 환경요인이 직업 선택에 영향을 미친다.

2. 진로 선택의 중요 요소

1) 적성

대학 입학 후 학과가 자신의 적성에 맞지 않아 재수를 하는 학생들이 많이 증가하고 있다. 이는 오직 성적에만 의지한 대학 선택이 가장 주된 요인이다. 사회 진출에 4~7년 정도의 시간이 소요된다고 보았을 때, 자신의 능력을 최대로 발휘하기 위해서는 최소 10년을 생각해야 한다. 따라서 자신의 흥미나 적성, 능력, 여건 등을 다양하게 고려하고 장기적인 안목으로 심사숙고한 후 결정해야 한다.

2) 흥미

대학에서 공부한 전공을 100% 살려서 해당 직종에 종사하는 것은 매우 어렵다. 이런 이유로 직업 선택에 어려움을 겪고 방황하는 경우가 종종 발생한다. 따라서 대학이 학과 공부만 하는 곳은 아니므로 자신이 흥미를 가질 만한 대내외적인 활동을 통해 필요한 부분을 충족시킨다면 학교생활과 자신의 잠재능력을 함께 발전시킬 수 있는 좋은 기회가 될 것이다.

3) 학업계획

자신이 전공하고자 하는 학과의 교육과정은 어떠한가, 희망하는 학교에 그 학과가 설치되어 있는가 등도 반드시 확인하는 것이 중요하다. 이런 내용들을 고려한 후에 현재 자신의 성적과 입시 정보를 종합하여 최종 결정을 내리는 것이 필요하다. 현실적으로 점수에 맞추어서 대학에 진학하는 일이 다반사지만 대입전형 기간 이전에 자신을 냉정하게 판단하는 것도 진로 선택에 도움이 된다.

4) 직업 세계의 이해

사회 통념상 자연계는 의대, 약대 등의 직업을, 인문계는 법학, 경영 등의 직업을 선호한다. 이러한 경향들이 앞으로 완전히 해소되지는 않는다 하더라도, 그러한 직업을 실제로 갖는 사람들은 소수라는 점을 주시해야 한다. 그러므로 직업에 대한 올바른 이해가 무엇보다도 필요하다고 할 것이다. 진로를 선택할 때는 우선 앞으로의 유망 직종 및 산업 등에 대해 조사해야 한다. 두 번째로는 학교가 아닌 학과 선택 시 미래의 성장 직업이나 신생 직업 등에 주목하여 결정하는 것이 중요하다. 마지막으로 학생들은 평생 직장이 아닌 평생 직업이라는 개념을 가지고 진로를 결정해야 한다.

3. 새로운 직업 세계의 변화

1) 직업 선택을 위해서는 직업 및 미래사회의 변화에 대한 다음과 같은 사항들을 이해할 수 있어야 한다.

- 고도의 정보화, 전문화, 국제화, 다양화 사회로 변화
- 지식 집약적 시대로의 전환
- 창의적인 신지식인의 필요
- 다양한 직업의 증가: 현재 2만여 개 직업
- 미래 유망 신기술 산업: 정보통신기술(Information Technology: IT), 생명공학기술(Biology Technology: BT), 나노기술(Nano Technology: NT), 문화콘텐츠 기술(Culture Technology: CT), 환경공학기술(Environment Technology: ET), 우주항공기술 (Space Technology: ST)
- 실버산업, 의료 · 건강 · 여가 산업을 활용한 다양한 이색 직업의 등장

2) 성장 직업 20선

정보, 첨단공학, 환경, 의료, 복지 등의 분야를 중심으로 전문적인 기능이 요구되는 직업들의 비중이 높아질 것이다. 대표적인 예로는 증권중개인, 변리사, 컴퓨터프로그래머, 경영 컨설턴트, 특수학교 교사, 웹마스터, 직업치료사, 직업상담원, 보안 서비스 종사자, 전문비서(통역 · 일정 관리 등), 생물공학 기술자, 여행 가이드, 텔레마케터, 환경공학 기술자, 법률 상담자, 전자 및 통신 공학 기술자, 전기공학 기술자, 선물중개 거래인, 시스템 엔지니어

3) 신생 직업 20선

- 의료 · 복지 · 문화 분야: 음악치료사, 장애인 직업능력 평가원, 호스피스 전문 간호사, 국제회의 기획 · 진행자, 운동처방사, 학교 사회사업가, 조향사, 캐릭터 MD, 사이버 기상 캐스터, 여행설계사
- 컴퓨터 산업 분야: 컴퓨터 중매인, 게임 시나리오 작가, 웹디자이너, 인터넷 쇼핑몰 운영자, 정보기술 컨설턴트, 정보 제공자, 컴퓨터 바이러스 치료사, 정보 시스템 감시자, 보안 프로그램 개발원

자료번호 : I-A-1
영역 : 진로발달

진로 탐색 II

<table>
<tr><th>구분</th><th colspan="3">내용</th></tr>
<tr><td>활동영역</td><td>진로 계획 및 탐색</td><td>활동범주</td><td>진로 계획 및 개발</td></tr>
<tr><td>활동목표</td><td colspan="3">진로계획을 작성하는 방법을 안다.</td></tr>
<tr><td>활동대상</td><td>고등학교 2~3학년</td><td>소요시간</td><td>150분</td></tr>
<tr><td>준비물</td><td>교사: '진로탐색검사' '우리는……' '직업조사' 활동지, 'Holland 성격유형' 읽기자료, '토의 진행 안내' 참고자료</td><td>집단크기</td><td>소집단, 학급 전체</td></tr>
<tr><td>활동소개</td><td colspan="3">진로 탐색 과정은 학생의 적성을 파악하고 스스로 자아존중감을 높이는 데 도움을 주며, 학생의 행복감과 만족감에 밀접하게 연관되어 있다.</td></tr>
<tr><td>활동절차</td><td colspan="3">[1차시]
1. 학생들에게 진로 탐색과 고등학교 졸업 전의 잠정적 진로 결정의 중요성에 대해 동기를 부여하고 격려한다.
2. Holland의 '진로탐색검사'의 목적을 설명하고, 어떻게 그것을 완성하는지 설명한다.
3. 학생들은 '진로탐색검사' 활동지를 이용하여 자신의 진로 특성을 탐색해 본다.
[2차시]
1. 학생들에게 'Holland 성격유형' 읽기자료를 나누어 준다.
2. 자료를 이해할 수 있도록 설명해 주고 학생들이 자신의 흥미에 해당하는 집단을 선택하도록 한다.
3. 자기 집단의 성격을 나타낼 수 있는 조별 이름을 정한다.
4. 각 집단에 '우리는……' 활동지를 배부하고, 학생들은 토의과정을 거쳐 활동지를 완성한다.
5. 조별 토의 내용을 발표한다.
[3차시]
1. '진로탐색검사' 활동지를 참고로 최소 2개의 직업을 선택하고, 인터넷을 이용하여 '직업조사' 활동지를 작성하게 한다.
2. 각자 조사한 내용을 발표한다.</td></tr>
<tr><td>유의사항</td><td colspan="3">이 활동은 정규 교육과정의 일부로 진행될 수도 있고, 상담실을 통한 특별과정으로도 운영 가능하다.</td></tr>
</table>

진로탐색검사

활동지 번호
: I-A-1-①

_____학년 _____반 _____번

이름: ____________________

다음의 문장들을 주의 깊게 읽고, 자신에게 해당된다고 생각되는 문장의 빈칸에 √표 해 봅시다.

그룹 R

1. ________ 당신은 주변 사람들과 다르게 보이거나 행동하는 것을 좋아하지 않는다.
2. ________ 타인과 매우 꾸밈없고 개방적인 대화를 한다.
3. ________ 타인에게 성실하다.
4. ________ 성공을 자랑하지 않는다.
5. ________ 뭔가 소유하는 것을 좋아한다.
6. ________ 태평스러운 성격이다.
7. ________ 쉽게 단념하지 않는다.
8. ________ 스스로를 현실적이라고 생각한다.
9. ________ 부끄러움을 잘 탄다.
10. ________ 쉽게 당황하지 않는다.
11. ________ 절약을 즐기며, 물건을 사면 비교적 저렴하고 실용적인 물건을 산다.

합계 ____________

그룹 I

12. ________ 생각이나 사물을 자세히 조사하고, 전체를 부분으로 나누는 것을 좋아한다.
13. ________ 모험이나 위험은 회피하고 싶다.
14. ________ 실수나 결점을 찾아내 고치는 것을 좋아한다.
15. ________ 질문하는 것을 좋아한다.

16. ________ 많은 것을 자신의 뜻대로 하기를 원한다.
17. ________ 현명하다.
18. ________ 주변의 사물과 사건보다는 자신의 생각과 감정에 더 흥미 있어 한다.
19. ________ 뭔가를 할 때 매우 주의 깊다.
20. ________ 뭐든지 정확한 것이 좋다.
21. ________ 당신의 행동과 생각이 당신을 비롯해 타인에게 납득되길 원한다.
22. ________ 의견과 판단을 쉽사리 말하지 않는다.

합계 ____________

그룹 A

23. ________ 당신은 복잡하기 때문에 이해하기 어려운 사람이다.
24. ________ 뭔가의 순서를 바꾸는 것을 개의치 않는다.
25. ________ 당신은 감정에 민감한 것을 좋아한다.
26. ________ 당신의 생각을 명확하게 말하는 것을 즐긴다.
27. ________ 많은 좋은 아이디어를 가지고 있다.
28. ________ 상상적인 것에 대해 재미있는 생각이 많다.
29. ________ 뭔가 실용성은 없어도 당신의 흥미를 끌면 그만이다.
30. ________ 의사결정이 빠르다.
31. ________ 다른 사람과 다르다는 것에 신경 쓰지 않는다.
32. ________ 타인과는 다른 방식으로 사물을 본다.
33. ________ 당신은 대부분의 사람들과 다르며, 그건 당신에게 별 문제가 되지 않는다.
34. ________ 새로운 것을 창조하는 것이 좋다.

합계 ____________

그룹 S

35. ________ 당신은 매우 믿을 수 있다.
36. ________ 타인과 함께 일하는 것이 좋다.
37. ________ 타인과 어울리는 것이 좋다.

38. ________ 타인에게 사려 깊다.

39. ________ 타인을 돕는 게 좋다.

40. ________ 효과적인 완벽한 생각이 있다고 믿는다.

41. ________ 당신은 지혜를 가지고 있다.

42. ________ 온화하고 인정 있는 사람이다.

43. ________ 옳은 일을 하는 것이 좋다.

44. ________ 친하기 쉬운 사람이다.

45. ________ 다른 사람들에게 무례하지 않다.

46. ________ 타인을 잘 이해한다.

합계 ________________

그룹 E

47. ________ 위험은 두렵지 않다.

48. ________ 지금보다 나아질 수 있다면 도전하는 것이 좋다.

49. ________ 타인의 주목을 받는 것이 좋다.

50. ________ 타인에게 명령하는 게 좋다.

51. ________ 오랫동안 앉아 있는 것보다 활동하는 것이 좋다.

52. ________ 앞뒤 가리지 않고 행동한다.

53. ________ 항상 좋은 일만 생길 거라 믿는다.

54. ________ 유쾌한 상황을 경험하는 것이 좋다.

55. ________ 자기 자신에 대한 확신이 있다.

56. ________ 타인에게 성심을 다한다.

57. ________ 모든 사람들이 당신을 좋아하거나 적어도 당신을 알고 있다.

합계 ________________

그룹 C

58. ________ 당신은 적절하게 행동한다.

59. ________ 매우 정직하다.

60. ________ 깔끔하고 정확한 게 좋다.

61. ________ 모든 변화를 조심스럽게 고려한다.
62. ________ 사교적인 편은 아니다.
63. ________ 지시사항을 잘 따른다.
64. ________ 정해진 것을 따르는 것이 좋다.
65. ________ 쉽게 좌절하지 않는다.
66. ________ 스스로를 현실적이라고 생각한다.
67. ________ 존재하지 않는 것에 대해서 별 관심이 없다.
68. ________ 당신이 하는 모든 일에 유능한 것이 좋다.

합계 ____________

⇨ 각각의 그룹에 체크된 수를 쓰시오.

합계: 그룹 R ____________________

합계: 그룹 I ____________________

합계: 그룹 A ____________________

합계: 그룹 S ____________________

합계: 그룹 E ____________________

합계: 그룹 C ____________________

우리는……

활동지 번호
: Ⅰ-A-1-②

_____학년 _____반 _____번
이름: ____________________

'진로탐색검사'에서 같은 유형이 나온 학생들끼리 같은 조를 이루어 다음의 활동지를 작성해 봅시다.

우리는 주말(여가시간)에 이렇게 시간을 보내요.	우리는 주로 이런 종류의 책들을 읽어요.
우리는 장래 이런 일들을 하고 싶어요.	**우리는 주로(성격적인 부분에서) 이런 이야기를 많이 들어요.**

활동지 번호 : Ⅰ-A-1-③

직업조사

_____학년 _____반 _____번
이름: ____________________

자신이 관심 있어 하는 직업에 대한 다음의 항목들을 조사해 봅시다.

1. 직업: ______________________________

2. 하는 일

____

____

3. 교육 요건(체크 표시)

__________ 고등학교　　__________ 고등학교 졸업 후 직업교육(1～3년)
__________ 학사학위　　__________ 석사학위
__________ 박사학위　　__________ 기타

4. 필요한 자격

____

____

5. 직업에 필요한 프로그램을 제공하는 대학이나 연수기관

기관명	시/도	전화번호

6. 초기 연봉: ____________________　평균 연봉: ____________________

7. 장래 전망

____

____

Holland 성격유형

Holland는 개인과 직업의 성격을 여섯 가지로 분류하고, 개인은 자신의 성격에 맞는 환경 특성을 지닌 직업을 선택할 것이라고 보았습니다. Holland의 여섯 가지 직업 성격유형은 다음과 같습니다.

1. 실재형(realistic: R)

- 자신의 손이나 도구를 사용하여 일하는 것을 좋아하고 물건을 수선하거나 만드는 일을 선호
- 스스로 실재적이고 신체적으로 강하며 소박하고 안정되어 있으며 기계적으로나 신체적으로 잘 숙련되어 있다고 평가
- 자신이나 자신의 감정에 대해 다른 사람들에게 말로 표현하는 것을 어려워함
- 관련 형용사: 실재적, 구체적, 실용적, 소박한, 단순한, 보수적
- 대표적 직업: 자동차정비원, 소방관, 건설기계 조종사, 목수, 농부, 군인, 경찰, 프로 운동선수 등

2. 탐구형(investigative: I)

- 수학, 물리학, 생물학, 사회과학 등의 분야에 대해 연구하는 것을 선호
- 추상적인 문제를 푸는 것을 좋아하고 분석적인 생각을 선호
- 자신을 지적, 창조적, 학구적이고 비판적이라고 생각하며 수학이나 과학에 재능이 있다고 인식
- 독립적으로 일하는 것을 좋아하고, 사회적 관계에는 무관심한 편이어서 다른 사람들이 보기에 차갑고 거리감이 느껴지기도 함
- 관련 형용사: 분석적, 지적, 독립적, 현학적, 합리적, 복잡한, 비판적, 호기심 있는
- 대표적 직업: 언어학자, 심리학자, 물리학자, 생물학자, 시장조사 분석가, 경영분석가 등

3. 예술형(artistic: A)

- 아이디어와 재료를 사용하여 자신을 표현할 수 있는 기회를 좋아하고 작가, 음악가, 연극인 등과 같이 예술적인 창조성을 가지고 있음
- 스스로를 표현적이고, 직관적이며, 상상력이 풍부하고, 창조적이고, 예술적인 재능이 있으며 심미적 성향을 가지고 있는 것으로 평가
- 구조화된 상황을 불편하게 생각하고, 관습과 보수성을 기피하며, 정서적으로 민감한 특성을 가짐
- 관련 형용사: 직관적, 개방적, 자유분방한, 독창적, 상상력이 풍부한, 감수성이 예민한
- 대표적 직업: 음악가, 시인, 카피라이터, 인테리어디자이너, 웹디자이너, 영화/연극배우, 미용사 등

4. 사회형(social: S)

- 다른 사람들과 협력해서 일하는 것을 좋아하며, 다른 사람들의 복지에 많은 관심을 가지고 있고, 교육하는 것을 좋아함
- 다른 사람들과 관계를 형성하는 것을 좋아하며 그룹을 만들기를 선호함
- 자신을 협동적이며, 친절하고, 휴머니스트이며, 사교성이 있고, 재치 있으며, 다른 사람들을 잘 이해한다고 인식
- 관련 형용사: 사교적, 설득적, 외향적, 친절한, 따듯한, 우호적, 협동적, 명랑한, 이해심이 많은, 인내력이 있는, 이상적
- 대표적 직업: 사회사업가, 상담가, 간호사, 교사, 성직자 등

5. 설득형(enterprising: E)

- 개인이나 조직적 목적을 위해 다른 사람들을 지도, 통제 및 설득하는 곳에서 활동하는 것을 선호
- 권력을 사용하는 것을 좋아하고, 지위에 관심이 많으며, 일의 성취에 가치를 둠, 영향력이 없는 지위에 있다면 좌절하는 경향을 보임
- 정력적이고 야망이 있으며, 열정적이며, 자기 유능감과 모험심이 강하고, 상황을 잘 통제할 수 있으며, 연설을 잘하고 리더십이 있음
- 관련 형용사: 지배적, 모험적, 야심적, 경쟁적, 외향적, 열정적, 주장적, 권력지향적, 자기 확신이 있는
- 대표적 직업: 기업 대표, 정치가, 변호사, 영업사원, 생활설계사, 무역사무원 등

6. 관습형(conventional: C)

- 구조화된 직업과 구조화된 활동을 즐김. 다시 말해, 관습형 사람들은 그들에게 기대되는 것이 무엇인지, 그들이 하도록 정해진 일이 무엇인지 정확히 알기를 원함
- 모든 것이 정확히 정해져 있는 것을 좋아하고, 기록하고 계산하는 등의 활동을 즐겁게 할 수 있다고 평가
- 스스로를 자기통제적이고, 고정적이며, 의존적이며, 잘 정돈되어 있고, 체계적이며, 인내심이 있고, 효율적이고, 정확하고, 수적인 과제에 숙련되어 있다고 인식
- 관련 형용사: 주의 깊은, 억제적, 질서정연한, 안정 추구적, 순응적, 인내력이 있는, 검소한, 체계적
- 대표적 직업: 회계사, 경리사무원, 의무기록사, 비서, 금융사무원 등

참고자료 번호 : I-A-1

토의 진행 안내

토의에 다음의 내용들을 참고하세요.

1. 학생들은 '진로탐색검사'에서 얻은 결과와 'Holland 성격유형'에서의 각 그룹의 특성을 살펴보고, 각자의 그룹 특성을 비교하면서 자신이 어느 그룹에 속하는지를 결정하고 가장 유사한 그룹을 선택한다. 단, '진로탐색검사'에서의 검사결과와 'Holland 성격유형'에서의 특성이 서로 일치하지 않는 경우 자신이 원하는 방향으로 결정할 수 있다.
2. 6개 유형의 집단원들(실재형, 탐구형, 예술형, 사회형, 설득형, 관습형)이 모여 앉을 수 있도록 집단별 자리를 정한다.
3. 학생들은 6개 집단 중 자신과 가장 유사하다고 생각되는 집단으로 이동한다.
4. 그룹 토의를 진행한다.

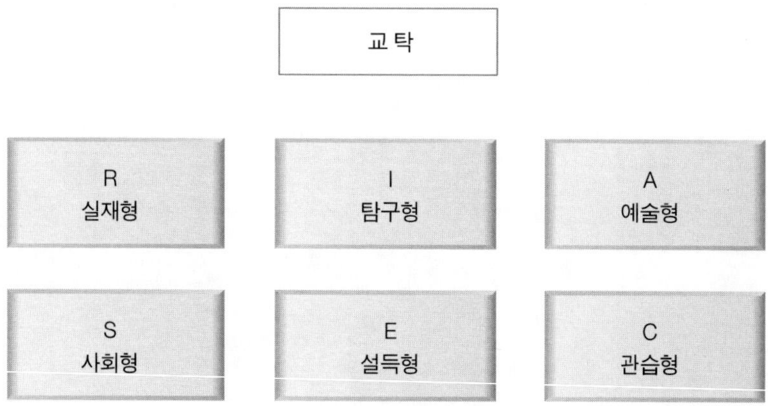

좌석 배치도

관련 진로

자료번호 : Ⅰ-A-2
영역 : 진로발달

구분	내용		
활동영역	진로 계획 및 탐색	활동범주	진로 계획 및 개발
활동목표	가능한 진로와 일의 세계에 관해 안다.		
활동대상	고등학교 1학년	소요시간	50분
준비물	교사: '관련 진로' 활동지	집단크기	학급 전체
활동소개	관련 진로는 특정한 희망 진로는 아니지만 학생들이 직업상 원하는 광범위한 영역을 살펴볼 수 있게 한다. 관련 진로를 생각하는 것은 목표로 하는 진로에 대하여 구체적인 방향을 잡아 주는 데 효과적이기 때문에 필수적이다.		
활동절차	1. 목표로 하는 진로에 대해 질문한 다음 자연스럽게 서로의 진로에 대해 이야기한다. 2. 학급의 학생들이 특정 진로를 예상하도록 격려한다. 칠판에 선택한 것들을 나열하도록 한다. 3. 학생들이 나열한 목표 직업과 관련된 직업들에 대해 브레인스토밍 하게 한다. 예) 프로 축구선수를 구체적 진로라고 하면, 관련 진로로는 트레이너, 코치, 운동장 관리자, 티켓 판매원, 치어리더, 시간기록원, 심판, 사무관리인, 버스운전사, 스포츠기자 등이 있음 4. 학생 각자가 정한 세부 진로목표와 관련된 진로가 대안이 될 수 있고, 돈을 많이 벌거나 유명한 직업은 아니어도 흥미가 있다면 직업상의 만족으로 이어질 수 있음을 안내한다. 5. '관련 진로' 활동지를 학생들에게 나누어 주고, 자신의 세부 목표에 대해 작성할 수 있는 시간을 준다. 6. 첫 번째 정했던 진로보다 오히려 관련 진로가 더 자신에게 적합한 것일 수도 있음을 설명한다.		
유의사항	관련 진로는 주의를 끌지 못하고 간과되는 경우가 많다. 토의를 하다 보면 처음 결정했던 진로보다 (안정성, 더 낮은 스트레스, 더 많은 독립성의 측면에서) 관련 진로가 더 적합할 수 있음을 학생들에게 알려 준다.		

활동지 번호 : I-A-2

관련 진로

_____학년 _____반 _____번
이름: ____________________

자신의 목표 직업과 관련된 여러 직업을 생각해 봅시다. 가운데 '희망 진로'에는 자신의 직업목표를 쓰고, 나머지 칸에는 그와 관련된 여러 직업들을 나열하시오. 그리고 그 아래에 간단한 직업 특징을 쓰시오.

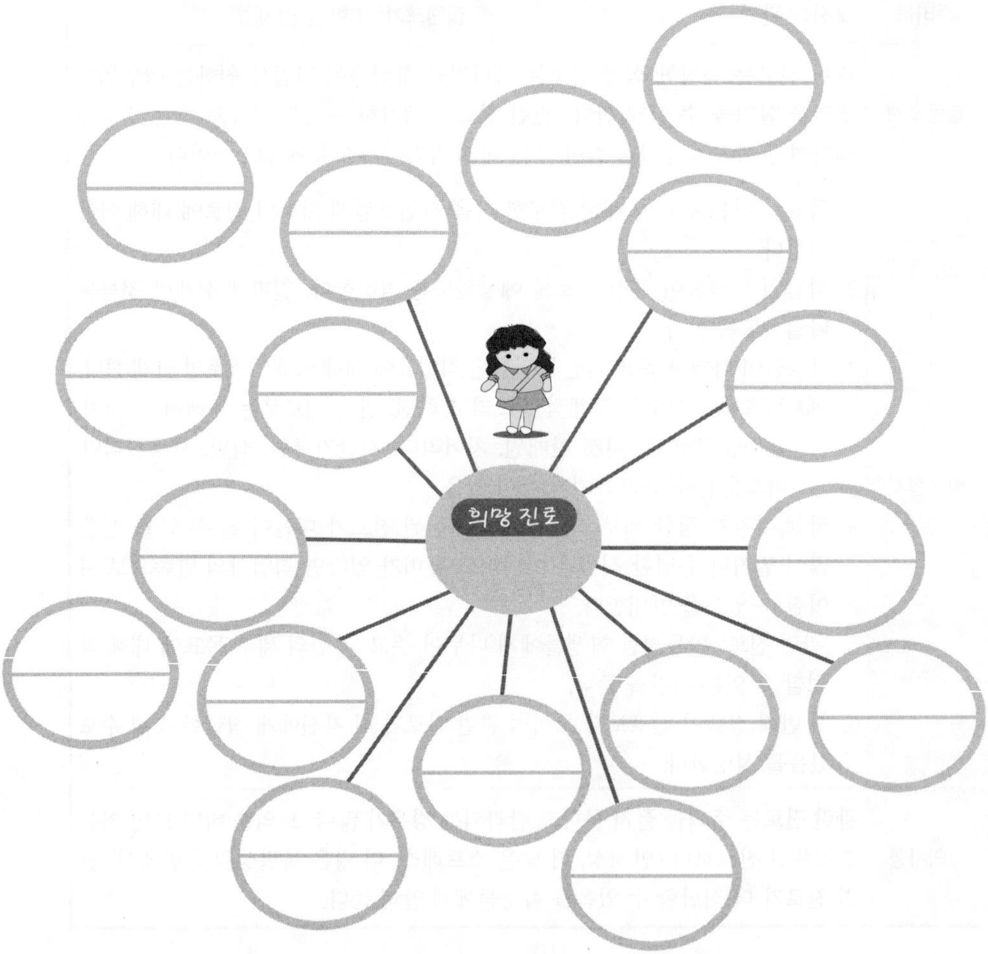

진로계획

자료번호 : Ⅰ-A-2
영역 : 진로발달

<table>
<tr><th>구분</th><th colspan="3">내용</th></tr>
<tr><td>활동영역</td><td>진로 계획 및 탐색</td><td>활동범주</td><td>진로 계획 및 개발</td></tr>
<tr><td>활동목표</td><td colspan="3">가능한 진로와 일의 세계에 관해 안다.</td></tr>
<tr><td>활동대상</td><td>고등학교 2~3학년</td><td>소요시간</td><td>50분</td></tr>
<tr><td>준비물</td><td>교사: '진로계획조사' 활동지, '진로계획' 읽기자료</td><td>집단크기</td><td>학급 전체</td></tr>
<tr><td>활동소개</td><td colspan="3">진로 선택은 개인의 일생에 가장 중요한 사건 중의 하나다. 학생들이 일찍부터 진로 결정을 위해 시간과 노력을 투자하는 것은 행복하고 풍족한 삶을 사는 데 도움이 될 것이다.</td></tr>
<tr><td>활동절차</td><td colspan="3">1. 학생들에게 진로의 중요성과 삶의 많은 부분이 진로로 인해 바뀔 수 있음을 강조한다.
2. 학생들에게 '진로계획' 읽기자료를 나누어 주고 충분히 숙지할 수 있도록 한다.
3. 성공적인 진로 결정을 위해 고려해야 할 사항(예: 자신의 가치나 관심, 능력, 기초 학습능력, 진로 탐색 기회, 진로 준비 정도 등)에는 어떤 것이 있는지 짧게 토의한다.
4. '진로계획조사' 활동지를 나누어 주고 작성하게 한다.
5. 작성한 '진로계획조사' 활동지를 바탕으로, 서로 토의할 수 있도록 격려한다.</td></tr>
<tr><td>유의사항</td><td colspan="3">학생들이 '진로계획조사' 활동지를 더 자세히 살펴보고, 자신의 진로계획을 평가하기 위해 충분한 시간을 갖도록 격려한다. 이 활동이 끝난 후 교사는 활동지를 걷는 것이 좋다. 누가 이 활동에 적극적으로 참여하지 않았고, 현재 진로계획에 어려움을 겪는 학생은 누구인지 알 필요가 있다.</td></tr>
</table>

활동지 번호 : Ⅰ-A-2

진로계획조사

_____학년 _____반 _____번

이름: ____________________

자신에게 해당되는 항목에 √표 하고 기타의 빈칸에는 여러분이 희망하는 것을 써 봅시다. # 표시가 있는 문항은 하나의 항목에만 체크하시오.

1. 고등학교 과정 동안 다음과 같은 것을 알고 싶다.

_______ 공부하게 될 선택과목 안내
_______ 대학입학 정보
_______ 나의 진로를 위한 유용한 과정 선택 안내
_______ 내가 활용할 수 있는 수업 외 활동
_______ 고등학교 재학 시 직업교육 안내
_______ 자원봉사 안내
_______ 고등학교 졸업 후 직업 및 특기 교육 안내
_______ 고등학교 졸업 후 특별교육
_______ 현재 내가 할 수 있는 시간제 일자리 안내
_______ 진로 선택 정보 안내
_______ 나는 어떠한 도움도 필요 없다.
기타 ______________________________

#2. 지금 나의 현실을 바탕으로 학교를 졸업한 후 나의 계획은?

_______ 곧바로 취업한다.
_______ 주부가 된다.
_______ 그 일을 숙련시킬 수 있는 일자리나 내가 학업을 계속할 수 있는 기회를 주는 회사에서 일한다.
_______ 입대한다.
_______ 기술대학에서 기술을 배운다(예: 미용사, 기계공).
_______ 전문대학에 진학한다.

________ 대학교에 진학한다.
________ 사업을 시작한다.
________ 특별한 계획이 없다.
________ 평생교육원 수업을 듣는다.

3. 부모님과 당신의 계획(#2에서 진술한)에 대해 의논해 보았는가?

________ 아니요.
________ 예, 부모님께서 동의하셨어요.
________ 예, 그렇지만 완전히 동의하지는 않으셨어요.
________ 예, 그런데 부모님 생각을 잘 모르겠어요.

4. 나의 성적과 능력을 비교해 볼 때 다음과 같이 생각한다.

________ 내 점수는 내 능력을 잘 보여 주고 있다.
________ 나는 점수가 보여 주는 것보다 더 많은 능력을 가지고 있다.

5. 내가 가지고 있는 능력 중 가장 뛰어나다고 생각하는 것은?

________ 언어능력(구두 · 문자 언어를 포함한 활동)
________ 수학적 능력(측정과 수에 관한 활동)
________ 신체적 능력(손과 몸을 이용한 활동)
________ 사무적 능력(기록 관련 활동)
________ 기계적 능력
________ 사회적 능력(다른 사람과 함께 하는)
________ 과학적 능력
________ 판매능력
________ 예술적 능력
________ 창조, 고안, 계획 능력
________ 음악적 능력

6. 내 능력의 강점과 약점에 관해서 생각해 보자.

________ 나는 내 약점과 강점을 잘 안다고 느낀다.
________ 나는 내 약점과 강점을 모른다.
________ 나는 내 약점과 강점에 관심이 없다.

읽기자료 번호 : Ⅰ-A-2

진로계획

남은 인생 동안 여러분은 무엇을 할 계획입니까?

대부분의 사람들은 일생 중 20~45년 동안 일을 합니다. 직업은 여러분의 인생에서 많은 부분을 차지하고, 수입, 여가시간, 가족, 인간관계 그리고 더 크게는 인생의 만족 모두에 영향을 끼치게 됩니다. 바로 지금 진로를 결정하기 위해 여러분이 쏟고 있는 시간과 노력은 장차 행복하고 풍요로운 생활을 가져다줄 충분히 가치 있는 것입니다.

지금 여러분은 무엇을 해야 할까요? 지금 당장 확고한 진로를 결정할 필요는 없습니다. 진로를 결정하는 데는 보통 10년 정도의 시간이 걸리므로, 진로를 성공적으로 결정하기 위해 기본이 되는 다음의 네 가지 분야에 대한 지식을 쌓아야 할 것입니다.

1. 자신에 대한 이해의 폭을 넓혀야 합니다(가치, 흥미, 능력).
   1) 고등학교에서 시험 성적은 어떻습니까? 여러분이 잘하는 것과 향상시켜야 할 것을 알아야 합니다.
   2) 자신을 관찰해야 합니다. 자신이 학교, 동아리, 취미, 그 외의 활동 속에서 의사결정 하는 방식은 어떻습니까? 능력이나 적성, 흥미는 무엇입니까?
   3) 친구, 상담전문가, 교사, 부모님 등이 말하는 자신의 강점이나 좋아하는 것들을 주의 깊게 들어 보아야 합니다. 때로는 제3자가 여러분에 대해 더 잘 알고 있기도 합니다.

2. 기초학습 능력과 여러분이 할 수 있는 많은 기술적인 능력을 익혀야 합니다. 그렇게 하지 않으면 진로 선택의 기회가 줄어들 것입니다.

3. 여러분에게 적합한 진로를 알아보아야 합니다. 이것은 시간과 노력을 필요로 할 것입니다. 여러분에게 가장 적합한 직업을 찾을 때까지 계속해야 합니다.
   1) 여러분의 흥미를 끌거나 혹은 흥미조사 기록표, 적성검사, 상담자, 교사, 부모님, 친구들이 권하는 직업에 대해 알아보아야 합니다.
      • 진로상담실은 다양한 심리검사와 직종에 대한 최신 정보를 보유하고

있습니다.

• 도서관도 좋은 정보원이 될 수 있다. 사서 선생님께 도움을 청하십시오.

2) 현재 자신이 원하는 직종에 종사하는 사람을 만나 얘기해 보고, 그들이 어떻게 진로를 준비했는지 알아보세요(학교교육, 경험, 위치 등).

3) 경험을 쌓으세요.

• 자원봉사를 하거나 아르바이트를 하면서, 여러분이 고려하고 있는 직업 혹은 자기 자신에 대해 더 알 수 있는 경험을 쌓을 수 있는 상황에서 일을 해 보세요.

• 진로조사에 도움이 되는 여름학교 프로그램 등에 참가해 보세요.

4) 개방적인 태도와 융통성을 가지고 자신에게 솔직하세요. 장기적으로 보았을 때, 단지 경제적인 측면만 보고 선택한 직업은 여러분을 만족시키지 못할 수도 있습니다. 그리고 하나의 목표만 고려하지 말고 다른 직업도 고려해 볼 필요가 있습니다.

4. 여러분에게 적합하다고 생각되는 진로를 위해 무엇을 준비해야 합니까?

1) 고등학교 졸업 후 직업훈련 프로그램이나 대학교육을 예상해 보세요. 점차 많은 직업에서 그러한 조건을 요구할 것입니다.

2) 시간이 지남에 따라 혹은 전직을 한다면, 더 많은 연수를 필요로 합니다.

3) 고등학교 졸업 후 선택 가능한 진로는 다음과 같습니다.

• 군 입대
• 인턴사원으로 일하기
• 지역사회 대학 간 연계 프로그램에 참여하기
• 지역사회 대학 간 직업연수에 참여하기
• 상업, 기술, 무역, 직업학교 등에 진학하기
• 예술학교에 진학하기
• 직업체험 프로그램에 참여하기
• 대학 진학

자료번호 : Ⅰ-A-3
영역 : 진로발달

직업군

<table>
<tr><th>구분</th><th colspan="3">내용</th></tr>
<tr><td>활동영역</td><td>진로 계획 및 탐색</td><td>활동범주</td><td>진로 계획 및 개발</td></tr>
<tr><td>활동목표</td><td colspan="3">내가 관심을 가지고 있는 구체적인 영역에서의 진로를 탐색하는 방법을 안다.</td></tr>
<tr><td>활동대상</td><td>고등학교 1학년</td><td>소요시간</td><td>100분</td></tr>
<tr><td>준비물</td><td>교사: '직업군' 활동지, '직업군' 참고자료</td><td>집단크기</td><td>소집단, 학급 전체</td></tr>
<tr><td>활동소개</td><td colspan="3">학생이 직업군과 그와 연관된 직업에 대해 이해하고 있는가를 점검하는 데 도움이 될 것이다.</td></tr>
<tr><td>활동절차</td><td colspan="3">1. '직업군' 참고자료를 나누어 주고 읽어 보게 한다.
2. 각 직업군에 해당하는 직업에 종사하는 사람이 하는 일과 관련된 질문을 하여 학생들의 참여를 유도한다.
3. 학생들이 각 직업군에 직업을 추가할 수 있도록 격려한다. 학생들에게 제시된 직업들은 단지 예에 불과하다는 것을 인지시킨다.
4. '직업군' 활동지를 나누어 주고, 혼자 또는 소집단으로 그것을 완성하도록 한다.
5. 빈칸의 직업은 집단 브레인스토밍을 하도록 한다.
6. 먼저 학생들에게 구체적 직업이 아닌 직업군에 주목하도록 권고한다.</td></tr>
<tr><td>유의사항</td><td colspan="3">수업 전 학생들에게 직업군에 대한 사전 지식을 알아보는 비공식적인 평가가 이루어진다면 하나 또는 그 이상의 특정 직업군을 어느 정도 강조해야 할지 결정하는 데 도움이 된다. 비공식적 평가에는 "개인 서비스 관련 직에 해당하는 직업을 말해 볼 수 있니?" 혹은 "3개 정도 직업군 이름을 말해 보겠니?"와 같은 질문이 사용될 수 있다.</td></tr>
</table>

직업군

활동지 번호 : Ⅰ-A-3

_____학년 _____반 _____번

이름: ____________________

한국고용정보원의 '2009 한국직업전망'에서 다양한 직업을 16개의 직업군으로 분류하였습니다. 30개의 직업이 어느 직업군에 해당하는지 알파벳을 써 봅시다.

A. 경영 및 기획 관련직	B. 금융 및 연구 관련직
C. 교육 및 연구 관련직	D. 법률 및 공공 서비스 관련직
E. 의료 및 보건 관련직	F. 사회복지 관련직
G. 문화예술 관련직	H. 디자인 및 방송 관련직
I. 운송 및 여행 관련직	J. 영업 및 판매 관련직
K. 개인 서비스 관련직	L. 건설 관련직
M. 기계 및 재료 관련직	N. 화학/섬유 및 환경 관련직
O. 전기/전자 및 정보통신 관련직	P. 식품가공 및 농림어업 관련직

1. 회계사	2. 애널리스트
3. 바텐더	4. 펀드매니저
5. 버스운전사	6. 목수
7. 만화가	8. 컴퓨터 프로그래머
9. 미용사	10. 화가
11. 한의사	12. 치과위생사
13. 소방관	14. 어부
15. 비행기 승무원	16. 지질학자
17. 장의사	18. 경호원
19. 기계공	20. 마케팅 분석가
21. 음악가	22. 신문기자
23. 간호사	24. 영양사
25. 해양생물학자	26. 의사
27. 라디오, TV 아나운서	28. 세일즈맨
29. 사회사업가	30. 품질 및 생산 관리원

다음은 비슷한 직업끼리 묶은 것입니다. 빈칸에 떠오르는 직업을 하나 더 넣어 봅시다.

농작물 재배자
양봉가
식품공학 기술자
____

일반 행정공무원
회계사
변리사
____

도시기획가
건축가
목수
____

전기공학 기술자
웹 개발자
컴퓨터 보안전문가
____

라디오, TV 아나운서
신문기자
사진작가
____

화학공학 기술자
환경공학 기술자
산업안전 및 위험 관리원
____

기계공학 기술자
도장원/도금원
자동차정비원
____

간호사
약사
의사
____

영업원
부동산중개사
텔레마케터
____

미용사
피부관리사
애완동물 미용사
____

판사 및 검사
경찰관
소방관
____

사회복지사
상담전문가
성직자
____

버스운전사
항해사 및 기관사
항공 교통통제관
____

특수학교 교사
학원 강사
중 · 고등학교 교사
____

직업군

참고자료 번호 : I-A-3

다음은 직업들을 유사성에 따라 분류한 예입니다. 활동 시 참고하세요.

1. 한국표준산업분류

한국표준산업분류는 통계청이 주관하여 사업체가 주로 수행하는 산업활동을 그 유사성에 따라 체계적으로 분류한 것이다. 현행 산업분류는 산업 구조의 변화를 반영하기 위하여 2007년 12월 28일 제9차 개정 고시(통계청 고시 2007-53호), 2008년 2월 1일부터 시행되었으며, UN 국제표준산업분류를 기초로 작성한 것이다.

제9차 한국표준산업분류는 대분류(21), 중분류(76), 소분류(228), 세분류(487), 세세분류(1,145)로 구성되어 있는데, 이 중 대분류(21)는 다음과 같다.

A 농업, 임업 및 어업　B 광업　C 제조업　D 전기, 가스, 증기 및 수도사업　E 하수·폐기물 처리, 원료재생 및 환경복원업　F 건설업　G 도매 및 소매업　H 운수업　I 숙박 및 음식점업　J 출판, 영상, 방송통신 및 정보 서비스업　K 금융 및 보험업　L 부동산업 및 임대업　M 전문, 과학 및 기술 서비스업　N 사업시설관리 및 사업지원 서비스업　O 공공행정, 국방 및 사회보장 행정　P 교육 서비스업　Q 보건업 및 사회복지 서비스업　R 예술, 스포츠 및 여가 관련 서비스업　S 협회 및 단체, 수리 및 기타 개인 서비스업　T 가구내 고용활동 및 달리 분류되지 않은 자가소비 생산활동　U 국제 및 외국기관

2. 한국표준직업분류

한국표준직업분류는 통계청에서 주관하여 수입(경제활동)을 위해 개인이 하고 있는 일을 그 수행되는 일의 형태에 따라 체계적으로 분류한 것이다. 현행 직업분류는 직업 구조의 변화를 반영하기 위하여 2007년 7월 2일 6차 개정 고시(통계청 고시 2007-3호), 같은 해 10월 1일부터 시행되었으며, 국제노동기구(International Labour Organization: ILO)의 국제표준직업분류를 기초로 작성되었다.

제6차 표준직업분류는 대분류(10), 중분류(52), 소분류(149), 세분류(426), 세세분류(1,206)로 체계화되었는데, 이 중 대분류(11)는 다음과 같다.

1 관리자	2 전문가 및 관련 종사자
3 사무 종사자	4 서비스 종사자
5 판매 종사자	6 농림어업 숙련 종사자
7 기능원 및 관련 기능 종사자	8 장치, 기계 조작 및 조립 종사자
9 단순노무 종사자	A 군인

자료번호 : Ⅰ-A-4
영역 : 진로발달

진로평가

<table>
<tr><th>구분</th><th colspan="3">내용</th></tr>
<tr><td>활동영역</td><td>진로 계획 및 탐색</td><td>활동범주</td><td>진로 계획 및 개발</td></tr>
<tr><td>활동목표</td><td colspan="3">내가 관심을 가지고 있는 진로를 준비하는 방법을 안다.</td></tr>
<tr><td>활동대상</td><td>고등학교 1학년</td><td>소요시간</td><td>50분</td></tr>
<tr><td>준비물</td><td>교사: ‘진로평가 1’ ‘진로평가 2’ 활동지, ‘진로평가’ 읽기자료</td><td>집단크기</td><td>소집단, 학급 전체</td></tr>
<tr><td>활동소개</td><td colspan="3">많은 학생들은 자신의 진로에 대해 어느 정도 생각을 하고 있지만, 그 진로의 실제 업무활동에 대해서는 잘 알지 못한다. 이 활동에서 학생들은 자신의 흥미를 끄는 직업의 특성을 확인하여 관심 있는 직업군 안에서 가장 흥미 있는 직업을 구체적으로 확인하게 될 것이다.</td></tr>
<tr><td>활동절차</td><td colspan="3">1. ‘진로평가’ 읽기자료를 나누어 주고 읽게 한다.
2. 직업을 잠정 선택한 후에 그 이유에 대해 진지하게 토론하도록 하고, 진로를 선택할 때 부적당한 방법을 예시한다.
예) 매력 있어 보이기 때문에, 돈을 많이 벌 수 있기 때문에, 부모님이 원하시기 때문에, TV나 영화에서 나온 장면이 멋있어서 등
3. 자신의 흥미와 능력을 고려하여 두 가지 모두에 부합하는 직업을 선택하는 것이 가장 좋은 방법이라는 것을 강조한다.
4. 학생들에게 ‘진로평가 1’ 활동지를 완성하게 한다.
5. ‘진로평가 2’ 활동지를 나누어 주고 완성하게 한다. ‘직업군’ 읽기자료나 가능하다면 직업사전, 직업전망 핸드북을 이용하도록 한다.</td></tr>
<tr><td>유의사항</td><td colspan="3">가능하다면 학생들이 활동지를 읽고 완성하는 데 집단활동을 하도록 한다.</td></tr>
</table>

진로평가 1

활동지 번호
: Ⅰ-A-4-①

_____학년 _____반 _____번
이름: ____________________

다음을 읽고 여러분이 기꺼이 하고 싶은 것에 체크해 봅시다.

________ a. 비행
________ b. 자동차 조립
________ c. 벌목
________ d. 홍수조절 나무 심기
________ e. 돌고래 훈련
________ f. 은행 근무
________ g. 군대 지원
________ h. 요리 강습
________ i. 병든 동물 보호
________ j. 놀이공원 근무
________ k. 메뉴 짜기
________ l. 록그룹 활동
________ m. 전화 교환
________ n. 음료수 배달원
________ o. 문짝 제조업자

________ a. 항공관제사
________ b. 자동차 조립장에서 일하기
________ c. 말 기르기
________ d. 암석 연구
________ e. 수중생물 연구
________ f. 컴퓨터 수리
________ g. 공공기관 근무
________ h. 아기 돌보기
________ i. 병원 경영
________ j. 야구
________ k. 온천에서 일하기
________ l. 학교 연극활동
________ m. 신문 사진기자
________ n. 주유소에서 일하기
________ o. 공장 건설

________ a. 모터보트 안내
________ b. 대형기기 운전
________ c. 농장에서 일하기
________ d. 핵발전소에서 일하기
________ e. 물고기 잡기
________ f. 직원 관리자
________ g. 우편배달
________ h. 가족 식사 준비

_______ i. 환자 검사하기

_______ j. 휴가 계획하기

_______ k. 빨래하기

_______ l. 박물관에서 일하기

_______ m. 신문 배달

_______ n. 패스트푸트점에서 카운터 보기

_______ o. 철강 근로자

_______ a. 기차 운전

_______ b. TV 조립

_______ c. 닭 기르기

_______ d. 댐 건설

_______ e. 배 운항

_______ f. 개인 사업

_______ g. 법정에서 일하기

_______ h. 집 꾸미기

_______ i. 처방전 쓰기

_______ j. 호텔방 예약접수

_______ k. 의류 디자인

_______ l. 오케스트라 지휘

_______ m. 전화기 디자인

_______ n. 창고에서 짐 옮기기

_______ o. 학교를 위한 계획 세우기

⇨ 각각의 항목에 표시된 철자의 개수를 쓰세요.

_______ a. 운송

_______ b. 제조

_______ c. 농업

_______ d. 환경

_______ e. 해양과학

_______ f. 사업, 사무

_______ g. 공공 서비스

_______ h. 소비, 가사

_______ i. 건강

_______ j. 접대, 레크리에이션

_______ k. 개인 서비스

_______ l. 인문, 예술

_______ m. 통신, 대중매체

_______ n. 마케팅, 판매

_______ o. 건설

진로평가 2

____학년 ____반 ____번
이름: ________________

'진로평가 1'의 활동에서 가장 점수가 높은 것 3개를 골라 아래의 직업군 1, 2, 3에 써 봅시다. 만일 점수가 같다면 가장 흥미를 끄는 것을 먼저 쓰고, 각각의 직업군에 해당하는 직업을 3개씩 써 봅시다.

직업군 1

____

진로 ① ____________________
진로 ② ____________________
진로 ③ ____________________

직업군 2

____

진로 ① ____________________
진로 ② ____________________
진로 ③ ____________________

직업군 3

____

진로 ① ____________________
진로 ② ____________________
진로 ③ ____________________

⇨ 위의 9개의 직업 중에서 여러분에게 가장 흥미 있는 3개의 직업을 적어 봅시다.

진로 1 ____________________
진로 2 ____________________
진로 3 ____________________

읽기자료 번호 : I-A-4

진로평가

직업 선택에 관한 글입니다. 다음을 읽고 생각해 봅시다.

여러분은 장래 직업이나 진로에 대해 생각해 보았습니까? 의사, 우주비행사, 교사 등 무엇이 되려고 합니까? 이 직종에 종사하는 사람들이 실제 어떤 일을 하는지 알고 있습니까? 위의 직업을 갖기 위해 무엇을 해야 하는지 알고 있습니까?

어떤 사람들은 매력 있어 보이기 때문에 혹은 돈을 많이 벌기 때문에 특정 직업을 선택합니다. 어떤 사람들은 부모님이 하시는 일이기 때문에 그 일을 그대로 자신의 진로로 선택합니다. 또 다른 사람들은 TV나 영화에서 멋있게 보이는 특정 직업을 보고 진로를 결정하기도 합니다.

그러나 진로를 올바르게 결정하는 가장 좋은 방법은 각자의 흥미, 능력을 검사해서 두 가지 모두를 만족시키는 진로를 선택하는 것입니다. 직업 세계에 존재하는 직업의 특성을 알아야, 어떤 직업 특성이 흥미를 끄는지 확인할 수 있습니다. 여러분은 학교 생활을 하면서 진로에 유용하게 쓰일 기술이나 재능 분야들을 확인할 수 있을 것입니다. 이러한 기술이나 재능을 능력이라고 부릅니다. 스스로 진로에 대한 연구를 계속하는 동안, 관심 있는 직업활동과 여러분이 잘할 수 있는 활동 모두를 만족시키는 진로를 찾을 수 있을 것입니다.

이 단원은 진로 탐색 중 조금 더 정보에 근거한 선택을 하는 데 도움이 될 것입니다. 미래는 지금부터 시작됩니다. 여러분은 진지하게 진로 탐색을 시작해야 하고 주의 깊게 당신의 능력과 진로 흥미를 평가해야 합니다.

내가 아는 나 Ⅰ

구분	내용		
활동영역	진로 계획 및 탐색	활동범주	진로 계획 및 개발
활동목표	내가 관심을 가지고 있는 진로를 준비하는 방법을 안다.		
활동대상	고등학교 1학년	소요시간	50분
준비물	교사: '나의 강점은?' 활동지	집단크기	소집단, 학급 전체
활동소개	자신의 강점에 대해 알게 되면 특정 직업이 자신에게 적합한지를 판단하는 데 도움이 된다.		
활동절차	1. 자신의 학업능력, 신체적 운동능력, 습관, 대인관계 같은 재능의 일반적인 부분에 대해 브레인스토밍 한다. 2. 학생들에게 '나의 강점은?' 활동지를 나누어 주고 자신이 생각하는 자신의 강점을 나열하게 한다. 3. 다른 학생들이 읽을 수 있도록 벽에 붙이게 한다. 4. 프로그램의 효과를 증대시키려 한다면 학생들이 종이 앞에 서서 자신의 강점을 말로 재확인할 수 있도록 한다. 5. 모든 학생들이 이동하면서 다른 학생들의 강점을 읽게 하여, 그 학생의 강점에 동의하면 동의 여부란에 표시할 수 있도록 한다(예: 스티커 붙이기 등). 또한 누락된 것이 있다고 생각되면 추가하도록 지도한다. 6. 학생들이 활동을 통하여 알게 된 자신의 강점을 강화할 수 있도록 격려한다.		
유의사항	• 자신의 타고난 특성에 대한 이해의 중요성을 강조한다. • 자신의 강점에 대해 말하기를 꺼릴지라도, 그것이 긍정적인 것에 초점을 맞추는 것임을 강조한다. 학생들은 자신의 긍정적인 자질을 토의하는 데 어려움을 가질 수 있는데, 교사는 교실을 순회하면서 주저하는 학생들을 도와준다.		

활동지 번호 : I-A-4

나의 강점은?

_____학년 _____반 _____번
이름: ____________________

다음 표에 자신이 생각하는 자신의 강점을 적어 봅시다.

구분	강점	동의 여부
스포츠 활동, 건강관리		
취미		
스포츠 관람, 연극, 영화, 강연, 책, 신문, 잡지		
예술적 · 심미적 활동		
건강과 체력		
지적 호기심, 창의력		
성격		
가족과 친구, 대인관계 능력		
기타		

내가 아는 나 II

구분	내용		
활동영역	진로 계획 및 탐색	활동범주	진로 계획 및 개발
활동목표	내가 관심을 가지고 있는 진로를 준비하는 방법을 안다.		
활동대상	고등학교 1학년	소요시간	50분
준비물	교사: '내가 아는 나' 활동지	집단크기	소집단, 학급 전체
활동소개	진로 탐색의 첫 단계는 자신의 흥미, 능력, 성격 유형과 진로 선택 사이의 관계를 이해하는 것이다. 이 활동은 학생들이 자신의 흥미, 능력, 강점을 인식하고 이해하는 것의 중요성을 알도록 돕는다.		
활동절차	1. 성공적인 진로 탐색의 열쇠로 흥미, 능력, 강점의 인식에 대해 소개한다. 학생 자신의 경험이나 가족의 경험으로부터 이러한 예들을 유도한다. 2. '내가 아는 나' 활동지를 나누어 주고 솔직하게 작성하도록 한다. 강점과 약점에 대한 평가는 진로 탐색에서 중요한 개념이기에 솔직해야 함을 강조한다. 3. 응답을 검토하고 관심 있는 진로가 인식되는 부분에서 학생들의 반응을 유도한다. 선택된 진로가 자신의 흥미와 강점에 부합되는지 질문한다. 활동지 뒷면에는 '이 활동에서 나는 ~를 배웠다.'라는 문장을 완성케 한다.		
유의사항	강점이나 단점을 드러내기를 꺼려하는 학생들을 지지하고 격려한다. 많은 학생들은 지지 없이 이러한 정보를 드러내는 것을 꺼려하는 경향이 있다.		

활동지 번호
: Ⅰ-A-4

내가 아는 나

____학년 ____반 ____번
이름: ________________

자신이 알고 있는 여러분 자신에 대해 적어 봅시다.

1. 나의 취미, 흥미는?

2. 내가 우선시하는 가치는?

3. 나의 장점은?

4. 나의 재능/능력은?

5. 내가 가장 좋아하는 과목은?

6. 나의 단점은?

7. 나의 단점을 극복하려면?

8. 내가 관심 있어 하는 직업들은?

진로 준비

구 분	내 용		
활동영역	진로 계획 및 탐색	활동범주	진로 계획 및 개발
활동목표	내가 관심을 가지고 있는 진로를 준비하는 방법을 안다.		
활동대상	고등학교 1~2학년	소요시간	50분
준비물	교사: '진로 준비 – 체크리스트' 활동지	집단크기	소집단, 학급 전체
활동소개	이 활동은 학생들이 고려하는 진로를 위해 요구되는 구체적인 교육 정보를 제공한다.		
활동절차	1. '진로 준비 – 체크리스트' 활동지를 학생들에게 소개하고 다음의 용어를 설명하라. • 전문학사학위, 학사학위, 석사학위, 박사학위, 교대, 사범대 • 단과대학/종합대학, 전공/부전공, 직업교육/기술교육 2. 인터넷이나 기타 여러 자료를 이용하여 활동지를 완성할 수 있도록 한다. 필요하다면 도움을 준다. 3. 학생들은 각자 또는 집단 활동으로 활동지와 관련된 서로의 생각이나 의견을 나눈다. 4. 학생들은 다음번 활동에 참고자료로 활용하기 위해 활동지를 보관한다.		
유의사항	가능하다면 인터넷이 가능한 공간을 활용한다. 학생들이 자신의 진로에 대해 더욱더 진지하게 고려해 볼 수 있도록 유도하는 것이 필요하다.		

활동지 번호 : I-A-4

진로 준비—체크리스트

_____학년 _____반 _____번
이름: ____________________

다음은 흥미 있는 직업을 준비하기 위해 고려해야 할 사항들입니다. 질문에 답해 봅시다.

희망 직업	

교 육

1. 고려하고 있는 진로를 위해 필요한 교육 수준은?

____________ 교육적인 요구 없음
____________ 고등학교 또는 검정고시
____________ 고등학교 졸업
____________ 학사학위
____________ 석사학위
____________ 박사학위

2. 고려하고 있는 진로를 위해서 가장 도움이 되는 고등학교 수업은 무엇인가?

____________ 국어와 의사소통
____________ 미술
____________ 외국어
____________ 건강과 체육 교육
____________ 수학
____________ 실용예술
____________ 과학
____________ 사회
____________ 직업/기술교육
____________ 없음

3. 고려하고 있는 진로가 대학학위를 필요로 한다면

1) 필요한 학위를 주는 단과/종합대학을 쓰시오(심각하게 고려해 본 학교는?).

____

____

____

2) 자신이 입학하기에 가장 현실적이고 유익하며 바람직한 결정을 하기 위해 위에 나열한 각 학교를 검토하고 입학 가능한 학교의 이름을 순서대로 쓰시오.

① ______________________________

② ______________________________

③ ______________________________

직업훈련

1. 고려하고 있는 직업을 위해 어느 정도의 직업훈련이 요구되는가?

__________ 예 __________ 아니요

만약 요구된다면

1) 요구되는 직업훈련을 어떻게 받을 수 있는가?

( ) 직업/기술학교를 통해서

( ) 실습 프로그램을 통해서

( ) 회사에서 제공하는 현장실습 과정을 통해

( ) 군복무를 통해서

( ) 기타

2) 필요한 직업훈련 과정을 제공하는 곳을 구체적으로 알아보시오.

____

____

3) 가장 현실적이고 유익하며 바람직한 곳을 결정하기 위해 알아본 곳들을 검토하시오. 그리고 검토된 곳의 이름을 순서대로 쓰시오.

① ______________________________

② ______________________________

③ ______________________________

자료번호 : I-A-5
영역 : 진로발달

진로 안내

구분	내용		
활동영역	진로 계획 및 탐색	활동범주	진로 계획 및 개발
활동목표	졸업 이후(취업, 훈련 프로그램, 대학/직업기술학교, 재정지원, 군 입대 등)에 관한 계획을 수립한다.		
활동대상	고등학교 2~3학년	소요시간	50분
준비물	교사: '고등학교 졸업 후' 읽기자료, 컴퓨터실	집단크기	소집단, 학급 전체
활동소개	이 활동은 학생들이 깊이 있게 진로를 탐색하고 선택하며 진로목표를 세울 수 있는 기회를 제공할 것이다.		
활동절차	1. 자신의 진로에 대해 어느 정도 결정을 했는지에 대해 질문한다. 2. 장래 진로를 결정한 학생들을 파악한다. 3. 진로 결정에는 관심과 고민이 있을 수 있음을 강조한다. 진로를 결정한 학생들은 구체적인 계획을 세울 수 있도록 지도하고, 아직 결정하지 못한 학생들은 진로에 대해 더 깊이 고민해 볼 수 있도록 격려한다. 4. '고등학교 졸업 후' 읽기자료를 나누어 주고, 학생들이 생각해 볼 수 있는 시간을 준다. 궁금한 점이 있다면 질문할 수 있도록 격려한다. 5. 학생들이 '고등학교 졸업 후' 읽기자료의 1, 2번과 관련하여 이야기를 나누어 볼 수 있도록 한다. 6. '고등학교 졸업 후' 읽기자료의 3번 문항을 작성한 후, 서로 이야기하도록 한다. 7. 진로목표를 선택하거나 세우는 데 도움을 주고, 필요한 정보를 제공해 주는 진로상담실과 직업상담센터를 소개한다.		
유의사항	학생들이 진로를 계획함에 있어 대학 진학만을 목표로 하지 않고 다양한 진로를 고려해 볼 수 있도록 여러 방향을 제시한다.		

고등학교 졸업 후

여러분은 고등학교 졸업 후 무엇을 할 것입니까? 대학에 진학할 예정인가요, 아니면 직업/기술교육을 받을 것인가요?

1. 대학에 진학하겠습니까?
   1) 정말로 대학 진학을 원합니까?
      - 여러분의 고등학교 성적은 어떻습니까?
      - 여러분은 좋은 학습습관을 가지고 있나요?
      - 여러분은 대학교육을 받는 데 필요한 능력이 있습니까?
      - 사고력, 문제 해결력, 탐구력 수준은 어떻습니까?
      - 고려 중인 직업은 대학교육을 요구합니까?
      - 진학을 희망하는 대학과 관련된 정보를 알고 싶은가요?
      - 당신은 대학에 갈 경제적 여유가 있습니까?
   2) 여러분은 여러 종류의 대학에 대해 잘 알고 있습니까?

      대학은 인격을 도야하고, 국가와 인류사회 발전에 필요한 학술의 심오한 이론과 그 응용방법을 교수 · 연구하며, 국가와 인류사회에 공헌함을 목적으로 하고 있다(고등교육법 제28조). 단과대학인 대학과 종합대학인 대학교가 있으며, 1990년부터는 교육대학도 대학교라고 하게 되었다. 수업 연한은 4~6년이다. 이 밖에 고등교육법상 대학의 이름이 있는 교육기관으로는 전문대학, 산업대학, 방송통신대학, 기술대학 등이 있다.

      ① 국립대학: 국가가 설립하여 운영하는 대학으로 2006년 기준 한국의 국립대학에는 일반대학교 23개교, 산업대학교 6개교, 교육대학교 11개교, 전문대학 5개교가 있다.

      ② 종합대학: 단과대학에 대칭되는 개념으로 몇 개의 단과대학이 종합된 대학(university)을 말하는데, 종합이라는 말은 학문의 계통을 종합했다는 뜻이기도 하다.

      ③ 교육대학교: 초등학교 교원의 양성을 목적으로 설립한 국 · 공립의 교원 양성 대학교다. 교육과정은 일반교양 교과와 교직 교과를 두며, 실제로 교육을 연구 · 실습하기 위하여 초등부설학교를 두고 있다. 성적이 우수한 자에게 사도(師道)장학금을 수여한다. 종전에 실시해 오던 졸업 후 의무복무제

는 1992년 교원의 공개임용에 따라 폐지되었다. 졸업생에게는 졸업과 동시에 초등학교 2급정교사 자격증이 수여된다.

④ 사범대학교: 중학교 · 고등학교의 교원을 양성하는 기관으로 1989년부터는 국립 사범대학생들에게 주던 각종 특혜와 의무복무제가 폐지되면서 국립 · 사립 사범대학생들도 일종의 채용시험을 거쳐 중등교원으로 임용된다. 2007년 기준 40개의 사범대학이 있으며, 이 중 국립은 13개, 사립은 27개다. 한국교원대학교는 종합대학 형식의 사범대학이다.

⑤ 전문대학: 수업 연한은 2~3년이며, 4년제 대학과 병립하는 고등교육기관으로서 독립적으로 완성된 교육기관인 동시에, 산업 현장이나 직업사회에 바로 진출할 수 있는 중견직업인 양성을 목적으로 하는 단기 직업교육 기관이다. 전문대학의 주요 특성 및 역할은 다음과 같다.

–산업기술의 고도화와 고용 구조 개선에 따른 중간 기술인력 양성
–능력과 실용주의 직업 사회화에 따른 직업인력 양성
–정보화사회에 따른 다양한 인력 양성
–산학협동의 연계체제 확립
–실험실습 및 산업체 현장실습 교육 강화를 통한 중견 기능인력 양성
–기술자격증 취득을 통한 취업 및 편입 기회 확대
–정부 지원정책 강화를 통한 우수한 중견 기술인력 양성 등

⑥ 기능대학(한국폴리텍대학): 교육과학기술부가 아니라 노동부의 지원으로 운영되는 2, 3년제 대학이다. 산업학사 학위를 주는데 전문대학의 전문학사 학위와 같은 격이다. 졸업 후 4년제 대학으로 편입 가능하다. 전국 23개 도시에 1개씩 설립되어 있다. 50종 163개 학과를 두고 있다. 기능대학은 산업 현장에서 필요로 하는 중간 기술인력, 다기능 기술자, 테크니션을 양성하기 위해 1998년 설립됐다. 고급 엔지니어와 생산직 사이에서 해당 분야의 개발부터 제작까지를 다 맡는 생산 현장의 중간기술자를 양성해 낸다.

⑦ 방송통신대학교: 서울 종로구 동숭동에 있는 국립 특수대학으로 고등학교 졸업 후 대학교육을 받지 못한 사람들에게 방송, 통신, 출석수업 등의 방식을 통하여 고등교육의 기회를 부여하고 있다. 일반교양과 더불어 각종 직업에 필요한 전문교육을 실시한다. 2008년 기준 재학생은 18만 2,068명이다. 또한 2009년 현재 4개 대학, 22개 학과로 구성되어 있으며, 부속기관으로 원격교육연구소, 통합인문학연구소, 도서관, 정보전산원, 디지털미디어센터, 평생교육원, 종합교육연수원, 학보사, 출판부, 학술진흥재단 등이 있다.

⑧ 사이버대학: 인터넷 환경 등의 정보통신 시스템을 활용하여 시간과 공간의 제약을 초월해서 강의를 받고 학위를 취득할 수 있는 교육방식을 제공하는 대학이다. 모든 교육 정보를 웹 형태로 저장 · 관리 · 유통하고, 학생들은 인터넷을 통하여 편리한 시간에 가능한 장소에서 영상, 음향, 문서 등으로 제공되는 강의를 받으며, 보고서나 논문 등은 인터넷을 통하여 제출하는 방식으로 학사 운영을 하고 있다. 직접 학교에 가지 않고도 집에서 수강하여 학위를 받을 수 있다는 장점이 있다.

2. 직업/기술교육에 대하여 어떻게 생각합니까?
   1) 직업훈련에 얼마의 시간을 쓰기를 원합니까?
   2) 훈련하는 동안 일하기를 원합니까?
   3) 당신이 받은 직업/기술교육으로 당신이 받을 수 있는 봉급은 얼마 정도일까요?
   4) 교육을 마치면 얼마나 많은 직업이 가능해집니까?
   5) 이 기관(학교)에 들어가기 위해서 특별한 과정이나 기술이 필요합니까?
   6) 훈련비용은 얼마나 됩니까?
   7) 훈련비용을 어떻게 지불할 것입니까?

3. 고등학교 졸업 후 여러분은 무엇을 할 예정인가요? 그 구체적인 계획에 대해 적어 봅시다.

자료번호 : I-A-5
영역 : 진로발달

졸업 그 후?

구분	내용		
활동영역	진로 계획 및 탐색	활동범주	진로 계획 및 개발
활동목표	졸업 이후(취업, 훈련 프로그램, 대학/직업기술학교, 재정지원, 군 입대 등)에 관한 계획을 수립한다.		
활동대상	고등학교 2~3학년	소요시간	50분
준비물	교사: '직업훈련 선택하기' 활동지, '고교 졸업 후의 직업훈련' 읽기자료	집단크기	소집단, 학급 전체
활동소개	학생들은 이 활동에서 졸업 후 자신의 진로를 논의하고 계획하는 등의 활동을 통해 자신의 다양한 진로에 대해 생각해 본다.		
활동절차	1. 직업훈련을 준비하는 학생들을 선발한다. 2. 학생들에게 '고교 졸업 후의 직업훈련' 읽기자료를 나누어 주고, 그 내용에 대하여 함께 이야기하도록 한다. 3. 학생들은 직업훈련이 개설된 여러 분야 중 자신의 관심 분야를 정하도록 한다. 4. '직업훈련 선택하기' 활동지를 나누어 주고, 자신의 관심 분야에 대한 정보를 수집할 수 있도록 한다. 5. 조사한 직업훈련에 대한 정보를 서로 이야기한다. 6. 2~3주 정도의 시간을 두고 학생들이 관심 있는 직업훈련을 제공하는 기관에 대한 추가적인 정보를 수집(직접 방문 또는 전화)한 후, 추수 모임을 갖고 함께 이야기를 나누어 본다.		
유의사항	졸업 후 구체적인 목표를 정하지 못한 학생들은 목표 설정과 의사결정 기술을 지원하는 개인상담을 통해 도움을 줄 수 있다.		

직업훈련 선택하기

활동지 번호 : Ⅰ-A-5

다음의 항목에 맞추어 나에게 맞는 직업훈련 프로그램을 찾아봅시다.

1. 직업훈련 프로그램 조사

	훈련기관	훈련과정	소재지	교육기간 (훈련 일수/시간)
1				
2				
3				

2. 위의 직업훈련 프로그램 중 관심 직업훈련 내용

	훈련내용
1	
2	
3	

읽기자료 번호 : I-A-5

고교 졸업 후의 직업훈련

다음은 직업훈련에 관련된 내용입니다.

직업능력 개발훈련

〈실업자를 위한 훈련－우선선정직종훈련〉

1. 개요

실직자 및 미취업자 등을 대상으로 취업능력을 배양하기 위해서 노동부에서 실시하는 직업훈련으로 훈련비용 전액 국비지원이며 각 훈련별로 훈련수당을 차등 지원한다.

2. 훈련 대상

직업안정기관에 구직 등록한 만 15세 이상의 실업자 또는 고등학교 3학년에 재학 중인 상급학교 비진학자

3. 훈련기관 및 훈련 직종

1) 한국산업인력공단, 대한상공회의소, 직업능력개발훈련법인 등 노동부가 매년 지정하는 훈련기관
2) 인력이 부족한 직종 등 매년 노동부 장관이 고시하는 훈련 직종(2007년 18개 분야의 기계 · 장비 등 1만 5,622개 직종 고시)

※ 훈련기관 및 훈련 직종에 대한 정보는 지방노동청 관리과에서 안내받거나 직업능력개발훈련정보망에서도 찾을 수 있다.

4. 훈련기간

3~12개월

5. 지원비용

1) 훈련비는 전액 무료
2) 매월 교통비 5만 원과 식비 6만 원 지원
3) 매월 훈련수당 20만 원 지원(실업급여 수급 자격이 없고 훈련기간 중 출석일수가 80% 이상인 자)

〈한국폴리텍대학 기능사 양성훈련〉

1. 훈련목표
   산업 현장에서 필요로 하는 기초적인 지식과 기능을 가지고 직무를 수행할 수 있는 인력 양성

2. 훈련기간
   1년 / 6개월

3. 훈련기관
   한국폴리텍대학

4. 훈련 대상
   만 15세 이상(학력 제한 없음)

5. 전형방법
   1) 서류전형 및 면접
   2) 고교 위탁훈련생 비율은 권역대학별 총 모집정원의 10% 범위 내에서 자율적 선발
   3) 우선선발 대상(모집정원의 30% 범위 내에서 선발)
      국민기초생활보장법에 의한 수급권자, 장애인복지법에 의한 장애인, 국가유공자 등 예우 및 지원에 관한 법률에 의한 국가유공자 및 유족 · 가족

6. 기타사항
   1) 교육비용 전액 무료(실습비, 교재비, 기숙사비, 식비 전액 무료)
   2) 각종 장학금 및 훈련수당 지급
      ① 성적 우수자 및 모범 학생 등에게 각종 장학금 지급
      ② 교통비 월 5만 원(통학생에 한함)
      ③ 우선선정직종 훈련수당 월 20만 원
   3) 국가기술자격 기능사 필기시험 면제, 수료 후 취업 알선 및 사후지도 실시

※ HRD-Net(www.hrd.go.kr, 노동부 및 한국고용정보원에서 운영하는 직업능력개발훈련정보망)에서는 직업훈련과 관련된 여러 정보를 제공한다.

대학계획

구분	내용		
활동영역	진로 계획 및 탐색	활동범주	진로 계획 및 개발
활동목표	나의 흥미와 능력을 알고 이러한 것들이 진로를 선택하는 데 어떤 도움을 줄 수 있는지 안다.		
활동대상	고등학교 2~3학년	소요시간	50분
준비물	교사: '대학진학 심사숙고표' 활동지, '대학계획 안내서' 읽기자료	집단크기	소집단, 학급 전체
활동소개	대학 진학에 관심 있는 학생들을 대상으로 대학계획을 검토하고 논의하기 위한 소집단 활동이다.		
활동절차	1. 교사는 이미 진로를 결정한 학생들이 대학에 대한 더 많은 정보를 가지고 대학목표를 보다 명확히 하도록 하기 위해서 2학년이나 3학년 초에 소집단 모임에 참여하도록 안내한다. 2. 학생들에게 '대학진학 심사숙고표' 활동지를 나누어 준다. 3. 학생들은 자신의 대학목표와 기대를 명확히 하면서 '대학진학 심사숙고표' 활동지를 작성한다. 4. 학생들은 자신의 대학 진학에 관련된 내용들을 다른 학생들과 이야기 나눈다. 5. '대학계획 안내서' 읽기자료를 학생들에게 나누어 주고 대학에 진학할 것인지, 진학한다면 어떻게 대학을 선택할 것인지에 대해 서로 이야기 나누어 본다. 6. 진학하고자 하는 대학에 대한 정보를 수집하는 가장 좋은 방법은 대학을 직접 방문하는 것임을 인식시키고, 대학 방문에 필요한 여러 가지 사항들을 읽기자료를 통해 안내한다.		
유의사항	대학진학 목표를 세운 학생들은 적절한 활동으로 흥미를 추구할 수 있도록 격려하고, 대학진학 목표를 세우지 못한 학생들에게는 주의 깊은 관심과 개인적 지도가 필요하다.		

대학진학 심사숙고표

_____학년 _____반 _____번
이름: ____________________

대학 진학에 대해 여러분은 어떤 생각들을 가지고 있는지 정리해 봅시다.

1. 나는 왜 대학에 가야만 하는가?

____

____

2. 대학 선택의 심사숙고

1) 나에게 가장 적합하다고 생각하는 대학에 ○표 하시오.

( ) 4년제 일반대학교 ( ) 4년제 사이버대학교
( ) 4년제 산업대학교 ( ) 2, 3년제 사이버대학
( ) 2, 3년제 일반대학 ( ) 기능대학
( ) 교육대학교 ( ) 사범대학교
기타: ______________________________

2) 다음의 특별한 시설을 가진 학교를 원한다(예: 대극장, 장애인시설 등).

____

____

3) 부모님과 진학할 대학 · 학과, 위치, 비용 등과 관련하여 함께 의논한다.

____

____

4) 나는 학과보다는 일류대학을 고집한다. ( )
나는 실력에 따라 적절한 대학과 학과를 선택할 것이다. ( )
나는 대학보다는 학과를 선택할 것이다. ( )

읽기자료 번호 : I-A-6

대학계획 안내서

다음은 대학 선택에 있어 고려해야 할 여러 항목들에 대한 설명입니다.

1. 어떤 사람이 대학을 가야 하나?

모든 사람이 대학을 가기 위해 계획을 세워야만 하는 것은 아니며 모든 학생들이 대학에 진학하기를 원하거나 대학에 진학할 능력을 가진 것도 아니다. 그래서 대학 진학을 원하든 원하지 않든, 진학할 능력이 있든 없든 간에 대학에 진학하지 않는 것은 실망스러운 것이 아니고, 오히려 자신의 흥미나 능력을 알지 못하는 것이 걱정스럽고 실망스러운 일이다.

우리나라에서는 대학 진학을 희망하는 모든 학생은 대학에 진학할 수 있다. 그러나 스스로 반드시 '나는 대학 진학을 원하는가?' '진학할 능력은 되는가?' '나는 대학에서 무엇을 원하는가?' 등을 자문해 보고, 이렇게 진지하게 심사숙고한 후에 대학 진학을 선택해야 할 것이다.

대학에서는 지적 호기심과 독창성, 책임감을 가지고 생활하게 되는데 고등학교의 경험은 대학에서 성공하기 위한 좋은 기회를 제공하게 될 것이다. 대학은 직업 준비뿐만 아니라 개인의 성장과 발달을 위한 기회를 제공할 수 있으며, 더 나아가 의미 있는 삶을 살도록 도울 수 있다.

2. 대학 선택하기

대학 선택은 다양한 측면에서 여러 사항들을 고려해서 신중하게 결정해야 할 것이다. 다음은 대학을 선택하는 데 있어 고려해야 할 여러 항목들을 나열한 것이다.

1) 대학 선택하기

① 가장 중요하게 고려해야 할 점은 대학이 자신의 동기, 목표, 능력, 흥미, 욕구, 개성 면에서 적합한가 하는 점이다. 적합한 대학은 대학의 규모, 위치, 시설, 입학조건, 지적인 요구 그 이상을 포함한다. 학생들은 대학이 요구하는 점에 입각하여 학생 자신의 능력을 평가하는 데 현실적이어야 한다.

② 부모님과 의논하라. 부모님은 많은 방법으로 도울 수 있을 것이고, 틀림없이 자녀들의 생각을 알기 원할 것이다. 대학비용, 선택한 대학의 거리 등에 대하여 질문함으로써 부모님은 자녀들이 생각을 정리할 수 있게 도울 것이

다. 학생들이 느끼는 것을 부모님과 공유하여 부모님의 귀중한 경험이나 지혜를 활용할 수 있어야 할 것이다.

③ 학교의 규모: 재학생이 500, 2,000, 3,000 또는 4,000명의 학교를 원하는가? 각 규모의 장점과 단점을 주의 깊게 파악하라.

④ 위치와 교통을 고려하라. 꼭 수도권의 대학만을 고집할 필요는 없을 것이다.

⑤ 비용: 생활비, 등록금 등의 기본적인 소요비용은 차이가 심하다. 돈이 많이 드는 대학이라고 해서 최고의 교육을 제공하는 것도 아니고, 돈이 적게 드는 대학이라고 해서 최저의 교육을 제공하는 것도 아니다.

⑥ 대학의 도서실, 실험실 그리고 다른 시설: 특별 교육과정에 적합한 물리적 환경을 제공하고, 학생의 발전을 위해 어떤 프로그램을 제공하는가를 살펴보아야 한다.

⑦ 대학교육은 학생들이 미래의 삶을 준비하도록 하고 삶을 풍족하게 하는 것임을 기억하는 것이 중요하다.

2) 대학 선택의 10계명

① 자신의 적성과 흥미에 맞는 전공을 선택하라.

② 전공과 관련 없이 무조건 성적에 따라 대학을 선택하지 말라.

③ 큰 대학, 일류대학이 반드시 좋은 대학이라고 생각하지 말라.

④ 대학 진학에 대한 준비가 부족하면 충분히 준비한 후에 진학하는 지혜도 필요하다.

⑤ 현재 인기 있는 학과가 졸업 후에도 계속 인기가 있을 것이라는 생각은 하지 말라.

⑥ 대학 진학이 인생의 중요한 부분이긴 하나 삶의 모든 부분이라 생각하지 말라. 대학에 실패한 사람들 중 인생에 성공한 사람들은 많다.

⑦ 부모와 교사의 의견도 함께 존중하라.

⑧ 성적이나 학력 부분이 부족하면 다양한 능력이나 특기로 승부하라.

⑨ 수도권 대학만을 고집하지 말라.

⑩ 대학보다 전공을 우선으로 선택의 기준을 삼아라.

3) 대학 선택 시 하지 말아야 할 것

① 여러 종류의 대학을 고려해 보지 않고 성급하게 대학을 선택하지 말라.

② 단지 그 대학교에 친척이나 친구가 다니거나 다녔다는 이유만으로 선택하지 말라. 그 사람들은 추천한 대학에 대해 많이 알 수도 있고 잘 알지 못할 수도 있다. 믿고 있는 친척이나 친구들이 최선의 대학 선택을 하는 데 적합한 입장이 아닐 수도 있을 것이다.

③ 학비가 비싸서 진학이 꺼려지는 경우, 재정적인 도움이 가능한지 철저하게 조사하기 전까지 학비가 비싸다는 이유만으로 대학 선택을 포기하지는 말라.

3. 대학 답사하기

학교에 대한 정보를 얻는 가장 좋은 방법은 그 대학을 직접 방문하여 입학처 직원이나 그 학교에 재학 중인 학생들과 이야기해 보는 것이다.

1) 대학 답사 시 고려할 질문

여러분 자신을 행복하게 하고 여러분의 교육목표와 부합되는 대학이 여러분을 마냥 기다리고 있지만은 않다. 여러분의 취향에 맞고 도전의식을 높일 수 있는 대학을 적극적으로 찾아보아야 하는데, 이때 다음의 사항을 고려해 보아야 할 것이다.

① 학술적 환경

- 그 대학이 학구적 영역에서 강조할 수 있는 것은 무엇인가? 과학, 예술, 인문 등 여러분의 관심 분야에 강점이 있는가?
- 신입생을 위한 프로그램이 개설되어 있는가? 그러한 수업의 규모는 어떠하고 필수사항으로 고정되어 있는가?
- 얼마나 많은 학생들이 입학 후 휴학이나 자퇴를 하는가?
- 학구적인 분위기(예: 공부하는 데 보내는 평균시간, 도서관의 이용률, 수능점수, 대학원 진학률, 고시 패스율 등)가 얼마나 열정적인가?
- 도서관의 분위기는 어떠한가? 재학 중인 많은 학생들은 어디서 공부하는가?
- 얼마나 많은 학생들이 해외 유학을 가는가? 대학원에 진학하는 학생은 몇 퍼센트인가?
- 그 대학에 진학하기 위해 가능한 점수는 몇 점인가? 그 대학에 다양한 과가 있는가?

② 학생들

- 신입생이 대학에 입학했을 때 초기 반응은 어떠한가? 1학년들이 말하는 이 대학의 강점과 약점은 무엇인가?
- 대학에서 활동하거나 존재하는 특별한 흥미집단(예: 동아리, 출판부 등)에는 어떤 것들이 있는가?
- 만일 기숙사에서 생활한다면 여러분에게 줄 수 있는 사회적, 학구적 이득

은 무엇인가? 기숙사에서 생활하는 학생들은 대략 몇 퍼센트인가?

–서울 학생과 지방 학생의 비율은? 여러분의 고향에서 온 사람의 비율은 어느 정도인가?

–학생들에게 상담 시스템을 제공하는가?

③ 캠퍼스: 교통은 어떠한가? 대학이 도시에서 얼마나 떨어져 있는가? 만약 대학이 시골에 있다면 학생들이 대학 주변을 다니는 데 교통수단은 무엇인가?

④ 개인적인 질문: 스포츠, 동아리 활동, 여행, 작업 프로그램, 여름방학 프로그램 등

2) 대학 방문하기

해당 대학에서는 여러분이 방문하는 것을 좋아한다. 대학은 학생들의 캠퍼스 견학을 통해 우수한 신입생 유치를 위한 적극적인 홍보와 학교의 이미지를 개선하는 데 목적이 있다. 다음은 보람된 대학 방문이 되기 위하여 고려할 몇 가지 제안들이다.

① 가장 효과적으로 정보를 수집할 수 있는 방문은 학기 중 수업을 관찰할 수 있을 때다.

② 인터뷰를 원한다면 대학 방문의 마지막에 한다. 사전에 인터뷰에 대한 정보를 수집할 수 있고, 인터뷰할 대상과 가까워질 수 있기 때문에 더욱더 상세한 정보를 수집할 수 있을 것이다.

③ 견학도우미들이 안내하는 단체 방문과 자유 견학을 하는 개인 방문을 모두 체험하는 것이 좋다.

④ 관심 있는 대학의 문제를 알기 위해 대학신문을 읽어라.

⑤ 방문하기 전에 대학을 조사하라. 만일 여러분이 대학으로부터 정보를 얻을 준비가 되어 있지 않다면 대학의 규모나 입학 안내와 같은 요소는 도서관이나 진로상담실에 비치되어 있는 대학요람을 참고하도록 하라.

⑥ 지리적으로 가까이에 있는 대학을 먼저 방문하라.

3) 인터뷰

① 여러분이 인터뷰하고 싶어 하는 사람은 대부분 여러분이 잘 알고 있고 항상 가까이에 있는 사람이라는 것을 기억하라. 노련한 교직원들은 경험이 없는 여러분에게 쉽게 설명해 줄 것이다. 그들은 기꺼이 여러분의 질문에 친절히 대답할 것이나, 여러분이 학교 안내자료를 미리 읽고 간다면 더 흥미로운 질문을 할 수 있을 것이다. 교육과정과 그 활동에 대한 질문, 학문에 대한 여러분의 관심을 질문하라.

② 여러분 자신을 알라! 여러분의 내신성적, 모의수능 성적, 현재의 흥미 분야

등을 미리 알고 있어야 한다. 그리고 만일 진로에 대해 아직 구체적으로 결정하지 않았다면, 자신의 흥미 분야를 탐색하고 그와 관련된 정보를 얻기 위해 대학 방문을 활용하라.

③ 정직하라! 여러분과 인터뷰한 사람들은 모든 사람들에게 강점과 약점이 있음을 안다. 그들은 여러분의 약점을 돕고 강점은 신장시킬 것이다.

④ 만일 부모님 또는 친구들이 여러분과 대학 방문을 동행해도 여러분은 단독으로 인터뷰를 해야 할 것이다. 대부분의 대학 직원은 여러분과 이야기를 나눈 후 오히려 부모님과 이야기를 나누기 원할 수도 있다.

⑤ 깨끗하고 화사하게 옷을 입어라.

⑥ 인터뷰는 선배들과 해도 좋다. 때때로 교수님들보다 더 진지하게 그들의 학문과 진로에 대해 이야기할 수 있어서 더 좋은 인터뷰가 될 수 있다.

⑦ 집으로 돌아온 후 감사편지를 써라. 친절은 항상 높이 평가된다.

〈대학 정보 요구서 서한〉

존경하는 입학 관련 업무 담당자님께

저는 ___________에 다니는 고등학생이며 20___년 2월에 졸업할 예정입니다. 따라서 20___년 대학입시에서 귀 대학에 많은 관심을 가지고 있습니다. 그러나 자세한 정보를 가지고 있지 못한 관계로 판단에 있어서 어려움을 겪고 있습니다.

그러니 저에게 지원서, 카달로그, 주요 전공 분야(들)에 관한 자세한 정보들을 보내 주신다면 많은 도움이 될 것 같아 이렇게 부탁드립니다. 아울러 저는 학비지원에도 관심이 있으니, 필요한 양식들과 정보를 보내 주시면 더욱 감사하겠습니다(재정적 지원을 얻고자 한다면 이를 반드시 포함시키는 것이 좋다.).

바쁘신데 번거롭게 해 드려서 죄송합니다. 많은 배려를 부탁드립니다. 감사합니다.

(보내는 사람의 이름)

진로 탐색 및 진단

자료번호 : I-A-6
영역 : 진로발달

<table>
<tr><th>구 분</th><th colspan="3">내 용</th></tr>
<tr><td>활동영역</td><td>진로 계획 및 탐색</td><td>활동범주</td><td>진로 계획 및 개발</td></tr>
<tr><td>활동목표</td><td colspan="3">나의 흥미와 능력을 알고 이러한 것들이 진로를 선택하는 데 어떤 도움을 줄 수 있는지 안다.</td></tr>
<tr><td>활동대상</td><td>고등학교 2~3학년</td><td>소요시간</td><td>60분씩, 5회기 중 1회기</td></tr>
<tr><td>준비물</td><td>교사: '진로 사전검사지' 활동지, '진로 사전검사지 — 교사용 해설서' '진로발달의 단계' 참고자료</td><td>집단크기</td><td>학급 전체</td></tr>
<tr><td>활동소개</td><td colspan="3">이 활동을 통해 학생들은 흥미, 능력, 개성, 가치관 등이 어떻게 직업과 연관되는지 이해할 수 있다. 각 회기는 일련의 연관성 있는 과정으로 구체적인 내용은 다음과 같다.
• 1회기: 각 회기 안내와 일정, 진로 사전검사 실시
• 2회기: 2회기 안내, 진로 의사결정 유형과 단계의 이해
• 3회기: 3회기 안내, 직업적 자기개념과 Holland의 성격유형 탐색하기
• 4회기: 4회기 안내, 자신의 흥미와 직업 탐색하기
• 5회기: 5회기 안내, 자신의 특성에 맞는 직업 찾아보기</td></tr>
<tr><td>활동절차</td><td colspan="3">1. 직업 탐색이 학생들에게 무엇을 의미하는지 질문하고 반응을 유도한다.
2. 직업 탐색은 개인이 직업목표를 획득하고 개발하는 데 이용되는 하나의 과정이며, 개인의 태도, 능력, 흥미, 개성의 형태를 이용하여 직업을 찾는 과정임을 이야기한다.
3. 일정을 안내한다.
사전검사(현재 지식과 태도 검사) → 진로발달 단계 설명 → 의사결정 모형→ 개인적 직업 탐색 → 직업 정보에 대한 탐구 → 사후검사
4. 학생들에게 '진로 사전검사지'를 나누어 주고 작성하게 한다.
5. '진로사전 검사지 — 교사용 해설서'를 이용해서 학생들과 함께 진로 사전검사에 대해 토의한다.
6. 진로발달 단계를 설명한다. '진로발달의 단계' 참고자료를 학생들에게 나누어 주고 보충설명을 한다.
7. 지금 현재 고등학생은 크게는 탐색기, 세부 단계로는 전환기에 해당한다는 점을 강조하고, 학생들이 진로와 관련하여 무엇을 해야 할지 생각해 볼 수 있도록 격려한다.</td></tr>
<tr><td>유의사항</td><td colspan="3">학생들에게 현 회기와 연결하여 앞으로의 수업에 대한 안내를 실시하고, 진지하게 '진로 사전검사'에 임할 수 있도록 분위기를 조성한다.</td></tr>
</table>

활동지 번호 : I-A-6

진로 사전검사지

_____학년 _____반 _____번

이름: ____________________

진로에 대해 여러분은 무엇을 알고 있습니까? 다음 질문들은 여러분의 현재 진로계획에 대한 지식을 측정할 것입니다. T는 '그렇다', F는 '그렇지 않다'입니다. 각 문항을 읽고 '그렇다'고 생각되면 T에, '그렇지 않다'고 생각되면 F에 ○표 하세요.

T F 1. 직업을 보다 일찍 선택할수록 직업적 삶은 더 나아진다.

T F 2. 직업이 제공하는 수입을 제외하면 직업은 내 삶의 방식에 거의 영향을 끼치지 않는다.

T F 3. 보통 한국인은 많은 시간을 일하는 데 보내거나 다른 어떤 활동보다 직업과 관련된 활동에 많은 시간을 보낸다.

T F 4. 나의 능력 면에서 나에게 '적절한 직업'은 단지 하나뿐이다.

T F 5. 대부분의 사람들은 성인이 되어 평생 동안 같은 직업을 유지한다.

T F 6. 만약 나 자신이 그것을 하기로 결정했다면 다른 어떤 직업에서보다 잘할 수 있는 능력을 가지고 있다.

T F 7. 대부분의 사람들이 직업을 그만두거나 그만두도록 요구받는 기본적 이유는 성공에 필요한 기능들이 부족하기 때문이다.

T F 8. 하나의 직업에 입문하는 것은 당신이 그것을 좋아하는지 알 수 있는 유일한 방법이다.

T F 9. 오늘날 모든 직업의 2/3 이상이 4년제 대학학위를 요구하지는 않는다.

T F 10. 인턴사원들은 실습과정 동안 보수를 받는다.

T F 11. 한때 남성들에게만 한정되었던 직장에서 현재 여성들도 일을 하고 있다.

T F 12. 오늘날 일반 고등학교 졸업생의 70% 이상이 대학에 진학한다.

T F 13. 노동부 고용안정정보망(www.work.go.kr)은 취직과 직업훈련 프로그램에 관한 정보를 제공한다.

다음의 문항들 중 맞다고 생각되는 것에 ○표 하세요.

14. 직업계획을 착수하는 최상의 방법은 어느 것인가?
 a. 직업시장에서 유용한 것이 무엇인지 찾아보기
 b. 무엇을 해야 하는지 알기 위해 심리검사 받기
 c. 인생에서 가장 중요하다고 생각하는 것을 결심하기

15. 지금부터 5년간 노동시장은 어떻게 될 것인가?
 a. 대부분의 직업들은 4년제 대학교 졸업 이상의 학력을 요구할 것이다.
 b. 미숙련 기술자들을 위한 많은 직업들이 생길 것이다.
 c. 기술적인 기능을 가진 사람들을 위한 더 많은 비율의 직업들이 생길 것이다.

16. 만약 여러분이 마음을 결정할 수 없을 만큼 많은 직업들에 관심을 가지고 있다면 여러분은 우선 (   ).
 a. 가능한 한 많은 직업들을 알아보아야 한다.
 b. 하나를 실행해 보고 좋으면 그것을 선택한다.
 c. 각 직업의 좋은 점이 무엇인지에 관해 더 많이 알아보아야 한다.

17. 여러분은 두 대학에 입학이 허가되었다. A학과의 비용이 B학과의 비용보다 더 높다. 여러분이 선택을 망설인다면 처음으로 해야 할 것은 무엇인가?
 a. 대학에서 얻고자 기대하는 것들을 목록화하고, 그에 따라 두 학교를 비교한다.
 b. 학교를 방문한다.
 c. 비용이 덜 들기 때문에 무조건 B학과를 선택한다.

참고자료 번호 : Ⅰ-A-6-①

진로 사전검사지 – 교사용 해설서

다음의 내용을 참고하여 학생들과 활동하시기 바랍니다.

T F 1. 직업을 보다 일찍 선택할수록 직업적 삶은 더 나아진다.

⇨ F: 너무 일찍 고정된 형태를 형성하는 것은 다른 직업 선택에 대한 생각을 막을 수 있다. 너무 하나만 고집하는 것은 '직업적 죽음'이나 이후의 삶에서의 정체를 의미하게 된다.

T F 2. 직업이 제공하는 수입을 제외하면 직업은 내 삶의 방식에 거의 영향을 끼치지 않는다.

⇨ F: 사람들의 직업은 그들이 어디에 있든, 그들이 어울리는 사람들, 사회 속에서의 그들의 지위, 문화적 가치, 결혼관, 자아상 등에 영향을 줄 수 있다.

T F 3. 보통 한국인은 많은 시간을 일하는 데 보내거나 다른 어떤 활동보다 직업과 관련된 활동에 많은 시간을 보낸다.

⇨ T: 보통 한국인은 일 혹은 일과 관련된 활동들에 많은 시간을 보낸다. 가족들과 함께 보내는 시간이나 휴식보다 일에 더 많은 시간을 보내는 것이 전형적이다. 따라서 질문 2와 3을 동시에 고려한다면, 여러분은 직업적 삶을 계획해야 한다는 것을 알 수 있을 것이다.

T F 4. 나의 능력 면에서 나에게 '적절한 직업'은 단지 하나뿐이다.

⇨ F: 여러분의 능력은 몇 가지 직업에 적합할 수 있다. 게다가 여러분의 흥미는 여러분이 사는 동안 바뀔 수 있으며, 따라서 직업활동은 다른 흥미를 초래할 수도 있다.

T F 5. 대부분의 사람들은 성인이 되어 평생 동안 같은 직업을 유지한다.

⇨ F: 보통 사람은 일생 동안 직업을 몇 번 바꾼다. 종종 직업의 변화는 새로운 기능의 습득이나 부가적인 훈련에 대한 필요를 요구한다. 이전의 계획은 그러한 변화들을 촉진할 것이다. 사람들은 직업을 바꿀 수 있고, 다른 회사에서 기본적으로 전 직장에서와 같은 기능을 수행할 수도 있다.

T F 6. 만약 나 자신이 그것을 하기로 결정했다면 다른 어떤 직업에서보다 잘할 수 있는 능력을 가지고 있다.

⇨ F: 많은 직업들은 특수한 기능들의 숙달을 요구한다. 성공적인 직업인을 제외하고, 많은 사람들은 특수한 많은 기능들을 모두 다 습득할 수 없다. 그러므로 여러분이 가지고 있는 잠재능력을 개발할 수 있도록 충분한 재능과 기술을 배우는 것이 중요하다.

T F 7. 대부분의 사람들이 직업을 그만두거나 그만두도록 요구받는 기본적 이유는 성공에 필요한 기능들이 부족하기 때문이다.

⇨ F: 오늘날 자신의 직업을 그만두는 사람들의 70% 이상은 그들의 기능이 부족하기 때문이 아니라 타인들이나 관리자와의 개인적 관계 때문에 직장에서 나오거나 직업을 바꾼다.

T F 8. 하나의 직업에 입문하는 것은 당신이 그것을 좋아하는지 알 수 있는 유일한 방법이다.

⇨ F: 여러분이 특정한 직업을 좋아하는지 결정하는 방법들은 많이 있다. 예를 들면, 독서, 그 분야의 사람과 이야기 나누기, 실제적인 경험 등이 있다.

T F 9. 오늘날 모든 직업의 2/3 이상이 4년제 대학학위를 요구하지는 않는다.

⇨ T: 신입사원 채용 시 학력과 나이 제한을 폐지하는 분위기가 확산되고 있다. 행정안전부에서는 공무원 채용 시 학력 기재란을 없애기로 하여 다양한 인력을 채용할 수 있는 기회를 마련하고 있다. 이러한 정보는 학생들에게 최소한의 교육과 직업입문 수준 훈련에 관해 배울 필요성을 나타내고 있다.

T F 10. 인턴사원들은 실습과정 동안 보수를 받는다.

⇨ T: 인턴사원은 비정규 직원으로 회사마다 차이가 있지만 상여금을 제외한 기본급을 지급받는다. 인턴사원제도는 정규교육 과정에서 받은 교육보다 여러분에게 보다 구체적이고 실무적인 경험을 제공하는 교육의 형태다.

T F 11. 한때 남성들에게만 한정되었던 직장에서 현재 여성들도 일을 하고 있다.

⇨ T: 차별적인 고용의 종결은 인간 차원의 보다 효율적인 이용을 가능하게 할 뿐만 아니라 보다 다양한 측면에서 자신의 관심을 추구할

수 있도록 한다.

T F 12. 오늘날 일반 고등학교 졸업생의 70% 이상이 대학에 진학한다.

⇨ T: 현재 한국의 대학 진학률은 81%가 넘어 세계 최고 수준이다. 그러나 산업 현장에서는 인재의 부족이 언급되고 있어 구조개혁이 요구된다.

T F 13. 노동부 고용안정정보망(www.work.go.kr)은 취직과 직업훈련 프로그램에 관한 정보를 제공한다.

⇨ T: 언급된 항목들뿐만 아니라 직업심리검사, 직업상담, 직업지도 프로그램 등의 도움을 제공한다.

14. 직업계획을 착수하는 최상의 방법은 어느 것인가?

a. 직업시장에서 유용한 것이 무엇인지 찾아보기
b. 무엇을 해야 하는지 알기 위해 심리검사 받기
c. 인생에서 가장 중요하다고 생각하는 것을 결심하기

⇨ c: 여러분의 장래 희망을 결정하는 것이 출발점이 되어야 하고, 언급된 다른 단계들은 이것에 대한 방향을 보다 현실적으로 도와줄 것이다.

15. 지금부터 5년간 노동시장은 어떻게 될 것인가?

a. 대부분의 직업들은 4년제 대학교 졸업 이상의 학력을 요구할 것이다.
b. 미숙련 기술자들을 위한 많은 직업들이 생길 것이다.
c. 기술적인 기능을 가진 사람들을 위한 더 많은 비율의 직업들이 생길 것이다.

⇨ c: 기술의 발전으로 인하여 직업에 대한 기능 관련 조건들은 해마다 강화되고 있다. 거의 모든 직업에서 수적인 성장이 있을 것이나, 각 직업별 소요 인원은 커다란 변화가 있을 것이며 가장 수요가 많은 직업군은 전문직과 기술직일 것이다.

16. 만약 여러분이 마음을 결정할 수 없을 만큼 많은 직업들에 관심을 가지고 있다면 여러분은 우선 ( ).

a. 가능한 한 많은 직업들을 알아보아야 한다.
b. 하나를 실행해 보고 좋으면 그것을 선택한다.
c. 각 직업의 좋은 점이 무엇인지에 관해 더 많이 알아보아야 한다.

⇨ c: 훌륭한 의사결정은 광범위한 지식에 기초하고, 그것을 얻을 수 있는 많은 방법들이 존재한다(직업사전과 직업소책자는 훌륭한 진로 정보원이다.).

17. 여러분은 두 대학에 입학이 허가되었다. A학과의 비용이 B학과의 비용보다 더 높다. 여러분이 선택을 망설인다면 처음으로 해야 할 것은 무엇인가?

a. 대학에서 얻고자 기대하는 것들을 목록화하고, 그에 따라 두 학교를 비교한다.

b. 학교를 방문한다.

c. 비용이 덜 들기 때문에 무조건 B학과를 선택한다.

⇨ a: 정확히 똑같은 두 개의 대학은 없고, 몇 가지는 다른 대학보다 여러분의 요구를 더 잘 만족시킬 수 있다. 교육과정, 학생조직의 구성, 능력, 교통 등에 대한 비교는 보다 만족스러운 결정에 대한 토대를 제공할 것이다.

참고자료 번호 : Ⅰ-A-6-②

진로발달의 단계

다음은 진로발달 단계에 대한 설명입니다. 활동에 참고하세요.

진로발달 과정은 출생부터 사망에 이르기까지 여러 단계에 걸쳐 진행된다. 인간의 신체적, 인지적, 정의적 특성이 나이와 더불어 발달하는 것처럼, 진로의식이나 진로결정 능력, 진로문제 해결능력 역시 발달한다. 다음은 Super가 제시한 진로발달 5단계다. 고등학생들은 현재 2단계에 있고, 사람들은 인생에서 직업을 바꾸고자 할 때 2단계로 돌아간다.

1. 성장기
   - 출생에서 14세까지에 해당
   - 가정과 학교에서의 중요 인물과 동일시함으로써 자기개념이 발달
   - 신체적, 정신적 성장
   - 고유한 인간으로서의 자아상 획득하기
   - 미래 계획을 세우는 것을 인식하기

2. 탐색기
   - 15～24세에 해당
   - 학교생활, 여가생활, 아르바이트 등을 통해 자아 탐색, 역할 수행, 직업적 탐색 시도
   - 선택이 제한적이나 완결되지 않은 시험적인 국면
   - 잠정기, 전환기 및 시행기의 세 단계로 나뉨
     - 잠정기(15～17세): 욕구, 흥미, 능력, 가치와 직업적인 기회 등을 고려하기 시작
     - 전환기(18～21세): 개인이 직업 세계나 교육, 훈련에 들어갈 때 필요한 과정을 거치고 자신의 자기개념을 실천하려고 함. 현실적 요인을 중요시함
     - 시행기(22～24세): 자신에게 적합해 보이는 직업을 선택해서 최초로 직업을 가지게 됨

3. 확립기

■ 25~44세에 해당

■ 자신에게 적합한 분야를 발견하고 생활의 터전을 안정시키려고 노력

■ 시행기와 안정기의 두 단계로 나뉨

- 시행기(25~30세): 자신이 선택한 일의 세계가 맞지 않을 경우 적합한 일을 발견할 때까지 한두 차례의 변화를 겪게 됨
- 안정기(31~44세): 진로 유형이 분명해짐에 따라 그것을 안정시키고 직업 세계에서 안정과 만족, 소속감, 지위 등을 갖게 됨

4. 유지기

■ 45~64세에 해당

■ 직업 세계에서 확고한 위치가 확립되고 그것을 유지하려고 노력

■ 안정된 삶을 살아감

5. 쇠퇴기

■ 65세부터 사망까지

■ 정신적, 육체적으로 그 기능이 쇠퇴함

■ 작업시간의 감소 혹은 일의 중지

■ 여가를 위해 더 많은 시간을 이용하기 위한 계획을 세움

진로발달의 단계

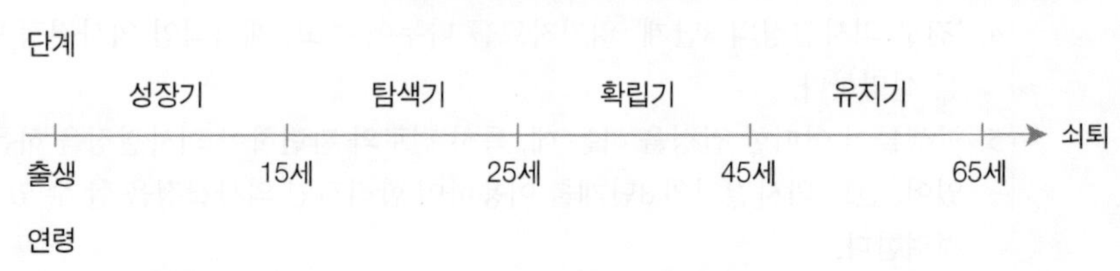

자료번호 : I-A-6
영역 : 진로발달

진로 의사결정

<table>
<tr><th>구분</th><th colspan="3">내 용</th></tr>
<tr><td>활동영역</td><td>진로 계획 및 탐색</td><td>활동범주</td><td>진로 계획 및 개발</td></tr>
<tr><td>활동목표</td><td colspan="3">나의 흥미와 능력을 알고 이러한 것들이 진로를 선택하는 데 어떤 도움을 줄 수 있는지 안다.</td></tr>
<tr><td>활동대상</td><td>고등학교 2~3학년</td><td>소요시간</td><td>60분씩, 5회기 중 2회기</td></tr>
<tr><td>준비물</td><td>교사: '진로 의사결정 유형－검사' 활동지, '진로 의사결정 유형－해설' 참고자료, '진로 의사결정의 8단계' 읽기자료</td><td>집단크기</td><td>학급 전체</td></tr>
<tr><td>활동소개</td><td colspan="3">의사결정은 효과적인 직업발달의 중요한 구성요소다. 이 과정으로 학생들은 효과적인 의사결정 모형을 배우게 될 것이며 자신의 삶 속에서 그 모형을 사용하는 방법에 대해 인식하게 될 것이다.</td></tr>
<tr><td>활동절차</td><td colspan="3">1. 학생들에게 어떻게 의사결정을 하는지 질문한다. 사전에 어떤 고려 없이 단순하게 의사결정을 하고 나면 그 결과가 좋지 않을 수 있다는 것을 설명한다.
2. '진로 의사결정 유형－검사' 활동지를 나누어 주어 자신의 의사결정 유형을 알아보도록 한다.
3. '진로 의사결정 유형－해설' 참고자료를 바탕으로 세 가지로 분류한 의사결정 유형에 대해 설명한다.
4. '진로 의사결정의 8단계' 읽기자료를 나누어 주고, 계획적인 의사결정 단계를 설명한다.
5. 학생들이 어떠한 결정을 하는 데, 특히 진로와 관련하여 의사결정을 하는 데 있어, 진로 의사결정의 8단계를 이용하여 합리적인 의사결정을 할 수 있도록 격려한다.</td></tr>
<tr><td>유의사항</td><td colspan="3">진로 의사결정 유형검사에서 학생들이 솔직하게 응답할 수 있도록 분위기를 조성한다.</td></tr>
</table>

진로 의사결정 유형–검사

활동지 번호 : Ⅰ-A-6

____학년 ____반 ____번

이름: ________________

다음은 Harren의 견해를 토대로 개발된 '의사결정 유형검사'로 개인이 어떤 방식으로 의사결정을 내리는지 알아보기 위한 검사입니다. 다음을 읽고 그 내용이 자신에게 해당하면 각 문항의 흰 칸에 ○표 해 봅시다.

번호	내 용	합리	직관	의존
1	나는 중요한 결정을 할 때 매우 체계적으로 한다.			
2	나는 중요한 결정을 할 때 누군가가 올바른 방향으로 이끌어 주었으면 한다.			
3	나는 나 자신의 즉각적인 판단에 따라 현재의 내 입장에 맞추어서 일을 결정한다.			
4	나는 대체로 미래보다는 현재의 내 입장에 맞추어서 일을 처리한다.			
5	나는 모든 정보를 수집할 수 없는 상태에서는 중요한 결정을 좀처럼 하지 않는다.			
6	나는 왜 그렇게 결정했는지 이유는 모르지만 곧잘 올바른 결정을 한다.			
7	나는 어떤 결정을 할 때 그것이 나중에 미칠 결과까지도 고려한다.			
8	나는 어떤 결정을 할 때 친구의 생각을 중요시한다.			
9	나는 남의 도움 없이는 중요한 결정을 하기가 정말 힘들다.			
10	나는 중요한 결정이라도 매우 빠르게 결정한다.			
11	나는 어떤 결정을 할 때 나 자신의 감정과 반응을 따른다.			
12	나는 내가 좋아서 결정하기보다는 남의 생각에 따라 결정하는 경우가 많다.			
13	나는 충분한 시간을 두고 생각한 후에 결정한다.			
14	나는 어떤 일을 점검해 보거나 사실을 알아보지도 않고 결정하는 경우가 많다.			

15	나는 친한 친구와 먼저 상의하지 않고는 어떤 일이든 좀처럼 결정하지 않는다.			
16	나는 결정하는 것이 어려워 그것을 연기하는 경우가 많다.			
17	나는 중요한 결정을 해야 할 때 우선 충분한 시간을 갖고 계획을 세우며 실천할 일을 골똘히 생각한다.			
18	나는 결정에 앞서 모든 정보가 확실한지 아닌지를 재검토한다.			
19	나는 진지하게 생각해서 결정하지 않는다. 즉, 마음속에 있던 생각이 갑자기 떠오르면 그에 따라 결정한다.			
20	나는 중요한 일을 할 때 미리 주의 깊은 세밀한 계획을 세운다.			
21	나는 다른 사람들의 많은 격려, 지지가 있어야만 어떤 일을 결정할 수 있을 것 같다.			
22	나는 어떤 일을 결정한 후에 대개 그 결정이 내 마음에 들지 안 들지 상상해 본다.			
23	나는 평판이 좋을 것 같지 않은 결정은 해 봤자 별 의미가 없다고 생각한다.			
24	나는 내가 내리는 결정에 굳이 합리적인 이유를 따질 필요가 없다고 생각한다.			
25	나는 참으로 올바른 결정을 하고 싶기 때문에 성급하게 결정을 내리지 않는다.			
26	나는 어떤 결정이 감정적으로 만족스러우면 그 결정을 옳은 것으로 여긴다.			
27	나는 훌륭한 결정을 내릴 자신이 없어서 대개 다른 사람들의 의견에 따른다.			
28	나는 내가 내린 결정 하나가 최종 목표를 향해 발전해 나가는 단계라고 곧잘 생각한다.			
29	나는 친구가 나의 결정을 지지해 주지 않으면 나의 결정에 그다지 자신을 갖지 못한다.			
30	나는 결정을 하기 전에 그 결정이 가져올 결과를 가능한 한 많이 알고 있다.			
	합계(나의 의사결정 유형은?)			

진로 의사결정 유형－해설

'진로 의사결정 유형－검사' 활동 시 참고하세요.

의사결정 유형은 개인이 의사결정 과제를 지각하고 그에 반응하는 특징적인 방식을 말한다.

검사 문항들 중 1, 5, 7, 13, 17, 18, 20, 25, 28, 30번 문항은 합리적 유형, 3, 4, 6, 10, 11, 14, 19, 22, 24, 26번 문항은 직관적 유형, 2, 8, 9, 12, 15, 16, 21, 23, 27, 29번 문항은 의존적 유형을 측정한다. 유형별 문항에서 '그렇다'에 응답한 수가 많을수록 그 유형의 경향이 높은 것이다.

1. 합리적 의사결정(rational style)

의사결정 과업에 대해서 논리적이고 체계적으로 접근하는 것을 의미한다. 또한 결정에 대한 책임을 수용하며, 이후의 결정들을 위해서 이전 결정들의 결과를 평가할 수 있는 능력을 소유하고 있고, 미래에 대한 의사결정의 필요성을 예견하고 자신 및 기대되는 상황에 대한 정보를 수집하는 등의 준비를 한다. 따라서 의사결정이 매우 신중하고 논리적으로 행해지는 것이 특징이다.

2. 직관적 의사결정(intuitive style)

의사결정에 있어서 개인 내적인 감정적 상태에 의존하는 유형이다. 결정에 대한 책임은 수용하지만 미래에 대해서 예견을 거의 하지 않고 정보 수집을 위한 활동도 별로 없으며, 사실에 대해서 논리적인 비중을 거의 두지 않는다. 오히려 환상을 활용하고 현재의 느낌에 주의를 기울이는 것으로 특징지어진다. 이 유형을 주로 택하는 사람들은 결정과정에 대한 단계의 선택과 수용이 비교적 빨리 이루어지며, 종종 어떻게 결정에 도달하였는가를 명백하게 진술하지 못하는 경향이 있다.

3. 의존적 의사결정(dependent style)

결정에 대한 자신의 책임을 거부하며, 그 책임을 자신 이외의 가족이나 친구 그리고 동료 등에게 전가하는 특징이 있다. 이와 같은 유형을 활용하는 사람들은 타인들의 기대에 크게 영향을 받고 수동적, 복종적이며, 사회적인 승인에 대한 욕구가 높고 환경을 제한된 선택을 제공하는 것으로 지각한다.

읽기자료 번호 : I-A-6

진로 의사결정의 8단계

Gelatt의 진로 의사결정 이론에 근거한 진로 의사결정의 8단계를 설명한 것입니다. 활동에 참고하세요.

진로 의사결정은 개인이 선택 가능한 여러 직업 중에서 자신의 투자가 최대로 보상받을 수 있는 직업을 선택하는 과정을 말한다. 여기서 보상이란 지위나 명예, 일하는 보람, 봉사, 욕구 충족 등을 의미한다. 의사결정이론에서는 개인의 가치 탐색, 적절한 정보와 지식, 전략을 효과적으로 사용해야 한다고 강조하고, 결정을 결과만으로 평가하는 것이 아니라 결정을 내리는 과정을 중요시한다.

1. 1단계: 해야 할 의사결정 명료화하기

진로 의사결정은 대학 전공 선택의 필요성, 직업 선택을 위한 친구와 가족들의 압력, 불만족과 불안감 등 다양한 감정들에서 헤어나지 못할 수도 있다는 것을 인식하는 데서 출발해야 한다. 의사결정 문제를 명료화하고 어떤 수준에서 진로 결정을 할 것인지 그 목적을 설정해야 한다.

- 현재 의사결정을 해야 할 문제는 무엇인가?
- 의사결정 문제가 생긴 개인적, 환경적 상황은 구체적으로 무엇인가?
- 현재 의사결정을 해야 하는 이유나 목적은 무엇인가?

2. 2단계: 관계된 정보 수집하기

대부분의 의사결정은 적절한 정보 수집이 필요하다. 이 단계에서 실제적인 요령은 어떤 정보가 필요한지, 정보를 얻기 위한 최선의 출처는 어디인지, 어떻게 얻을 수 있는지 아는 것이다. 어떤 정보는 자기 분석을 통해 스스로의 힘으로 찾아야 하는 것도 있으며, 다른 정보는 책, 사람들, 다양한 원천으로부터 자신 내부에서 찾아야 하는 것도 있다. 그러므로 이 단계는 내부와 외부가 유기적으로 작용해야 한다.

- 심리검사: 자신을 이해하기 위하여 적성, 흥미, 가치, 성격 검사를 함
- 직업 탐색: 과거 경험과 검사 결과를 종합하여 자신에게 의미 있는 직업들을 열거
- 현실 점검: 나의 현실적인 환경을 점검(예: 집안의 경제적 형편, 부모님의 기대, 가업의 대물림 등)

3. 3단계: 대안 명료화하기

정보수집 과정을 통해 의사결정을 위한 두 가지 혹은 그 이상의 가능한 대안들을 확인할 수 있을 것이다. 또한 새로운 대안을 세우기 위해 상상력과 정보를 이용하여 가능하고 바람직한 대안들의 목록을 만들 수 있다.

4. 4단계: 각 대안에 대한 결과 예측하기

이 단계에서는 궁극적으로 수행해야 할 각각의 대안들을 어떻게 실행할 것이며 그 결과가 어떠할지 예측해 보아야 한다. 각각의 대안 적용을 통해 1단계에서 규명된 문제나 필요성에 도움이 될 것인지 혹은 해결될 것인지 반드시 평가해 보아야 한다. 이러한 어려운 내적 과정을 통해 문제 해결이나 목적 달성을 위한 더 높은 가능성을 가지는 것으로 보이는 어떤 유리한 대안을 시작할 수 있을 것이다. 하나의 가치 있는 체계에 근거하여 우선순위에 따라 이용할 수 있는 대안들을 확인할 수 있다.

5. 5단계: 각 대안의 실현 가능성 예측하기

각 대안들의 장단점을 분석하고 그 실현 가능성을 예측해 본 후, 최선의 몇몇 대안을 선택해 본다. 필요한 학력, 자격 조건, 근무지역, 수입, 장래성, 취업 가능성, 자신의 생활양식 허용 정도, 승진 기회 등 현실성을 고려한 질문들을 해 본다. 5단계에서 이루어지는 선택은 4단계에서의 목록에서 가장 상위에 있는 대안과 같거나 비슷할 수 있다.

6. 6단계: 가치 평가하기

자신의 가치관이나 인생목표와 관련하여 선택된 대안들의 가치를 평가하여 진로별로 비교 평가해 본다.

7. 7단계: 의사결정하기

행동계획을 선택한 후에 진로 의사결정을 내린다.

8. 8단계: 평가 및 재투입하기

결정의 결과를 경험하고 1단계에서 규명된 문제 해결에 도움이 되었는지 혹은 해결했는지를 평가한다. 해결되었다면 이 결정을 어느 기간까지는 계속 사용할 수 있을 것이다. 반면 해결하지 못했다면 새로운 의사결정을 하기 위해 위의 특정 단계를 반복해야 할 것이다. 예를 들어, 좀 더 자세하거나 약간 다른 정보를 수집하거나 여러분의 결정에 토대가 되는 부가적인 대안들을 발견해야 한다.

자료번호 : Ⅰ-A-6
영역 : 진로발달

직업적 자기개념과 성격유형 탐색

<table>
<tr><th>구분</th><th colspan="3">내용</th></tr>
<tr><td>활동영역</td><td>진로 계획 및 탐색</td><td>활동범주</td><td>진로 계획 및 개발</td></tr>
<tr><td>활동목표</td><td colspan="3">나의 흥미와 능력을 알고 이러한 것들이 진로를 선택하는 데 어떤 도움을 줄 수 있는지 안다.</td></tr>
<tr><td>활동대상</td><td>고등학교 2~3학년</td><td>소요시간</td><td>60분씩, 5회기 중 3회기</td></tr>
<tr><td>준비물</td><td>교사: '자기개념' 활동지, 'Holland의 여섯 가지 성격유형과 특징' 참고자료</td><td>집단크기</td><td>학급 전체</td></tr>
<tr><td>활동소개</td><td colspan="3">이 활동을 통해 학생들은 자기개념의 중요성을 인식하고, 이와 더불어 자신의 성격유형에 맞는 직업 분야를 찾을 수 있을 것이다.</td></tr>
<tr><td>활동절차</td><td colspan="3">1. 각 회기마다 개인 특성을 부분적으로 조사하게 되고, 자신의 개성, 능력, 흥미와 관련된 정보를 알게 될 것임을 학생들에게 설명한다. 수집한 정보는 다음번 활동들에 활용될 것이다.
2. '자기개념'의 의미를 학생들에게 질문하고 반응들을 유도한다. 자기개념이 직업 선택에 있어 중요한 요소임을 설명한다.
3. 학생들의 경험으로부터 자기개념의 세 가지 구성요소(내가 보는 나, 남들이 보는 나, 내가 이상적으로 생각하는 나)의 예들을 이끌어 낸다.
4. '자기개념' 활동지를 나누어 주고 완성하게 한다.
5. '자기개념' 활동지의 내용을 바탕으로 학생들은 각자가 생각하는 자신의 모습과 그 모습들의 공통점과 차이점들을 이야기 나누어 본다.
6. '진로탐색검사'를 하였을 때(활동지 번호: Ⅰ-A-1-①) 자신이 어떤 성격유형에 속했었는지 질문하고, 표준화된 검사를 통해 자기 자신의 특성을 살펴볼 수 있음을 설명한다.
7. 'Holland의 여섯 가지 성격유형과 특징' 참고자료를 바탕으로 여섯 가지 성격유형에 대해 함께 이야기 나눈다.
8. 직업적 자기개념과 자신의 성격유형이 일치하지 않는 학생들은 직업적 자기개념을 더 깊이 탐색해 볼 수 있도록 지도하며, 일치하는 학생들은 구체적인 직업에 대해 탐색해 볼 수 있도록 유도한다.</td></tr>
<tr><td>유의사항</td><td colspan="3">학생들에게 자기개념의 의미를 먼저 간략하게 설명해 주어야 한다. 학생들이 Holland 성격유형의 이름과 코드를 기억하도록 한다.</td></tr>
</table>

자기개념

직업과 관련된 자기개념을 생각해 봅시다.

'자기개념'이란 자신의 모든 경험, 생각과 신념에서 생기는 자기 자신에 대한 어떤 가시적인 모습을 말한다. 이는 크게 실재적 자아, 이상적 자아로 나누어진다. 실재적 자아는 자신이나 타인이 생각하는 실재적인 모습을 말하며, 이상적 자아는 이런 모습이 되고 싶다는 열망이나 신념에 대한 개인의 견해다.

1. 나의 특징

내가 바라는 나의 모습 (이상적 자아)	내가 보는 나의 모습 (실재적 자아)	남들이 보는 나의 모습 (타인이 보는 자아)

2. 위의 세 가지 모습에서 공통적인 특성과 서로 다른 특성을 찾아봅시다.

공통적인 특성	서로 다른 특성

참고자료 번호 : I-A-6

Holland의 여섯 가지 성격유형과 특징

Holland 성격유형에 대한 설명입니다. 활동 시 참고하세요.

Holland는 개인의 직업적 성격은 동료, 생물학적 유전, 부모, 사회계층, 문화, 물리적 환경 등 다양한 문화적, 개인적 압력들 간의 독특한 상호작용의 결과로 나타나는 것이라 하였다. 사람들은 자기 성격과 유사한 직업 성격을 가진 직업 분야에 종사하려는 성향이 강하기 때문에 자신의 소질과 흥미, 환경 여건 등을 고려하여 직업을 선택하게 된다는 것이다. Holland의 직업성격이론은 RIASEC(Realistic, Investigative, Artistic Social, Enterprising, Conventional)이라는 6각형 모형을 통해 성공적인 진로 결정을 위한 효과적이고 체계적인 방법을 제시하고 있다. Holland 성격유형을 제시하면 다음과 같다. 각 개인은 한 영역의 흥미만 가지는 것이 아니라 여러 부분의 흥미 영역을 가질 수 있다. 그중 특별하게 높은 흥미 영역을 자신의 특성으로 한다. 각 유형은 각기 다른 상관도를 가진다.

1. 실재형(realistic: R)

도구, 물건, 기계 혹은 동물을 다루는 일을 좋아한다. 수작업, 기계, 농업, 전기에 관한 기술을 개발한다. 물건을 조립하거나 고치는 것과 관련된 직업을 선호한다. 실재적이고 사무적인 성향이 있다.

2. 탐구형(investigative: I)

생물과 물리학에 관련된 활동을 좋아한다. 수학과 과학에서 능력을 개발한다. 과학과 의학 분야에 관련된 직업을 선호한다. 호기심이 많고 학구적이며 독립적인 성향이 있다.

3. 예술형(artistic: A)

정해져 있는 일과에서 벗어나 창조적인 활동에 쓸 수 있는 시간이 많기를 원한다. 언어, 미술, 음악, 드라마, 글쓰기와 관련된 재능을 개발한다. 창조적인 재능을 사용할 수 있는 직업을 선호한다. 창조적이며 재능이 많고 자유분방한 성향이 있다.

4. 사회형(social: S)

다른 사람을 돕는 것을 좋아한다. 사람들과 함께 일하는 능력을 개발한다. 봉사적이고 친절한 성향이 있다.

5. 설득형(enterprising: E)

다른 사람을 이끌거나 영향을 주는 것이 가능한 활동을 좋아한다. 사람들과 관련된 리더십이나 설득력, 다른 중요한 능력을 개발한다. 판매, 경영 및 관리 직업을 선호한다. 야망이 있으며 사교성이 풍부하고 정력적이며 자신감이 넘치는 성향을 보인다.

6. 관습형(conventional: C)

명확하고 질서 있는 방식하의 조직이나 그러한 정보를 다루는 활동을 좋아한다. 사무실의 산수적인 기능을 개발한다. 기록을 준비하고 서류를 작성하거나 문서를 타이핑하고 컴퓨터를 작동하는 것과 관련된 직업을 선호한다. 책임감이 있으며 신뢰할 만하다.

직업적 성격의 관계 모형

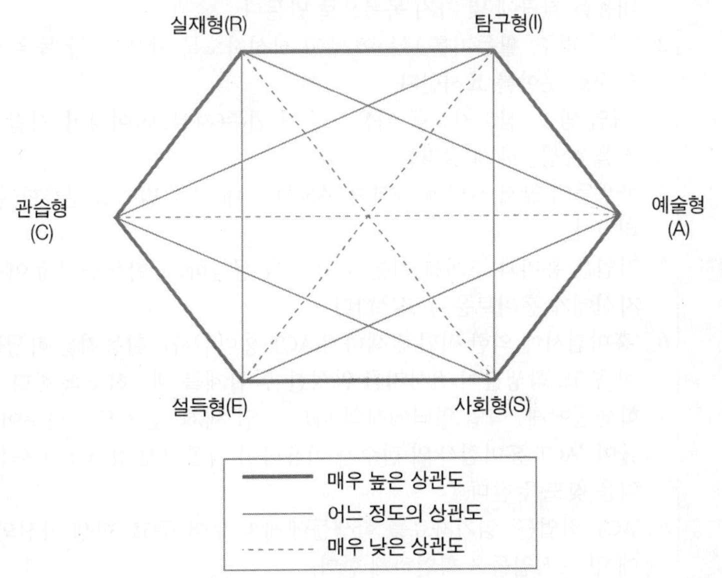

※ 이 활동에 앞서 '진로탐색검사'(활동지 번호: I-A-1-①)를 통해 자신의 적성 유형을 사전에 검사하는 것이 필요하다.

자료번호 : Ⅰ-A-6
영역 : 진로발달

진로 진단 Ⅰ

구분	내용		
활동영역	진로 계획 및 탐색	활동범주	진로 계획 및 개발
활동목표	나의 흥미와 능력을 알고 이러한 것들이 진로를 선택하는 데 어떤 도움을 줄 수 있는지 안다.		
활동대상	고등학교 2~3학년	소요시간	60분씩, 5회기 중 4회기
준비물	교사: '직업 범주' '흥미검사에 의한 직업 탐색하기(ACT 흥미검사)' '직업 영역에서 나의 직업 세계' 활동지, '직업 범주' 참고자료, 'ACT 직업군' 읽기자료	집단크기	학급 전체
활동소개	학생들은 자신의 흥미와 직업을 관련지어 봄으로써 자신의 직업 영역을 탐색할 수 있다.		
활동절차	1. 학생들에게 자신이 알고 있는 직업이나 부모님이 하시는 일을 질문하여 그 내용을 칠판에 몇 가지 목록으로 만든다. 2. '직업 범주' 활동지를 나누어 주고 작성하도록 한다. 가장 높은 점수부터 차례대로 분야를 표시한다. 3. '직업 범주' 참고자료를 이용하여 각 범주(자료, 아이디어, 사람, 사물)의 특징을 학생들에게 설명한다. 4. 학생들이 앞서 칠판에 나열한 목록들을 네 가지 범주로 분류할 수 있도록 격려한다. 5. 직업은 흥미와 조화를 이룰 수 있음을 설명하고, 학생들에게 어떤 직업들이 자신에게 흥미로운지 질문한다. 6. '흥미검사에 의한 직업 탐색하기(ACT 흥미검사)' 활동지를 학생들에게 나누어 주고, 학생들이 검사지를 완성한 후 합계를 계산하도록 한다. 7. 학생들에게 '직업 영역에서의 나의 직업 세계' 활동지를 나누어 주고, 학생들이 'ACT 흥미검사'의 점수를 이용하여 직업세계 영역에서 자신의 직업 영역을 찾도록 한다. 8. 'ACT 직업군' 읽기자료를 학생들에게 나누어 주고, 학생 자신의 해당 영역에 있는 직업들을 확인하게 한다.		
유의사항	ACT 흥미검사에서 학생들이 검사에 진지한 자세로 임할 수 있도록 지도하고, 점수 계산에 혼란이 없도록 안내한다.		

직업 범주

_____학년 _____반 _____번
이름: ____________________

다음 문장을 읽고 자신에게 해당하는 점수를 빈칸에 표시하고, 점수 합계란에 그 영역에서의 점수의 합을 적으시오(2: 매우 잘할 경우, 1: 잘할 경우, 0: 잘하지 못하는 경우).

사람과 관련된 기술

____ 다른 사람의 감정이나 생각을 이해하기
____ 다른 사람을 도와주거나 보살피기, 다른 사람을 행복하게 하기
____ 다른 사람과 만나서 이야기 나누기, 다른 사람과 잘 지내기
____ 다른 사람들로 하여금 당신의 방식을 따르게 하기
____ 상품, 서비스, 아이디어 등을 판매하기
____ 계획에 따라 사람들이 함께 일하도록 하기
____ 다른 사람들로 하여금 어떤 일을 이해하거나 행할 수 있도록 가르칠 수 있음
____ 다른 사람의 일을 감독할 수 있음

점수 합계 _______

자료와 관련된 기술

____ (기획안을 계획하고 완성하는 데 있어) 체계적인 방식으로 일하기
____ 어떤 일을 함에 있어서 사실, 특성, 과정에 주의를 기울이기
____ 정확하게 기록하기(비용, 주소, 생일 등)
____ 계산을 빠르고 정확하게 하기
____ 사진이나 영수증 등을 분류하여 보관하고 찾아내기
____ 작은 거래, 프로젝트, 가족 여행과 같은 일을 성공적으로 시행하기
____ 세금신고서 혹은 보험청구서와 같은 문서를 정확하게 작성하기
____ 많은 자료나 정보를 타이핑하고 정리 · 보관하고 조직하기
____ 많은 자료를 설명해 주는 간략하고 명확한 차트, 그래프 등을 작성하기

점수 합계 _______

사물과 관련된 기술

____ 연장, 전기제품, 기계, 나무, 가죽 등을 가지고 작업하기
____ 장난감, 귀금속, 가구, 전기제품, 자동차 등을 고치기
____ 식물이나 동물 기르기
____ 기계, 도구, 전기제품 등이 어떻게 작동하는지 알아내기
____ 어떤 것을 만들거나 처리하기 위한 좋은 방법을 찾아내기
____ 기계나 자동차를 쉽게 작동하기
____ 어떤 물건이나 기계를 조립하기 위한 설명서 이해하기
____ 야외생활이나 과학, 기계와 관련된 잡지 읽기

점수 합계 ______

아이디어와 관련된 기술

____ 수학 퍼즐, 논리적 문제 해결하기, 낱말 게임 하기 등
____ 과학 법칙, 수학적 해법, 사회적 문제 이해하기
____ 시, 그림, 이야기 등의 의미 이해하기
____ 회화, 음악, 글 등을 통해 감정, 생각을 표현하기
____ 개인이나 집단이 왜 그런 행동을 하는지 이해하기
____ 수학과 과학 과목 공부하기
____ 음악, 미술, 무용, 창의적 글짓기, 연극 등
____ 타인의 생각을 종합하여 새로운 영역에 적용하기
____ 글쓰기

점수 합계 ______

※ 점수의 합계가 가장 높은 영역이 자신의 흥미와 가장 부합하는 직업 범주입니다.

흥미검사에 의한 직업 탐색하기(ACT 흥미검사)

활동지 번호 : I-A-6-②

_____학년 _____반 _____번
이름: ____________________

이 활동으로 자신의 흥미를 알아보고 그와 관련된 특정 직업을 연결시킬 수 있을 것입니다.

흥미는 어떤 활동에 대한 선호도다. 예를 들어, 사람들과 함께 일하거나 가계부를 기록하는 것은 꺼리지만, 간단하게 차를 수리하는 것은 좋아할 수 있다. 이러한 선호는 여러분의 의미 있는 직업 분야와 밀접한 관련이 있다. 이 검사는 미국 ACT(American College Testing Program) 연구소에서 개발한 UNIACT인데, 직업적 흥미를 측정하기 위해 개발된 도구로서 수년간의 연구와 노력에 의해 이루어졌다. 흥미 목록을 작성한 후에 여러분의 흥미와 관련된 직업을 확인할 수 있을 것이다.

⇨ 다음의 많은 활동 목록은 여러분이 잘할 수 있는 능력과는 관계없이 각 활동을 좋아하는지의 여부를 표시하는 것이다. 아래의 해당하는 항목에 ○표 하시오.

> D: 나는 이 활동을 싫어한다.
> ?: 나는 이 활동에 별로 관심이 없으며 어느 쪽이건 신경 쓰지 않는다.
> L: 나는 이 활동을 좋아한다.

활동			
친구 간의 분쟁을 해결하는 것 돕기	D	?	L
그룹 혹은 동아리의 리더 되기	D	?	L
고등학생 가르치기	D	?	L
새로운 판매 촉진활동 관리하기	D	?	L
사람들에게 법률과 시민의 권리 설명하기	D	?	L
상담자 되기	D	?	L
가난한 사람들에게 법률적 조언하기	D	?	L
정당을 위한 선거운동	D	?	L
친구들의 문제 도와주기	D	?	L

소규모 집단의 토론에 참여하기 .... D ? L
고등학교 교육과정 가르치기 .... D ? L
사람들을 위한 일 계획하기 .... D ? L
약물을 사용하는 사람들 상담하기 .... D ? L
2년제 대학에서 사회과목 가르치기 .... D ? L
브로드웨이 연극에 대한 비평 쓰기 .... D ? L

L에 표시한 수 ________

Line 1

동물에 대한 비타민 효과 연구하기 .... D ? L
새로운 과학적 발견에 관한 책 혹은 잡지 읽기 .... D ? L
만화 그리기 .... D ? L
화학 공부하기 .... D ? L
과학 실험실에서 일하기 .... D ? L
잡지 기사에 삽화를 넣기 위해 드로잉 연습하기 .... D ? L
식물의 병 연구하기 .... D ? L
시험관으로 화학약품 측정하기 .... D ? L
그림을 스케치하고 그리기 .... D ? L
현미경이나 다른 실험기구 사용하기 .... D ? L
뇌의 기능 배우기 .... D ? L
단편소설 쓰기 .... D ? L
전자현미경 사용하는 방법 배우기 .... D ? L
생물학 연구 .... D ? L
예술가로서 자신의 작업 하기 .... D ? L

L에 표시한 수 ________

Line 2

제품 팔기 .... D ? L
상점에서 재고품 목록 작성하기 .... D ? L
수표장 결산하기 .... D ? L
직업에 맞는 사람 고용하기 .... D ? L
카탈로그를 보고 선적비용 계산하기 .... D ? L

수입 세금신고서 작성하기 .... D ? L
전화로 거래하기 .... D ? L
대출금의 이자 계산하기 .... D ? L
지출계산서 작성하기 .... D ? L
호텔 혹은 모텔 경영하기 .... D ? L
임금 지불 회계전표 쓰기 .... D ? L
회계 계정의 오류 찾아내기 .... D ? L
사업상 여행하기 .... D ? L
회계의 체계 세우기 .... D ? L
분류하기, 셈하기, 물건 저장하기 .... D ? L

L에 표시한 수 ________

Line 3

가스 또는 전기 계량기 읽기 .... D ? L
차트나 그래프 만들기 .... D ? L
컴퓨터 사용하기 .... D ? L
액자, 트로피에 글자 새기기 .... D ? L
안경 렌즈 가공하기 .... D ? L
그림액자 만들기 .... D ? L
잔디 깍는 기계 돌리기 .... D ? L
버스 운전하기 .... D ? L
휴게소에서 주유하기 .... D ? L
식료품점에서 고기 포장하기 .... D ? L
신발 고치기 .... D ? L
가구 조립하기 .... D ? L
금속, 가죽으로 된 판자를 못으로 고정시키기 .... D ? L
기계장치 제도하기 .... D ? L
암석 형성의 기원 측정하기 .... D ? L

L에 표시한 수 ________

Line 4

〈흥미 점수 계산방법〉

1단계: 4개 영역에서 'L'에 표시한 개수를 세어 각 영역 하단에 있는 빈칸에 기록한다.

2단계: Line 3의 합계 점수에 15점을 더하여 그 합계를 아래에 적는다.

A: (Line 3의 점수)+15점 = ________
B: (Line 2의 점수) = ________
⇨ 첫 번째 점수 = A−B = ________

3단계: 두 번째 점수를 얻기 위해 Line 4와 Line 1의 점수를 위와 같은 방법으로 계산한다.

C: (Line 4의 점수)+15점 = ________
D: (Line 1의 점수) = ________
⇨ 두 번째 점수 = C−D = ________

4단계: 첫 번째 점수와 두 번째 점수를 '직업 영역에서 나의 직업 세계' 활동지의 해당 빈칸에 적고 그 지시문을 따른다.

직업 영역에서 나의 직업 세계

활동지 번호 : Ⅰ-A-6-③

____학년 ____반 ____번

이름: ____________

'ACT 흥미검사'에서 구한 점수를 이용하여 다음의 안내에 따르시오.

1. ________ 첫 번째 점수: 첫 번째 점수를 아래 그림의 왼쪽 부분(Y축)에서 찾아 표시하고 그 지점에서 그림을 가로지르는 선을 하나 그린다.
2. ________ 두 번째 점수: 두 번째 점수를 아래 그림의 위(X축)에서 찾아 표시하고 그것으로부터 아래로 선을 하나 그린다.
3. 두 선이 교차하는 지점을 표시한다. 직업 영역(world-of-work region)에 'I'라고 표시한다. (두 영역 사이에 있는 경계에 교차한다면 두 영역 모두 'I'라고 표시하라.) 만약 흥미가 '영역 ??'에 있다면 활동에 대한 응답이 명확한 경향을 보이지 않는 것이다.

직업 영역(world-of-work region)

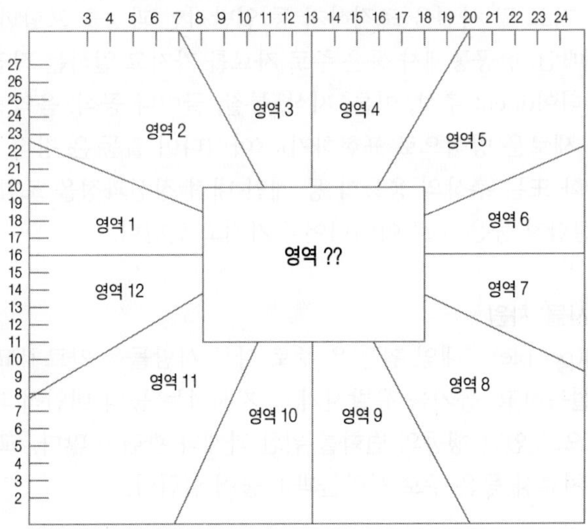

참고자료 번호 : I-A-6

직업 범주

다음은 여러 직업을 유사한 직업끼리 두 가지 차원의 4개 범주로 나눈 것입니다. 활동에 참고하세요.

Prediger(1976)는 미국 노동부 발간 『직업사전(*Dictionary of Occupational Titles*)』에 수록된 약 1,500여 종류의 직업 특성과 각 직업 종사자들이 하는 일의 기능을 분석한 결과, 비교적 상호 독립적인 두 가지 차원으로 직업 세계를 구별할 수 있음을 발견하였다. 즉, '자료'와 밀접한 관련이 있는 직업, 예컨대 회계 업무, 항공관제, 사무실 관리 등의 업무는 '아이디어'를 적게 요구하는 경향이 있는가 하면, 반대로 창작활동이나 사회심리학, 생물학 연구 등 '아이디어'가 많이 관여되는 직업은 '자료'와는 비교적 관련이 적다. 한편 '사람'과 밀접한 관련을 맺고 있는 일들은 '사물'과는 비교적 관련이 적고, 반대로 '사물'과 밀접한 관련이 있는 직업은 '사람'과는 관련이 적다.

1. '자료-아이디어' 차원
   1) 자료(data: 사실, 기록, 문서, 숫자, 사람들의 상품 소비나 봉사활동을 촉진하기 위한 체계적 절차): '자료 활동'은 기록하기, 확인하기, 전달하기, 물건을 나타내는 자료 및 사실을 조직하기 등 일반적인 과정을 포함한다. 경리사무원, 물품구매인, 항공통제사 등은 주로 자료를 가지고 일하는 직업이다.
   2) 아이디어(idea: 추상, 이론, 지식, 통찰, 글이나 공식, 음악 등을 이용하여 무언가를 새로운 방식으로 표현하기): '아이디어 활동'은 창작, 발견, 해석, 추상의 종합화 또는 추상의 응용화 등 개인 내적 정신과정을 포함한다. 과학자, 음악가, 철학자 등은 주로 아이디어를 가지고 일한다.

2. '사람-사물' 차원
   1) 사람(people): '대인 활동'은 주로 다른 사람들을 가르치고, 도와주고, 위로하고, 설득하고, 동기를 유발시키고, 지시하는 등의 대인적 과정을 포함하여, 일반적으로 인간 행동의 변화를 위한 과제와 관련이 많다. 교사, 판매원, 간호사, 언어치료사 등은 주로 사람들과 더불어 일한다.

2) 사물(things: 기계, 도구, 생물, 식품이나 목재 혹은 금속류 등의 재료): '사물을 다루는 활동'은 생산, 운송, 공급, 수리 등 인간과의 접촉이 많지 않은 과정을 포함한다. 벽돌공, 농부, 엔지니어 등은 주로 사물을 가지고 일을 한다.

※ 모든 직업에는 정도의 차이가 있을 뿐 어느 직업이나 자료, 아이디어, 사람, 사물이 모두 관여된다. 따라서 앞의 설명은 각 직업활동의 일차적 특징을 강조할 목적으로 예시했을 뿐이다.

읽기자료 번호 : Ⅰ-A-6

ACT 직업군

다음은 ACT 직업 영역입니다. '직업 영역에서 나의 직업 세계' 활동지와 함께 보세요.

미국 ACT 연구소에서 개발한 ACT 직업흥미검사는 6개 하위척도로 구성되어 있으며, 각 척도에 상응하는 직업군을 분류해 놓고 있다. 그 6개 직업군을 12개의 영역으로 더 구분한 다음, 각 영역에 1~6개의 직업족(job family)을 포함시켜 총 23개의 직업족을 배치시켰다. 6개의 직업군은 사회봉사, 대인사업, 사업운영, 산업기술, 과학탐구, 예술창작이고, 12개의 하위 영역은 다음과 같다.

1. **사회봉사(social service) 직업군**: 교육, 상담, 공익 봉사기관에서의 활동 등을 통하여 남을 도와주고 가르치고 봉사하기
   - 영역 12
     - T(일반 건강 관련 직종): 의사, 간호사, 성직자, 임상치료사 등
   - 영역 1
     - U(교육 관련 직종): 교사, 상담자, 스포츠 지도자 등
     - V(사회/정부 등 공익 봉사기관 관련 직종): 경찰관, 사회사업가, 심리학자 등

2. **대인사업(business contact) 직업군**: 마케팅과 세일즈, 사업 감독 및 경영 등의 활동을 통하여 다른 사람들을 설득하거나 영향을 미치고 동기를 유발시키고 지시하기
   - 영역 2
     - W(대인 및 고객 봉사 관련 직종): 바텐더, 비행기 승무원, 식당 종업원 등
     - A(마케팅과 세일즈 관련 직종): 홍보 관리자, 보험판매원, 여행안내원, 부동산 중개인 등
   - 영역 3
     - B(사업 경영/기획 관련 직종): 기업경영인, 호텔지배인, 부동산 관리자, 외무공무원 등
     - C(문서 기록 및 커뮤니케이션 관련 직종): 파일정리 사무원, 계량기 검침원, 비서 등

3. 사업운영(business operations) 직업군: 정확하고 일목요연한 목록, 기록, 거래명세서 등을 작성하고 유지하기, 사업활동을 수행하기 위한 체계적인 절차를 수립하고 추진하기

- 영역 4
  - D(재무담당 관련 직종): 은행원, 일반 회사원, 현금출납원, 세무회계원 등
  - E(보관 및 배달 관련 직종): 수송원, 창고 감독, 항공관제사 등
- 영역 5
  - F(사무기계/컴퓨터 운영 관련 직종): 컴퓨터 관리자, 전화교환원, 안전관리원, 타자원 등

4. 산업기술(technical) 직업군: 도구, 장비, 기계 또는 전기 시설들을 다루며 일하기, 설계, 건축, 기계 수리 등의 활동, 농작물 재배 또는 가축 사육

- 영역 6
  - G(자동차 운행 및 수리 관련 직종): 버스운전사, 정비사, 기관차 엔지니어, 비행조종사 등
  - H(건설 관련 직종): 건설현장 노동자, 중장비운전사, 벽돌공 등
  - I(농업 및 천연자원 관련 직종): 어부, 농부, 산림원 등
  - J(공예나 수공업 관련 직종): 구두수선공, 요리사, 푸줏간 종사원 등
  - K(가전제품/사업체 장비수리 관련 직종): 보일러공, 전자장비 수리공, 용접공 등
  - L(제조 및 처리 관련 직종): 도장전문가, 판금전문가, 수력 발전 운영자 등
- 영역 7
  - N(의료기술 관련 직종): 의료기술자, 광학기계상 등

5. 과학탐구(science) 직업군: 독서, 연구, 토론 등의 활동을 하면서 자연의 여러 현상을 과학적으로 이해하기 위하여 노력하고 탐구하기

- 영역 8
  - M(엔지니어링 및 관련 기술 직종): 컴퓨터프로그래머, 실험실 전담기사, 기상관측사 등
- 영역 9
  - O(자연과학 관련 직종): 생화학자, 지구물리학자, 지질학자, 수학자 등
- 영역 10
  - P(사회과학 관련 직종): 인류학자, 경제학자, 정치학자 등

6. 예술창작(art) 직업군: 음악, 미술, 디자인, 무용, 창작 등의 활동을 통하여 자기 자신을 표현하기, 음악이나 미술 등 예술작품을 감상하기

- 영역 10
  - Q(응용예술(시각) 관련 직종): 만화가, 인테리어 전문가, 사진사 등
  - R(창작/공연예술 관련 직종): 가수, 배우, 작가, 소설가, 무용가, 디자이너 등
- 영역 11
  - S(응용예술(문자 및 음성) 관련 직종): 광고 카피라이터, 칼럼니스트, 방송 리포터 등

진로 진단 II

자료번호 : I-A-6
영역 : 진로발달

구분	내용		
활동영역	진로 계획 및 탐색	활동범주	진로 계획 및 개발
활동목표	나의 흥미와 능력을 알고 이러한 것들이 진로를 선택하는 데 어떤 도움을 줄 수 있는지 안다.		
활동대상	고등학교 2~3학년	소요시간	60분씩, 5회기 중 5회기
준비물	교사: '직업 특성 탐색' 활동지, '직업 세계도' 읽기자료	집단크기	학급 전체
활동소개	학생들은 개인적 흥미를 직업지도에 표시해 봄으로써 자신의 흥미 영역에 해당하는 직업 분야를 알게 된다.		
활동절차	1. '직업 세계도'는 학생들의 개인적 직업 정보를 모두 통합하기 위한 하나의 체계임을 학생들에게 설명한다. 2. '직업 세계도'를 포스터 혹은 슬라이드를 이용해 설명한다. 3. 학생들에게 '직업 세계도' 읽기자료를 나누어 주고 자신의 직업 범주, Holland 성격유형에 각각 밑줄을 긋고, ACT 흥미 영역에 X표 하도록 지도한다. 4. 세 가지의 관심 영역(성격, 직업 범주, 흥미)이 일치하지 않는다면 더 명확한 특성을 보였던 것이 현재 자신의 직업 영역이라는 점을 설명한다. 5. 학생들이 자신의 위치를 확인하고, 이와 관련된 직업을 조사할 수 있는 직업전망서, 직업사전 등의 인쇄물들을 보여 준다. 6. '직업 특성 탐색' 활동지를 나누어 주고 완성함으로써 세 가지 혹은 그 이상의 직업을 찾아내도록 과제를 부여한다. 7. 5회기 활동인 진로 탐색 및 진단을 마무리하며, 학생들과 함께 느낌을 이야기해 본다.		
유의사항	학생들에게 개인은 성격유형이나 직업 범주, 흥미 영역 중 한 가지만 가지고 있는 것이 아니라 여러 가지(영역)를 동시에 지니고 있을 수 있음을 주의시킨다.		

활동지 번호 : I-A-6

직업 특성 탐색

_____학년 _____반 _____번

이름: ____________________

이 활동은 '진로 탐색 및 진단' 5회기 활동을 종합하는 것입니다. 그 목적은 여러분이 직업을 탐색할 수 있고, 진로의 만족과 관련된 인성, 기술, 흥미, 직업의 가치에 대한 지식을 통합할 수 있도록 도움을 주려는 것입니다. 다음을 완성해 봅시다.

1. Holland 검사에서의 나의 성격 유형

____

2. 내가 탐색하고자 하는 직업 영역

____

3. 이 영역을 포함한 직업 범주

____

4. 이 영역의 직업군 이름

____

5. 내가 탐색하고자 하는 직업의 이름

____

6. 이 직업은 이러한 점에서 나의 성격/흥미에 적합하다.

____

7. 이 직업은 기본적으로 이러한 기술이 필요하다.

____

8. 이 직업은 나에게 다음의 직업적 가치 영역에서 만족을 줄 것이다.

____

직업 세계도

다음 그림에서 육각형 모양 안쪽의 알파벳 글자(RIASEC)는 Holland가 분류한 여섯 가지 성격 유형을 나타낸 것이고, 원 안쪽의 알파벳 글자(A ~ W)는 ACT 직업 영역을 나타낸 것입니다. 이 지도는 유사한 특성과 기능을 갖는 직업들끼리 하나로 묶어 몇 개의 직업군을 만들고, '자료-아이디어' 차원과 '사람-사물' 차원과의 관련성에 따라 직업의 위치를 적절히 배열한 것입니다. 즉, 이는 보다 깊이 있는 탐색을 위해 직업들을 세분화한 것입니다.

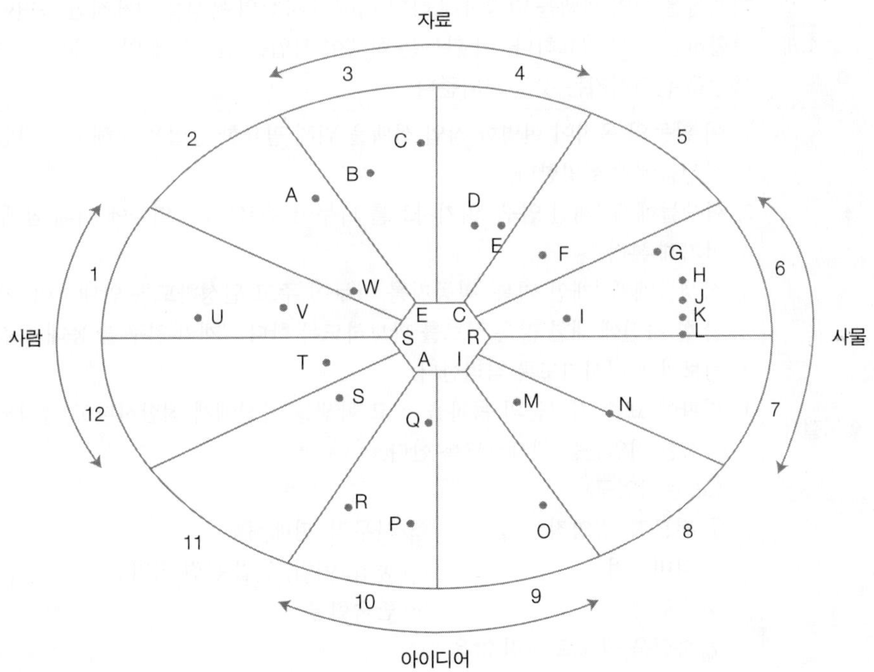

자료번호 : I-A-6
영역 : 진로발달

직업 선택

<table>
<tr><th>구분</th><th colspan="3">내용</th></tr>
<tr><td>활동영역</td><td>진로 계획 및 탐색</td><td>활동범주</td><td>진로 계획 및 개발</td></tr>
<tr><td>활동목표</td><td colspan="3">나의 흥미와 능력을 알고 이러한 것들이 진로를 선택하는 데 어떤 도움을 줄 수 있는지 안다.</td></tr>
<tr><td>활동대상</td><td>고등학교 2~3학년</td><td>소요시간</td><td>50분</td></tr>
<tr><td>준비물</td><td>교사: '개인 기록' 활동지, '개인 연구'
'직업 연구에 필수적인 항목' 읽기자료</td><td>집단크기</td><td>학급 전체</td></tr>
<tr><td>활동소개</td><td colspan="3">학생들은 직업 선택을 현명하게 하기 위해서 자신의 특성을 전체적인 측면에서 통합하는 것이 필요하다. 이 활동은 학생이 직업을 선택함에 있어 개인의 여러 특성을 관련시키는 것을 도와준다.</td></tr>
<tr><td>활동절차</td><td colspan="3">1. 이 활동의 목적이 현명한 직업 선택을 위해 필요한 방법을 이해하는 것임을 학생들에게 설명한다.
2. 학생들에게 '개인 연구' 읽기자료를 나누어 주고, 각 영역들에 대해 함께 이야기해 본다.
3. 학생들에게 '개인 기록' 활동지를 나누어 주고 완성하도록 안내하며, 가능한 한 자신에 대한 많은 정보를 확보하도록 한다. '개인 연구'를 통해 수집된 정보와 관련시키도록 격려한다.
4. 칠판에 표준 직업군의 목록을 쓰고 학생들 자신에게 적합하다고 생각되는 특정한 직업군을 생각하도록 한다.
〈표준 직업군〉
① 전문직, 경영직 ② 사무직, 판매직
③ 서비스업 ④ 농업, 어업, 임업 관련 직업
⑤ 숙련공 ⑥ 반숙련공
⑦ 숙련을 필요로 하지 않음
5. 학생들에게 '직업 연구에 필수적인 항목' 읽기자료를 나누어 주고, 함께 이야기할 수 있도록 지도한다.</td></tr>
<tr><td>유의사항</td><td colspan="3">자신이 가진 흥미와 능력에 대해 전혀 알지 못하며 직업과 관련시키는 방법을 모르는 학생들에게 주의를 기울인다. 이러한 학생들은 후에 개별적인 도움이 필요할 수 있다.</td></tr>
</table>

개인 기록

_____학년 _____반 _____번

이름: ____________________

다음의 빈칸에 이전 활동들을 정리하는 개인 기록을 작성하시오.

1. 진로 목표(자신이 하고 싶은 것)

2. 흥미

3. 신념과 가치

4. 자아상(자신이 생각하는 자기의 이미지)

5. 습관

6. 진로계획

7. 자신의 진로에 대한 가족의 의견

8. 자신의 진로에 대한 친구의 의견

9. 갈등(자신과 타인 사이)

10. 갈등(옳은 것과 그른 것 사이)

11. 아끼는 개인 소유물과 필요한 것 혹은 원하는 것

12. 근로의 경험(일의 종류, 급료를 받았는지 혹은 자원봉사자였는지)

13. 가장 좋아하는 과목과 싫어하는 과목

개인 연구

읽기자료 번호
: Ⅰ-A-6-①

다음은 개인의 특성을 여러 가지 측면으로 분류한 것입니다.

1. 신체적 특성
   1) 외모(옷, 몸치장, 태도, 자세 등)
   2) 목소리와 말할 때의 태도
   3) 일반적인 건강 상태와 활동력의 수준
   4) 신체적 핸디캡(만일 있다면)과 직업 간의 관계
   5) 나이, 키, 몸무게와 특정한 직업이 요구하는 조건 사이의 관계

2. 인성
   1) 동기와 목표
   2) 정서적 안정성과 성숙도 수준
   3) 사회성 발달 단계, 사람들과의 관계를 잘 유지하는 능력의 정도, 사교적인 태도, 타인과의 관계에서 주도적인지 혹은 의존적인지 등의 경향성

3. 지적 능력의 양식(일반적 및 특수적)
   1) 학습에 필요한 일반적 능력
   2) 언어 이해력(문어와 구어를 이해하는 능력)
   3) 언어 유창성(쉽게 쓰고 말할 수 있는 능력)
   4) 수리능력(양적 용어를 생각할 줄 알고 숫자를 능숙하게 다루는 능력)
   5) 공간 지각력(2·3차원에서 물체를 마음속으로 솜씨 있게 다루는 능력)
   6) 귀납적 추리능력(법칙이나 원리를 끌어내는 능력)
   7) 암기력

4. 직업 흥미의 양식
   1) 옥외 활동
   2) 기계적
   3) 컴퓨터에 관한 것
   4) 과학적
   5) 유창한 언변
   6) 예술적

7) 문학적 8) 음악적
9) 사회적 봉사 10) 사무적

5. 적성

1) 손으로 다루는 2) 기계적
3) 과학적 4) 예술적
5) 음악적 6) 기타

6. 학업성취와 학업이 아닌 성취

1) 학교 성적
2) 교과 외 활동에의 참여(예: 학교 클럽, 학생회, 운동 등)
3) 아르바이트 혹은 정규직에서의 성공
4) 다른 가족구성원과의 관계
5) 학교가 아닌 사교적 모임의 참여(예: 동호회, 종교적 모임 등)
6) 취미나 다른 특별한 관심의 추구

직업 연구에 필수적인 항목

다음의 질문은 직업 분석에서 고려해야 할 기본적인 항목입니다.

1. 이 직업에서 주로 하는 활동이나 업무는 무엇인가? 그리고 어떠한 책임을 가지는가?

2. 이 직업에서 특별히 필요한 능력은 무엇인가?

3. 이 직업을 가지기 위해 어떠한 사전교육이 필요한가? 기술학교 혹은 대학의 과정이 요구되는가? 특정한 훈련에 얼마나 많은 기간이 소요되는가? 훈련에 드는 비용은 얼마인가? 이러한 훈련을 보장하는 특정한 자격 부여 기관이 있는가?

4. 어떻게 이 직업을 가질 수 있는가? 시험은 없는가? 특정한 직업소개소나 정보센터가 있는가? 이러한 서비스에 드는 비용은 얼마인가?

5. 이 직업을 가지는 데 제한사항은 없는가? 있다면 그것은 무엇인가? 그 제한사항들은 학력, 나이, 자격조건, 물리적 요인 혹은 외모에 근거한 것인가?

6. 작업조건은 어떠한가? 정규직인가? 규정 외 노동시간은 어느 정도인가? 특별히 바쁜 기간이 있는가? 물리적 위험이나 정신적 압박감은 없는가? 보수 형태(성과급, 시간당 임금, 봉급)는 어떠한가? 임무는 어떠한가? 혼자서 일하는가?

7. 이 직업에서 고용의 일반적인 경향은 어떠한가? 직업 전망을 고려해 볼 때 성장하는 직업인가, 아니면 침체되는 직업인가? 고용인의 수요가 계절적으로 바뀌는가?

8. 평균소득은 얼마인가? 일반적으로 초봉은 얼마인가? 직업의 안정성은 어떠한가? 퇴직 후 연금은 있는가? 승진의 기회는 어떠한가? 승진은 어떻게 할 수 있는가? 관련된 직업에서 더 나은 지위로 나아갈 수 있는 직업인가?

9. 일반적으로 평생 직업은 어떻게 평가할 수 있는가? 이 직업은 사회적 발전과 복지를 위해 공헌할 수 있는가? 이 직업이 개인의 삶에 어떤 영향을 미치는가?

자료번호 : Ⅰ-A-7
영역 : 진로발달

직업 오리엔테이션

구분	내용		
활동영역	진로 계획 및 탐색	활동범주	진로 계획 및 개발
활동목표	내가 가진 특징과 장점을 알고 그것이 취업에 어떤 영향을 미치는지 안다.		
활동대상	고등학교 1학년	소요시간	100분
준비물	교사: '개인 소개(인물 개요)' '진로 의사결정: 응용' '직업 선택 연습' 활동지, '직업 오리엔테이션' 읽기자료	집단크기	소집단, 학급 전체
활동소개	학생들은 자원, 자기 자신, 학교, 지역공동체, 미래를 최상으로 만드는 데 필요한 구성요소의 일부분을 알 필요성이 있다.		
활동절차	[1차시] 1. 학생들에게 '직업 오리엔테이션' 읽기자료를 나누어 준다. 2. 학생들은 읽기자료를 읽고 각 문제에 대해 토론한다. 3. 한 학생이 대표로 칠판에 자신의 선택을 적는다. 각각의 진술에는 반드시 하나의 응답만 가능하다. 4. 학생들에게 각 문항에는 정답이 정해져 있는 것이 아니며 각자의 생각을 나누어 보는 활동이라는 점을 설명한다. 5. 학생들에게 '개인 소개(인물 개요)' 활동지를 나누어 주고, 다 작성한 후 소집단을 이루어 각자 자신에 대해 소개하도록 한다. [2차시] 1. 학생들에게 '진로 의사결정: 응용' 활동지를 나누어 주고 완성하도록 한다. 직업을 선택할 때는 흥미나 성격 외에 원하는 근로조건과 자신의 가치도 함께 고려하여 의사결정을 해야 함을 설명한다. 2. 직업 선택에 대한 의사결정에서 학생들이 배운 것에 대하여 토론하도록 이끈다. 3. 학생들에게 '직업 선택 연습' 활동지를 나누어 주고, 가상적인 인물의 장점에 근거하여 적합한 직업을 찾아보게 한다. 4. 시간이 남는다면 '직업 선택'에 대한 토론을 한다.		
유의사항	장점과 우선권에 관련된 의사결정을 하지 못하는 학생들을 더 주의 깊게 지도해야 한다.		

개인 소개(인물 개요)

활동지 번호 : Ⅰ-A-7-①

_____학년 _____반 _____번

이름: ____________________

다음의 질문지는 여러분의 일반적인 성향을 알아보는 데 도움을 줄 것입니다. 읽고 답해 봅시다.

1. 신문을 읽습니까? 그렇다면 주로 어떤 면을 읽습니까?

____

2. 자주 읽는 잡지의 이름을 한 가지 이상 적으시오.

____

3. 가장 감명 깊었거나 인상적으로 읽은 책을 두 가지 이상 적으시오.

____

4. 여러분이 특별히 좋아하는 TV 또는 라디오 프로그램은 어떤 것입니까?

____

5. 개인적 관심이 가장 높은 주제에 √표 하시오.

________ 옷

________ 논쟁

________ 얼굴, 피부

________ 대인관계

________ 우울

________ 건강

________ 공부하는 방법

________ 불면증

________ 돈

________ 과체중/저체중

________ 자세

________ 성적

________ 어떤 일이 미루어지는 것

________ 다른 사람에게 의존하는 것

________ 다른 사람을 생각하지 못함

________ 부끄러움

_________ 친구가 없음 _________ 언변
_________ 친구 사귀기 _________ 발표하기
_________ 습관 _________ 치아
_________ 가족 _________ 시험
_________ 키가 너무 작음 _________ 키가 너무 큼

6. 여러분이 좋아하거나 좋아하지 않는 것은 무엇입니까? 대답이 '예'인 경우 ○표 하시오.

_________ 다른 사람과 일하기를 좋아하는가?
_________ 보고서를 쓰거나 연구하는 등의 활동을 좋아하는가?
_________ 자동차, 기계적 도구 같은 사물을 대상으로 하는 일을 좋아하는가?
_________ 교육이나 봉사 등과 같이 사람을 대상으로 하는 일이 좋은가?
_________ 실내에서 일하기를 좋아하는가?
_________ 야외에서 하는 활동을 좋아하는가?
_________ 신체활동을 좋아하는가?
_________ 정신적인 활동을 좋아하는가?
_________ 타고난 리더인가?
_________ 여러분은 누군가가 여러분이 무엇을 해야 하는지 말해 주는 것을 좋아하는가?

7. 신체적 혹은 정신적 특징에 대한 질문입니다. 대답이 '예'인 경우 ○표 하시오.

_________ 신체적으로 튼튼한가?
_________ 신경질적인가?
_________ 일이 완전히 끝날 때까지 일하는가?
_________ 부끄러워하는가?
_________ 자신감이 있는가?
_________ 쉽게 화를 내는가?
_________ 쉽게 초조해하지 않고 침착한가?

진로 의사결정: 응용

_____학년 _____반 _____번
이름: ____________________

진로 의사결정을 할 때 고려해야 할 몇 가지의 사항들이 다음에 있습니다. 목록을 보고 자신이 원하는 근로조건을 선택해 봅시다.

근로조건 선호도		
실내에서 하는 일	또는	야외에서 하는 직업
주간 근무	또는	야간 근무
일은 재미있지만 보수가 적은 직업	또는	지루한 일이지만 보수가 많은 직업
파트타임 근무	또는	풀타임 근무
혼자 일하는 직업	또는	많은 사람과 함께 일하는 직업
블루칼라의 직업	또는	화이트칼라의 직업
도시에서 일함	또는	전원에서 일함
상하 위계가 있는 직업	또는	자유롭게 일하는 직업
앉아서 일하는 직업	또는	일하는 동안 여기저기 움직이는 직업

다음의 목록은 많은 사람들이 직업을 결정하는 이유를 설명하는 가치입니다. 목록을 보고 특정한 직업을 선택하는 데 있어 가장 큰 이유가 되는 가치를 골라 봅시다.

독립성 교육 타인을 도움 가족의 복지 책임감	보수 정직 창조성 권력	안정성 타인의 존경 즉각적인 즐거움 자기만족

활동지 번호 : I-A-7-③

직업 선택 연습

_____학년 _____반 _____번
이름: ____________________

어떤 인물에 대한 묘사를 참고로 가장 최선의 직업을 선택하는 의사결정을 하게 될 것입니다. 다음의 인물들이 선택해야 하는 직업은 무엇이라고 생각합니까?

선호도와 장점	직업 선택
1. 철수 • 음식에 관심이 있다. • 물건을 아름답게 꾸미길 좋아한다.	철수는 어떤 직업을 선택해야 할까? a. 요리사 b. 화가
2. 영희 • 아이들을 좋아한다. • 독서를 좋아한다. • 창조적이고 조직하기를 좋아한다.	영희는 어떤 직업을 선택해야 할까? a. 판매원 b. 사서교사
3. 용준 • 과학에 흥미가 있다. • 관찰력이 뛰어나다. • 자료를 정확하게 기록한다. • 사람들과 일하기를 좋아한다.	용준은 어떤 직업을 선택해야 할까? a. 천문학자 b. 간호사
4. 희주 • 다른 사람과 일하기를 좋아한다. • 야외에서 일하기를 즐겨하며 더러워지는 것에 개의치 않는다. • 물건을 고치고 수리하는 것을 좋아한다.	희주는 어떤 직업을 선택해야 할까? a. 자동차 정비사 b. 수학교사
5. 선아 • 손으로 하는 일을 좋아한다. • 도구를 사용하기를 좋아한다. • 수학을 즐긴다. • 야외활동을 즐긴다.	선아는 어떤 직업을 선택해야 할까? a. 목수 b. 여행사
6. 형우 • 사람들과 일하기를 좋아한다. • 말하는 음성이 좋다. • 표 읽기를 좋아한다. • 수학적 기능이 뛰어나다.	형우는 어떤 직업을 선택해야 할까? a. 매표원 b. 정치가

7. 수지 • 기계를 수리하기를 좋아한다. • 수학을 즐긴다. • 훌륭한 구기종목 선수다. • 나이에 비해 덩치가 크고 강하다. • 물건을 조립하기를 좋아한다.	수지는 ____________가 되어야 한다.
8. 정미 • 말하기를 좋아한다. • 연극에 참여하기를 즐긴다. • 활동을 조직하기를 좋아한다. • 다른 사람과 일하기를 좋아한다.	정미는 ____________가 되어야 한다.
9. 재서 • 책임감이 강하다. • 모범적인 학생이나 학교에서 지루해한다. • 매우 조용하다. • 친구들을 위해 무엇인가를 하는 것을 좋아한다.	재서는 ____________가 되어야 한다.
10. 누리 • 이야기를 쓰는 것을 좋아한다. • 훌륭한 리더다. • 독서와 언어를 좋아한다. • 이웃의 아이들을 가르치고 그들에게 책을 읽어 준다. • 야외 활동을 좋아한다.	누리는 ____________가 되어야 한다.
11. 동건 • 야외에서 시간 보내기를 좋아한다. • 일찍 일어나는 것을 좋아한다. • 수학과 과학을 잘한다. • 언어 소통을 잘한다. • 혼자 있기를 즐긴다. • 사물에 대해 호기심이 많으며 다른 사람에게 물어보기보다 스스로 해답을 찾는 편이다.	동건은 ____________가 되어야 한다.

읽기자료 번호 : I-A-7

직업 오리엔테이션

다음의 진술문을 읽고 적절하다고 생각하는 것을 선택해 봅시다.

1. 의사결정을 하기 위해서는 반드시	e. 가장 쉬운 길을 택해야 한다. s. 할 수 있는 일에 대해서 생각한 후 적합한 일을 해야 한다. u. 다른 사람의 감정을 우선순위에 두어야 한다.
2. 공부한다는 것의 의미는	c. 시험 전에 꼭 책을 읽어야 한다는 것이다. e. 학교에 가야 한다는 것이다. u. 과제를 하고 복습을 한다는 것이다.
3. 시험을 준비하기 위해서는 반드시	c. 매일의 과제를 해야 한다. s. 모든 책을 다 읽어야 한다. u. 밤늦도록 공부해야 한다.
4. 직업 탐색의 의미는	e. 직업을 찾는 것이다. s. 자신이 잃어버린 것을 탐색하는 일이다. c. 직업에 대한 정보를 얻는 것이다.
5. 직업을 위해 교육을 받기 위해서는 반드시	u. 대학에 가야 한다. e. 무엇이 요구되는지, 그것을 얻기 위한 곳을 알아야 한다. c. 매일 열심히 노력해야 한다.
6. 공공기관은	s. 대부분의 사람들을 도와줄 수 있다. e. 모든 것이 실패했을 경우에만 이용해야 한다. u. 언제든지 활용할 수 있다.
7. 목표(goal)는	c. 축구에서의 득점이다. s. 사람들이 미래에 되기를 바라는 것이다. e. 다른 사람들이 우리에게 바라는 것이다.

※ 정답을 표시하면 'success'가 됩니다.

성역할과 직업

자료번호 : Ⅰ-C-14
영역 : 진로발달

구분	내용		
활동영역	진로 계획 및 탐색	활동범주	남녀가 직업 및 진로와 어떻게 관련되어 있는지 이해하기
활동목표	대개 이성에 의해 선택되는 직업이나 남녀 모두 할 수 있는 직업에 관해서 안다.		
활동대상	고등학교 1학년	소요시간	50분
준비물	교사: '성역할과 직업' '남성 이야기' '여성 이야기' 활동지	집단크기	학급 전체
활동소개	학생들은 이 활동을 통해 성역할의 고정관념을 자각하고 전통적인 성역할에 상관없이 자신들의 흥미와 재능에 부합하는 직업과 진로를 선택할 수 있다.		
활동절차	1. '성역할과 직업' 활동지를 학생들에게 나누어 주고, 각 직업들에 대해 평가하게 한다. 학생들 각자의 평가가 끝나면 어떤 직업이 남성적이고 어떤 직업이 여성적인지 학생들 간에 의견을 비교하도록 한다. 2. '성역할과 직업' 활동지에 나열된 직업들 중 학생들이 장래의 직업으로 고려하고 있는 것을 표시하도록 하고, 그 밖에 고려 중인 직업들이 있으면 열거하도록 한다. 3. 학생들이 자기와 가장 유사한 재능과 능력을 가지고 있는 이성 짝을 찾도록 지도한다. 각 쌍으로 하여금 직업 목록을 비교하고, 상이한 두 개의 목록에 있는 직업들에 관해서 토론하도록 지도한다. 4. '남성 이야기' 활동지는 남학생에게, '여성 이야기' 활동지는 여학생에게 나누어 준다. 학생들이 이야기를 완성한 후 이성과 짝을 이루어 이야기들을 비교하도록 한다. • 서로의 이야기들은 어떻게 다르고 그 이유는 무엇인가? • 작성자(남성과 여성)들의 차이점 때문에 각자의 이야기에 차이가 생길 수 있는가? • 이 활동을 통해서 이성이 주어진 상황을 어떻게 다르게 이해하는지 알게 되었는가?		
유의사항	교사는 성역할과 성별에 따른 차이를 이야기하는 동안 성별 대결이 되지 않도록, 서로 다른 생각에 대해 이해할 수 있도록 도움을 제공한다.		

활동지 번호 : I-C-14-①

성역할과 직업

_____학년 _____반 _____번

이름: ____________________

다음에 나타난 직업 목록을 보고 여성스러운 직업이라고 생각하면 '여성'에 ○표, 남성스러운 직업이라고 생각하면 '남성'에 ○표, 여성이나 남성에 무관하다고 생각된다면 '양성'에 ○표 해 봅시다.

※ 가족 중 여성(어머니, 누나, 언니 등)이 하는 것이 꺼려지는 직업 → '남성'에 ○표
남성(아버지, 형, 오빠 등)이 하는 것이 꺼려지는 직업 → '여성'에 ○표

구분	남성	여성	양성
건축가			
지휘자			
스포츠 기자			
의상디자이너			
헤어디자이너			
연출가			
군인			
요리사			
수의사			
지질학자			
약사			
우편집배원			
조종사			
택배직원			
목수			
피부관리사			
간호사			
경찰			
화초 재배자			
택시 운전사			

남성 이야기

____학년 ____반 ____번
이름: ________________

다음의 이야기를 읽고 여러분의 생각을 적어 봅시다.

1. 송주와 정서는 그들의 두 딸인 누리(5세)와 내리(2세)와 함께 강원도 산간의 목장에서 살고 있었다. 둘은 검소한 삶을 즐겼고 아이들이 태어나기 전부터 목장에서 함께 일했다. 그런데 어느 날 갑자기 정서가 교통사고로 죽게 되었다. 송주는 아이들을 어떻게 키우고 또 어떻게 살아가야 할지 결정을 해야 했다. 그의 부모님은 서울로 이사하여 그들과 함께 살며 그곳에서 직업을 얻으라고 재촉한다.

   ⇨ 송주가 어떤 결정을 해야 할지, 그 후 가족들에게 어떤 일이 일어나게 될지 써 봅시다.

2. 재혁과 은서는 대학교 같은 과 커플로 4년 동안 연애를 하고 곧 결혼할 예정이다. 그들은 졸업을 한 후 8월경으로 결혼 날짜를 잡아 놓았다. 둘은 양가 부모님이 계시는 도시에서 좋은 직장을 얻어 그곳에서 머물려고 했다. 그러나 졸업하기 두 달 전 재혁은 영국의 대학에서 장학금 전액과 생활비를 제공하는 좋은 유학조건을 제시받았다.

   ⇨ 재혁은 어떻게 해야 할까?

3. 순호는 이제 막 고등학교를 졸업했다. 그는 어릴 때부터 인도에 관심이 많아 인도로 가기로 결정했다. 그렇지만 순호가 가지고 있는 돈은 매우 적었다. 처음에는 인천에서 중국으로 가는 여객선에서 일자리를 구해 그것을 타고 중국으로 갔다. 그다음 중국에서 비정규직으로 일하면서 돈을 모았다. 그는 결국에는 힌두교의 정신적 지도자를 만났고, 그의 밑에서 공부할 수 있는지 물어보았다.

⇨ 몇 년 후 순호에게는 어떤 일이 일어날까?

____

____

____

____

여성 이야기

활동지 번호 : Ⅰ-C-14-③

____학년 ____반 ____번
이름: ________________

다음의 이야기를 읽고 여러분의 생각을 적어 보세요.

1. 송주와 정서는 그들의 두 딸인 누리(5세)와 내리(2세)와 함께 강원도 산간의 목장에서 살고 있었다. 둘은 검소한 삶을 즐겼고 아이들이 태어나기 전부터 목장에서 함께 일했다. 그런데 어느 날 갑자기 송주가 교통사고로 죽게 되었다. 정서는 아이들을 어떻게 키우고 또 어떻게 살아가야 할지 결정을 해야 했다. 그녀의 부모님은 서울로 이사하여 그들과 함께 살며 그곳에서 직업을 얻으라고 재촉한다.

   ⇨ 정서가 어떤 결정을 해야 할지, 그 후 가족들에게 어떤 일이 일어나게 될지 써 봅시다.

2. 재혁과 은서는 대학교 같은 과 커플로 4년 동안 연애를 하고 곧 결혼할 예정이다. 그들은 졸업을 한 후 8월경으로 결혼 날짜를 잡아 놓았다. 둘은 양가 부모님이 계시는 도시에서 좋은 직장을 얻어 그곳에서 머물려고 하였다. 그러나 졸업하기 두 달 전 은서는 영국의 대학에서 장학금 전액과 생활비를 제공하는 좋은 유학조건을 제시받았다.

   ⇨ 은서는 어떻게 해야 할까?

3. 은숙은 이제 막 고등학교를 졸업했다. 그녀는 어릴 때부터 인도에 관심이 많아 인도로 가기로 결정했다. 그렇지만 은숙이가 가지고 있는 돈은 매우 적었다. 처음에는 인천에서 중국으로 가는 여객선에서 일자리를 구해 그것을 타고 중국으로 갔다. 그다음에는 중국에서 비정규직으로 일하면서 돈을 모았다. 그녀는 결국에는 힌두교의 정신적 지도자를 만났고, 그의 밑에서 공부할 수 있는지 물어보았다.

⇨ 몇 년 후 은숙에게는 어떤 일이 일어날까?

____

____

____

____

양성을 위한 직업

자료번호 : I-C-14
영역 : 진로발달

구분	내용		
활동영역	진로 계획 및 탐색	활동범주	남녀가 직업 및 진로와 어떻게 관련되어 있는지 이해하기
활동목표	대개 이성에 의해 선택되는 직업이나 남녀 모두 할 수 있는 직업에 관해서 안다.		
활동대상	고등학교 1학년	소요시간	100분
준비물	교사: '남녀의 직업' 활동지	집단크기	학급 전체
활동소개	이 활동을 통해 직업적 성 고정관념에 대한 자신의 인식 정도를 스스로 체크해 볼 수 있다.		
활동절차	1. 학생들에게 관심 있는 직업의 종류를 신중히 생각해 보았는지 질문하고 대답을 유도한다. 2. '남녀의 직업' 활동지를 나누어 주고, 조사방법에 대해 설명한 후 완성하도록 한다. 3. 학생들에게 '남녀의 직업' 활동에서 남성이나 여성에게 적합한 직업을 선택한 이유에 대해 토론해 보게 한다. 4. 성 고정관념 때문에 직업에 대한 고찰 없이 진로를 선택하는 경향이 있다는 것을 학생들이 인식하고 있는지 질문한다. 특히 남자나 여자에게 적당하다고 생각하는 직업에 대한 전통적인 태도와 생각을 고정관념으로 설명한다. 5. '남녀의 직업' 활동에서 어떤 직업에 대한 성 고정관념을 확인할 수 있었는지에 대해 질문한다. 6. 학생들에게 어떤 관습과 태도가 성 고정관념으로 우리를 제한하고 있는지 인식하도록 하고 진로를 생각해 볼 때 경직된 사고에 대해 주의를 기울일 필요가 있다는 점을 설명한다.		
유의사항	성 고정관념에 대해 강하게 집착하는 학생에게 개인적인 상담은 도움이 될 것이다. 그들의 고정관념을 강화시키는 요인(예: 가족, 친구 등)에 대한 인식은 고정관념을 약화시키는 것을 도울 수 있을 것이다.		

활동지 번호
: I-C-14

남녀의 직업

_____학년 _____반 _____번

이름: ____________________

다음은 직업에 대한 성 고정관념을 확인해 보는 활동입니다.

1. 여러분이 생각하기에 남성에게만 해당되는 직업이라고 생각하면 'M', 여성에게만 해당되는 직업이라고 생각하면 'F', 남녀 모두에게 어울리는 직업이라고 생각하면 'B'에 √표 해 봅시다.
2. 각 표의 끝부분에 여러분이 선택한 수를 계산해 보고, 활동의 마지막 부분에서는 총합계를 구해 봅시다.

천연자원과 농업 관련직

직 업	M	F	B	직 업	M	F	B
축산업자				광부			
동물연구사				정유업자			
과학자				협동조합원			
석유기술자				목장업자			
곤충학자				장비 건설업자			
식물학자				토지개량 사업자			
전원사				낙농업자			
목동				토질학자			
농부				지질학자			
수의사							
지구물리학자				소계			

경영/사무직

직 업	M	F	B	직 업	M	F	B
회계사				기업 고위임원			
회계사무원				손해사정사			
투자분석가(애널리스트)				경영 컨설턴트			
컴퓨터프로그래머				부동산업자			
재정관리자				비서			
일반 사무원				속기사			
생활설계사				소계			

정보통신/매스미디어 관련직

직 업	M	F	B	직 업	M	F	B
아이디어 작가				사진작가			
촬영기사				리포터			
인쇄 및 사진현상 관련 조작원				표지 화가			
연출전문가				쇼핑 호스트			
편집자				전화회선 작업자			
전자공학 기술자				데이터베이스 관리자			
감독 및 연출가				가전제품 수리원			
삽화가				TV · 라디오 프로그램 진행자			
저널리스트				소계			

건축 관련직

직 업	M	F	B	직 업	M	F	B
건축설계사				바닥공사 설치자			
조경사				유리공			
지적 및 측량 기술자				철제노동자			
석공				건설기계 운전원			
목수				금속세공인			
벽돌공				도색업자			
건축노동자				도배공			
전기기사				미장이			
엘리베이터 기사				배관공			
토목기사				기와공			
전기기사				판금기사			
기계기사				소계			

음식/미용/개인 서비스 관련직

직 업	M	F	B	직 업	M	F	B
주방장				제빵사			
세탁기술자				식품가공업자			
직물공				식품시험관			
재단사				가구 제조업자			
디자이너				가구 수선업자			
피부미용사				간병인			
미싱기동자				체형관리사			
의류패턴 메이커				가사도우미			
의류 압착기공사				주부			
장례지도사				실내장식가			
소비자상담원				세탁업자			
요리사				출판업자			
영양사				커플매니저			
음식 저널리스트				가구업자			
푸드스타일리스트				소계			

환경 관련직

직 업	M	F	B	직 업	M	F	B
대기분석가				산업공해 감시관			
환경 관련 공무원				조경사			
세균학자				해양생물학자			
환경보호 운동가				기상관측 통보관			
엔진검출가스 검사관				광산/쓰레기 매립장 복원가			
방충업자				공해관리 기사			
꽃장식가				공해통제사			
수렵감시원				청소부			
정원사				토양분석가			
수경재배가				도시계획가			
수질분석가				소계			

⇨ 총합계

남성: ______________ 여성: ______________ 양성: ______________

직업의 변화

자료번호 : I-C-15
영역 : 진로발달

구분	내 용		
활동영역	진로 계획 및 탐색	활동범주	남녀가 직업 및 진로와 어떻게 관련되어 있는지 이해하기
활동목표	주로 이성에 의해 선택되는 교과목에 관심이 있거나 그것을 선택하려 할 때, 성인의 불인정, 적대감, 반대 등을 다룰 수 있다.		
활동대상	고등학교 1학년	소요시간	50분
준비물	교사: '역할조사' 활동지	집단크기	소집단, 학급 전체
활동소개	성 차이를 과장하고 남성, 여성의 고정관념을 왜곡하는 우리 문화의 생활양식을 탐구한다.		
활동절차	1. 고정관념과 차별에 관한 토의를 유도한다. 2. 고정관념과 차별의 의미를 학생들에게 설명한다. 3. 학생들에게 '역할조사' 활동지를 나누어 주고 작성하도록 한다. 4. 소집단으로 나눈다. 작성한 활동지를 돌려보고 토의를 한다. [질문사항] 1. 어떤 직업에 대해 고정관념이 있는가? 그 이유는? 2. 직업차별이 완전히 제거되어야 한다고 생각하는가? 3. 부모님들이 체크리스트를 작성한다면 어떻게 작성하겠는가? 4. 조부모님들의 체크리스트는 어떨까? 5. 여러분의 아이들은? 6. 학교 내에서 남학생과 여학생에 대한 차별과 고정관념이 있는가? • 예를 들 수 있는가? • 특별히 어떤 영역에서 그러한가?		
유의사항	토의집단 안에서 불편해 보이거나 참여하지 않는 학생은 개인적으로 자신의 고정관념에 대한 감정을 탐구하는 과정이 필요할 것이다.		

활동지 번호 : I-C-15

역할조사

_____학년 _____반 _____번
이름: ____________________

다음의 직업이 여성에게 어울린다고 생각하면 'F', 남성에게 어울린다고 생각하면 'M'에 체크하고, 해당 직업에 종사하는 사람을 알고 있다면 적어 봅시다.

직 업	M	F	알고 있는 사람의 이름을 모두 쓰세요. (가능한 한 많은 사람을 적으세요.)
간호사			
하키선수			
파일럿			
군인			
버스운전사			
광부			
농부			
초등학교 교사			
전화안내원			
복싱선수			
국회의원			
미용사			
배관공			
예술가			
판사			
모델			
체육교사			
과학자			
탐험가			
축구선수			
사무직원			
항공기 승무원			
자동차 레이서			
의학박사			

춘향이의 딜레마

자료번호 : I－C－16
영역 : 진로발달

구분	내용		
활동영역	진로 계획 및 탐색	활동범주	남녀가 직업 및 진로와 어떻게 관련되어 있는지 이해하기
활동목표	주로 이성에 의해 선택되는 교과목에 관심이 있거나 그것을 선택하려 할 때, 다른 학생들의 놀림이나 괴롭힘 등을 다룰 수 있다.		
활동대상	고등학교 1～2학년	소요시간	50분
준비물	교사: '춘향이의 딜레마' 활동지, '춘향이의 딜레마－해답' 참고자료	집단크기	학급 전체
활동소개	이 활동은 고용 관행과 관련된 평등의 행정적, 경제적 개념과 관련되어 있다. 비전통적인 직업 선택과 관련하여 일어날 수 있는 문제들을 학생들이 인식하게 되는 기회를 제공할 것이다.		
활동절차	1. 헌법에 있는 기본권을 소개한다. 예) 평등권: 인종, 종교, 성별에 의해 차별받지 않을 권리, 직업 선택의 권리 등 2. 학생들에게 '춘향이의 딜레마' 활동지를 나누어 주고 물음에 답하도록 한다. 3. '춘향이의 딜레마－해답' 참고자료를 바탕으로 학생들과 함께 '춘향이의 딜레마'에 대해 논의한다. 4. 남녀고용평등법에 대해 설명한다. • 남녀고용평등법의 목적: 헌법의 평등이념에 따라 고용에 있어서 남녀의 평등한 기회 및 대우를 보장하는 한편, 모성을 보호하고 직장과 가정생활의 양립과 여성의 직업능력 개발 및 고용 촉진을 지원함으로써 남녀고용 평등을 실현함에 있음 5. 학생들이 과거 자신의 직업(아르바이트) 선택이 거부된 이유와 직업에서의 성역할 고정관념에 대해 토의한다.		
유의사항	직업 선택에서 성과 관련된 선입견을 버리지 못하는 경우 개별적인 상담이나 심화활동이 필요할 것이다.		

활동지 번호 : I-C-16

춘향이의 딜레마

_____학년 _____반 _____번
이름: ____________________

다음의 글을 읽고 여러분의 생각을 이야기해 봅시다.

춘향은 오케이 택배회사에서 트럭운전사를 필요로 한다는 생활정보지의 구인광고를 읽었다. 구인광고의 응시조건에는 신체 건강하고 운전면허를 소지한 경력자이며 장거리 여행을 할 자세가 되어 있어야 한다고 적혀 있었다. 춘향은 모든 자격을 갖추고 있었기 때문에 구직을 위해 다음 날 원서를 내리라 결심했다. 그녀는 남성 구직자보다 먼저 오전 8시경에 도착했다. 회사에서는 응시지원서를 나누어 주고 지원서를 작성하도록 했다. 호출을 기다리는 동안 춘향은 젊은 남성과 이야기를 나누었다. 춘향은 그 남자가 경력이 없고 허리 부상에서 회복 중이라는 사실을 알게 되었다. 마침내 춘향의 면접 차례가 되었다. 면접자는 그녀의 입사지원서를 훑어보고 과거에 춘향과 같은 고향 사람을 채용했는데 여러 가지 문제가 있었음을 이야기했다. 그는 또한 회사에서 여성 운전사는 앞으로도 고용하지 않겠지만, 회사정책이 바뀔 경우에 대비해서 지원서를 받아만 놓겠다고 말했다. 좌절감과 호기심에 그녀는 젊은 남성 지원자가 고용되었는지 확인하기 위해 그의 면접이 끝날 때까지 기다리기로 했다.

1. 춘향이의 기본 권리 중 존중되지 않은 것이 있는가? ____________________
   만약 그렇다면 그것은 무엇인가?
   ____

2. 춘향이는 무엇을 해야 하는가?
   ____

3. 춘향이는 그 직업에 자격을 갖추었는가? ____________________

4. 춘향이가 면접에서 공정하게 대우받지 못했다고 생각하는 부분은 무엇인가?
   ____

5. 오케이 택배회사에 어떤 일이 일어날 것으로 생각되는가?
   ____

춘향이의 딜레마–해답

'춘향이의 딜레마' 활동지에 대한 해답입니다.

1. 그렇다.
   직업을 선택할 수 있는 권리, 인종, 민족, 성별의 이유로 차별받지 않을 권리가 존중되지 않았다.

2. 고용평등위원회에 소송을 제기한다 등의 다양한 답이 있을 수 있다.

3. 그렇다.

4. 1) 동향 직원과의 경험이 좋지 않았다.
   2) 여자 직원을 고용한 적이 없었다.

5. 대답은 다양할 수 있다.

자료번호 : Ⅰ-C-16
영역 : 진로발달

동등한 선택—일과 진로

구분	내용		
활동영역	진로 계획 및 탐색	활동범주	남녀가 직업 및 진로와 어떻게 관련되어 있는지 이해하기
활동목표	주로 이성에 의해 선택되는 교과목에 관심이 있거나 그것을 선택하려 할 때, 다른 학생들의 놀림이나 괴롭힘 등을 다룰 수 있다.		
활동대상	고등학교 1학년	소요시간	50분
준비물	교사: '일, 직업, 기술' 활동지	집단크기	학급 전체
활동소개	학생들은 이 활동을 통해 일과 직업의 의미를 생각해 본다.		
활동절차	1. 대부분의 직업에서 기본적인 기술이 요구된다는 점을 학생들에게 강조한다. 2. 직장 혹은 가정에서 전통적인 성역할에 따라 요구되는 기술에 대해 토의한다. 3. 학생들에게 자신이 희망하는 직업에서 어떠한 기술을 요구하는지 질문한다. 4. 만약 학생들이 직업활동과 관련된 직업기술들을 배우고자 희망한다면 학생들에게 ① 기술은 성별의 영향을 받지 않고, ② 일의 한 형태로 요구된 기술은 종종 다른 곳에서도 사용된다는 것을 설명한다. 5. 학생들에게 '일, 직업, 기술' 활동지를 나누어 준다. 6. 학생들은 활동지를 완성한 후 그에 대해 토론한다.		
유의사항	몇몇 학생들은 활동지 작성에 도움을 필요로 할지도 모른다. 학생들이 활동지를 작성하는 동안 돌아다니면서 필요한 학생들을 도와준다.		

일, 직업, 기술

활동지 번호 : I-C-16

_____학년 _____반 _____번

이름: ____________________

다음의 질문에 대해 생각해 봅시다.

1. '일'이란 무엇인가?

2. 여러분은 집 혹은 학교에서 어떤 일을 하고 있나?

3. '직업'이란 무엇인가?

4. 사람들이 왜 일을 하는가?

5. 여자와 남자 모두 직업을 가져야 한다고 생각하나?

6. '기술'이란 무엇인가?

7. 자신이 어떤 기술을 가지고 있다고 생각하나?

자료번호 : Ⅰ-C-17
영역 : 진로발달

직장에서의 성적 괴롭힘

구분	내용		
활동영역	진로 계획 및 탐색	활동범주	남녀가 직업 및 진로와 어떻게 관련되어 있는지 이해하기
활동목표	특정 직업에서 남녀 구성원 모두와 사이좋게 지내는 방법을 안다.		
활동대상	고등학교 2~3학년	소요시간	50분
준비물	없음	집단크기	학급 전체
활동소개	이 활동을 통해 학생들은 고용자와 피고용자 사이의 괴롭힘뿐만 아니라 근로자끼리의 괴롭힘에 대해서 이야기해 봄으로써 직장 내 성적 괴롭힘에 대해 생각해 볼 수 있다.		
활동절차	1. 직장 내 성적 괴롭힘에 대해 소개한다. 또한 자유롭게 이야기하고 싶은 개인적인 의견이 있는지 학생들에게 질문한다. 2. 학생들에게 직장동료 간의 괴롭힘에 초점을 맞추어 질문한다. 괴롭히는 방법은 '농담'이나 '차별' 등의 형태로 이루어질 수 있음을 예로 들어 설명하고 학생들의 반응을 유도한다. 3. 다음을 주제로 상황극을 한다. ① 여자 동료들에게 자기 일이 아닌 육체노동을 강요당하는 남자 ② 여자라는 이유로 정당하게 대우받지 못하고 무시를 당하거나 부당한 요구를 받는 여자 4. 성적 괴롭힘을 당할 때 혹은 다른 사람이 성적 괴롭힘을 당하고 있을 때의 느낌(분노, 수치, 난처함 등)에 대해 질문한다. 5. 성적 괴롭힘을 당하며 느끼는 감정을 단호하게 표현하는 방법에 대해 설명한다. ① 나 전달법(I-message): 괴롭힘 집단에 의한 감정의 직접적 대화 "나는 네가 ~할 때 당황스러웠어. 제발 그만했으면 좋겠어." ② 추후에 취할 행동에 대해서도 언급하기 "나는 네가 ~할 때 당황스러웠어. 나는 네가 그만하길 바라. 만약 네가 계속 한다면 이 일에 대해 ~에게 말할 거야."		
유의사항	성적 괴롭힘을 경험해 보지 않은 학생들은 이 활동을 통해 이러한 상황에 대해 탐구할 기회를 갖게 될 것이다. '나 전달법'에 대해서는 '나 전달법' 참고자료(Ⅱ-B-10)를 참조하라.		

성별에 따른 진로 결정

구 분	내 용		
활동영역	진로 계획 및 탐색	활동범주	남녀가 직업 및 진로와 어떻게 관련되어 있는지 이해하기
활동목표	인간의 성이 나의 진로 선택에 어떤 영향을 미치는지 안다.		
활동대상	고등학교 2~3학년	소요시간	50분
준비물	교사: '인터뷰' 참고자료	집단크기	학급 전체
활동소개	학생들은 이 활동을 통해 '여성다움' '남성다움'이란 무엇이고, 직업 선택에 있어서 그것이 학생들의 태도에 어떻게 영향을 미치는지 탐색할 수 있다.		
활동절차	1. '고정관념'과 '역할 전환'의 용어를 설명한다. 2. 학생들에게 여성의 직업과 남성의 직업에는 어떤 것이 있는지 질문한다. 그리고 이런 생각은 어디에서부터 비롯되었는지 질문한다. 3. '인터뷰'를 위한 역할을 정한다. 리포터(여성), 목수 장은수(여성), 간호사 김지훈(남성), 경마기수 양소라(여성), 비서 박영철(남성) 4. '인터뷰' 활동에 참여하는 학생들에게 원고를 나누어 주고, 그 학생들은 교실 앞쪽에서 원고를 읽는다. 5. 인터뷰에 참여하는 학생들에게 등장인물들의 대사에 대해 어떤 느낌을 받았는지 이야기하도록 한다. 6. 학생들에게 역할 전환에 대한 감정과 그에 따른 반응들을 질문한다. 7. 학생들에게 직업을 고려하는 데 있어 남성성 또는 여성성으로 고착화되지 않았는지 질문한다. 8. 학생들 자신이 직업을 선택하는 데 있어 가장 중요하게 여기는 것이 무엇이며 직업 선택에서 자신의 태도가 어떤 영향을 미쳤는지 질문한다.		
유의사항	직업 선택에서의 전통적인 성역할 전환 현상에 대해 부정적인 목소리를 내거나 불편한 감정들을 토로하는 학생들을 주의 깊게 살펴보고, 그들과 수업 후 개인적으로 이야기를 나눈다.		

참고자료 번호 : I-C-18

인터뷰

다음의 인터뷰를 보고 직업 관련 성 고정관념에 대해 생각해 봅시다.

리포터: 지금부터 관습적으로 여성 또는 남성에게 어울린다고 생각되는 직업에 대한 고정관념을 깨고 자신만의 진로를 선택한 분들을 만나 보도록 하겠습니다. 지난 11년 동안 목수 일을 해 오신 장은수 씨를 만나 보겠습니다. 장은수 씨는 왜 목수가 되려고 했나요?

목수 장은수: 저는 항상 손으로 무엇인가를 다루는 것을 좋아했는데, 결혼한 후에야 비로소 집안에 손 가는 일이 많이 있음을 알게 되었고 제가 무언가를 만들고 고칠 수 있다는 것을 깨달았습니다. 친구들이 많은 도움을 주었고 여러 사람들이 칭찬을 많이 해 주어서 직업으로서 이 일을 시작하게 되었습니다.

리포터: 여성 목수로서 무엇이 가장 어려우셨나요?

목수 장은수: 큰 목재를 옮기고 목공소에서 남자들을 이끄는 것이나 어떤 남자들은 이 일을 남자의 직업이라고만 생각해서 여자가 하는 것을 기분 나빠하는데 그런 점이 어려웠습니다.

리포터: 장은수 씨 감사합니다. 이번에는 간호사 김지훈 씨를 만나 보겠습니다. 대부분의 사람들이 간호사는 여성의 직업이라고만 생각하는데, 김지훈 씨는 어떻게 간호사가 되기로 결정하셨나요?

간호사 김지훈: 아무도 간호사가 백만장자가 될 것이라고 생각하지는 않습니다. 제가 가치 있게 생각하는 삶은 남을 돕고 위하는 삶입니다. 간호사가 되겠다고 결심하게 된 것은 바로 이 때문입니다. 현재 간호대학에는 전체 학생 중 5%만이 남학생이지만 차츰 그 수가 증가할 것으로 기대하고 있습니다. 저는 소위 여성들의 전문직이라고 인식되는 분야에 남성이 진출하려고 할 때 많은 어려움이 있다고 생각합니다. 그러나 자신이 원하는 일이라면 도전해 보아야 한다고 봅니다. 그래야 자신의 진로에 만족하게 될 것입니다.

리포터: 김지훈 씨 감사합니다. 다음으로 경마기수 양소라 씨와 이야기를 나누어 보겠습니다. 양소라 씨는 지난 6년 동안 경마기수로 활동하고 계신 걸로 알고 있는데 맞나요?

경마기수 양소라: 예, 저는 걸음마를 뗀 이후로 말을 탔고 6년 전부터 경마기수 생활을 해 오고 있습니다. 저의 부모님은 어릴 적 제가 저의 적성이나 흥미에 맞는 다양한 직업에 대해 관심을 가질 수 있도록 도와주셨습니다. 저는 작은 체구를 가졌기 때문에 경마기수가 되기에는 제격이었습니다. 대부분의 경마기수는 남자였고, 그들 대부분은 여자 경마기수를 좋아하지 않았습니다. 처음에 이런 일에 여성이 뛰어들어서는 안 되는 것인가 하는 고민도 있었지만, 지금은 어떤 일이든 간에 남녀라는 고정관념으로 구분되어서는 안 된다는 생각입니다.

리포터: 저는 양소라 기수님을 이해합니다. 감사합니다. 이제 마지막으로 비서 박영철 씨를 만나보겠습니다. 박영철 씨는 8년 동안 대기업의 비서로 일하고 계십니다. 박영철 비서님은 어떻게 현재의 직업을 갖게 되셨나요?

비서 박영철: 고등학교 때 저는 회계와 워드프로세서 과목을 배웠습니다. 그 과목을 매우 좋아했고 좋은 성적을 받았습니다. 고등학교 졸업 후 전문대학에 입학했고, 그 후 이 회사에 입사했습니다. 저는 처음 우편물 관리실에서부터 현재 비서에 이르기까지 열심히 일했습니다. 제가 최선을 다해 일했기에 회사에도 적지 않은 도움이 되었으리라고 생각합니다. 사람들은 남성 비서가 된 저를 비웃었지만, 지금의 저는 제 선택에 만족하고 이 일이 무척 중요한 일이며 가치 있는 일이라고 생각하고 있습니다.

자료번호 : I-D-19
영역 : 진로발달

대학입시 정보파일

<table>
<tr><th>구 분</th><th colspan="3">내 용</th></tr>
<tr><td>활동영역</td><td>진로 계획 및 탐색</td><td>활동범주</td><td>대학에 관한 의사결정하기</td></tr>
<tr><td>활동목표</td><td colspan="3">여러 대학들과 그 대학들이 제공하는 것에 관해서 안다.</td></tr>
<tr><td>활동대상</td><td>고등학교 1학년</td><td>소요시간</td><td>3차시</td></tr>
<tr><td>준비물</td><td>교사: '대학입학 전형 안내' '수시－핵심체크' '수시－특별전형' '대학수학능력시험 보는 날' '시험 볼 때의 전략' 참고자료</td><td>집단크기</td><td>소집단, 학급 전체</td></tr>
<tr><td>활동소개</td><td colspan="3">학생들이 적절한 정보 파일을 만들 수 있도록 격려함으로써 그들의 대학 준비와 선택, 고등교육 또는 직업훈련에 대비할 수 있도록 도움을 제공할 수 있다.</td></tr>
<tr><td>활동절차</td><td colspan="3">[1차시]
1. 대학입시 전형과정에 대한 정보를 가지고 있는가에 대해 학생들에게 질문하고 그 정보들의 중요성을 학생들에게 설명한다.
2. '대학입학 전형 안내' 참고자료를 바탕으로 일반적인 대학입학 전형방법에 대해 설명한다.
3. 일반적인 사항 외에 각자의 희망 대학에 대한 전형방법을 소집단 혹은 개인별로 알아보게 하고, 함께 나누어 볼 수 있도록 안내한다.
4. '수시－핵심체크' '수시－특별전형' 참고자료를 바탕으로 학생들에게 수시 입학 전형에 대해 안내한다.

[2차시]
1. 대학수학능력시험에 대한 안내를 실시한다.

[3차시]
1. 대학입시 준비를 위해 다음 단계를 수행하게 해 봄으로써 학생들을 돕는다.
① 대학 캠퍼스를 방문한다.
② 시험 보는 전략에 대해 토의한다.
③ 관심 있는 대학에 대해 친구들과 이야기 나누어 본다.
④ 결정함에 있어서 최종 기한을 계획해 본다.</td></tr>
<tr><td>유의사항</td><td colspan="3">만약 교사가 대학들에 관한 최근 자료들을 가지고 있어 그 정보를 학생들에게 제공한다면 매우 유익할 것이다. 학교 크기에 맞게 시행해야 하며, 진로 교육 및 상담 시간도 융통성 있게 운영해야 할 것이다. 또한 정보의 형태도 거주지역이나 학생들의 흥미에 따라 변화되고 수정될 수 있을 것이다.</td></tr>
</table>

대학입학 전형 안내

참고자료 번호 : I-D-19-①

다음은 일반적인 대학입학 전형에 대한 안내입니다. 활동에 참고하세요.

1. 대학입학 전형

대학입학 전형은 모집시기별로 '수시' '정시' 그리고 '추가' 모집으로 구분한다. 수시모집은 학교생활기록부(학생부) 또는 대학별 고사가 주요 전형 요소로 반영되며, 정시모집은 학생부, 대학별 고사와 함께 대학수학능력시험(수능)이 주요 전형 요소로 반영된다. 2010학년도부터는 1, 2학기로 실시되던 수시모집이 2학기 전형으로만 실시되며 전형기간은 9월 초부터 12월 중순 사이로 대학별로 실시한다. 정시전형은 12월 초부터 2월 초까지 가, 나, 다 군으로 나누어 대학별로 실시한다.

〈2010학년도, 2009학년도 모집대학 및 모집인원 비교〉

학년도	항목	수시 1	수시(수시 2)	정시	합계
2010학년도	대학 수(교)		188	198	198
			(-)	(-)	(-)
	모집인원(명)		219,795	159,358	379,153
			(17,152)	(-4,638)	(676)
	모집인원 구성비율(%)		58.0	42.0	100
			(4.5)	(-1.1)	
2009학년도	대학 수(교)	81	188	198	198
		(-9)	(4)	(-)	(-)
	모집인원(명)	11,838	202,643	163,996	378,477
		(-2,300)	(15,903)	(-13,394)	(209)
	모집인원 구성비율(%)	3.1	53.5	43.3	100
		(-0.6)	(4.1)	(-3.6)	

* 전형계획 기준 / 대학 수는 해당 학년도의 모집대학수임.
* 하단의 ( )는 전학년도 대비 증감 / 미제출대학 인원 제외(광운대)

출처: 한국대학교육협의회(2009).

2. 수능 성적 반영

수시모집에서는 기본적으로 수능 성적을 반영하지 않지만 자격 기준으로 활용하는 대학들이 많이 있다. 정시모집의 경우 수능 성적은 자격 기준 및 개별 성적으로 활용된다. 대학별로 수능 성적 반영 비율, 반영 유형, 활용 지표 등이 다양하게 나타난다.

3. 학교생활기록부 반영

학생부의 내용은 교과 영역과 비교과 영역으로 나누어진다. 교과 영역은 각 학년 이수한 교과목의 석차등급, 원점수, 평균, 표준편차로 표기되며, 비교과 영역은 출결사항, 자격증 및 수상경력, 봉사활동, 체험활동 그리고 특별활동 등 교과 이외의 활동내용을 담고 있다. 대학들은 각기 다른 기준을 적용하여 학생부의 반영점수를 산출한다. 즉, 대학마다 성적 활용 지표, 학년별 반영 비율, 반영 과목 등에 차이가 있다. 따라서 희망하는 대학의 입학 전형을 알아보고 자신에게 유리하고 적합한 입시 준비를 할 필요가 있다.

4. 기타 전형자료 활용

각 대학에서는 수능이나 학교생활기록부 이외에 면접과 논술, 추천서, 자기소개서 등 학생의 소질 · 적성을 반영할 수 있는 다양한 전형자료를 활용한다. 대학별 정확한 반영 기준, 반영 비율, 반영방법 및 기타 전형자료 등에 대한 안내는 한국대학교육협의회에서 발표한 2010학년도 대학입학 전형계획을 참고하기 바란다. 가장 정확한 정보는 자신이 원하는 대학의 홈페이지에 게시된 입학 안내에서 찾을 수 있다.

- 한국대학교육협의회
  www.kcue.or.kr
- 한국전문대학교육협의회
  www.kcce.or.kr
- 대학입시 정보제공 사이트
  www.apply114.com　www.jinhak.com
  www.jinhak.or.kr　www.ds.co.kr
  www.uway.com　www.sisite.co.kr
  www.susi119.co.kr

수시–핵심 체크

참고자료 번호 : I-D-19-②

다음은 수시를 준비하는 데 있어 핵심적인 내용들입니다. 지도 시 참고하세요.

1. 수시와 학생부의 관계는?

수시 원서를 쓰기 위해 수험생들은 스스로 자신이 지닌 장단점을 파악할 필요가 있는데, 그 첫 단계가 학생부의 확인이다.

수험생은 교과 성적을 토대로 먼저 자신이 수능에 강한지, 그렇지 않으면 학생부의 내신이 강한 편인지를 확인해 봐야 한다. 만약 내신에 비해 수능이 유리하다고 생각되면 수시보다 정시에 도전하는 것이 바람직하므로 주위의 유혹에 흔들리지 말고 꾸준히 자신의 페이스대로 수능을 준비하는 것이 좋다.

평점 4.0, 석차 백분률 30% 이하의 수험생들은 수시모집의 일반 전형으로 갈 수 있는 대학이 드물기 때문에 수능 준비에 몰두해야 한다. 다만 특기자 혹은 독자적 전형 위주의 특별전형의 경우에는 사정이 다르다. 이 경우에는 내신보다 특기사항이 중요하므로 내신의 기준은 더 내려가게 된다. 경시대회, 전국 단위 백일장의 수상 경력이나 공인된 외국어시험 점수 등 다채로운 경력과 특기를 가진 수험생들의 합격 이야기는 특별전형을 이용해 합격한 좋은 사례다.

2. 논술과 심층면접 준비의 중요성

내신과 수능의 관계를 파악하여 수시모집에 지원하기로 마음을 굳혔다면, 다음으로 논술과 심층면접에 대한 준비가 필요하다. 대부분의 대학들이 1단계에서는 학생부만으로 전형을 하지만, 2단계에서는 논술이나 면접 · 구술 고사를 10~40% 정도 반영한다.

논술은 학교수업을 충실하게 받은 학생이면 기술할 수 있는 주제들로 출제되지만, 제시문의 형태가 다양하므로 여러 장르의 글을 읽어 보는 독서 태도가 무엇보다 중요하고, 자기 생각을 논리적이고 독창적으로 표현하는 꾸준한 연습이 필요하다. 최근에는 영어 지문을 제시하는 경향이 있으므로 지망하는 대학마다 전년도 기출문제를 확인해 보고 그 경향을 파악해 두는 것이 바람직하다.

3. 각종 서류의 사전 준비

수시에 미리 대비하기 위해서는 자기소개서, 학업계획서 등을 정리해 두는 것이 좋다. 학교장(교사) 추천의 경우, 추천서는 담임선생님이나 수험생 자신을 가장 잘 아는 선생님께 미리 부탁드리는 것도 잊지 말아야 한다.

학생부 성적이 좋은 학생들 중에서도 원서접수 기간이 되어 서둘러 준비하는 학생이 적지 않은데, 준비해야 할 서류를 여유 있게 준비하지 못하면 좋은 결과를 기대하기가 어렵다. 스스로 자신을 나타낼 만한 요소를 찾아보고 준비하는 자세를 가져야 한다.

4. 지망 대학의 수시 정보 확인

대학마다 전형방식이 다를 뿐만 아니라 같은 대학 내에서도 모집단위에 따라 전형방식에 차이가 나기 때문에, 수험생들은 희망하는 대학과 학과에 대한 정보를 수집하고 선별할 필요가 있다. 물론 정보의 수집보다 현재 나의 위치를 끌어올리는 것이 더 중요하겠지만, 그렇다고 정보를 소홀히 해서도 안 된다.

수시–특별전형

다음은 수시–특별전형을 준비하는 데 있어 핵심적인 내용들입니다. 지도 시 참고하세요.

특별전형은 해당 대학이 특별한 전형요소 또는 자격 기준을 마련하여 학생을 선발하는 전형이다. 이는 정원내 특별전형과 정원외 특별전형으로 구분할 수 있다(한국대학교육협의회, 2009).

1. 정원내 특별전형

정원내 특별전형은 특기자 특별전형, 취업자 특별전형, 일반계 고교 이외 출신자를 위한 특별전형, 대학별 독자적 기준에 의한 특별전형으로 구분할 수 있다.

1) 특기자 특별전형

각 대학이 인정하는 각종 대회의 입상 실적과 특정교과목 성적 우수자, 외국어 시험성적 우수자 등을 전형기준으로 특정 분야에 탁월한 능력을 소유한 학생을 선발하는 전형이다. 대학에서 분류한 세부 유형으로는 문학, 어학, 한문, 논리논술, 수학, 과학, 전기 · 전자, 건축, 농업, 음악, 미술, 무용, 체육, 방송 · 연예, 연극영화, 디자인, 컴퓨터정보화, 발명, 로봇, 게임, 기능, 만화, 의상 · 미용, 산업공예, 식품조리, 영상, 사진, 바둑, 공연, 멀티미디어, 리더십, 봉사, 자격증, 복합유형(두 가지 이상의 특기를 반영) 등이 있다. 자신이 다른 사람에 비해 유리하다고 생각되는 분야를 잘 선택하여 집중적으로 대비하여야 한다.

2) 취업자 특별전형

고교 졸업 후 일정 기간 산업체 등에서 실제 취업 경력이 있는 자를 대상으로 대학이 자율적으로 정한 전형 기준과 절차에 따라 선발한다.

3) 일반계 고교 이외 출신자를 위한 특별전형

현행 초 · 중등교육법에서 규정한 일반계 고등학교 이외의 고교, 즉 전문계 고교, 특수목적고, 산업체 부설고, 방송통신고, 대안학교, 특성화고교 출신자들만을 대상으로 하는 전형이다.

4) 대학별 독자적 기준에 의한 특별전형

대학 나름대로 정한 일정한 전형기준에 의하여 학생을 선발하는 전형이다. 예를 들어, 학교장 및 담임교사 추천자, 교과성적 우수자, 선 · 효행상 등의 수상

실적, 자격증 소지자, 국가(독립)유공자의 손 · 자녀, 기초생활수급대상자, 소년소녀가장, 지역고교출신자, 환경미화원의 자녀, 장기군복무자의 자녀 전형 등 대학이 정하는 기준에 따라 학생을 선발하는 전형이다. 학교장(교사) 추천의 경우 단위학교에서 추천할 수 있는 대상자가 제한되는 경우도 있고, 각 전형에 따른 자격이나 최저 학력 기준이 있으므로 사전에 확인을 해야 한다.

2. 정원외 특별전형

정원외 특별전형은 농어촌 학생 특별전형, 기초생활수급자 및 차상위계층 특별전형, 전문계 고등학교 출신자 특별전형, 재외국민과 외국인 특별전형, 특수교육대상자 특별전형이 있다. 따라서 특별전형에 지원하고자 하는 자는 대학에서 정하는 특별전형의 기준을 확인하고 지원해야 하며, 전형에 필요한 서류, 증빙 자료 및 추천서 등을 따로 준비해야 한다.

3. 특별전형의 장점

일반전형과 특별전형 모두 지원 대상이 되는 학생은 상대적으로 자신에게 유리한 전형방식을 선택해야 한다. 일반전형은 선발 인원이 많지만 그만큼 지원하는 학생도 많기 때문에 경쟁률이 상대적으로 높아진다. 반면 특별전형은 선발하는 인원이 적지만 자격 기준을 만족하는 학생이 상대적으로 적으므로 경쟁률이 낮게 나타나는 편이다. 예년에 비추어 보면, 일반전형보다 특별전형에서 합격이 더 쉬웠던 것이 사실이다. 만약 조건이 비슷한 경우라면 특별전형이 상대적으로 유리할 수 있다는 것이다. 따라서 특기의 희소 가치가 높은 것일수록 자신감을 갖고 소신 지원을 해 보는 것이 좋다. 대학에 따라서는 수험생이 여러 전형에 복수로 지원하는 것을 허용하는 대학 또는 학과가 있으므로 담임선생님과 충분한 면담을 하도록 하고 수험생 스스로도 전형요강을 꼼꼼하게 살펴보도록 한다.

대학수학능력시험 보는 날

참고자료 번호 : Ⅰ-D-19-④

지도 시 다음을 참고하세요.

수험생의 능력이 수능의 성적에 가장 큰 영향을 미치지만, 수험생의 태도, 감정, 몸 상태 등도 수능 성적에 영향을 미친다.

- 전날 밤에 충분한 휴식을 취한다.
- 잘할 수 있다는 자신감과 최선을 다한다는 적극적인 자세를 갖는다.
- 난방이 개인에 따라서는 맞지 않을 수 있으므로 옷을 충분히 준비한다.

대학수학능력시험의 영역별 출제 범위

영역	구분	문항 수	출제 범위(선택 과목)
언어		50문항	범교과적인 소재를 활용하여 출제
수리(택 1)	'가'형	30문항 (수학Ⅰ 12문항, 수학Ⅱ 13문항, 선택 5문항)	수학Ⅰ+수학Ⅱ+선택과목 (미분과 적분, 확률과 통계, 이산수학 등 3과목 중 택 1)
	'나'형	30문항	수학Ⅰ
외국어(영어)		50문항	범교과적인 소재를 활용하여 출제
사회/과학/직업 탐구(택 1)	사회 탐구	과목당 20문항	윤리(윤리와 사상+전통윤리), 국사, 한국 지리, 세계 지리, 경제 지리, 한국 근·현대사, 세계사, 법과 사회, 정치, 경제, 사회·문화 등 11과목 중 최대 택 4
	과학 탐구	과목당 20문항	물리Ⅰ, 화학Ⅰ, 생물Ⅰ, 지구과학Ⅰ, 물리Ⅱ, 화학Ⅱ, 생물Ⅱ, 지구과학Ⅱ 등 8과목 중 최대 택 4 ※ 단, 물리Ⅱ, 화학Ⅱ, 생물Ⅱ, 지구과학Ⅱ 과목 중에서는 최대 2과목까지만 선택 가능
	직업 탐구	과목당 20문항	농업정보 관리, 정보기술 기초, 컴퓨터 일반, 수산·해운 정보처리 등 컴퓨터 관련 4과목 중 최대 택 1 농업 이해, 농업 기초 기술, 공업 입문, 기초 제도, 상업 경제, 회계 원리, 수산 일반, 해사 일반, 해양 일반, 인간발달, 식품과 영양, 디자인 일반, 프로그래밍 등 전공 관련 13과목 중 최대 택 2
제2외국어/한문		과목당 30문항	독일어Ⅰ, 프랑스어Ⅰ, 스페인어Ⅰ, 중국어Ⅰ, 일본어Ⅰ, 러시아어Ⅰ, 아랍어Ⅰ, 한문 등 8과목 중 택 1

출처: 한국교육과정평가원(2009).

대학수학능력시험 시간표 (2010학년도)

교시	시험 영역	시험시간(소요시간)	배점	문항수	비 고
수험생 입실 완료 - 08:10까지					
1	언어	08:40 ~ 10:00 (80분)	100	50	• 듣기 문항 5개 포함 08:40부터 13분 이내
휴식 - 10:00 ~ 10:20 (20분)					
2	수리	10:30 ~ 12:10 (100분)	100	30	• 단답형 30% 포함
중식 - 12:10 ~ 13:00 (50분)					
3	외국어(영어)	13:10 ~ 14:20 (70분)	100	50	• 듣기 · 말하기 문항 17개 포함 13:10부터 20분 이내
휴식 - 14:20 ~ 14:40 (20분)					
4	사회/과학/직업탐구	14:50 ~ 16:56 (126분)			
	시험: 4과목 선택자	14:50 ~ 15:20 (30분)	50	20	• 선택과목 응시 순서는 응시원서 뒷면에 명기된 탐구 영역별 과목의 순서에 따라야 함 • 문제지 회수시간은 과목당 2분임
	시험 본 과목 문제지 회수	15:20 ~ 15:22 (2분)			
	시험: 3~4과목 선택자	15:22 ~ 15:52 (30분)	50	20	
	시험 본 과목 문제지 회수	15:52 ~ 15:54 (2분)			
	시험: 2~4과목 선택자	15:54 ~ 16:24 (30분)	50	20	
	시험 본 과목 문제지 회수	16:24 ~ 16:26 (2분)			
	시험: 1~4과목 선택자	16:26 ~ 16:56 (30분)	50	20	
휴식 - 16:56 ~ 17:15 (19분)					
5	제2외국어/한문	17:25 ~ 18:05(40분)	50	30	• 듣기평가는 실시하지 않음 • 8과목 중 택 1

출처: 한국교육과정평가원(2009).

대학수학능력시험 성적통지표

〈2010학년도 대학수학능력시험 성적통지표(예시)〉

수험번호	성 명	주민등록번호	출신고교(반 또는 졸업연도)
12345678	홍 길 동	910101 - 1087654	한국고 (0009)

구 분	언어 영역	수리영역	외국어 (영어) 영역	과학탐구 영역				제2외국어/한문영역
		'가'형 (미분과 적분)		물리 I	화학 I	생물 I	지구과학 I	일본어 I
표준점수	131	137	141	53	64	61	73	69
백분위	93	95	97	75	93	87	97	95
등 급	2	2	1	4	2	3	1	2

출처: 한국교육과정평가원(2009).

시험 볼 때의 전략

참고자료 번호 : I-D-19-⑤

지도 시 다음을 참고하세요.

1. 각 시험의 지시문을 잘 읽는다. 시험 문제지의 처음에 나오는 지시문을 잘 읽고 문제를 풀기 시작한다.

2. 속도를 조절한다. 정해진 시간 내에 시험을 완료할 수 있도록 문제 풀이 속도를 조절하라. 특히 언어, 외국어 영역은 상당히 긴 지문이 나오므로 하나의 지문에 너무 많은 시간을 할애하지 않도록 주의한다. 문제에 따라서는 지문을 읽기 전에 문항을 먼저 읽어 보는 것이 지문의 내용을 파악하는 시간을 줄여 줄 수도 있다.

3. 쉬운 문제부터 답한다. 어려운 문제에 막혀 시간을 너무 소비하면 제시간에 문제를 다 풀지 못하는 수가 있다. 쉬운 문제부터 풀고 난 후 어려운 문제들을 답한다.

4. 문항의 답을 성급히 결정하지 말아야 한다. 질문을 잘 읽고 어떤 유형의 답을 요구하는지 제대로 파악한다. 그 후 정답으로 생각되는 것이 답지에 있는지 확인한다. 옳은 답을 발견했다고 해서 바로 정답란에 표기하지 말고 다른 답지들을 잘 읽고 질문에 가장 옳은 답을 골라야 한다. 답지에 답이 없는 경우에는 질문을 다시 읽고 모든 답지를 다시 본다.

5. 질문을 왜곡하거나 확대 해석하지 않도록 주의한다.

6. 답안지에 정확히 표기한다. 답을 밀려 쓰지 않았는지 문항번호와 답을 점검한다. 또한 각 질문에 정답을 하나만 표기했는지 점검한다.

7. 시간이 남으면 어렵거나 애매했던 문제를 다시 한 번 검토해 본다.

자료번호 : Ⅰ-D-19
영역 : 진로발달

나에게 어떤 대학이 좋은가

구분	내 용		
활동영역	진로 계획 및 탐색	활동범주	대학에 관한 의사결정하기
활동목표	여러 대학들과 그 대학들이 제공하는 것에 관해서 안다.		
활동대상	고등학교 3학년	소요시간	100분
준비물	교사: '대학 맛보기' 읽기자료, 각 대학의 요람이나 안내책자	집단크기	소집단, 학급 전체
활동소개	이 활동을 통해 학생들은 대학생활에서 필요로 하는 기본 사항들을 알게 되고 대학생활을 미리 경험해 볼 수 있다.		
활동절차	[1차시] 1. 학생들에게 자신의 미래 대학생활을 상상해 볼 것을 제안한다. 2. '대학 맛보기' 읽기자료를 나누어 주고 대학생활에 필요한 여러 용어들을 설명한다. 3. 읽기 자료에 나와 있는 용어 이외에 총 이수 학점, 평균 수업량, 실험수업이나 강의수업 등에 대해 설명한다. 4. 학생들에게 대학요람을 읽는 법과 기초 필수과목에 대해 설명한다. 특수한 전공의 필수조건에 대한 개요를 설명한다. [2차시] 1. 소집단으로 학급을 나누고, 학생들에게 전공을 선택하게 한 후 그 전공의 필수조건을 점검하도록 한다. 2. 질문과 답변의 시간을 갖는다.		
유의사항	대부분의 고등학생들은 미래의 대학생활 관련 자료를 충분히 가지고 있지 못하다. 대학에 대한 학생들의 걱정과 고민을 덜어 줄 수 있도록 도움을 제공해야 할 것이다.		

대학 맛보기

다음은 대학에서 학생들이 알고 있어야 할 내용들을 정리한 것입니다.

1. 학점제

대학에서 교과과정 이수단위를 학점이라고 한다. 보통 1학기 수업이 16주이므로 1학기에 16시간 이상의 강의를 1학점으로 한다. 물론 실험, 실습, 실기는 1학기 30~32시간 이상의 강의를 1학점으로 하는 등 예외도 있다. 한 학기당 보통 15~24학점 한도 내에서 수강신청을 할 수 있다. 신청과목 안에는 전공필수와 전공선택, 교양과목 등이 있는데, 일반적으로 140학점 정도를 이수하면 졸업이 가능하다. 다만 의대 같은 경우는 더 많은 학점을 이수해야 한다. 졸업 이수 학점 중 전공필수 이수 학점과 전공선택 이수 학점이 정해져 있기 때문에 그 학점 이상을 이수하지 못했다면 총 140학점을 모두 이수했다 하더라도 졸업이 불가능하다. 필수라고 지정되어 있는 과목은 졸업하기 전에 꼭 수강해야 한다는 뜻이다.

2. 전공예약제

학생들이 자신의 적성에 맞는 전공을 미리 선정하는 것으로 1학년에서 2학년으로 올라갈 때, 입학 시 지원한 전공만을 선택하도록 하는 제도다.

3. 복수전공

학생이 소속한 전공(학과) 이외의 전공(학과)에서 정해진 일정 학점 이상을 이수하는 것이다. 두 개의 전공학위를 받을 수 있고, 제1전공에 이어 다른 전공을 더 깊이 있게 공부하고 싶은 학생들에게 주어지는 기회다.

4. 졸업인증제

졸업생의 경쟁력 강화와 면학 분위기 강화를 위해 신입생을 대상으로 시행하고 있는 제도로서 32시간의 사회봉사활동, 미국인 교수의 지도 아래 이루어지는 원어영어 강좌, IT 강좌 등을 이수해야만 졸업이 가능한 제도다.

5. 학부제

2개 이상의 인접 또는 유사 학문 영역을 하나의 학부로 구성하고 그 밑에 둘 이상의 전공을 개설할 수 있는 제도로서 기존 학과보다는 크고 대학보다는 작은 교육 편제다. 이를 통하여 학과 및 교육과정의 통합 운영이 가능하고, 전공의 문호를 개방하여 학생들은 여러 학문 분야를 경험한 후 자신의 미래를 결정할 전공을 스스로 선택할 수 있다.

자료번호 : I-D-19
영역 : 진로발달

대학 입시 용어의 소개

<table>
<tr><th>구분</th><th colspan="3">내용</th></tr>
<tr><td>활동영역</td><td>진로 계획 및 탐색</td><td>활동범주</td><td>대학에 관한 의사결정하기</td></tr>
<tr><td>활동목표</td><td colspan="3">여러 대학들과 그 대학들이 제공하는 것에 관해서 안다.</td></tr>
<tr><td>활동대상</td><td>고등학교 1학년</td><td>소요시간</td><td>50분</td></tr>
<tr><td>준비물</td><td>교사: '입시 용어' 참고자료</td><td>집단크기</td><td>학급 전체</td></tr>
<tr><td>활동소개</td><td colspan="3">학생들은 학년 혹은 학급 내에서의 순위, 시험 성적 같은 자신의 학업성취 수준과 자신이 원하는 대학교에서 요구하는 바가 무엇인지를 잘 조화시켜야 하며 입시 용어들에 대해 잘 알아야 한다.</td></tr>
<tr><td>활동절차</td><td colspan="3">1. 학생들이 친숙하게 알고 있는 대학 입학과 관련된 용어에는 어떤 것이 있는지 질문한다.
2. 학생들과 다음의 입시 용어를 함께 알아본다.
① 수시와 정시
② 가중치
③ 선택과목제
④ 고등학교 교육과정
⑤ 교육과정의 활동
⑥ 포상/훈장
3. '입시 용어' 참고자료를 나누어 주고 학생들과 함께 살펴본다.</td></tr>
<tr><td>유의사항</td><td colspan="3">대학 일람표에서 비현실적으로 느껴지는 것들을 모두 적어 두고, '개인적인 대학요람'을 완벽하게 구성하기 위해 필요한 정보를 체크해 둔다. 이는 정확한 자료를 획득할 수 있게 도와준다.</td></tr>
</table>

입시 용어

다음은 입시 관련 용어에 대한 설명입니다.

1. 최소 이수단위

현 고등학교 교과과정을 보면(국어 4단위, 영어 3단위, 수학 4단위 식으로) 과목별 이수단위가 정해져 있는데, 대학에서 최소 이수단위를 정할 경우 1학년 국민공통기본교과 56단위를 포함하여 전 학년 동안 대학에서 정하는 최소 이수단위만큼 이수해야 지원자격이 주어진다. 즉, 최소 이수단위란 대학에 지원하기 위해 최소한 이수해야 할 단위 수로 이를 이수하지 않을 경우 지원이 제한된다. 참고로 서울대학교는 최소 이수단위를 122단위로 정하고 있다.

2. 학업적성평가

대학에서의 학업을 성공적으로 수행할 수 있는 적성이 어느 정도인가를 평가하는 시험이다. 수험생의 입장에서 이 제도는 다음과 같이 정리할 수 있다. 첫째, 고등학교 교과과정에서 얼마나 충실히 능동적으로 공부하였나를 평가한다. 둘째, 문항은 특정교과에 한정되지 않은 여러 과목의 내용이 통합된 형식을 띠게 된다. 셋째, 자신이 알고 있는 내용을 서술하거나, 자신의 주장을 펼 수 있고 논술할 수 있는 능력을 측정한다. 넷째, 논술시험보다는 더 많은 문항으로 구성하여 수험생의 학업능력을 변별력 있게 측정하며 객관적이고 공정한 평가가 가능하다. 단기간에 특별한 준비를 하는 것은 별로 도움이 되지 않으나, 지금까지 공부해 온 내용을 점검받을 수 있는 좋은 기회다.

3. 교직적성 인성검사

사범대학 지원자를 대상으로 교사로서의 역할 수행과 관련된 기본적 인성과 적성의 적절성 여부를 측정함과 아울러 논리적, 창의적 사고능력과 표현능력을 중심으로 대학 수학에 필요한 사고능력을 통합적으로 측정하는 검사다. 대학입학 전형에서 교직적성검사는 낮게는 5%에서 높게는 10~15% 반영 비율을 보이고 있다.

4. 수학계획서

지원한 대학, 학부(학과)에 합격했을 경우를 가정하고 자신의 미래 4년 동안의 대학 생활과 학업계획을 밝히는 글이라고 할 수 있다. 대학의 입장에서 자기소개서와 더불어 외부 평가자료로는 알 수 없는 수험생의 발전 가능성을 참고하여 입학전형에 반영하기 위한 제도다.

5. '3+1'과 '2+1'식 수능 반영

대학마다 전형방법이 다양하고 대학이 요구하는 수능 성적도 각양각색인 만큼, 성적을 산출하는 방식 또한 대학마다 다르다. 대표적인 것이 '3+1'과 '2+1'로 대부분의 대학이 언어, 수리, 외국어 영역에 탐구 영역(사회, 과학, 직업 중 택일)을 더한 '3+1' 방식을 택하고 있으며, 계열에 따라 언어, 외국어, 사회탐구나 수리, 외국어, 과학탐구를 반영하는 '2+1' 방식을 적용하기도 한다. 수리 및 사회, 과학, 직업 탐구 영역의 선택과목은 대부분의 대학이 학생 자유 선택에 맡겨 1~4과목을 반영하는 반면, 일부 대학은 특정 과목을 지정하고 있다. 따라서 이에 대한 주의가 필요하다.

6. 가, 나, 다 군

4년제 대학에 해당하는 가군, 나군, 다군은 정시모집에서의 전형 실시기간에 따른 구분이다. 다시 말해, 전형 일자에 따라 모집시기를 구분한다는 것이다. 시험기간 군이 다른 대학 간 또는 동일 대학 내 시험기간 군이 다른 모집단위(대학이 분할 모집하는 경우) 간에는 복수 지원이 가능하지만, 시험기간 군이 동일하면 한 곳만 선택하여 지원해야 한다. 하지만 전문대학은 시험기간 군이 따로 정해져 있지 않아 여러 대학에 제한 없이 지원할 수 있다.

7. 가중치

모집단위별 특성을 고려하여 수학능력시험의 5개 영역(언어, 수리탐구, 사회탐구, 과학탐구, 외국어, 제2외국어) 중 특정 영역 성적에 가중치를 두어 전형 총점에 계산하는 것을 말한다. 만약 어느 대학의 모집단위에서 수리 영역과 외국어 영역에 가중치를 부여한다고 가정한다면, 수능 총점이 같은 학생이라고 하더라도 수리 영역과 외국어 영역이 우수한 학생이 유리해지게 되는 것이다. 최근의 경향이 수능 성적의 활용 시 전 영역의 합산 총점보다는 모집단위에 따라 일부 영역만을 반영하는 대학이 늘어나면서, 특정 영역에 가중치를 부여하는 대학 또한 상당수에 달하고 있다.

8. 선택과목제

2005학년도 수능부터는 수리 '가'형과 사회/과학/직업 탐구 영역의 경우 수험생이 직접 여러 과목 가운데 자유롭게 선택과목을 지정해 응시할 수 있도록 하고 있다. 수리 및 사회/과학/직업 탐구 영역의 선택과목은 대부분 대학이 학생 자유 선택에 맡겨 1~4과목을 반영하는 반면 일부 대학은 특정 과목을 지정하고 있어 주의가 필요하다.

자료번호 : I-D-20
영역 : 진로발달

이 점수로 어떤 대학을 선택할 수 있는가

구분	내 용		
활동영역	진로 계획 및 탐색	활동범주	대학에 관한 의사결정하기
활동목표	대학을 선택하는 방법을 안다.		
활동대상	고등학교 1학년	소요시간	50분
준비물	교사: '내가 졸업할 때 이 직업은 가치가 있겠는가' 활동지, 『한국직업전망』 참고도서	집단크기	학급 전체
활동소개	지역 대학의 학교 홍보담당자를 초대함으로써 학생 자신이 진학하고자 하는 학과에 대한 더 많은 정보를 탐색할 수 있을 것이다.		
활동절차	1. 대학 홍보담당자와 날짜 및 시간을 조정한다. 2. 홍보담당자는 이 수업의 목표인 대학에서의 직업 선택 기회의 다양성을 탐색하기 위해 필요한 정보의 중요성을 설명한다. 3. '내가 졸업할 때 이 직업은 가치가 있겠는가' 활동지를 학생들에게 나누어 주고, 필요한 진로 정보 목록을 작성하도록 한다. 4. 홍보담당자는 학생들에게 필요한 정보 목록에 어떤 것이 있는지 질문하고 대답한 목록을 정리하도록 한다(예: 영어과의 경우 졸업조건이나 얻을 수 있는 직업 등). 5. 학생들의 질문 목록에 대해 자세히 설명한다. 6. 학생 각자가 관심 있어 하는 목록에 대해 스스로 정보를 수집할 수 있도록 격려한다. 7. 직업의 긍정적인 면과 부정적인 면을 함께 생각하도록 유도한다. 8. 학생들은 자신이 선택한 분야에서의 잠재적 고용 가능성을 생각해 본다.		
유의사항	변화하는 직업 세계를 예측해 보기 위해 학생들은 직업전망서를 이용하기 위한 집단을 만들 수 있을 것이다. 학생들이 직업전망서에 적힌 내용에만 의지하여 잘못된 판단을 할 수도 있으므로 직업전망의 모호성을 반드시 강조하고 지침으로써 사용한다.		

내가 졸업할 때 이 직업은 가치가 있겠는가

활동지 번호 : I-D-20

_____학년 _____반 _____번

이름: ____________________

관심 있는 직업에 대해 조사해 봄으로써 장래 전망을 고려해 봅시다.

희망 직업: ____

진로 기회: ____

진로/직업 관련 정보

1. ____
2. ____
3. ____
4. ____
5. ____

〈학과별 취업률 순위〉

순위	전문대	취업률	대학교	취업률
1	지상교통	95.0%	간호학	94.2%
2	뷰티아트	90.1%	의학	92.9%
3	해양	90.1%	초등교육학	91.4%
4	유아교육	89.6%	치의학	86.0%
5	광학 · 에너지	87.4%	한의학	84.5%
6	간호	86.9%	디자인 일반	78.1%
7	기전공학	86.1%	재활학	73.8%
8	특수교육	84.9%	체육	73.3%
9	의료장비	84.4%	특수교육	73.2%
10	비서	84.1%	유아교육학	71.9%

출처: 한국교육개발원(2007).

자료번호 : I-D-21
영역 : 진로발달

대학 설명회

구분	내용		
활동영역	진로 계획 및 탐색	활동범주	대학에 관한 의사결정하기
활동목표	대학을 방문한다.		
활동대상	고등학교 2~3학년	소요시간	100분
준비물	없음	집단크기	학급 전체
활동소개	대학 설명회는 교사와 학생 그리고 학부모에게 대학 결정에 대해 보다 구체적이고 실질적으로 탐색할 수 있는 기회를 제공한다.		
활동절차	1. 재미있고 유익한 설명회를 위한 계획을 짠다. 2. 두 달 전에 서면으로 관계기관과 협의한다. 3. 설명회 1주 전에 교사와 학생들에게 홍보한다. 4. 대학 소개(캠퍼스 투어, 비전, 장학금 등에 관한 설명)뿐만 아니라 문화 이벤트도 함께 준비한다. 5. 다과를 준비하고 장소를 섭외한다. 6. 설명회에 참여할 대학생에게 미리 조언을 구한다.		
유의사항	이 행사는 고등학교 2~3학년이 관심을 가지고 참여할 수 있는 활동이다. 성공적인 대학 설명회를 열기 위해 철저한 사전 준비와 계획이 있어야 할 것이다.		

인생 계획과 탐색

<table>
<tr><th>구 분</th><th colspan="3">내 용</th></tr>
<tr><td>활동영역</td><td>진로 계획 및 탐색</td><td>활동범주</td><td>대학에 관한 의사결정하기</td></tr>
<tr><td>활동목표</td><td colspan="3">장학금과 경제적 지원에 관한 정보를 얻는 방법을 안다.</td></tr>
<tr><td>활동대상</td><td>고등학교 2~3학년</td><td>소요시간</td><td>50분</td></tr>
<tr><td>준비물</td><td>교사: ‘경제적 지원’ 참고자료</td><td>집단크기</td><td>소집단, 학급 전체</td></tr>
<tr><td>활동소개</td><td colspan="3">각 대학에서는 학생들에게 재정적 지원 기회를 확장하고 있다. 경제적 지원은 학생 자신이 미래에 대해 책임감을 가질 수 있는 중요한 기회임을 강조하여 학생들이 장래에 이용할 수 있게 한다.</td></tr>
<tr><td>활동절차</td><td colspan="3">1. 활동의 목적을 설명한다(활동소개 참조).
2. ‘경제적 지원’ 참고자료를 나누어 주고, 주의 깊게 첫 번째 단락을 읽어 보게 하고 이해했는지 확인한다.
3. 각각의 장학제도에 대해 학생들이 충분히 숙지할 수 있도록 설명해 준다.
4. 추후에 의문사항이 남지 않도록 자세한 정보를 제공하고 학생들이 경제적 지원을 신청할 수 있도록 격려한다.</td></tr>
<tr><td>유의사항</td><td colspan="3">학생 중에는 무엇을 질문해야 하는지 잘 모르는 경우가 있을 수 있으므로 질문을 제시하고 정보를 제공해 준다. 장학제도를 이용해 본 학생들이 정보를 나눌 수 있도록 소집단 활동이 효과적일 수 있다. ‘나는 어떻게 해도 자격이 없다.’ ‘문제가 너무 많다.’ ‘부모님이 이 모든 것을 알아서 해 줄 것이다.’라고 생각하는 학생들은 더 깊은 관심과 격려가 필요하다.</td></tr>
</table>

참고자료 번호 : Ⅰ-D-22

경제적 지원

지도 시 다음을 참고하세요.

여기서 경제적 지원이라 함은 대학교육을 위한 비용을 가족 외의 사람이나 단체로부터 지원받는 것을 말한다. 교육비용의 가장 기본적인 책임은 학생 자신과 가족에게 있으므로 학생의 흥미, 적성과 학과 성적뿐만 아니라 경제적인 능력을 고려하여 대학을 선택해야 할 것이다. 경제적 지원은 장학제도를 살펴보아야 하는데, 장학제도에는 대학의 장학금과 정부보조 장학금 그리고 학자금 대출제도가 있다.

1. 대학의 장학금

가계가 빈곤하고 성실히 학교생활을 수행하거나 학업 성적이 우수하여 장래가 촉망되는 학생들에게 장학금을 지급한다. 장학금을 수여하는 것은 학교별 학칙 및 관련 법규에 의거한다.

2. 정부 보조금(이공계 무상 국가장학금)

1) 수능 점수가 있는 자

- 내신 성적
  - 수학 · 과학 평균석차 상위 20% 이내
  - 고등학교 내신 성적 반영 과목인 수학 및 과학 과목
  - 국민공통기본교과, 선택과목(일반선택 및 심화선택), 전문교과(과학에 관한 교과) 영역의 수학 · 과학 과목 전부 해당
- 내신 성적과 동시에 충족시켜야 하는 대학수학능력시험 성적 기준
  - 수리 영역 '가'형: 1등급
  - 과학탐구 영역(4과목): 2개 과목 1등급 또는 과학Ⅱ 1개 과목 1등급
  - 내신 성적과 대학수학능력시험 성적 기준이 모두 충족된 인원이 당초 선발 규모보다 적을 경우: 내신 성적 기준을 충족하고 수리 영역 '가'형 및 과학탐구 영역(최대 4과목) 영역별 과목의 백분위 합산점수 상위 우수자를 추가 선발

※ 국민기초생활보장 수급자 및 차상위 저소득자 본인 또는 자녀의 자격조건

과 선발 기준: 국민기초생활보장법에 의거하여 국민기초생활보장 수급자 및 차상위 저소득자 본인 또는 자녀를 대상으로 함. 선발 기준은 동 지원자격 조건이 있는 자를 대상으로 당해 연도 신규 장학생 예산의 10% 범위 내에서 내신 성적 기준을 충족하고 수리 영역 '가'형 및 과학탐구 영역(최대 4과목) 영역별 과목의 백분위 합산점수 상위 우수자 순으로 선발

- 선발방법: 지원자 중 선발 규모에 따라 그 비율이 초과될 경우 별도 기준을 보완 · 반영하여 최종 선발
- 과학탐구 영역 입시과목 수가 4과목 미만인 경우 가중치에 따라 계산식 적용
  - 가중치: 1과목 0.85, 2과목 0.90, 3과목 0.95, 4과목 1.0
  - 계산식: 수리탐구 '가'형 백분위 점수+과학탐구 영역 과목별 백분위 합산/과학탐구 영역 과목 수× 해당 과목 수별 가중치

2) 수능 점수가 없는 자

- 대학수학능력시험 성적이 없는 수시모집 입학생의 경우의 선발 기준
  - 대학수학능력시험 성적이 없는 수시모집 이공계 학과(부) 입학생으로 고등학교 내신 성적(학교생활기록부)의 수학 · 과학 교과목 평균석차가 상위 50% 이내인 자를 대상으로 우수자 순으로 선발할 계획(2006년도에는 100명 이내를 선발)
  - 일반고 및 과학고의 정규 졸업자는 3개 학년까지, 조기 졸업자의 경우는 해당 학기까지, 실업고, 특성화고 및 해외 고등학교 졸업자는 3개 학년까지 전 교과목 내신 성적을 적용
  - 해외 고등학교 출신자는 3개 학년 전 교과목 평균성적이 A 이상인 우수자를 선발하고, 한국 과학영재학교 출신자는 전문교과(수학 · 과학) 과목 성적을 적용하여 A(A+, A0, A−) 이상이 20학점 이상인 우수자를 선발
  - 단, 검정고시 출신자는 제외

3. 근로장학금

1) 근로장학금의 목적

대학에 재학 중인 학생들 중 학교생활에 충실하고 타의 모범이 되는 학생들을 각 부서에 배치함으로써 학생들에게 면학 분위기 조성 및 학비 마련의 기회를 마련하고자 하는 것

2) 대상

가정형편이 곤란한 학생으로서 해당 근로부서에 근로를 희망하는 학생 또는 재학생으로, 학교생활에 충실하고 타의 모범이 되는 학생들

3) 업무

- 단순한 노동을 통하여 근로의 신성함을 체득함으로써 자기 성장에 기여할 수 있는 것
- 학생 신분에 부응하여 전공 지식을 현장에서 실습 또는 응용함으로써 학구적 성취를 이룩할 수 있는 것
- 연구소 단위의 연구과제를 통하여 자기 학습에 도움이 되는 것
- 그 외에도 식당 그릇 닦기, 각종 청소, 기자재 정리, 도서 분류, 도서 배열, 도서 및 카드 정리, 각종 자료 정리 등의 기타 잡일 등

4. 학자금 대출제도

1) 국내 고등교육기관에 재학(신입, 복학, 편입학, 재입학 포함) 중(예정 포함)인 대한민국 국민(주민등록상 해외이주 신고자는 제외)

- 고등교육법 제2조 각 호의 규정에 따른 학교(대학교, 산업대학교, 교육대학교, 전문대학, 기술대학, 각종 학교) 및 사이버대학, 기능대학(다기능기술 과정), 다른 법률에 따라 설치된 대학(예: KAIST, 한국학중앙연구원) 등
- 단, 학점은행제 교육기관 및 외국대학은 제외

2) 직전 학기에 12학점 이상을 이수한 학생

- 대학원생 및 직전 학기가 졸업 직전 학기인 학생과 장애우 학생은 12학점 미만 이수자도 가능

3) 직전 학기 성적이 100점 만점 환산 시 70점 이상인 학생

- 신입생(학부 신입생, 대학원 신입생, 편입학생, 재입학생)은 제외
- 직전 학기 성적 이용이 곤란한 경우(성적 처리 전, 교환학생 등)에는 이용 가능한 최종 학기 성적을 활용

4) 대출신청 연령은 1951년 1월 1일 이후 출생자

제8장

인성 · 사회성 발달 영역

인생 수레바퀴

구분	내용		
활동영역	자신 및 타인의 이해	활동범주	자신을 이해하고 수용하기
활동목표	나 자신을 이해 · 수용하고 좋아한다.		
활동대상	고등학교 1학년	소요시간	50분
준비물	교사: '인생 수레바퀴' 활동지, '인생 수레바퀴-설명자료' 참고자료	집단크기	소집단, 학급 전체
활동소개	이 활동은 학생들이 성인으로 성숙해 나가기 시작하는 매우 중요한 고등학교 시기에 자신의 모습을 깊이 통찰하고 직면해 보는 경험을 통해서, 오늘을 보다 충실하게 살아가기 위한 각성의 기회를 갖도록 하는 활동이다.		
활동절차	1. 활동에 대한 소개를 간단히 하고, '인생 수레바퀴' 활동지를 나누어 준다. 2. '인생 수레바퀴-설명자료'를 이용하여 '지금-여기'의 소중함에 대하여 말해 준다. 3. 조용히 눈을 감고 자신의 과거, 현재, 미래의 모습을 회상하게 한다(이때 명상음악을 활용하는 것도 좋다.). 4. 가운데 원 안에 자신의 현재 모습을 선과 모양, 색깔로 표현하도록 한다. 5. 왼쪽에는 자신의 과거를 나타내는 그림을, 오른쪽에는 자신의 미래를 나타내는 그림을, 위쪽에는 자신의 인생철학을 나타내는 그림을, 그리고 아래쪽에는 가장 편안하고 따뜻하다고 느끼는 곳을 그리도록 안내한다. 6. 학생들에게 자신의 인생 수레바퀴를 학급 전체나 자기 집단원들에게 설명하고 각자의 느낌을 나누도록 지도한다.		
유의사항	교사들은 교실을 순회하면서 학생들을 지지해 주고 긍정적 메시지를 준다. 생각을 표현하는 데에 어려움을 느끼는 학생들은 느낌 표현 연습을 위한 소집단 활동이 필요하다.		

인생 수레바퀴

_____학년 _____반 _____번

이름: ____________________

교사의 지시에 따라 다음의 인생 수레바퀴에 해당하는 그림을 그려 봅시다.

1. 먼저 가운데 원 안에 자신의 현재 모습을 선과 모양, 색깔로 자유롭게 표현해 봅니다. 왼쪽에는 자신의 과거를 나타내는 그림을, 오른쪽에는 자신의 미래를 나타내는 그림을 자유롭게 그려 봅니다. 인생 수레바퀴의 위쪽에는 자신의 인생철학을 나타내는 그림을, 맨 아래쪽에는 가장 편안하고 따뜻하다고 느끼는 곳을 그려 봅니다.
2. 자신이 왜 이렇게 표현했는지 친구들에게 이야기하고 서로의 느낌을 말해 봅시다.

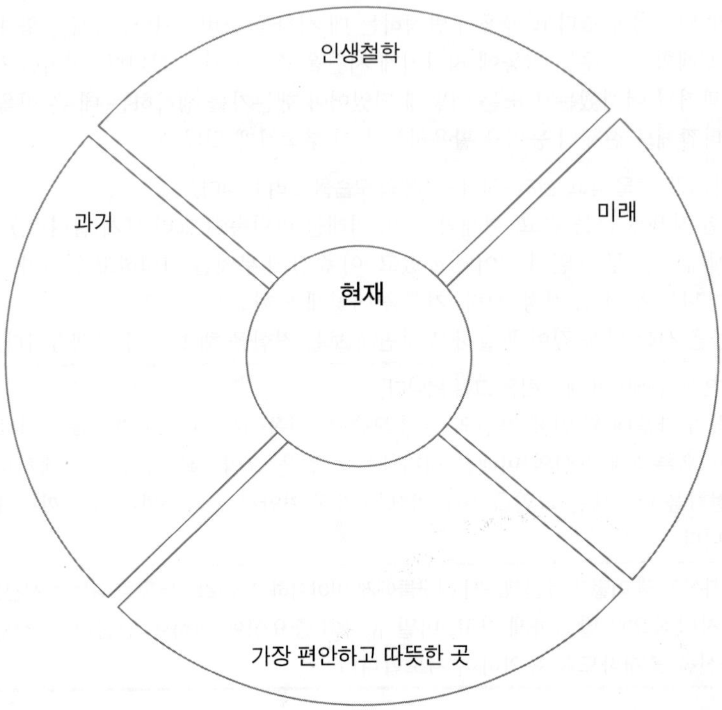

참고자료 번호 : Ⅱ-B-8

인생 수레바퀴-설명자료

교사는 다음 자료를 바탕으로 학생들에게 활동에 대한 소개를 해 줍니다.

1. '현재-과거-미래'의 의미에 대하여 설명해 줍니다.

지금 여기에 존재하는 우리는 과거의 경험들로부터 영향을 받고 있습니다. 그래서 과거 자신의 경험을 어떻게 받아들이며, 또 과거에 대해 어떤 느낌을 가지는가는 현재의 삶에 큰 영향을 주기도 합니다.

과거 자신의 모습을 회상해 보는 경험은 지금의 나를 이해하는 데 있어서 중요합니다. 또한 미래의 자신을 상상해 보는 경험은 지금의 내가 어떤 삶을 살아가야 하는지 각성할 수 있는 기회를 제공합니다.

우리는 오늘 현재를 어떻게 살아가고 있습니까? Pearls는 "지금 이외에는 아무것도 존재하지 않는다. 왜냐하면 과거는 지나간 것이며 미래도 아직 오지 않았고, 현재만이 의미가 있기 때문이다."라고 말했습니다.

너무나 많은 사람들이 현재의 삶 속에서 힘을 상실해 가고 있습니다. 그리고 현재의 순간에 존재하는 대신에 과거의 실수를 한탄하고 인생이 지금과 다르게 될 수도 있었고 또 다르게 되었어야 했다고 곰곰이 반성하는 데 시간을 소비하거나, 미래를 향해 끝없이 결정하고 계획을 세우는 활동에 지나치게 시간을 소비하기도 합니다. 이러한 사람들은 자신의 과거가 어떠했는가 또는 어떻게 되었어야 했는가를 생각하는 데 온 힘을 쓰기 때문에 안타깝게도 현재의 능력을 활용하는 힘이 부족하게 됩니다.

2. 명상의 시간: 눈을 감고 '현재-과거-미래'의 모습을 그려 봅니다.

(편안한 자세로 눈을 감고, 현재와 과거, 미래를 머릿속에 그려 보게 합니다.)

- 나에게 지금 무슨 일이 일어나고 있고, 이 순간에 무엇을 인식하고 있는가?
- 오늘 나는 두려움, 걱정, 사랑, 기쁨을 어떻게 느끼고 있는가?
- 오늘을 사는 나를 깊이 통찰하고 직면해 보는 경험을 해 보도록 하겠습니다.

3. 활동: '인생 수레바퀴'에 그림을 그려 봅니다.

그림의 가운데 원 안에 자신의 현재 모습을, 왼쪽에는 자신의 과거를 나타내는 그림을, 그리고 오른쪽에 자신의 미래를 나타내는 그림을 그리도록 합니다. 계속하여 위쪽에는 인생철학을 나타내는 그림을, 아래쪽에는 가장 편안하고 따뜻하다고 느끼는 곳을 그리도록 합니다.

4. 나눔: 자신이 왜 이렇게 표현했는지 친구들에게 이야기하고 서로의 느낌을 나누는 시간을 갖습니다.

이때 자발적으로 발표하게 하고, 비밀 유지의 중요성에 대하여 언급하며, 적당한 수준까지 자신을 공개하도록 유의하여 지도합니다.

자아존중

<table>
<tr><th>구 분</th><th colspan="3">내 용</th></tr>
<tr><td>활동영역</td><td>자신 및 타인의 이해</td><td>활동범주</td><td>자신을 이해하고 수용하기</td></tr>
<tr><td>활동목표</td><td colspan="3">나 자신을 이해 · 수용하고 좋아한다.</td></tr>
<tr><td>활동대상</td><td>고등학교 1학년</td><td>소요시간</td><td>50분</td></tr>
<tr><td>준비물</td><td>교사: '나에게 쓰는 편지' 활동지, 편지 봉투</td><td>집단크기</td><td>소집단, 학급 전체</td></tr>
<tr><td>활동소개</td><td colspan="3">청소년기는 자신에 대해 발견하고 다른 사람들과는 다른 자신만의 독특성과 특별한 재능을 발견할 수 있는 시기다. 이 활동은 6개월 후의 자신에게 편지를 써 봄으로써 변화하는 자신을 발견할 수 있게 할 것이다 .</td></tr>
<tr><td>활동절차</td><td colspan="3">1. 사람은 각자 스스로를 행복하게 만들 수 있고, 또 중요한 타인들(부모님, 형제 등) 또한 행복하게 할 수 있는 능력이 있음을 학생들에게 설명한다.
2. 학생들이 6개월 후 자신이 읽을 편지를 쓰도록 한다.
3. 학생들에게 자신의 성격 중 강점을 선택해서 쓰도록 하고, 그 강점이 자신과 가족들 그리고 친구들을 더 행복하게 만드는 데 사용될 수 있는 방법을 편지에 쓰도록 한다.
4. 편지 속에 학생들이 미래에 어떤 성격을 가진 사람이 되기를 원하는지 쓰도록 한다.
5. 학생들에게 봉투에 편지를 넣고 봉하여 주소를 써서 교사에게 제출하도록 한다. (교사는 편지를 보관하다가 6개월 후에 돌려줘야 한다.)
6. 이 활동에 대한 학생들의 느낌을 이야기하면서 활동을 종결한다.</td></tr>
<tr><td>유의사항</td><td colspan="3">이 편지들은 6개월(시기는 적절히 조정 가능) 후에 돌려줄 것이며, 이것으로 추후활동을 할 것이라고 강조해 둔다. 학생들이 편지 속에 쓴 내용에 대해 다른 학생들과 이야기할 수 있는 기회를 줄 수도 있다.</td></tr>
</table>

활동지 번호 : Ⅱ-B-8

나에게 쓰는 편지

_____학년 _____반 _____번

이름: ____________________

이 편지는 6개월 후에 내가 다시 읽어 보게 될 것입니다. 나는 미래에 어떤 성격을 가진 사람이 되기를 원하는지, 나의 성격 중 좋은 점은 무엇인지, 그리고 이러한 나의 성격이 나와 우리 가족, 친구들을 더 행복하게 만드는 데 사용될 수 있는 방법은 무엇인지 기록해 봅시다.

세상에서 오직 하나뿐인 나 ________에게

지난 학기 성적표에 대한 나의 느낌

자료번호 : II-B-8
영역 : 인성 · 사회성 발달

구 분	내 용		
활동영역	자신 및 타인의 이해	활동범주	자신을 이해하고 수용하기
활동목표	나 자신을 이해 · 수용하고 좋아한다.		
활동대상	고등학교 1학년	소요시간	50분
준비물	• 교사: '지난 학기 성적표에 대한 나의 느낌' 활동지 • 학생: 지난 학기 성적표	집단크기	소집단, 학급 전체
활동소개	자기의 성적을 평가하는 기회가 주어졌을 때, 학생들은 자신과 타인의 느낌이 비슷하다는 것을 인식하게 되고, 자신의 감정을 더 잘 수용할 수 있게 되며, 새로운 학기의 목표를 정하는 데 도움이 될 것이다.		
활동절차	1. 지난 학기의 성적표를 살펴보는 것이 다가올 학기에 보다 좋은 성적을 얻는 데 도움이 될 것이라고 소개한다. 2. '지난 학기 성적표에 대한 나의 느낌' 활동지를 나누어 주고 작성하도록 한다. 3. 다음의 구체적인 질문을 통해 학생들의 반응을 유도한다. • 자신의 생각과 부모님의 생각 사이에 차이가 있는가? • 학생들의 생각과 선생님의 생각 사이에 차이가 있는가? • 있다면, 왜 그런 차이가 있다고 생각하는가? 4. 교사는 학생들이 서로의 공통점과 차이점에 대해 이야기 나누도록 한다. 5. 다음 학기의 성적 향상을 위해 해야 할 것들을 구체적으로 이야기하면서 새 학기의 목표를 정하도록 한다.		
유의사항	이런 활동을 하는 동안 교사는 가족문제나 교사와의 문제, 기타 다른 문제들로 인해 개인상담이나 의뢰가 필요한 학생들을 발견할 수 있다. 또한 성적이 높아 성적에는 만족하지만 그런 점수를 얻기 위해 많은 불안을 느끼는 학생들에게도 개인상담을 통해 도움을 제공할 수 있다.		

활동지 번호
: II–B–8

지난 학기 성적표에 대한 나의 느낌

_____학년 _____반 _____번
이름: ____________________

지난 학기 성적표에 대한 자신의 느낌을 다음 빈칸에 적거나 동그라미 치세요.

1. 지난 학기 성적표를 보고 제일 먼저 떠오르는 생각은 ________________이다.
2. 내 성적표의 점수는 ____________________이라고 생각한다.
   내가 공부한 것에 비하면 (공정하다, 공정하지 않다.)
3. 나는 다른 과목보다 ____________________을/를 더 좋아한다.
4. 나는 다른 과목보다 ____________________을/를 덜 좋아한다.
5. 나는 ____________________할 때 공부가 잘 되었다.
6. 나는 ____________________할 때 공부가 잘 되지 않았다.
7. 한 학기를 다시 배우게 된다면 나는 ______________을/를 바꿀 것이다.
8. 이번 학기는 내 성적표에 만족하기 위해서 ____________________을/를 하기로 결정했다.
9. 나는 성적표 점수보다 ____________________에 더 관심을 갖는다.
10. 우리 부모님은 내 성적보다 __________________에 더 관심을 갖는 것 같다.
11. 성적표는 지난 학기 동안 내가 어떻게 했는가를 말해 주는 중요한 자료라고 생각한다. (그렇다, 아니다)

가장 적합하다고 생각하는 것에 동그라미 치세요.

12. 지난 학기에 나는 (매우 많이, 보통으로, 충분하지 않게) 공부하였다.
13. 지난 학기에 나는 (매우 많이, 보통으로, 충분하지 않게) 놀았다.
14. 지난 학기에 나는 (매우 많이, 보통으로, 충분하지 않게) 노력을 하였다.
15. 나의 부모님은 내가 (매우 많이, 보통으로, 충분하지 않게) 공부했다고 생각하신다.
16. 나의 부모님은 내가 (매우 많이, 보통으로, 충분하지 않게) 놀았다고 생각하신다.
17. 나의 부모님은 내가 (매우 많이, 보통으로, 충분하지 않게) 노력했다고 생각하신다.
18. 나는 지난 학기 동안 최선을 다했다고 생각한다. (그렇다, 아니다)
19. 나의 부모님은 내가 최선을 다했다고 생각하신다. (그렇다, 아니다)
20. 나의 선생님은 내가 최선을 다했다고 생각하신다. (그렇다, 아니다)

성장 경험

구 분	내 용		
활동영역	자신 및 타인의 이해	활동범주	자신을 이해하고 수용하기
활동목표	나 자신에 대해 자신감을 갖는다.		
활동대상	고등학교 2~3학년	소요시간	50분
준비물	교사: '성장 경험' 활동지	집단크기	소집단, 학급 전체
활동소개	이 활동은 유대감이 강하게 형성되어 있는 학급이나 집단에서 학기말에 마무리 활동으로 사용될 수 있다. '성장 경험'을 회상하고 공유하는 것은 어려운 상황이나 문제에 직면했을 때 '나는 혼자다.'라는 생각을 극복하는 데 도움을 줄 수 있고, 긍정적인 결과에 대한 희망을 갖게 해 줄 수 있다.		
활동절차	1. '성장 경험' 활동지에 학생들의 성장 경험을 회상하여 기록하도록 한다. 2. 경험을 공유하는 목적에 대해 간략하게 설명한다. 3. 학생들 각자 하나의 경험을 친구들 앞에서 이야기하도록 한다. (자발적인 발표를 유도하고 강제하거나 압력을 가하는 것은 삼간다.) 4. 학생들의 경험에서 비슷한 점과 다른 점에 관해 토의하도록 한다. 5. 학생들에게 자기 개방에 대해 감사하다는 말을 한다.		
유의사항	활동목표를 위해 적당한 수준까지 자신을 공개하도록 지도할 필요가 있다. 자기 노출은 어느 정도의 집단응집력이 요구되므로, 응집력이 떨어진다면 이 활동은 다음 기회에 하도록 한다.		

활동지 번호 : Ⅱ－B－9

성장 경험

_____학년 _____반 _____번

이름: ____________________

지난 몇 해 동안 있었던 일 중 개인적으로 극복하기 어려웠거나 혹은 의미 있는 사건에 대한 자신의 성장 경험을 회상하여 기록해 봅시다.

자기 선택에 대한 자신감

<table>
<tr><th>구 분</th><th colspan="3">내 용</th></tr>
<tr><td>활동영역</td><td>자신 및 타인의 이해</td><td>활동범주</td><td>자신을 이해하고 수용하기</td></tr>
<tr><td>활동목표</td><td colspan="3">나 자신에 대해 자신감을 갖는다.</td></tr>
<tr><td>활동대상</td><td>고등학교 2~3학년</td><td>소요시간</td><td>50분</td></tr>
<tr><td>준비물</td><td>교사: '나의 선택' 활동지</td><td>집단크기</td><td>소집단, 학급 전체</td></tr>
<tr><td>활동소개</td><td colspan="3">매일 일어날 수 있는 선택에 대해 좀 더 잘 알고 있다면 선택은 보다 쉬워진다. 학생들은 이 활동을 통해 자신이 행동하는 것과 그에 대한 다른 사람들의 인식에 차이가 있을 수 있다는 것을 알게 될 것이다.</td></tr>
<tr><td>활동절차</td><td colspan="3">1. 학생들에게 활동의 목적을 설명한다.
2. '나의 선택' 활동지를 나누어 주고, 자신에게 해당되는 것에 표시하도록 한다. 활동지를 작성하기에 충분한 시간을 준다.
3. 학생들이 선택한 것에 대해 구체적으로 토의하게 한다.
• 질문에 대한 나의 선택은 다른 친구와 어떻게 다른가?
• 각 질문에 대한 나의 선택에 대하여 친구들의 반응은 각각 어떻게 다른가?
• 나는 무엇을 바꾸고 싶은가?
• 각 질문에 대하여 선택할 때 어떤 느낌이 들었는가?
4. 학생들이 저마다 좋은 선택을 하기 위하여 우선적으로 고려하는 것이 서로 어떻게 다른지 소집단별로 이야기 나눌 시간을 갖게 한다.
5. 저마다의 선택 이유가 다를 수 있고, 각자의 선택에 대한 중요한 타인들의 인식 사이에 불일치가 있을 수 있음을 인식하도록 지도하면서 활동을 마무리한다.</td></tr>
<tr><td>유의사항</td><td colspan="3">상담자는 학생이 실제로 행동하는 것과 그 행동(선택)에 대한 중요한 타인들의 인식 사이의 불일치를 알게 하기 위해서 개인적인 도움이 필요한 학생을 발견할 수 있다. '나의 선택' 활동지의 질문 여덟 가지를 적절히 선택하여 활용해도 좋을 것이다.</td></tr>
</table>

활동지 번호 : Ⅱ-B-9

나의 선택

____학년 ____반 ____번
이름: ________________

다음 주어진 상황에서 자신은 어떤 선택을 하게 될지 □ 안에 √표 해 봅시다.

1. 앞으로 3주 동안 읽을 책을 한 권 선택한다면?
   - □ 도서 목록을 보고 가장 특이한 제목을 선택
   - □ 친구에게 물어봐서 선택
   - □ 가장 길거나 가장 짧은 것을 선택
   - □ 내가 알고 있는 작가를 보고 선택
   - □ 표지를 보고 선택
   - □ 가장 쉬운 것을 선택
   - □ 가장 어려운 것을 선택
   - □ 아무 책이나 선택

2. 3일 동안 함께 토의하고 활동할 집단을 하나 선택한다면?
   - □ 가장 가까운 집단
   - □ 내가 잘 모르는 집단
   - □ 가장 잘 아는 집단
   - □ 대부분 남자(여자)로 구성된 집단
   - □ 친한 친구들이 있는 집단
   - □ 가장 똑똑한 집단
   - □ 가장 덜 똑똑한 집단
   - □ 활동을 빨리 하는 집단
   - □ 활동을 천천히 하는 집단
   - □ 아무 집단이나 선택

3. 과제를 함께 수행하는 작은 집단에 속해 있다면 집단에서 내가 하고 싶은 역할은?
   - □ 분위기 메이커
   - □ 요약자
   - □ 지도자
   - □ 아이디어맨
   - □ 현실주의자
   - □ 단순한 구성원
   - □ 기록자
   - □ 잔심부름꾼

4. 선생님이 목록을 보여 주고 과제 하나를 선택하라고 한다면 나의 선택은?
   - □ 중요성이 낮은 것
   - □ 중요성이 많은 것
   - □ 내가 가진 재능을 사용하는 것
   - □ 나에게 이미 자료가 있는 것
   - □ 전에 해 본 것
   - □ 적은 시간을 요하는 것
   - □ 처음 해 보는 것
   - □ 많은 시간을 요하는 것

□ 내가 흥미를 가지고 있는 것
□ 좋은 점수를 받을 수 있는 것
□ 학교에서 할 수 있는 것
□ 대부분 방법이 제시되어 있는 것
□ 집에서 할 수 있는 것
□ 방법이 거의 제시되지 않은 것
□ 결과물이 있는 것
□ 계획이 세워져 있는 것
□ 잘할 수 있는 것
□ 대부분 내가 배워야 하는 것

5. 선생님이 나를 내가 좋아하지 않는 집단에 넣으셨다면 나는 ________________

□ 선생님께 항의한다.
□ 집단의 지도자가 된다.
□ 그냥 받아들인다.
□ 선생님께 옮겨 달라고 한다.
□ 좋아하지 않아도 열심히 하려고 노력한다.
□ 친구들에게 불평한다.
□ 집단의 잘못된 점을 집단원들에게 말한다.
□ 나 스스로 집단을 옮겨 버린다.

6. 중간고사에서 시험문제 답이 틀린 것을 발견하였다. 나는 ________________

□ 감독선생님께 물어본다.
□ 친구와 이야기한다.
□ 교과담당 선생님께 말한다.
□ 시험문제를 바꾸어 달라고 요구한다.
□ 교장선생님께 항의한다.
□ 드러나지 않게 화낸다.
□ 말하지 않는다.
□ 그냥 수용한다.

7. 수업에서 주어진 과제를 성공적으로 해결하지 못했을 때 나는 ________________

□ 몹시 기분 나쁘게 생각한다.
□ 당연하다고 생각한다.
□ 다시는 시도하지 않겠다고 다짐한다.
□ 다음 기회에 다시 시도한다.
□ 아무런 영향을 받지 않는다.
□ 잘못된 것을 찾아낸다.
□ 평균점수를 떨어뜨리지 않기만을 바란다.
□ 선생님과 의논한다.

8. 내가 잘하지 못하는 분야의 일을 하라고 하면 나는 ________________

□ 그 일을 하지 않는다.
□ 스스로 책을 찾아보고 연습한다.
□ 친구에게 도와달라고 한다.
□ 선생님께 도와달라고 한다.
□ 점점 더 나아질 것을 기대하며 그 일을 더 많이 해 본다.

자료번호 : Ⅱ-B-10
영역 : 인성 · 사회성 발달

학교생활 능력 향상시키기

구분	내용		
활동영역	자신 및 타인의 이해	활동범주	자신을 이해하고 수용하기
활동목표	나의 감정이 나의 행동에 어떤 영향을 미치는지 이해한다.		
활동대상	고등학교 1학년	소요시간	50분
준비물	교사: '학교생활에 대해 이야기해 봅시다' 활동지, '나 전달법' 참고자료	집단크기	소집단, 학급 전체
활동소개	토론을 통해 학교생활에 대한 이야기를 나누어 보는 것은 서로 다른 생각이나 경험을 공유하는 기회를 갖게 하므로 교사와 학생 모두에게 도움이 될 것이다.		
활동절차	1. '학교생활에 대해 이야기해 봅시다' 활동지를 나누어 준다. 2. 학생들이 활동지에 제시된 하나의 문장을 읽고, 그 문장이 자신의 상황에 어떻게 적용될지 생각해 보도록 한다. 3. 특정 개인에 대한 비난을 삼가하도록 지도하고, 논의과정에서 실명을 거론하지 않도록 약속한다. 4. 자신의 생각을 얘기하고, 다른 사람들과 비교하여 확인하도록 한다. 5. '나 전달법' 참고자료를 활용하여 말하는 법과 적극적 경청 자세를 이해하도록 하고, 다른 사람의 말을 중간에 가로막거나 비난하지 않도록 지도한다. 서로의 느낌이 다름을 확인하고 충분히 느껴 보도록 한다. 6. 교사는 학급 토의 후에 긍정적으로 사용할 수 있는 문장들을 어떻게 통합시킬지에 대해 고무적인 의견을 제시한다.		
유의사항	수줍어하거나 부끄러워하는 학생이 있다면 적극적으로 참여할 수 있도록 이끌어 준다. 한편 활동지에 제시된 문장 외에도 교사의 관심문제나 학생들의 관심문제를 추가하여 토의해 보는 것도 좋을 것이다.		

학교생활에 대해 이야기해 봅시다

활동지 번호 : Ⅱ-B-10

_____학년 _____반 _____번
이름: ____________________

다음에 제시된 하나의 문장을 읽고, 그 문장이 자신의 상황에 어떻게 적용될 수 있는지 생각해 봅시다.

예 시

주제 1　학업문제는 학교생활에 흥미가 없거나 수업에 대해 불평하는 데 에너지를 쏟는 학생들에게 주로 일어난다.

- 병순의 생각: "그렇다고 생각해! 학교생활에 흥미가 있고, 수업에 대한 불평을 하지 않는 학생은 공부를 잘할 것이고, 공부 잘하는 학생에게 학업문제는 발생하지 않을 것 같아."
- 은정의 생각: "그렇지 않다고 생각해. 학교에 오는 것을 좋아하는 아이들도 공부 때문에 스트레스 많이 받는 거 같아."
- 무상의 생각: "글쎄, 학업문제는 누구에게나 일어나는 일이 아닐까?"

이야기 나누어 볼 내용

1. 학업문제는 성적이 좋은 학생에게는 거의 일어나지 않는다.
   - 나의 생각: ____________________
2. 유능한 교사에게는 일반적으로 부진한 학생들이 많지 않고, 유능하지 않은 교사에게는 부진한 학생들이 많다.
   - 나의 생각: ____________________
3. 공부할 때의 주변 환경은 조용하고 평화로워야 한다.
   - 나의 생각: ____________________
4. 학교생활을 잘하기 위해서는 규칙적으로 출석하는 것이 중요하다.
   - 나의 생각: ____________________
5. 대부분의 수업에서 교사가 원하는 행동이 어떤 것인지 정확하게 알기는 쉽지 않다.
   - 나의 생각: ____________________
6. 학생을 존중하는 교사들이 강인하고 우월해 보이는 교사들보다 학생들의 행동적인 문제를 더 잘 알고 있다.
   - 나의 생각: ____________________

참고자료 번호 : II－B－10

나 전달법

다음 자료를 참고하여 '나 전달법'에 대해 살펴 봅시다.

1. 나 전달법과 너 전달법

	나 전달법	너 전달법
정의	나를 주어로 하여 상대방의 행동에 대한 자신의 생각이나 감정을 표현하는 방식	너를 주어로 하여 상대방의 행동을 표현하는 대화 방식
예	의사표현: "청소할 것은 많은데 자꾸 늦어져 다 할 수 있을지 걱정된다."	의사표현: "너는 왜 이렇게 청소를 빨리 못해?"
	교사의 마음: 청소를 다 마치지 못할까 봐 염려됨 ⇨ 학생의 이해: 청소가 늦어져 걱정하고 계시는구나.	교사의 마음: 청소를 다 마치지 못할까 봐 염려됨 ⇨ 학생의 이해: 선생님이 나를 무능력하다고 생각하는군.
결과	① 상대방에게 나의 입장과 감정을 전달함으로써 상호 이해를 도울 수 있다. ② 상대방에게 개방적이고 솔직하다는 느낌을 전달할 수 있다. ③ 상대는 나의 느낌을 수용하고, 자발적으로 자신의 문제를 해결하고자 하는 의도를 지니게 된다.	① 상대에게 문제가 있다고 표현함으로써 상호관계를 파괴하게 된다. ② 상대방에게 일방적으로 강요, 공격, 비난하는 느낌을 전달하게 된다. ③ 상대는 변명하려 하거나 반감을 갖고 저항하며 공격성을 보이게 된다.

2. 나 전달법 사용의 원리

나 전달법 = 행동 + 영향 + 감정

1) 문제가 되는 상대방의 행동과 상황을 구체적으로 말한다. 이때 어떤 평가, 판단, 비난의 의미를 담지 말고 객관적인 사실만을 말하는 것이 좋다.

예 "네가 나에게 말대꾸를 할 때……." (○)

"네가 나에게 건방지게 말대꾸를 할 때……." (×)

2) 상대방의 행동이 자신에게 미치는 영향을 구체적으로 말한다.

예 "자네가 말도 없이 자리를 비우니까 나는 자네가 해야 할 일을 다른 사람에게 시키거나 기다리고 있어야 하네." (○)

"자네가 말도 없이 자리를 비우니까 내가 힘들어." (×)

3) 그러한 영향 때문에 생겨난 감정을 솔직하게 말한다.

예 "자네가 지난번 업무보고를 하지 않아 무슨 일이 생겼는지 궁금했네." (○)

"자네가 지난번 업무보고를 하지 않은 것은 도대체 무엇 때문인가?" (×)

3. 나 전달법 사용 시 주의할 점

1) 나 전달법을 사용한 다음에는 다시 적극적 경청의 자세를 취하도록 한다. 너 전달법보다는 위협감이나 방어적인 태도를 덜 일으키지만, 상대방 때문에 자신에게 좋지 않은 감정이 생겼다는 이야기를 반복하게 되면 상대방을 공격하는 셈이 된다. 그러므로 상대방의 감정을 존중하는 적극적 경청의 자세로 돌아와야 한다.

예 작업시간에 잡담을 하고 있는 사원에게

상사: 작업시간인데 그렇게 떠드니 일이 늦어질까 걱정이네. (나 전달법)

부하: 지금 꼭 할 얘기가 있어서 그래요.

상사: 꼭 할 얘기가 있었는데 떠든다고 해서 기분이 상한 모양이군. (적극적 경청)

2) 상대방의 행동으로 인한 부정적인 감정만 강조하지 않는다.

예 업무보고를 하지 않은 부하직원에게

"자네가 제시간에 보고를 해 주지 않아 무슨 일이 생긴 건가 걱정했네." (○)

"자네가 제시간에 보고를 해 주지 않아 화가 나는군." (×)

3) 상대방의 행동으로 인한 표면적인 감정을 표현하기보다는 보다 본원적인 마음을 표시하도록 한다.

예 지각한 사원에게

-본원적 마음: 무슨 일이 생긴 것이 아닌가 궁금함

-표면적 감정: 화가 치밀어 오름

4) 상대방의 습관적 행동이 문제가 되는 경우에는 나 전달법으로 전달하기보다는 적극적인 경청을 하면서 구체적인 문제해결 방법을 함께 모색한다.

자료번호 : Ⅱ-B-10
영역 : 인성 · 사회성 발달

긴장 풀기

<table>
<tr><th>구 분</th><th colspan="3">내 용</th></tr>
<tr><td>활동영역</td><td>자신 및 타인의 이해</td><td>활동범주</td><td>자신을 이해하고 수용하기</td></tr>
<tr><td>활동목표</td><td colspan="3">나의 감정이 나의 행동에 어떤 영향을 미치는지 이해한다.</td></tr>
<tr><td>활동대상</td><td>고등학교 1~2학년</td><td>소요시간</td><td>50분</td></tr>
<tr><td>준비물</td><td>교사: '이완음악' '근육이완 훈련' 참고자료</td><td>집단크기</td><td>소집단, 학급 전체</td></tr>
<tr><td>활동소개</td><td colspan="3">시험을 치거나 대중 앞에서 이야기하는 것과 같은 불안한 상황을 겪어야 할 때가 있으므로 긴장을 푸는 방법을 배우는 것은 중요하다. 이 활동은 학생들이 스트레스 없이 다양한 상황을 상상할 수 있도록 하는 연습이다.</td></tr>
<tr><td>활동절차</td><td colspan="3">1. 준비: 학생들을 바닥에 편안히 눕도록 한다. 이완음악을 틀고 조명을 약하게 조절한다.
2. 진행: 천천히 부드럽게 말하면서 근육이완 훈련을 실시하도록 한다('근육이완 훈련' 참고자료 참조).
• 오른쪽 다리에 힘을 주고 4~5초 후 힘을 빼고 이완한다.
• 차례로 왼쪽 다리, 오른쪽 팔, 왼쪽 팔, 양다리, 양팔, 몸통, 얼굴과 목의 순서로 진행한다.
3. 이완된 상태의 감각을 알려 준다. "긴장이 풀리는 것을 느끼나요?"라고 묻는다.
4. 천천히 부드럽게 이야기하면서 학생들이 편안하고 안전하다고 느낄 수 있는 장소를 상상하도록 한다.
5. 몸 전체가 이완되는 느낌을 학생들이 편안하게 느끼는 장소의 상상과 연결하도록 한다.
6. 충분히 이완된 상태에서 그대로 5~10분 정도 머무르게 한다.
7. 매일 이완연습을 하되, 특히 스트레스 상황에 있다는 것을 알았을 때 연습하도록 제안하면서 마무리한다.</td></tr>
<tr><td>유의사항</td><td colspan="3">연습에 어려움을 겪는 학생들을 관찰하여 더 많은 도움을 준다. 학급 전체를 대상으로 할 경우 학생들이 모두 누울 수 있는 넓은 공간을 확보하는 문제를 염두에 두고 활동을 준비한다.</td></tr>
</table>

이완음악

다음은 이완훈련을 할 때 활용하면 좋은 음악 목록입니다.

가을소리(대금 연주곡)
겨울 눈꽃(오카리나 연주곡)
고향집을 떠나며
귀소
그리움
나뭇잎 사이로
대황하(오카리나 연주곡)－소지로
맑은 시내(오카리나 연주곡)－소지로
먼 길
무상초
물따라 바람따라
비애
산사의 아침
산행
소리길
아침의 소리
청초의 계곡(대금 연주곡)－김영동
초원
타이스의 명상곡(팬플룻 연주곡)
하늘 연못－한태주
히말라야

참고자료 번호 : Ⅱ-B-10-②

근육이완 훈련

다음은 이완훈련을 할 때 사용할 수 있는 멘트 예시입니다.

예 시

- 이번 시간에 우리는 근육이완 훈련을 함께 해 볼 것입니다. 양 팔을 벌려서 옆에 사람과 닿지 않을 정도의 간격으로 서기 바랍니다.
- (음악을 틀어 주면서) 바닥에 등이 닿도록 편안하게 눕습니다. 그리고 조용히 눈을 감습니다.
- (천천히 부드럽게 말하면서) 먼저 오른쪽 다리에 강하게 힘을 줍니다. 어떻게 느껴지는지 가만히 느껴 보세요. (4~5초 후) 이제 힘을 빼고 편안하게 이완합니다. 긴장했을 때와 이완했을 때 느낌이 어떻게 다른지 느껴 보세요.
- 다음은 왼쪽 다리에 강하게 힘을 줍니다. (4~5초 후) 네, 힘을 뺍니다.
- 긴장이 풀리는 것을 느끼나요? (학생들이 자유롭게 대답하게 한다.)
- 다음은 오른쪽 팔에 강한 힘을 주면서 주먹을 꽉 쥐어 봅니다. (4~5초 후) 자, 이제 힘을 뺍니다. 다음은 왼쪽 팔에 강하게 힘을 줍니다. 주먹을 꽉 쥐어 봅니다. (4~5초 후) 네, 이제 힘을 뺍니다. 다음은 양쪽 다리에 동시에 힘을 줍니다. 강하게 힘을 줍니다. 계속 강하게 힘을 줍니다. (4~5초 후) 이제 힘을 뺍니다. 다음은 양쪽 팔에 동시에 힘을 주면서 두 주먹을 세게 쥐어 봅니다. (4~5초 후) 자, 이제 힘을 뺍니다. 이번에는 양쪽 다리와 팔 모두에 강하게 힘을 줍니다. 두 주먹도 강하게 쥡니다. (4~5초 후) 이제 힘을 뺍니다. 이번에는 몸통에 강하게 힘을 줍니다. (4~5초 후) 이제 힘을 뺍니다. 다음은 얼굴에 강하게 힘을 줍니다. 눈을 힘껏 찡그리고 입과 코에도 강하게 힘을 줍니다. 근육이 터질 듯 강하게 힘을 줍니다. (4~5초 후) 네, 이제 힘을 뺍니다. 다음은 고개를 뒤로 젖히며 목에 강한 힘을 줍니다. 더 세게 힘을 줍니다. (4~5초 후) 이제 힘을 뺍니다.
- 힘을 뺐을 때 긴장이 풀리는 것을 느끼나요? (학생들 대답 유도)
- (천천히 부드럽게 이야기하면서) 여러분이 이완되고 안전하다고 느낄 수 있는 장소를 상상합니다. 어디든 가장 편안하고 아늑한 곳을 상상해 보세요.
- 몸 전체가 이완되는 느낌을 느껴 보세요. 여러분이 편안하게 느끼는 장소를 상상하면서 몸이 충분히 이완되는 느낌을 느껴 보세요. (충분히 이완된 상태에서 그대로 5~10분 정도 머무르게 한다.)
- 자, 이제 눈을 뜨고 자리에서 일어납니다.

타인 이해하기

구분	내용		
활동영역	자신 및 타인의 이해	활동범주	자신을 이해하고 수용하기
활동목표	나의 감정이 나의 행동에 어떤 영향을 미치는지 이해한다.		
활동대상	고등학교 1~3학년	소요시간	50분
준비물	교사: '상황과 인물묘사 1, 2, 3' 활동지, '대답의 열쇠' 참고자료	집단크기	소집단, 학급 전체
활동소개	이 활동은 사람들이 어떤 상황에 항상 일정한 방법으로 반응하며, 자신들의 반응이 긍정적이거나 부정적인 결과를 가져온다는 것을 알게 해 줄 것이다. 또한 다양한 학교 상황에서 나타나는 학생들의 행동을 평가하고, 특별한 반응에 대한 동기를 탐구하게 될 것이다.		
활동절차	1. 활동 소개를 하고 4~5명씩 소집단을 만들도록 한다. 2. '상황과 인물묘사 1' 읽기자료를 나누어 주고 상황 A를 설명한다. 3. 세 학생에게 상황 A에 대한 세 가지 반응을 큰 소리로 읽게 한다. 4. 읽기가 끝나면 상황 A에 대하여, 인물묘사 한 다섯 사람 중 누가 반응 X, Y, Z처럼 반응했을지 선정하게 한다. 5. 소집단별로 특정한 상황 A에 대해 가장 적절하게 반응한 사람이 누구인지 토의하여 선택하도록 한다. 6. '상황과 인물묘사 2, 3' 읽기자료를 가지고 순서대로 진행한다. 7. 정확하게 추측한 집단에 5점을 주고, 집단활동이 끝나면 가장 많은 점수를 얻은 집단의 구성원들에게 심리학 박사라는 영예를 준다('대답의 열쇠' 참고자료 참조). 8. 질문이 있는지 물어보고 궁금한 것에 대하여 명확하게 설명한다.		
유의사항	답이 주관적이므로 집단원들이 선택한 인물에 대하여 나름대로 합당한 이유를 제시하면 점수를 준다. 이 활동에서 '특정한 행동에 대한 감정과 동기가 사람마다 다르다는 것을 표현하기 위해 인물이 설정되었다.'는 것을 강조한다.		

활동지 번호 : Ⅱ-B-10-①

상황과 인물묘사 1

다음의 상황 A에 대하여 인물묘사 A에서의 다섯 사람 중 X처럼 반응할 것 같은 사람은 누구일지, 또 Y, Z처럼 반응할 것 같은 사람은 각각 누구일지 자신의 생각을 말해 봅시다.

상황 A 쉬는 시간에 교실 복도에서 정민은 잘 알지 못하는 사람의 발을 걸어 넘어지게 했다. 넘어진 사람은 책을 떨어뜨렸고 무릎에 통증을 느꼈다. 그 사람의 반응은 어떨까?

반응 X: "야! 너 장난치지 마. 어휴, 짜식. 수업시간에 늦겠다."라고 말하며, 그는 가볍게 웃는 얼굴로 책을 집어 들고 수업을 받으러 간다.

반응 Y: "이씨, 왜 시비야? 너 어디 두고 보자. 어휴, 짜증나 죽겠네, 씨."라고 화를 내며, 그는 책을 집어 들고 곧바로 수업으로 들어가 선생님께 말하고 보건실로 간다.

반응 Z: "어쭈, 너 뭐야! 이 자식이! 한 판 붙어 보자는 거냐? 별로 세 보이지도 않는 게. 너 잘 걸렸다. 이리 와 봐, 임마! 오늘 나한테 혼 좀 나 봐!"라고 말하며, 정민을 벽으로 밀어붙이면서 싸움을 시작한다.

인물묘사 A

1. 준영은 육상 팀의 주장이다. 그는 몸집이 크고 성격이 좋으며 대부분의 아이들에게 친절하다. 준영은 자신과 외모에 대하여 만족하며, 정민이 그를 좋아하여 주위를 서성거린다고 생각한다.
2. 현동은 짓궂은 아이들에게 괴롭힘을 잘 당한다. 그는 매우 조용하고 종종 사람들이 자기를 이용한다고 느낀다.
3. 중근은 학급에서 다른 아이들보다 작다. 그는 다른 아이들만큼 강하다는 것을 증명해야만 한다고 느낀다. 그는 참을성이 부족하다고 알려져 있다.
4. 민호는 좋은 아이이지만 누군가가 자기를 바보처럼 취급하는 것을 무척 싫어한다. 그러나 그의 부모는 학교에서 싸움을 하면 호되게 꾸짖을 거라고 말했다.
5. 진호는 다른 도시에서 새로 전학 온 학생이다. 그는 전 학교에서 인기가 있었으며, 여기에서도 좋은 인상을 주고 싶어 한다. 그러나 그는 여기 학생들이 자기를 어떻게 생각하는지 잘 모른다.

- X처럼 반응할 것 같은 사람: ________________
- Y처럼 반응할 것 같은 사람: ________________
- Z처럼 반응할 것 같은 사람: ________________

상황과 인물묘사 2

다음의 상황 B에 대하여 인물묘사 B에서의 다섯 사람 중 X처럼 반응할 것 같은 사람은 누구일지, 또 Y, Z처럼 반응할 것 같은 사람은 각각 누구일지 자신의 생각을 말해 봅시다.

상황 B	어떤 학생이 ○○수업시간에 36점을 받은 시험지를 돌려받았다.

반응 X: "나는 이 과목이 싫어. 이 수업은 나에게 의미가 없어." (모든 사람이 들을 수 있게 크게 말한다.)

반응 Y: "선생님! ○○시험에서 36점 받은 것을 만회할 수 있는 다른 방법은 없나요?" (선생님에게 말한다.)

반응 Z: (선생님에게 애처로운 목소리로) "선생님 저는 좀 억울해요. 저는 이 문제를 이해하지 못했어요. 다시 한 번 기회를 주실 수는 없나요?"

인물묘사 B

1. 수미는 평균 70점대를 유지한다. 열심히 노력하는데 학급에서 친구는 별로 없다.
2. 영희는 학급에서 평균 70점대를 유지한다. 숙제를 할 때 친구들의 도움에 의존한다. 평균 70점대를 유지하기 희망하지만, 자신이 해야 할 일을 스스로 하는 것을 좋아하지는 않는다.
3. 은주는 평균 60~70점대를 받는다. 그녀는 공책에 그림을 그리거나 공상하거나 친구들과 수다 떠는 데 대부분의 시간을 보내고 선생님을 좋아하지 않는다.
4. 보람은 이번 중간시험에서 네 과목에서 40점 이하의 점수를 받았다. 그 과목이나 선생님을 좋아하지 않는다. 수업시간 중에 선생님께 무례한 행동을 해서 교실 밖에 나가서 벌을 받은 경험이 두 번이나 있다.
5. 은지는 매우 조용한 우등생이다. 스스로 공부하고 점수를 잘 받는 것에 관심이 많다. 그런데 은지는 시험 일주일 전에 몸이 아팠다.

- X처럼 반응할 것 같은 사람: ____________
- Y처럼 반응할 것 같은 사람: ____________
- Z처럼 반응할 것 같은 사람: ____________

상황과 인물묘사 3

활동지 번호
: II-B-10-③

다음의 상황 C에 대하여 인물묘사 C에서의 다섯 사람 중 X처럼 반응할 것 같은 사람은 누구일지, 또 Y, Z처럼 반응할 것 같은 사람은 각각 누구일지 자신의 생각을 말해 봅시다.

> 상황 C
> 고등학교 1학년 여학생이 쉬는 시간에 화장실에서 담배를 피우고 있다. 몇몇 아이들이 주변에 모여서 이야기를 하고 있는데 한 선생님이 갑자기 들어오신다. 당황한 그 여학생이 담배를 숨기기 위해 옆에 있는 여학생에게 담배를 건넨다. 불행히도 선생님은 담배를 가지고 있던 두 번째 여학생을 보고 흡연한 것에 대해 정학을 내리겠다고 교무실로 오라고 하신다. 그 여학생은 교장선생님에게 다음과 같이 말한다.

반응 X: "저는 제가 하지 않은 일로 벌을 받고 싶지 않아요. 제가 담배를 피웠다는 증거를 대세요. 손에 담배를 가지고 있었다고 담배를 피웠다고 할 수는 없어요. 누구나 남의 손에 있었던 것을 가지고 있을 수 있는 거예요. 그것으로 증거를 삼을 수는 없어요. 돌려보내 주세요."

반응 Y: (울면서) "담배를 들고 있었던 것은 정말 죄송해요. 솔직히 저는 담배를 피우지 않았어요. 누군가 제 손에 담배를 들려 주었고 그때 저는 무척 무서웠어요. 어떻게 해야 될지 몰랐어요. 그순간 모두 도망쳤어요. 제발 믿어 주세요."

반응 Z: "교장선생님! 담배를 피운 건 제가 아니란 말이에요. 다른 학생의 담배를 가지고 있었다는 것 때문에 지금 저를 벌주려고 하는 것 같은데요. 학교는 원래 그렇잖아요. 왜 다른 학생들은 조사하지 않나요?"

인물묘사 C

1. 유미는 선생님이나 학교에 대해서 관심이 없는 것처럼 행동하나, 사실은 모두들 자기를 좋게 생각해 주기를 바란다. 그녀는 친구들에게 자기가 우수학생이 되고 싶어 한다는 것을 절대로 인정하지 않는다.
2. 진아는 학교의 모든 것들이 그녀를 바보처럼 느끼게 만들어서 학교를 싫어한다. 그녀는 선생님들이 자기를 기분 나쁘게 만들려 한다고 생각한다.
3. 선주는 훌륭한 학생으로 학생들이나 선생님들이 좋아한다. 그녀는 다른 사람들의 감정을 매우 잘 배려하며, 학습이 느린 아이들을 잘 도와준다. 그녀는 학교와 학급 친구들에게 좋은 감정을 가지고 있다.
4. 은미는 거칠게 행동하기 때문에 아이들이 자기를 '깡패 은미'라고 부르는 것을 알고 있다. 그러나 그녀는 정말로 친구들이 자기를 좋아해 주기를 바란다. 그럼에도 그녀는 여전히 화가 나면 크게 소리를 지르는 경향이 있다.
5. 지영은 매우 조용하고 수줍음이 많다. 그녀는 학교생활을 열심히 하며, 말썽을 일으키는 것을 늘 두려워한다. 그녀는 사람들이 자기에게 화를 내면 당황해서 울어 버린다.

- X처럼 반응할 것 같은 사람: ______________
- Y처럼 반응할 것 같은 사람: ______________
- Z처럼 반응할 것 같은 사람: ______________

대답의 열쇠

다음은 '상황과 인물묘사 1, 2, 3'에 대한 답입니다. 지도 시 참고하세요.

대답의 열쇠

상황 A: 반응 X-준영, 반응 Y-현동, 반응 Z-중근
상황 B: 반응 X-보람, 반응 Y-은지, 반응 Z-영희
상황 C: 반응 X-은미, 반응 Y-지영, 반응 Z-진아

※ 각 상황에 대한 반응은 꼭 이것만이 정답이라고 할 수는 없을 것입니다. 다만 위의 대답의 열쇠는 이야기를 풀어나가는 실마리로 활용하면 좋을 것입니다.

자료번호 : II－B－10
영역 : 인성 · 사회성 발달

생각, 감정, 행동

구분	내용		
활동영역	자신 및 타인의 이해	활동범주	자신을 이해하고 수용하기
활동목표	나의 감정이 나의 행동에 어떤 영향을 미치는지 이해한다.		
활동대상	고등학교 1학년	소요시간	50분
준비물	교사: '생각, 감정, 행동' 활동지, '생각, 감정, 행동 이해하기' 참고자료	집단크기	소집단, 학급 전체
활동소개	학생들이 생각, 감정, 행동 사이의 차이를 깨닫는다면 자신과 타인을 좀 더 잘 이해할 수 있다. 이 활동은 학생들이 자신의 경험을 통해 이러한 차이점을 구별하고 표현하는 연습을 할 수 있게 해 준다.		
활동절차	1. '생각, 감정, 행동 이해하기' 참고자료를 바탕으로 이번 활동의 목적과 내용을 설명한다. 2. '생각, 감정, 행동' 활동지에 제시된 역할극을 하기 위해 3명의 지원자를 요청한다. 각 학생은 생각, 감정, 행동의 세 영역 중 한 가지를 맡아서 역할을 수행하도록 한다(1번 역할극 수행하기). 3. '생각, 감정, 행동' 활동지 2번의 1)~3) 상황에서 학생들은 생각, 감정, 행동을 어떻게 표현할지 활동지에 기록하고 발표하도록 한다. 4. 발표 내용을 토대로 역할극을 한다. • 우리가 행동을 결정하는 상황에서 어떤 감정과 생각을 갖는지 알 수 있는가? • 감정, 생각, 행동의 관계를 이해할 수 있는가? 5. 활동 후 서로의 느낌을 이야기해 본다.		
유의사항	역할극을 관찰하는 동안에 상황을 정확하게 설명하는 데 특별한 능력을 가진 학생을 발견할 수 있다. 다음 활동에서는 토의 지도자와 시연가로서 그 학생의 도움을 구할 수 있을 것이다.		

생각, 감정, 행동

활동지 번호 : II-B-10

_____학년 _____반 _____번

이름: ____________________

우리는 평소에 생각, 감정, 행동을 분리하지 않고 생활하는 경우가 많습니다. 그리고 생각, 감정, 행동을 혼동하여 자신의 의사를 정확하게 표현하지 못하기도 합니다. 이 활동을 통해 생각, 감정, 행동에 어떠한 차이가 있으며, 어떻게 표현되어야 할지 생각해 봅시다.

1. 역할극 수행하기

역할극 상황: 수업 중 선생님이 한 학생을 지명하여 질문을 한다. 그러나 지명된 학생은 답을 하지 못한다.

- 학생 1(생각): '내가 정답을 말하지 못했기 때문에 다른 아이들이 나를 놀릴 것이고 내가 공부를 못한다고 생각할 거야.'
- 학생 2(감정): 부끄럽고 당황스럽다.
- 학생 3(행동): 선생님에게 "잘 모르겠습니다."라고 말하고 의자에 우물쭈물 앉는다.

2. 다음 상황에 대한 생각과 감정, 행동 표현하기

1) 창문 밖을 내다보는데 갑자기 자동차가 급정거하는 소리가 크게 들렸고, 순간적으로 나는 자전거를 길가에 세워 둔 기억이 났다.

- 생각: ____________________
- 감정: ____________________
- 행동: ____________________

2) 어느 날 아버지께서 집에 들어오시며 이사를 가야 한다고 말씀하신다.

- 생각: ____________________
- 감정: ____________________
- 행동: ____________________

3) 내가 기르는 강아지가 나의 새 운동화 한 짝을 물어뜯었다.

- 생각: ____________________
- 감정: ____________________
- 행동: ____________________

생각, 감정, 행동 이해하기

다음은 생각, 감정, 행동에 대한 설명입니다. 학생들이 이해할 수 있도록 설명해 주세요.

1. 생각 우리는 생각을 할 때 뇌를 사용한다. 우리는 늘 생각한다. 우리는 생각하면서 우리 자신에게 말한다. 우리의 생각은 우리의 의견이고 결론이며, 우리가 이해하고 경험한 것이다. 생각은 개인적이다. 여러분은 나를 보고 내가 생각하고 있다고 확신할 수 있지만, 내가 무엇을 생각하는지는 말할 수 없다.

2. 감정 우리의 정서들, 즉 화, 슬픔, 기쁨, 두려움, 부끄러움 등은 모두 감정이며 생각과는 다르다. 우리의 모든 감정은 생각에서 나온다. 감정을 나타내고 표현하면서 흔히 하는 실수는 "나는 ~라고 느낀다."라고 말하면서 생각을 표현하는 것이다(예: "나는 오늘 같은 날이 좋은 날이라고 느낀다."). "오늘 같은 날은 좋은 날이다."라고 말하는 것은 생각이다. '행복'은 감정이다. 감정을 공유하는 정확한 방법은 "오늘은 멋진 날이어서 행복함을 느낀다."라고 말하는 것이다. 감정은 개인적이다. 여러분은 나를 보고 내가 어떻게 느끼고 있는지를 추측할 수 있지만 확신 있게 말할 수는 없다.

3. 행동 우리가 움직이고 말하고, 다른 사람들이 볼 수 있는 우리의 행위들이 행동이다. 지금 나는 앉아서 이야기하고 있다. 여러분의 행동은 거기 앉아서 나의 이야기를 듣고 있는 것이다. 여러분 중의 몇 사람은 웃고 있다.

※ 우리의 생각, 감정, 행동은 모두 함께 작용한다. 생각하고 느끼고 행동하는 과정은 항상 함께 빨리 일어나기 때문에 모두 분리된 것이라는 것을 잊게 된다. 한 가지 예로, 한 소년이 길을 걸어가고 있다. 그때 큰 개가 그에게 달려오는 것을 본다. 소년은 곧바로 자기 집으로 달려가기 시작한다. 이 일은 정말 빨리 일어난다. 그러나 자세히 살펴보면 실제로 다음과 같은 일이 일어난 것이다. 그 소년은 '와! 개가 무서워 보여! 저 개가 내게로 와서 나를 물지도 몰라!'라고 생각하고 '소름이 끼칠 정도로 무섭고 불안하고 공포스러운' 감정을 느낀다. 또한 소년은 집을 향해 달리는 행동을 하게 된 것이다. 여기서 소년이 집으로 달려가는 행동을 하는 것이 중요한 것이다. 그는 다른 행동을 선택할 수도 있었다. 겁에 질려 꼼짝 못할 수도 있고, 개를 찰 수도 있고, 길을 건너 달릴 수도 있었다. 소년은 여러 가지 선택을 할 수 있었다. 그러나 자신의 선택이 무엇이든지 책임을 져야 했다. 우리는 우리의 모든 행동에 항상 책임을 지고 있다.

다른 사람과 함께하기

자료번호 : II-B-11
영역 : 인성 · 사회성 발달

구분	내용		
활동영역	자신 및 타인의 이해	활동범주	자신을 이해하고 수용하기
활동목표	나 자신의 생각을 진술할 수 있다.		
활동대상	고등학교 1학년	소요시간	50분
준비물	교사: '대인관계 검사표' 활동지	집단크기	소집단, 학급 전체
활동소개	청소년들은 사회가 요구하는 바람직한 가치 기준을 알고 있지만 때때로 감정적인 욕구가 앞서 부적절한 행동을 하곤 한다. 이 활동의 목표는 현재 다른 사람들과의 관계에서 어려움을 겪고 있는 학생들을 선별하여 집단활동에 참여시키는 것이다.		
활동절차	1. 타인과 함께 더불어 살아간다는 것은 고려해야 할 점이 많음을 설명한다. 2. 어떤 사람이 다른 사람에게 부적절하게 행동하고 있는 것을 관찰한 예를 들어 보도록 한다. 단, 실명을 사용하지 않도록 한다. 칠판에 발표한 것을 적고, 언급된 것이 없다면 위험한 장난, 비난, 헛소문 내기와 같은 주제로 활동한다. 3. 학생들은 사람들이 그러한 부적절한 행동을 하는 이유에 대한 자신의 생각을 말한다. 4. 부적절한 행동으로 인해 어려움을 경험한 학생들은 그때의 느낌에 대하여 이야기한다. 5. 만약 자신이 같은 실수를 반복한다면 시간을 갖고 생각해 보고 행동을 바꾸려고 노력해야 될 것임을 설명한다. 6. '대인관계 검사표' 활동지를 나누어 주고 완성하도록 한다.		
유의사항	'대인관계 검사표' 활동지 두 번째 문항의 2번 질문에 '예'라고 대답하는 것은 그들이 집단에 참여하겠다는 약속을 한 것이 아니라 단지 더 많은 정보를 원하는 것이다. 이러한 의뢰는 가능한 한 2주 내로 하고 언제 상담이 가능할지 알려주어야 한다.		

활동지 번호 : Ⅱ-B-11

대인관계 검사표

_____학년 _____반 _____번

이름: ____________________

다음 질문에 대하여 여러분이 평소에 행동하는 방식에 가장 가까운 것에 √표 하세요.

번호	내 용	거의 그렇지 않다 (1)	대체로 그렇지 않다 (2)	보통 이다 (3)	대부분 그렇다 (4)	항상 그렇다 (5)
1	다른 사람이 도움을 청할 때 잘 도와줍니까?					
2	다른 사람의 말에 귀 기울이고 그것이 옳다면 따릅니까?					
3	집단의 규칙을 잘 따릅니까?					
4	다른 사람들이 자유롭게 의견을 제시하도록 합니까?					
5	다른 사람들이 이야기하는 동안 끼어 들어 말을 합니까?					
6	다른 사람들이 내 생각만을 따르게 만듭니까?					
7	다른 사람의 입장에서 그들을 이해하려고 노력합니까?					
8	나는 나와 타인(친구, 어른 등)을 존중합니까?					
9	타인의 특정 행동을 싫어하며 그들을 곤란하게 합니까?					
10	다른 사람의 물건을 소중히 여깁니까?					

〈채점 및 활용 방법〉

1. 각 문항당 1~5점으로 채점하세요.
2. 5번, 6번, 9번은 거꾸로 채점(항상 그렇다 1점, 거의 그렇지 않다 5점)하세요.
3. 50점 만점에 25점 이하라면 대인관계 향상을 위한 집단상담에 참여해 보세요.

다음 두 질문에 대한 답을 쓰세요.

1. 질문지의 내용 중 내가 특별히 힘들어하는 부분은 무엇입니까?

2. 위 문제를 해결하기 위해 집단상담에 참여할 의사가 있습니까?

생활의 변화

구분	내용		
활동영역	자신 및 타인의 이해	활동범주	자신을 이해하고 수용하기
활동목표	개인적인 문제점들을 다룰 수 있다.		
활동대상	고등학교 1학년	소요시간	50분
준비물	교사: '스트레스 테스트' 활동지	집단크기	소집단, 학급 전체
활동소개	이 활동은 생활의 변화나 예기치 못한 경험으로 인한 스트레스를 겪고 있는 학생들이 자신의 스트레스 정도를 알게 한다. 그리고 특별히 높은 스트레스를 경험하는 학생에게는 도움을 제공할 수 있을 것이다.		
활동절차	1. 학생들이 경험했던 스트레스 상황에 대해 이야기 나누어 보고 다른 학생들도 그 학생의 감정을 공유할 수 있도록 유도한다. 그리고 그러한 스트레스 상황에 어떻게 대처했는지에 대해 이야기 나눈다. 2. 대략 20분 정도 함께 이야기 나눈 후, '스트레스 테스트' 활동지를 나누어 주고 학생들이 경험한 스트레스의 양을 점수로 나타내게 한다. 3. 점수를 계산해서 150점 이하이면 일상적인 수준이고, 150~300점이면 스트레스 징후를 보이는 평균 수준이며, 300점 이상이면 건강과 행동에 심각한 변화를 경험할 가능성이 높다는 것이다. 4. 삶 속에서 어느 정도의 스트레스는 모든 학생들이 경험한다는 것을 설명한다. 5. 상담자(상담실)의 역할은 학생들이 생활 속에서 경험하는 스트레스 상황으로 인해 힘들어할 때 도움을 제공하는 것임을 학생들에게 안내한다.		
유의사항	특별히 높은 점수를 나타내는 학생은 개인상담을 의뢰할 필요가 있다.		

스트레스 테스트

_____학년 _____반 _____번
이름: ____________________

다음의 척도는 여러분이 걱정하고 스트레스를 받는 삶의 다양한 변화에서 오는 영향력을 평가하는 것입니다. 최근에 경험했던 모든 항목에 체크하고, 해당 점수를 오른쪽 나의 점수란에 그대로 옮겨 적은 뒤 합산해 봅시다.

스트레스	점 수	나의 점수
부모 사망	100	
부모 이혼	73	
부모 별거	65	
직장일로 부모의 여행	63	
가까운 가족의 죽음	63	
개인적인 병이나 상해	53	
부모의 재혼	50	
부모의 실직	47	
부모의 재결합	45	
어머니가 직장에 나가는 것	45	
가족 구성원의 건강 변화	44	
어머니의 임신	40	
학교생활의 어려움	39	
형제자매의 출생	39	
학교의 재적응(새로운 선생님과 학급)	39	
가족의 재정 상태의 변화	38	
친한 친구의 상해나 병	37	
새로운(또는 변화된) 특별활동의 시작	36	
형제자매와 싸우는 횟수의 변화	35	
학교폭력의 위협	31	
남의 물건을 훔침	30	

집에서 책임감의 변화	29	
형이나 누나의 가출	29	
할아버지나 할머니와의 불화	29	
학업성적 문제	28	
다른 도시로의 이사	26	
다른 마을로의 이사	26	
애완동물을 잃어버리거나 되찾음	25	
개인적 습관의 변화	24	
선생님과의 불화	24	
학원이나 독서실 등에서 보내는 시간의 변화	20	
새집으로의 이사	20	
새로운 학교로의 전학	20	
놀이습관의 변화	19	
가족과의 휴가	19	
친구의 변화	18	
캠프에 참가	17	
잠자는 습관의 변화	16	
가족모임 횟수의 변화	15	
식습관의 변화	15	
TV 시청량의 변화	13	
생일파티	12	
거짓말로 인한 처벌	11	
합 계		

※ 여러분의 점수가 150점 이하이면 스트레스 측면에서 일상적인 수준인 것이고, 150~300점 사이이면 스트레스의 징후를 보이는 평균 정도입니다. 그리고 300점 이상이면 건강과 행동에 심각한 변화를 경험할 가능성이 높은 단계입니다.

갈등과 다툼의 관리

자료번호 : II-B-12
영역 : 인성 · 사회성 발달

구분	내용		
활동영역	자신 및 타인의 이해	활동범주	자신을 이해하고 수용하기
활동목표	개인적인 문제점들을 다룰 수 있다.		
활동대상	고등학교 1학년	소요시간	50분
준비물	교사: '갈등해결 역할극' 활동지, '갈등과 다툼의 세 가지 유형' '다툼 해결을 위한 대안' 참고자료	집단크기	소집단, 학급 전체
활동소개	누구나 갈등을 겪는다. 그 대상은 부모나 선생님, 친구, 낯선 사람일 수도 있다. 이 활동은 갈등을 어떻게 관리할 수 있는지 이해하는 데 도움을 줄 것이다.		
활동절차	1. '갈등과 다툼의 세 가지 유형' 참고자료를 보고, 싸움의 결과로 생기는 세 가지 유형과 이러한 갈등이나 싸움을 악화시키는 요인에 대해 학생들에게 설명한다. 2. 갈등과 다툼에 대한 학생들의 느낌을 서로 이야기 나누게 한다. 3. 학생들 중 폭력을 행사했거나 회피했던 경험에 대해 이야기 나누게 한다. 4. 다시 그 상황으로 돌아간다면 어떻게 할 것인가에 대해 이야기 나누게 한다. 5. 경험을 나눈 학생은 그때의 그 결정에 대해 어떻게 생각하는지를 이야기한다. 6. '다툼 해결을 위한 대안' 참고자료에 대해 논의한다. 7. 학생들에게 '갈등해결 역할극' 활동지를 제시하고 각 상황에 대한 결과를 작성해 보도록 한다. 대안적인 상황을 발표하게 한다.		
유의사항	갈등을 인식하고 해결방안을 찾는 것을 어려워하는 학생들에게는 개인적으로 도움을 주는 것이 좋다.		

활동지 번호 : Ⅱ-B-12

갈등해결 역할극

다음에 주어진 네 가지 갈등 상황을 읽고, 그 후 일어날 가상적인 상황에 대한 시나리오를 완성해 봅시다(역할극 이야기 꾸며 보기). 그리고 가장 합리적인 대안이 무엇인지 소집단별로 토의하여 발표해 봅시다.

1. 슬기와 다솜은 둘 다 민수를 좋아한다. 은비는 다솜에게 "얘, 다솜아. 글쎄, 슬기가 민수한테 너에 대해서 나쁜 이야기를 했다."라고 전했다. 다솜은 방과 후에 슬기를 가만히 두지 않을 것이라는 말을 퍼트린다.
   ⇨ 그 후 ______________________________
   ____

2. 평소 재석은 강혁에 대해 좋지 않은 감정을 가지고 있다. 재석은 단어시험에서 커닝 페이퍼를 만들었고, 그것을 의도적으로 강혁의 책상 앞에 떨어뜨렸다. 감독 선생님이 강혁의 책상 앞에서 커닝 페이퍼를 발견하고 강혁의 부정행위에 대해 추궁한다.
   ⇨ 그 후 ______________________________
   ____

3. 현희 어머니는 바쁘거나 할 일이 있을 때마다 현희에게 아기를 돌보게 한다. 현희는 어린 두 동생을 돌보기 위해 늘 학교수업이 끝나자마자 곧바로 집으로 돌아와야 했고, 선생님께 제출할 숙제를 하느라 현희 자신만의 시간을 가질 수가 없다. 그런데 대학생인 현희의 오빠는 항상 집에 돌아오면 컴퓨터 게임만 하고 있다. 그래서 현희는 기분이 좋지 않다.
   ⇨ 그 후 ______________________________
   ____

4. 지훈은 학교에서 다문화가정의 친구를 한 명 집으로 데리고 왔다. 그의 형 지섭은 "너는 왜 그런 아이랑 어울려 다니니?"라고 말한다.
   (※ 우리나라에서도 외국인과 결혼한 부부의 2세들에 대한 관심이 높아지고 있다.)
   ⇨ 그 후 ______________________________
   ____

갈등과 다툼의 세 가지 유형

참고자료 번호
: II-B-12-①

다음은 싸움의 결과로 생기는 세 가지 유형입니다.

구 분	패자-패자	승자-패자	승자-승자 (win-win 방식)
갈등해결 방식	둘 다 격하게 싸움(신체적, 언어적으로)	한 사람만 싸움(신체적, 언어적). 다른 사람은 조용히 있거나 피해 버림	싸우거나 논쟁하지 않음. 각자 자기 입장을 말하고 각자 들어줌. 상황을 해결하기 위해 대안을 찾음
결과	양쪽 모두 상처를 받음	한 사람은 상처를 받고, 다른 한 사람은 자기 방식대로 함	상처받는 사람이 없음
문제해결 여부	문제는 계속됨. 결과적으로 자신과 타인을 존중하지 않음	문제가 진정될지 모름. 양쪽 모두 자신과 타인을 존중하지 않음	문제가 해결되거나 싸움이 진정됨. 패자도 승자도 없음. 자신과 타인을 존중함
새로운 문제	또 다른 싸움이 일어날 수 있음	패자는 복수를 하려고 하거나 누군가에게 또는 다른 물건을 향해 분풀이를 함	

다음은 갈등이나 다툼을 더 악화시키는 요인들에 대한 설명입니다.

1. 폭력(신체적, 언어적)은 타협의 여지를 무너뜨리며 우정을 깨뜨린다. 폭력이 끼어 들면 실재적인 문제를 해결하기가 더 어렵다. 사람들은 신체적 또는 언어적 폭력의 남용으로 생기는 문제를 잊으면 안 된다.
2. 회피는 진정으로 문제를 해결하는 데 장애가 된다. 문제는 다시 발생하게 되어 있다. 문제를 회피하는 사람은 자신과 타인에 대한 존중을 잃게 된다. 사람은 결국 언젠가는 어떤 일에 부딪히게 되는데, 그럴 때마다 문제를 회피하려고 한다면 그것이 습관이 될 수도 있다. 논쟁을 포기하는 사람들은 '친구'나 그와 비슷한 사람들에게 종종 이용당한다.
3. 말만 하고 행동을 하지 않는 것도 문제를 악화시킨다. 또한 다른 사람들의 신뢰를 잃게 된다. 그런 행동은 다른 사람이 문제를 해결해 주거나 자신을 대신하여 어떤 결정을 해 주기를 바란다는 것을 의미한다.

참고자료 번호 : Ⅱ-B-12-②

다툼 해결을 위한 대안

다음은 다툼을 해결하기 위한 대안들입니다.

1. '나 전달법'으로 말하라: 다른 사람이 아니라 자신이 어떻게 느끼는가에 대하여 의사를 전달하라.
   - 너 전달법: "네가 내 뒤에서 이야기할 때 너는 무척 멍청해 보인다." – 핀잔처럼 들림
   - 나 전달법: "네가 내 뒤에서 이야기하기 때문에 나는 화가 난다." – 나의 감정을 상대가 보다 쉽게 이해하게 됨

2. 친밀하게 들어라: 말하고 있는 상대방의 입장에서 들으려고 한다는 것을 알게 하라("열심히 듣고 있어." "계속 해, 듣고 있어." "네가 말한 것을 내가 ~라고 들었는데, 맞니?" "네가 ~라고 한 것이지?" 등으로 표현하라.).

3. 도움을 받아라: 문제의 해결을 위해 다른 사람을 활용하라. 단지 자신의 문제 해결만을 위해 다른 사람에게 말하거나 기대하지 말라. 갈등 사태에 대해 알고 있거나 문제를 해결할 능력이 있는 사람들을 활용하라.

4. 내버려 둬라: 다룰 수 없는 상황은 그냥 두어라. 냉각기를 갖거나 혹은 해결할 수 없는 상황에서의 어떤 문제는 피하는 것이 좋다.

5. 협상하라: 다른 사람과 협력하라. 만약 다른 사람이 조금 양보할 의사를 보이면 당신도 다른 사람에게 무언가를 양보하라. 대개 제안을 함으로써 가능할 수 있다.

6. 사과하라: (당신이 옳을지라도) 당신이 잘못이라고 인정하기보다는 싸움을 일으킨 데 대한 미안함을 다른 사람이 알도록 하라. ("우리가 이 문제를 해결하기는 힘들 것 같구나. 그리고 우선 너를 기분 나쁘게 해서 미안해." "나도 역시 ~해.") 물론 당신이 정말로 잘못했을 때 사과하는 것은 다른 사람으로부터 오히려 존경을 받을 수도 있다.

또래집단

구분	내용		
활동영역	자신 및 타인의 이해	활동범주	자신을 이해하고 수용하기
활동목표	개인적인 문제점들을 다룰 수 있다.		
활동대상	고등학교 1학년	소요시간	50분
준비물	교사: '보람이의 고민' 읽기자료	집단크기	소집단, 학급 전체
활동소개	또래집단의 압력은 또래집단에서 나타나는 일종의 생동감이다. 혼자일 때는 나타나지 않는 힘이 종종 집단 속에서 발생하는 경우를 목격할 수 있다. 이 활동은 또래집단의 압력과 관련된 문제를 이해하는 기회가 될 것이다.		
활동절차	1. 학급 아이들에게 '보람이의 고민' 읽기자료를 큰 소리로 읽어 준다. 2. 다음 질문을 가지고 토의한다. ① 이야기에서 나타나는 문제는 무엇인가? ② 왜 보람이는 미희의 집단에서 압력을 받고 있다고 느끼는가? ③ 왜 보람이는 처음에 어진이와 친구가 되었을까? ④ 때때로 혼자이고 싶은 것은 괜찮은가? ⑤ 동료의 압력은 무엇인가? ⑥ 유사한 상황을 경험한 적이 있는가? 그것을 어떻게 해결했는가? 3. 활동을 마무리하는 단계에서 다음을 강조한다. '옳지 않은 줄 알고 있는 일을 단지 또래집단에서 인정받기 위해 행하는 것은 바람직하지 않다.'		
유의사항	이 이야기를 토론하는 동안 학생들은 약물남용이나 시험에서의 부정행위와 관련된 친구들의 압력으로 발생하는 문제를 인식할 것이다. 이런 영역은 역할극에 사용하거나 다음 시간의 토의 주제로 사용할 수도 있다.		

읽기자료 번호 : Ⅱ-B-12

보람이의 고민

다음 이야기를 읽고, 활동절차에 예시한 토의문제를 중심으로 소집단별로 토의합니다.

출처: KBS 드라마 〈학교〉의 한 장면

보람은 막 ○○시로 이사했고, 새로운 친구 어진을 만나게 되어 운이 좋다고 생각한다. 보람과 어진은 관심사가 서로 비슷하여 함께 즐겁게 지낼 수 있었다. 그러나 각자 자기 방식대로 하고 싶은 것은 자유롭게 하며, 자기 방식을 상대방에게 강요하지 않는다.

한편 보람은 정말로 재미있을 것 같은 새로운 또래집단 ○○○의 리더인 미희를 만난다. 보람은 ○○○ 집단 친구들과 재미있게 어울리는 시간이 많아지고 미희를 따라다니며 우정을 나눈다. 그러나 얼마 후 미희와 ○○○ 집단은 보람에게 어진과의 우정을 포기하도록 요구하며, 보람이가 옳지 않다고 믿는 일을 하도록 요구한다. 즉, ○○○ 집단은 토요일에 쇼핑몰에 갈 계획인데 물건 몇 가지를 훔칠 것이라고 한다. 그래서 보람이가 다른 곳에 갈 계획이 있다며 피하려 하자, 미희는 "네가 계속 우리 ○○○ 집단에 머물기를 원한다면 함께 가야만 한다."라고 말한다.

자, 여러분이 보람이라면 어떻게 하겠는가?

'아니요' 표현 배우기

자료번호 : II－B－12
영역 : 인성 · 사회성 발달

구분	내용		
활동영역	자신 및 타인의 이해	활동범주	자신을 이해하고 수용하기
활동목표	개인적인 문제점들을 다룰 수 있다.		
활동대상	고등학교 1학년	소요시간	50분
준비물	교사: "'아니요' 표현 배우기' '내가 '아니요'라고 말했을 때' 활동지, '공격적, 수동적, 단호한 반응' 참고자료	집단크기	소집단, 학급 전체
활동소개	'아니요'라고 말할 수 있다는 것은 삶의 많은 부분에 영향을 주며, 상호작용 과정에서 유용하게 사용될 수 있다. 이 활동은 학생들이 '아니요'라고 말할 권리가 있다는 것을 인식하도록 하고, 그 말이 단호하게 거부하는 데 매우 효과적이라는 것을 알게 한다.		
활동절차	1. '공격적, 수동적, 단호한 반응' 참고자료를 바탕으로 세 가지 반응 유형의 개념을 학생들에게 설명한다. 2. "'아니요' 표현 배우기' 활동지를 나누어 주고, 개인적으로 또는 짝과 함께 완성하게 한다. 3. 문항 중 토의하고 싶은 것 하나를 선택하고 자원하는 학생으로 하여금 역할극을 하도록 한다. 4. '내가 '아니요'라고 말했을 때' 활동지를 나눠 주고 완성하여 발표하도록 한다. 5. 짝끼리 '아니요'라고 말하기 연습을 한다. 한 사람이 다른 사람에게 그가 하기를 원하지 않는 어떤 요구를 하면, 다른 사람은 똑바로 서서 상대방과 눈을 맞추고 '아니요'라고 말한다. 서로 역할을 바꾸어 연습한다. 6. '아니요'라고 말하는 것과 '아니요'라는 말을 들을 때 어떤 기분이 드는지 이야기한다.		
유의사항	학생들이 역할극을 어려워할 때 교사가 직접 시범을 보이면(혹은 교사가 처음 역할극의 일부를 한다면) 활동이 보다 부드럽게 진행될 수 있을 것이다.		

활동지 번호 : Ⅱ-B-12-①

'아니요' 표현 배우기

_____학년 _____반 _____번
이름: ____________________

다음의 상황에서 어떻게 '아니요'라고 말할지 생각을 적어 봅시다. 가능한 한 다른 사람이 화가 나지 않도록 '아니요'라고 말합니다.

1. 당신은 수업시간에 화장실에 가길 원하는 학생에게 '아니요'라고 말해야만 하는 선생님입니다.

____

2. 당신은 친척을 방문하는 동안 숙제를 하지 않게 해 달라고 특별히 요청하는 학생을 거절해야 하는 선생님입니다.

____

3. 당신은 학급 친구에게 그날 숙제의 답을 가르쳐 주는 것을 거절해야 하는 학생입니다.

____

4. 당신은 약물을 복용하거나 술을 함께 마시자는 친구에게 '아니요'라고 말하는 학생입니다.

____

5. 당신은 심부름을 하라는 부모님께 '아니요'라고 말하는 자녀입니다.

____

6. 당신은 친구들이 쇼핑을 함께 하자고 요구할 때 '아니요'라고 말해야 하는 숙제가 많은 학생입니다.

____

7. 당신은 심부름을 시키는 선생님께 '아니요'라고 말하는 학생입니다.

____

내가 '아니요'라고 말했을 때

____학년 ____반 ____번
이름: ________

다음의 세 가지 질문에 대한 자신의 생각을 쓰고 친구들과 토론해 봅시다.

1. 내가 '아니요'라고 말해야 하는데 그러지 못한 때는 언제인가?

2. '아니요'라고 말하고 내가 말한 것에 대하여 만족한 때는 언제인가?

3. '아니요'라고 말해 놓고 후회했던 때는 언제인가?

참고자료 번호 : Ⅱ-B-12

공격적, 수동적, 단호한 반응

수동적인 경향이 있는 대부분의 사람들은 단호한 반응을 하는 데 약간의 어려움을 겪습니다. 반면 공격적인 반응이 심한 학생들과 수동적인 모습을 나타내는 것이 어려운 학생들도 있습니다. 다음은 공격적, 수동적, 단호한 반응의 개념에 대한 설명입니다.

1. 공격적 반응: 다른 사람을 깔보거나, 다른 사람의 입장에서 기분이 나쁠 수도 있는 적대적인 태도다. 단호한 반응과 구별해야 한다.
2. 수동적 반응: 자신의 의사를 분명히 표현하지 않는 태도로서 우유부단하게 보인다. 이러한 태도는 다른 사람으로 하여금 더 강하게 여러분을 설득하게 만드는 결과를 낳는다.
3. 단호한 반응: 자신에 대한 자존심과 타인에 대한 존중을 가지고 '아니요'라고 확실하게 말하는 것이다. 이렇게 하면 사람들은 여러분의 요구를 존중하게 된다. 그럼에도 불구하고 누군가 억지를 부린다면 '아니요'라고 한 후에 다시 한 번 '아니요'라고 말하고, 마지막으로 그 자리를 떠나라.

학생들이 말하는 단어보다 더 많은 것이 비언어적 메시지로 전달된다는 것을 설명합니다. 비언어적 메시지는 신체언어와 목소리 톤, 얼굴 표정 등으로 나타납니다. 학생들에게 아래 상황에 대한 세 가지 반응을 표현해 보게 합니다.

> **상 황**
> 내가 애써 해 온 숙제를 손쉽게 보고 베끼려는 친구가 있다. 어떻게 반응할 것인가?

1. 이에 대한 공격적인 반응을 예를 들어 설명해 보도록 한다.
   예 "안 돼! 이 얌체 같은 놈아!" (적대적인 목소리와 공격적인 신체언어로 말한다.)
2. 수동적인 반응을 예를 들어 설명해 보게 한다.
   예 "글쎄, 잘 모르겠어……." (힘없이 꼬이는 목소리로, 눈은 아래를 바라보며, 어깨를 축 늘어뜨리고 말한다.)
3. 단호한 반응을 예를 들어 설명해 보게 한다.
   예 "아니, 미안하지만 나는 너에게 보여 주고 싶지 않아." (확고한 목소리로, 상대방의 눈을 똑바로 응시하면서, 몸을 꼿꼿이 세우고 말한다.)

스트레스 벗어나기

<table>
<tr><th>구분</th><th colspan="3">내용</th></tr>
<tr><td>활동영역</td><td>자신 및 타인의 이해</td><td>활동범주</td><td>자신을 이해하고 수용하기</td></tr>
<tr><td>활동목표</td><td colspan="3">기분이 좋지 않을 때의 생활에 대처할 수 있다.</td></tr>
<tr><td>활동대상</td><td>고등학교 1학년</td><td>소요시간</td><td>50분</td></tr>
<tr><td>준비물</td><td>교사: ‘나의 스트레스’ 활동지, ‘스트레스’ ‘긴장을 인식하기 위한 연습’ 참고자료</td><td>집단크기</td><td>소집단, 학급 전체</td></tr>
<tr><td>활동소개</td><td colspan="3">스트레스에 대해 정의하고, 학생들은 자신이 스트레스를 받는 상황이나 원인을 명확히 알고, 거기서 벗어나기 위한 건전한 방법을 배운다.</td></tr>
<tr><td>활동절차</td><td colspan="3">1. 이번 시간에 활동할 내용 전반에 대하여 설명한다.
① ‘스트레스’ 참고자료를 바탕으로 학생들에게 스트레스에 대해 설명한다.
② 실습에 대한 안내를 한다.
2. ‘긴장을 인식하기 위한 연습’ 참고자료의 1～11단계를 실시한다.
3. 학생들에게 ‘나의 스트레스’ 활동지를 나눠 주고, 활동지에 스트레스를 주는 대상과 그들이 스트레스를 풀기 위해 하는 것에 대해 작성하도록 한다.
4. 학생들이 활동과정에서 느낀 경험을 공유하도록 격려한다.</td></tr>
<tr><td>유의사항</td><td colspan="3">경험의 공유과정에서 스트레스 때문에 힘들어하는 학생이 발견된다면 개인상담을 의뢰하는 것이 좋다.</td></tr>
</table>

활동지 번호 : Ⅱ-B-13

나의 스트레스

_____학년 _____반 _____번

이름: ____________________

다음을 작성해 봅시다.

1. 나는 어떠한 상황에서 스트레스를 받는가? 또는 누구 때문에 스트레스를 받는가?

2. 나는 어떻게 스트레스를 해소하는가? 또는 대처하는가?

스트레스

다음 글은 스트레스의 정의 및 스트레스 대처방법에 대한 설명입니다. 참고하여 활동에 이용해 봅시다.

1. 스트레스의 정의

스트레스는 주변 환경이 우리를 억누르고 있을 때 느끼는 긴장감이다. 그것은 신체적이거나 정신적, 정서적인 스트레스가 될 수 있다. 스트레스를 다루는 방법은 종종 우리의 건강이나 다른 사람과의 관계, 학교나 직장에서의 직무능력에 영향을 미친다.

많은 학자들은 '우리가 살아가기 위해서는 약간의 스트레스가 필요하다.'고 한다. 긴장을 느끼는 것은 우리를 불편하게 만들고, 우리로 하여금 그 긴장을 해소하도록 하기 위해서 무엇이든 하게 한다.

때때로 스트레스를 덜어 내는 것은 매우 쉽고 그 해결책 또한 아주 명백하다. 만약 방 안이 추워 불편하다면 창문을 닫는 행동을 하는 것처럼 말이다. 그러나 때로는 어떻게 스트레스를 해소할지 모를 뿐만 아니라 그 상황이 다 끝나고 이미 우리가 편안하게 된 이후에야 비로소 스트레스를 받고 있었다는 것을 알게 되는 경우도 있다.

2. 스트레스에 대처하기

1) 스트레스 인식하기: 스트레스에 대처하는 방법을 배우기 전에 먼저 스트레스를 겪고 있다는 것을 인식할 수 있어야 한다.
만약 우리가 긴장을 하고 있다는 사실을 깨닫지 못한다면, 우리는 울적해지거나 한 발 물러나게 되고 주변의 다른 사람에게 날카롭게 반응하는 등의 부정적인 방법으로 긴장감을 나타내게 된다.
어떤 사람이 화를 내거나 회피하는 행동은 주변 사람들로 하여금 부정적 방법으로 반응하게 만들기 때문에, 그러한 행동은 주변 사람에게 긴장을 초래하는 원인이 될 수 있다. 마찬가지로 주변 사람들의 행동은 다시 우리의 긴장감을 증가시킬 수도 있게 되어, 결국에는 서로 간에 아무도 도울 수 없는 집단 스트레스 상황에 빠질 수 있다. 어떤 사람들은 감정을 안으로 삭여서 병을 만들거나 이유가 뭔지조차 모르는 신경질적인 상태가 될지도 모른다.

2) 스트레스에 대처하는 방법 배우기: 스트레스를 극복하기 위해서는 먼저 스트레스를 받고 있을 때 자신의 내면을 인식하는 것을 배워야만 한다. 거기서부터 자신의 긴장 수준을 증가시키는 상황을 피하고 스트레스에 대처하는 방법을 배워야만 한다.

3) 스트레스에 대처하기 위한 연습-'긴장을 인식하기 위한 연습': 이 연습은 학생들에게 자신이 긴장하고 있을 때 어떻게 느끼는지를 경험하게 하고, 반대로 이완하고 있을 때는 어떻게 느끼는지 알도록 한다. 그럼으로써 궁극적으로는 스트레스에 반응하는 방법을 알려 줄 것이다.

   이 연습은 연속적이며 한 단위로서 일정 시간 동안 이루어지는 것이 좋다. 그러나 개인적인 활동으로 이용해도 괜찮을 것이다. 또한 학생들의 성숙 정도에 따라 사용되는 기술이나 예시를 수정하여 활용할 수도 있을 것이다.

   한편 '긴장을 인식하기 위한 연습'(즉, 스트레스에 대처하기 위한 연습)의 주제는 다음과 같다.

   - 긴장 인식하기: 우리는 어떻게 스트레스에 신체적으로 반응하는가?
   - 이완 연습하기: 우리는 어떻게 우리 자신을 이완시킬 수 있는가?
   - 스트레스에 대응하기: 우리는 어떻게 스트레스를 긍정적으로 사용할 수 있는가? 우리는 어떻게 스트레스를 피하거나 줄일 수 있는가?

4) 스트레스 대처능력의 중요성: 스트레스에 긍정적으로 대처하는 개인적인 방법을 학습하는 것은 살아가는 데 대단히 중요하다. 많은 우수한 학생들이 학교생활에 대처하는 방법을 몰라 정기적으로 실패한다. 많은 유능한 근로자들이 변화나 책임감, 한계를 다루는 방법을 배우지 못했기 때문에 낮은 수준의 직업에 매이게 되거나 원하는 직업을 갖는 데 실패하게 된다.

※ '긴장을 인식하기 위한 연습'은 학생들이 생활에 대처하는 올바른 방법을 알 수 있도록 도와줄 것이다.

긴장을 인식하기 위한 연습

참고자료 번호
: Ⅱ-B-13-②

다음을 지도 시 참고하세요.

활동 시 유의사항

- 이 활동은 전체 집단이 동시에 하는 집단활동입니다.
- 학생들이 집단으로 활동하고 있지만, 활동하는 동안 아무에게도 말하지 않고 조용하게 자신의 감정에 대해서만 생각하게 됩니다.
- 학생들은 개인적인 부분의 연습이 끝날 때까지 자신의 감정을 나누어서는 안 됩니다.
- 이 활동의 목적은 학생들이 언제 긴장하고 언제 이완되는지를 알도록 하는 것입니다.
- 각본은 교사가 학생들에게 읽어 줄 수 있도록 아래에 제시되어 있고 읽혀서는 안 되는 지시문도 괄호 안에 포함되어 있습니다.
- 집단을 지도하는 교사는 이 연습문을 실행하면서 집단의 요구에 맞도록 각본을 바꿀 수도 있습니다.

1. 상담자는 학생들을 책상이나 의자에 편안하게 앉게 한다.

2. 상담자는 목소리 톤을 낮게 유지하면서 다음의 각본처럼 이야기한다.

"우리는 오늘 우리가 어떻게 느끼는지에 주의를 기울이는 연습을 할 것입니다. 때로는 우리의 마음이 느끼기 전에 몸이 먼저 어떻게 느끼는가를 알게 해 줍니다.

비록 우리가 하나의 집단으로 여기에 함께 있지만, 느끼는 것은 저마다 다를 것입니다. 여러분 모두가 각각 이 경험으로부터 많은 것을 얻도록 하기 위해서는 모두 나의 지시를 정확하게 따르는 것이 중요합니다. 첫째, 절대로 말하지 마세요. 둘째, 여러분에게 질문을 하면 대답하지 말고, 다만 답에 대해서는 생각하고 머릿속으로만 알고 있도록 합니다.

혹시 어떻게 하는지 이해하지 못한 사람 있습니까? (만약 질문이 있다면 다시 한 번 설명해 줍니다.) 그럼 이제 시작할 준비가 되었습니다. 선생님의 지시를 정확하게 따르고, 여러분이 느끼고 있는 것에 집중하세요."

1) 먼저 눈을 감으세요. 눈을 감고 편안하게 느낄 수 있도록 의자에 앉으세요. 자신에 대해 생각합니다. 내가 지금 어떻게 앉아 있는가? 내 다리가 밖으로 뻗어져 있는가, 아니면 꼬아져 있는가? 내 팔은 내려져 있는가, 아니면 접혀져 있는가? 내가 똑바로 앉아 있는가, 아니면 앞으로 수그리고 앉아 있는가? 자신이 지금 어떻게 앉아 있는지, 그리고 지금 어떻게 느끼고 있는지 생각해 보세요. (여기서 잠깐 한숨을 돌린다.)
2) 눈을 감고 얼굴을 찡그려 보세요. 할 수 있는 한 많이 찡그려 보세요. 더, 더 많이 찡그려 보세요. 찡그리면서, 찡그릴 때 자신의 얼굴이 어떻게 느껴지는지에 대해 생각해 보세요. 아픈지, 눈썹이 어떻게 느껴지는지, 뺨은 어떻게 느껴지는지, 입은 어떻게 느껴지는지 생각해 보세요.
3) 좋아요, 그만 찡그리세요. 눈을 감은 채 얼굴이 지금 어떻게 느껴지는지에 대해 생각해 보세요. 찡그리고 있을 때와 다르게 느껴지나요? 눈썹은 어떻게 느껴지나요? 뺨은 어떻게 느껴지나요? 입은 어떻게 느껴지나요?
4) 눈을 감은 채 양손을 주먹 쥡니다. 할 수 있는 대로 주먹을 꽉 쥐세요. 그리고 주먹을 꽉 쥔 채로 팔을 아래로 붙입니다. 지금 자신이 어떻게 느끼고 있는지 생각해 보세요. 손가락이 어떻게 느껴지나요? 팔은 어떻게 느껴지나요? 어깨는 어떻게 느껴지나요? (여기서 잠깐 한숨을 돌린다.)
5) 이제 주먹을 펴고 몸을 편안하게 합니다. 눈은 감은 채 지금 어떻게 느끼고 있는지 생각해 보세요. 손가락이 어떻게 느껴지나요? 팔은 어떻게 느껴지나요? 어깨는 어떻게 느껴지나요? 주먹을 꽉 쥐고 있을 때와 지금과는 어떻게 다르게 느껴지나요? 주먹을 쥐고 어떻게 느꼈고, 지금은 어떻게 느껴지는지 생각해 보세요. (잠시 한숨을 돌린다.)
6) 이제 눈을 감고 들이마실 수 있는 만큼 힘껏 숨을 들이마십니다. 숨이 등에 닿을 때까지 배에 꽉 차게 해 보세요. 지금 어떻게 느끼는지 생각해 보세요. 가슴이 어떻게 느껴지나요? 배는 어떻게 느껴지나요? 숨을 토해 내고 편히 쉬세요. 지금 어떻게 느껴지는지 생각해 보세요. 가슴이 어떻게 느껴지나요? 배는 어떻게 느껴지나요? 숨을 깊이 들이마실 때와 비교하여 지금은 어떻게 다르게 느껴지나요? (여기서 잠깐 한숨을 돌린다.)
7) 눈을 감고 앞으로 발을 뻗어 보세요. 할 수 있는 만큼 꽉 발가락을 아래로 구부립니다. 지금 어떻게 느끼는지 생각해 보세요. 발가락이 어떻게 느껴지나요? 다리가 어떻게 느껴지나요? 아픈가요? 이제 발가락을 펴고, 다리도 편안하게 합니다. 눈을 감고 지금 어떻게 느끼는지 생각해 보세요. 발가락이 어떻게 느껴지나요? 다리가 어떻게 느껴지나요? 아픈가요? 발가락을 아래로 구부리고

다리를 뻗고 느끼는 것과 지금 느끼는 것에 대해 생각해 보세요. (잠깐 한숨을 돌린다.)

8) 이제 눈을 감고, 얼굴을 찡그리고, 주먹도 할 수 있는 만큼 꽉 쥐고, 팔을 양쪽 아래로 붙여 두고, 숨을 깊이 들이마십니다. 숨이 등에 닿을 때까지 배에 가득 채웁니다. 다리를 앞으로 쭉 뻗고 발가락을 구부립니다. 눈을 감고 지금 어떻게 느끼는지 생각해 보세요.

   좋아요. 숨을 내쉬세요. 그러나 얼굴은 여전히 찡그리고 있으세요. 주먹도 쥐고, 다리도 뻗고, 발가락도 구부리고. 지금 어떻게 느끼는지 생각해 보세요.

9) 좋아요. 이제 찡그리는 것은 그만두고 주먹을 쥐고, 다리를 뻗고, 발가락은 구부리고 있으세요. 지금 어떻게 느끼고 있는지 생각해 보세요.

10) 좋아요. 이제 주먹을 풀고, 발을 뻗고, 발가락을 구부립니다. 지금 어떻게 느끼는지 생각해 보세요.

11) 좋아요. 다리도 발가락도 편안하게 하세요. 지금 어떻게 느끼는지 생각해 보세요.

12) 눈을 감으세요. 얼굴이 어떻게 느껴지는지 생각해 보세요. 어깨가 어떻게 느껴지는지 생각해 보세요. 팔이 어떻게 느껴지는지 생각해 보세요. 손가락이 어떻게 느껴지는지 생각해 보세요. 가슴이 어떻게 느껴지는지 생각해 보세요. 배가 어떻게 느껴지는지 생각해 보세요. 다리가 어떻게 느껴지는지 생각해 보세요. 발가락이 어떻게 느껴지는지 생각해 보세요. 눈을 감고 편안하게 있으세요. 수고하셨습니다. 이제 눈을 뜨세요.

3. 학생들에게 앞서 활동이 그들이 언제 긴장하고 언제 편안하게 되는지를 알아채도록 돕기 위한 연습이었음을 설명한다.
   - 긴장의 정의를 물어본다.
   - 이완의 정의를 물어본다.

4. 집단에게 연습의 어떤 부분에서 긴장을 느꼈는지 물어본다.
   (예상 대답: 찡그릴 때, 숨을 들이마실 때, 숨을 배에 가득 채우고 있을 때, 주먹을 쥐고 있을 때, 다리를 뻗고 있을 때, 발가락을 구부리고 있을 때 등)

5. 집단에게 연습의 어떤 부분에서 고요함이나 이완을 느꼈는지 물어본다.
   (예상 대답: 찡그리지 않을 때, 힘을 주면서 숨을 들이쉬지 않을 때, 숨을 배에 가득 채우고 있지 않을 때, 주먹을 풀고 있을 때, 다리를 펴지 않았을 때, 발가락을 구부리지 않았을 때 등)

6. 집단에게 이전에 이 같은 긴장을 느껴 본 적이 있는 사람이 있는지 물어본다.
   만약 있다면 언제였는가? 긴장을 느끼게 한 원인이 무엇이었는가? 신체의 어느 부분이 긴장했을 때 가장 영향을 많이 받았는가? 예를 들면, 찡그릴 때였는가, 주먹을 쥘 때였는가 혹은 배가 꽉 조여드는 것같이 느껴질 때였는가?

7. 집단에게 긴장을 느끼게 만들 수 있는 상황은 어떤 것인지 물어본다.
   몇 가지 예가 제시된 후(칠판에 예를 쓸 수도 있다), 집단에게 우리를 긴장하게 만드는 상황에서 벗어날 수 있는 방법에 어떤 것이 있는지 물어본다.

8. 집단에게 다음과 같이 질문한다.
   ■ 만약 교사가 여러분에게 질문을 했는데 그 답을 모르고 있다면 그것이 여러분을 긴장하게 합니까? 그 상황에서 여러분은 무엇을 할 수 있습니까? 그 상황이 다시 일어나지 않도록 하기 위해 여러분이 무엇을 할 수 있습니까? 그런 상황을 항상 피할 수 있습니까?
   ■ 만약 여러분이 학교나 어떤 모임에 지각을 했다면 그것이 여러분을 긴장하게 만듭니까? 그 상황에서 여러분은 무엇을 할 수 있습니까? 그 상황이 다시 일어나지 않도록 하기 위해 여러분은 무엇을 할 수 있습니까? 그 상황이 항상 일어나지 않도록 할 수 있습니까?

9. 집단에게 피할 수 있는데 우리를 긴장하게 만드는 상황은 무엇인지 물어본다.
   (예상 대답: 싸움, 수업 준비 하지 않기, 다른 사람에게 무례하게 굴기 등)

10. 집단에게 다음과 같이 질문한다.
    ■ 피할 수 없는 그러한 상황이 있습니까?
    (예상 대답: 사고, 다른 사람의 무례함 등)
    ■ 그런 긴장되는 상황에서 우리는 무엇을 할 수 있습니까?

11. 집단에게 긴장을 느끼는 것이 정상인지, 그리고 긴장을 느낀다면 뭔가 잘못된 것인지 물어본다.
    우리는 모두 종종 긴장을 느끼거나 스트레스를 받는다는 사실과 스트레스는 자연스러운 것이나 스트레스를 다루는 방법이 긍정적이거나 부정적인 차이를 만들 수 있다는 사실에 대한 토론을 이끌어 낸다. 만약 상당 기간 동안 스트레스를 받고 있다고 느낀다면, 우리는 도움을 요청하거나 스트레스를 다루고 그러한 상황으로부터 스스로 벗어날 수 있는 방법을 찾아볼 필요가 있을 것이다.

자살 예방

자료번호 : Ⅱ-B-13
영역 : 인성 · 사회성 발달

구 분	내 용		
활동영역	자신 및 타인의 이해	활동범주	자신을 이해하고 수용하기
활동목표	기분이 좋지 않을 때의 생활에 대처할 수 있다.		
활동대상	고등학교 1학년	소요시간	50분
준비물	교사: '청소년의 자살 현황' 읽기자료, '청소년의 자살' 참고자료	집단크기	소집단, 학급 전체
활동소개	자살을 시도하려는 십대들은 대개 자신의 계획을 실천하기에 앞서 친한 친구에게 말하는 경향이 있다. 그러므로 이 활동은 학생들이 잠재적 자살 신호를 인식할 수 있도록 배우고, 자살을 생각하는 친구를 도와줄 수 있는 방법을 살펴보도록 한다.		
활동절차	1. '청소년의 자살' 참고자료를 가지고 활동의 목적을 설명한다. 2. '청소년의 자살 현황' 읽기자료를 보고, 자살에 대한 최근 통계자료를 학생들에게 알려 준다. 3. 어떠한 경우에 자살하고 싶다고 느끼는지 발표해 보고, 칠판에 그 목록을 적는다. 4. 슬픔과 우울의 차이를 구분해 준다. (슬픔은 대개 짧은 기간 동안 유지되고, 우울은 오랫동안 지속되어 정서적인 병이 될 수 있다.) 5. 좋은 경청자가 되는 방법을 토의한다. 6. 지역에 있는 생명의 전화나 다른 자살예방방지기관의 전화번호를 알려 준다. (자살 위기 등 정신건강 상담전화: 1577-0199) 7. 상담자나 교사, 부모에게 도움을 요청하도록 친구를 설득하는 방법에 대한 역할극을 한다.		
유의사항	이 활동에 심하게 감동을 받거나, 두드러지게 당황하는 것처럼 보이는, 혹은 너무 가벼워 보이는 학생들을 주시해야 한다.		

읽기자료 번호 : II-B-13

청소년의 자살 현황

다음을 읽고 생각해 봅시다.

국가통계포털(2009)의 통계자료를 바탕으로 청소년의 자살 현황을 분석하면 다음과 같다.

첫째, 연도별로 살펴보면 2006년도에는 십대 자살자 수가 198명으로 10만 명당 자살률이 6.2명이었으나 2007년도에는 십대 자살자 수가 257명, 자살률이 7.9명으로 급증한 것으로 나타났다.

둘째, 연령별로 살펴보면 10~14세 청소년들의 10만 명당 자살률이 1~1.5명인 반면, 15~19세 청소년의 10만 명당 자살률은 6.2~7.9명인 것으로 나타났다.

셋째, 남녀 성별로 살펴보면 10~14세 청소년들에서는 여학생의 자살률이 다소 높았으나 15~19세 청소년들에서는 남학생의 자살자 수가 급속히 증가하여 오히려 여학생보다 자살률이 높은 것으로 나타났다.

청소년 자살자 수와 자살률

구분		2006년 자살 청소년 수 (10만 명당 자살률)	2007년 자살 청소년 수 (10만 명당 자살률)
10~14세	남	14(0.7)	25(1.3)
	여	20(1.2)	27(1.6)
	계	34(1.0)	52(1.5)
15~19세	남	110(6.6)	143(15.2)
	여	88(5.9)	114(7.4)
	계	198(6.2)	257(7.9)

출처: KOSIS 국가통계포털(2009. 3. 11).

청소년의 자살

다음은 청소년의 자살에 대한 안내입니다. 지도 시 참고하세요.

1. 청소년 자살의 원인
   1) 정신과적 장애: 우울증, 약물남용, 정신분열장애 등
   2) 발달 및 성격적인 측면: 학습장애, 언어장애, 성격장애 등
   3) 사회적 요소
      - 교육제도의 모순으로 인한 문제
      - 청소년들만의 건전한 문화 공간이나 소통의 장의 부족
      - 기성세대와의 가치관 차이와 이기주의의 팽배
      - 소비 · 향락적인 문화의 확산
   4) 스트레스

      〈고등학생들이 경험하는 스트레스 사건〉

      1위. 동성 친구와의 관계에서 파생되는 사건들
      2위. 학업 성적과 관련된 사건들
      3위. 선생님과 관련된 사건들
      4위. 부모님과 관련된 사건들
      5위. 신체 변화와 관련된 사건들

2. 청소년들의 자살 시도 특징
   1) 분명한 동기를 갖는다.
   2) 충동성이 강하게 작용하여 순간적으로 이루어진다.
   3) 모방 자살인 경우가 많다.
   4) 치사도(致死度)가 높은 자살 수단을 사용한다.
   5) 죽음에 대한 가치관을 가지고 있다(예: '죽으면 모든 고통에서 벗어나겠지.').

3. 자살하는 청소년들이 자살 시도 전에 보이는 특징적인 징후
   1) 말을 통하여

      ① "차라리 태어나지 않았으면 좋았을 걸."
      ② "내가 없어져 버리면 아마 마음이 아프겠지."

③ "난 자살할 거야."
④ "더 이상 살고 싶지 않아."
⑤ "모든 것을 끝내고 싶어."

2) 행동 변화를 통하여

① 평소에 매우 소중하게 여기던 물건 등을 남에게 주는 경우
② 생명에 위험이 되는 행동을 무릅쓰는 경우
③ 자주 사고를 내는 경우
④ 심한 외로움이나 단조로움을 호소하는 경우
⑤ 지나치게 초조해하고 안절부절못하는 행동을 하는 경우
⑥ 학교에서 일부러 문제를 일으키거나 범법행동을 하는 경우
⑦ 우울 증상을 보이는 경우

- 식욕과 수면 패턴의 변화
- 갑작스러운 성적 저하
- 주의집중의 어려움
- 친구들을 만나지 않고 좋아하던 활동을 하지 않는 경우

3) 상황적 요인

① 부모님과 대화하는 것에 대한 어려움
② 학교생활에서의 어려움
③ 사랑하는 사람과의 이별
④ 약물이나 알코올에 탐닉하기 시작할 때

4. 자살 예방에 도움을 얻을 수 있는 곳

- 각 지역 정신보건센터
- 생명의 전화 자살예방센터 www.savelife.or.kr
- 자살 위기 등 정신건강 상담전화 1577-0199
- 한국가이던스 www.guidance.co.kr
- 한국생명의 전화 www.lifeline.or.kr / 1588-9191
- 한국청소년상담원 www.kyci.or.kr

갈등해결 역할극

구분	내용		
활동영역	자신 및 타인의 이해	활동범주	타인을 이해하고 사이좋게 지내기
활동목표	감정을 전달하는 좋은 방법을 안다.		
활동대상	고등학교 1~3학년	소요시간	100분
준비물	교사: '내가 겪은 갈등' '평가지' 활동지, '활동 소개' '활동 1' '갈등을 다루는 긍정적인 접근' '갈등을 다루는 부정적인 접근' '토의를 위한 질문' '활동 2' 참고자료	집단크기	소집단(6~7명), 촉진자 2명(각 집단에 1명)
활동소개	이 활동에서 학생들은 갈등을 해결하는 비폭력적인 방법을 배우게 될 것이다. 이것이 학교에서의 기대행동과 관련 있기 때문에, 특히 1학년 학기초에 적합할 것이다.		
활동절차	1. '활동 소개' 참고자료를 보고 활동을 소개한다. 2. '활동 1' 참고자료에 따라 갈등을 다루는 긍정적인 방법과 부정적인 방법에 관한 활동을 진행한다. 3. '내가 겪은 갈등' 활동지를 나누어 주고 학생들이 작성할 수 있게 한다. 4. '활동 2' 참고자료의 내용에 따라 활동을 진행한다. 5. 활동을 요약해 준다. 6. '평가지' 활동지를 나누어 주고, 학생들의 의견을 기록한 후 제출하도록 한다.		
유의사항	이 활동을 하고 난 후 개인 간 혹은 집단 간 갈등이 일어나면 학생들이 이 과정을 적용해 보도록 그들을 개인적으로 도와줄 필요가 있을 것이다.		

활동지 번호
: Ⅱ-H-35-①

내가 겪은 갈등

_____학년 _____반 _____번

이름: ____________________

최근에 부모님, 선생님, 친구들과의 사이에서 있었던 갈등 상황을 기록해 봅시다.

평가지

활동지 번호
: Ⅱ-H-35-②

_____학년 _____반 _____번

이름: ____________________

다음은 이 활동에 대한 여러분의 의견을 알고자 하는 질문지입니다. 여러분의 생각을 적어 봅시다.

1. 갈등 해결에 관한 이 활동이 여러분에게 흥미로웠습니까?

____

____

2. 미래의 상황에서 여러분을 도와줄 수 있는 지식이나 기술을 얻을 수 있었습니까?

____

____

3. 이 활동에 대한 논의나 제안이 있습니까?

____

____

4. 상담자를 개인적으로 만날 기회를 가지고 싶습니까?

예 ________________ 아니요 ________________

대답이 '예'라면 다음을 기록하세요.

이름 ________________________

원하는 시간 ________________________

원하는 장소 ________________________

참고자료 번호 : II-H-35-①

활동 소개

이 활동의 목적을 간단히 요약하여 소개하고 활동 순서를 알려 줍니다.

> 예 시
>
> "이 시간 우리가 함께 해 볼 활동은 여러분이 갈등을 어떻게 다루는가와 관련된 활동입니다. 공동체 속에서 살아가다 보면 어디서건 갈등은 일어나게 마련입니다. 하지만 중요한 것은 여러분이 그 갈등을 어떻게 다루는가 하는 문제입니다.
>
> 그럼 지금부터 갈등을 어떻게 해결하는 것이 좋을지 모두 적극적인 관심을 가지고 함께 활동해 봅시다."

1. 학생 6~7명을 한 집단으로 나누고, 각 집단원들이 둥글게 앉도록 한다.

2. 활동의 목적 안내: 이 활동의 목적은 '갈등을 해소하는 비폭력적이고 긍정적인 방법을 배우는 것'이라고 말한다.

3. 촉진자의 역할 소개 및 선정: 촉진자의 역할은 갈등에 부정적으로 접근하는 역할을 연기하는 것임을 알려 주고, 각 집단에서 한 명씩 적임자를 미리 선정하도록 한다.

   ※ 촉진자 활동 예: 약속된 시간을 지키지 않는 사람이나 뒤에서 남을 헐뜯는 사람

4. 집단에 거는 기대를 말한다. 예를 들면, "이 활동이 끝났을 때 여러분이 평소의 어떤 갈등이 완전히 해소되어 서로 좋아하게 되는 것까지 바라지는 않지만(물론 그러면 더 좋겠지만), 서로서로 각자의 견해를 존중하며 긍정적인 방법으로 갈등을 풀어 나가는 능력과 태도를 갖게 되기를 바란다."

5. 활동 중에 지켜야 할 다음과 같은 약속을 정한다.
   1) 한 번에 단 한 사람만 말할 수 있다. 다른 사람이 말할 때는 조용히 듣는다.
   2) 말할 때는 '나'를 주어로 하여 말한다. 주인의식을 바탕으로 자신의 견해를 표현해 보는 것이다. 예를 들면, '나는 ~을/를 느낀다.' 또는 '나는 네가 ~하기를 바란다.'는 형식으로 말하는데, 이 경우 자신이 주인의식을 가지고 있다고 느껴질 것이다.

활동 1(역할극)

참고자료 번호
: Ⅱ-H-35-②

먼저 참고자료 '갈등을 다루는 긍정적인 접근' '갈등을 다루는 부정적인 접근' '토의를 위한 질문'을 나누어 줍니다.

1. 갈등 해결을 다루는 긍정적인 접근법을 안내한다.
   1) '갈등을 다루는 긍정적인 접근' 참고자료를 바탕으로 긍정적인 갈등해결 접근법에 대해 설명하고, 학생들이 그것을 잘 이해했는지 확인한다.
   2) 긍정적인 갈등해결 접근법에 대한 간단한 역할극을 해 본다.
   3) '토론을 위한 질문' 참고자료를 사용하여 토의하는 역할극을 한다. (지원자를 뽑아 토의 질문에 대한 반응을 칠판에 기록하도록 한다.)

2. 갈등 해결을 다루는 부정적인 접근법을 안내한다.
   1) '갈등을 다루는 부정적인 접근' 참고자료를 바탕으로 부정적인 갈등해결 접근법에 대해 설명하고, 학생들이 그것을 잘 이해했는지 확인한다.
   2) 부정적인 갈등해결 접근법에 대한 간단한 역할극을 해 본다.
   3) '토론을 위한 질문' 참고자료를 사용하여 토의하는 역할극을 한다. (지원자를 뽑아 토의 질문에 대한 반응을 칠판에 기록하도록 한다.)

참고자료 번호
: Ⅱ-H-35-③

갈등을 다루는 긍정적인 접근

다음은 갈등을 긍정적으로 해결해 나가는 절차입니다.

1. 찾아라. 문제가 무엇인지 명확히 하도록 하라.
   1) 문제에 대한 명확한 진술을 하라.
   2) 그 상황에 대한 감정이 어떠한지 말하라.
   3) 다른 사람이 어떻게 느끼는지를 각자 이해하도록 하라.

2. 분리하라. 행동과 사람 자체를 구별하도록 하라.
   1) 자신의 실수는 인정하나 자신을 실패자나 나쁜 사람으로 보지는 말라.
   2) 누군가 문제되는 행동을 했을 때 그 행동 때문에 그 사람 자체를 비난하지 말라.

3. 행동에 대해 책임감을 가져라. 자신이 선택한 행동에 대해 책임감을 가져라.
   1) 다른 사람을 비난하거나 책임을 떠넘기지 말라.
   2) 문제에 긍정적으로 접근하도록 자신에게 말하라.

4. 진정시켜라.
   1) 당신이 무엇을 원하고 무엇을 좋아하는지 말하라.
   2) 주제에 집중하라.
   3) 기꺼이 협상하고 타협하라. 각자가 문제를 해결하기 위해 무엇을 할 수 있는지 의견을 제시하라.

5. 벗어나라.
   만약 모든 것이 실패한다면 그 자리를 떠나라.

갈등을 다루는 부정적인 접근

참고자료 번호 : II-H-35-④

다음은 갈등을 부정적으로 해결해 나가는 절차입니다.

1. 행동에 대한 책임감을 가지려고 하지 말라.
   1) 자신의 실수를 부정하라.
   2) 무조건 다른 사람을 비난하고 책임을 떠넘겨라.

2. 그 행동으로 그 사람을 단정 지어라.

3. 갈등과 직접 관련된 주제에 집중하지 말고 자꾸만 딴소리를 하라.
   1) 다른 시간과 다른 주제에 대해 말하라.
   2) '너는 항상……' 또는 '너는 결코……'라는 형식으로 말하라.

4. 협상이나 타협을 거절하라.
   1) 다른 사람의 의견을 무시하라.
   2) 자신의 주장을 끝까지 고집하라.

5. 머물러라.
   만약 모든 것에 실패한다고 하더라도 그 자리에 머물면서 계속적으로 이야기하라.

참고자료 번호 : Ⅱ-H-35-⑤

토의를 위한 질문

다음은 '활동 1'에서의 토의를 위한 질문들입니다.

1. 무슨 일이 일어났는가?

2. 논쟁의 쟁점이 무엇이었는지를 찾을 수 있는가?

3. 역할극에 참여한 학생이 논쟁을 차분하게 진정시켰는가?

4. 논쟁을 끝내는 방식에 대해 어떻게 느끼는가? 그들이 벗어났는가?

5. 역할극에 참여한 학생이 주제에 집중하였는가? 그렇지 않다면 논쟁의 주제에 관련되지 않은 어떤 것을 말하였는가?

6. 역할극 속에서 문제되는 행동과 그 사람을 분리하였는가?

7. 충돌을 해결하려는 시도에서 역할극에 참여한 학생은 협상하려고 시도하였는가?

8. 이 논쟁이 우정에 영향을 끼쳤다고 생각하는가?

활동 2

참고자료 번호
: Ⅱ-H-35-⑥

다음을 참고하여 역할극을 하도록 지도해 봅시다.

1. '내가 겪은 갈등' 활동지에 각 학생들이 겪었던 갈등 상황을 써 보도록 한다.

2. 역할극 하는 방법을 설명한다.
   1) 갈등 상황을 사실적으로 묘사해야 할 것이며, 참여자는 역할극을 할 때 마치 자신이 표현할 인물이 된 것처럼 해야 한다.
   2) 험담, 차별하는 말, 신체활동을 하지 못하게 한다.

3. 학생들이 '내가 겪은 갈등'을 실제로 다루도록 한다.
   1) 학생들은 조별로 작성한 활동지를 함께 이야기한다.
   2) 조별로 서로 의논하여 한 가지 갈등 상황을 정한다.
   3) 긍정적인 접근의 방법으로 그 갈등을 해결하는 역할극을 준비한다.
   4) 조별로 역할극을 수행한다.
   5) 학생들은 각 역할 상황에서 느낀 점을 토론한다.
   6) 학생들이 학교에서 발생하는 갈등을 제안하지 않았다면 상담자가 적절한 토의 주제를 만들어 준다.

단호한 행동과 공격적 행동

<table>
<tr><th>구 분</th><th colspan="3">내 용</th></tr>
<tr><td>활동영역</td><td>자신 및 타인의 이해</td><td>활동범주</td><td>타인을 이해하고 사이좋게 지내기</td></tr>
<tr><td>활동목표</td><td colspan="3">우정을 오래 지속 · 발전시킬 수 있다.</td></tr>
<tr><td>활동대상</td><td>고등학교 2~3학년</td><td>소요시간</td><td>50분</td></tr>
<tr><td>준비물</td><td>교사: '선택한 행동과 그 결과' '단호한 표현' '공격적인 표현' 참고자료</td><td>집단크기</td><td>소집단, 학급 전체</td></tr>
<tr><td>활동소개</td><td colspan="3">단호한 행동과 공격적인 행동에 대한 활동을 통해 남의 권리를 침해하지 않으면서 자신의 권리, 요구, 욕망을 주장하거나 표현하는 방법을 배운다.</td></tr>
<tr><td>활동절차</td><td colspan="3">1. 학생들에게 단호함과 공격적이라는 표현에 대해 토의하도록 한다.
2. '선택한 행동과 그 결과' 참고자료를 나누어 주고, 학생들이 읽을 수 있도록 시간을 준다.
3. '단호한 표현' '공격적인 표현' 참고자료를 나누어 주고, 학생들이 역할극을 통해 그러한 표현을 연습할 수 있도록 해 준다.
① 단호한 행동의 역할극 예
"나는 가족의 주말계획에 나를 포함시킨 데 대해 감사해요. 그러나 나는 이미 동아리 MT에 참석할 계획을 갖고 있어요?"
② 공격적인 행동의 역할극 예
"나는 가족 소풍을 가고 싶지 않아! 나는 토요일에 동아리 MT를 갈 거야."</td></tr>
<tr><td>유의사항</td><td colspan="3">공격적으로 행동하는 것 같거나 자신의 의사를 제대로 표현하지 못하는 학생들을 주의 깊게 관찰하여 개인상담으로 연결할 수 있다.</td></tr>
</table>

선택한 행동과 그 결과

참고자료 번호 : II-H-36-①

어떤 상황에 대해 각자가 선택할 수 있는 행동양식은 일정한 패턴의 형태로 나타납니다. 다음은 그러한 일정한 패턴으로 행동했을 때 나타나는 결과들에 대한 설명입니다.

1. 단호하지 않은 행동
   1) 단호하지 않은 행동의 특성: 무시하기. 자신의 권리, 요구, 욕망을 표현하지 않기. 다른 사람이 자신의 권리를 침해하도록 내버려 두기. 감정적으로 정직하지 않음. 간접적임. 억제됨. 자기부정. 다른 사람이 선택하도록 함
   2) 이러한 행동을 하게 될 때 자신의 감정: 그때 혹은 그 이후에도 상처받고, 조마조마하고, 자신에게 실망하는 경향이 있음
   3) 성과: 요구하는 목표를 이룰 수 없음
   4) 결과: 유쾌하지 않고 위험한 상황은 피함. 충돌, 긴장, 대결을 피하고 직면한 요구를 얻지 못함. 화가 쌓이고 가치 없음을 느낌
   5) 이러한 행동을 하게 될 때 자신에 대하여 상대방이 느낄 수 있는 감정: 죄의식, 우월감을 느끼거나 화가 날 수 있음
   6) 이러한 행동을 할 때 자기 자신에 대하여 스스로 느끼는 감정: 초조함과 동정의 마음 또는 혐오감을 느끼기도 함

2. 단호한 행동
   1) 단호한 행동의 특성: 자신의 권리, 요구, 욕망을 주장하거나 표현. 다른 사람의 권리가 침해되지 않는 범위에서 정당한 권리를 요구. 감정적으로 정직하고, 직접적이며, 표현력이 있음. 자기 강화
   2) 이러한 행동을 할 때 자신의 감정: 확신에 차고, 자아존중감이 강하며, 그 순간 그리고 그 이후에 자신에 대해 좋은 감정을 느낌
   3) 성과: 요구하는 목표를 이룸
   4) 결과: 좋다고 느낌, 즉 자신과 타인을 가치 있게 느끼고 자신에 대해 더 좋게 느낌. 자기 확신을 향상시킴. 요구가 나타났을 때 관계가 보다 솔직하고 정직해짐
   5) 이러한 행동을 보일 때 자신에 대하여 상대방이 느낄 수 있는 감정: 가치 있고 존중받는다고 느낌

6) 이러한 행동을 보일 때 자기 자신에 대하여 스스로 느끼는 감정: 일반적으로 존중받는다고 느낌

3. 갈등을 유발하는 공격적인 행동

1) 공격적인 행동의 특성: 다른 사람을 희생시켜서라도 자신의 권리를 표현하는 것. 부적당한 폭발이나 적의 있는 공공연한 행동. 다른 사람을 무너뜨리기 위해 '어떻게 해서라도' 창피를 주려는 의도. 감정적으로 다른 사람의 희생에도 불구하고 정직하고, 직접적이며, 표현력이 뛰어남. 자기 강화
2) 이러한 행동을 할 때 자신의 감정: 화남, 우월감, 이후까지 계속되는 죄의식
3) 성과: 다른 사람을 상처 입힘으로써 요구한 목적을 성취
4) 결과: 화, 불쾌감을 자초하면서 감정적인 폭발. 대갚음하는, 앙갚음하는, 이성을 잃는 것을 정당화함
5) 이러한 행동을 할 때 자신에 대하여 상대방이 느낄 수 있는 감정: 상처받고, 창피스럽고, 방어적일 수 있음
6) 이러한 행동을 할 때 자기 자신에 대하여 스스로 느끼는 감정: 화가 남. 분노가 남을 수 있음

단호한 표현

참고자료 번호
: II-H-36-②

다음은 단호한 표현의 예입니다. 단호하다는 것은 항상 단호하게 행동하는 것을 의미하지는 않습니다.

1. 단호한 행동의 언어적 요소
   1) 감정과 신념을 정직하고 직접적으로 표현함
   2) 각자의 정당한 권리를 옹호함
   3) 다른 사람에 대한 존경과 감정을 나타냄
   4) '나 전달법'을 사용함
   5) 사람 간의 의견 충돌에서 주도권을 가짐
   6) 양자택일을 제공함

2. 단호한 행동의 비언어적 요소
   1) 확고하고 분명한 목소리
   2) 부드러운 눈길로 상대방의 눈을 응시함
   3) 단호한 얼굴 표정
   4) 느긋하고 자연스러운 자세
   5) 당당하고 확신에 찬 태도
   6) 다른 사람과 적당한 거리를 유지함

3. 단호한 표현의 예
   - "내가 말하는 중간에 네가 끼어드니 무시당하는 느낌이 든다. 네가 더 이상 그렇게 하지 않으면 고맙겠다."
   - "네가 나를 생각해 주는 것에 대해서는 고맙게 생각하지만, 나는 이미 오늘 밤 계획이 있어. 다음 주에 함께 하는 것이 어떻겠니?"
   - "네 담배 연기 때문에 지금 내가 견디기가 힘들다. 나는 네가 담배를 껐으면 좋겠다."

참고자료 번호
: II-H-36-③

공격적인 표현

다음은 공격적인 표현의 예입니다.

1. 공격적인 행동의 언어적 요소
   1) '나 전달법'의 진술보다는 '너 전달법'의 진술을 사용
   2) 비난과 야유를 사용
   3) 그들 자신의 행동에 대한 책임감을 갖지 않음
   4) 자기 노출 진술을 만들지 않음
   5) 다른 사람의 가치를 비난
   6) 자신의 방식만을 요구

2. 공격적인 행동의 비언어적 요소
   1) 노려보는 것처럼 화가 난 듯한 눈길
   2) 야유하거나 적의가 느껴지거나 혹은 유별나게 높은 톤의 어조를 사용
   3) 얼굴이 딱딱하게 굳어 있음
   4) 비난하거나 위협하는 몸짓, 예를 들어 뒷짐을 지거나, 팔짱 끼거나, 손가락으로 상대방을 지적하는 자세 등

3. 공격적인 표현의 예
   - "너 진짜 바보 아냐?" – 무시하고 깔보는 행동
   - "옷 진짜 예쁘다. 비싸게 주고 샀나보네." – 비아냥거리는 행동
   - "그것이 내가 너를 철판이라고 부르는 이유다."

※ 원하는 것을 얻으려는 시도에서 공격적인 표현을 하는 사람은 자신이 원하는 것을 얻기 어려워 끝내 실망하거나 화가 나게 될지도 모른다.

의사소통 능력

<table>
<tr><th>구 분</th><th colspan="3">내 용</th></tr>
<tr><td>활동영역</td><td>자신 및 타인의 이해</td><td>활동범주</td><td>타인을 이해하고 사이좋게 지내기</td></tr>
<tr><td>활동목표</td><td colspan="3">우정을 오래 지속 · 발전시킬 수 있다.</td></tr>
<tr><td>활동대상</td><td>고등학교 2～3학년</td><td>소요시간</td><td>50분</td></tr>
<tr><td>준비물</td><td>교사: '듣기연습' 참고자료</td><td>집단크기</td><td>소집단, 학급 전체</td></tr>
<tr><td>활동소개</td><td colspan="3">듣기능력을 향상시키는 것은 다른 사람과의 의사소통을 원활하게 하는 데 도움이 될 것이다.</td></tr>
<tr><td>활동절차</td><td colspan="3">1. 이 활동의 목적을 간단히 설명한다.
2. '듣기연습' 참고자료를 이용하여 학생들이 듣기연습을 할 수 있도록 한다.
3. 활동에서 화자가 이야기하는 도중에 청자는 질문이나 다른 의견으로 화자의 말을 끊지 않도록 주의시킨다.
4. 관찰자는 둘의 대화가 끝날 때까지 이야기하지 않고 관찰만 하도록 주의시킨다.
5. 다른 사람의 이야기를 잘 듣는 것이 어렵고 중요한 것임을 강조한다.</td></tr>
<tr><td>유의사항</td><td colspan="3">듣기연습에서 학생들이 장난스러운 분위기가 되지 않도록 주의한다.</td></tr>
</table>

참고자료 번호
: Ⅱ-H-36

듣기연습

다음과 같은 순서로 학생들이 듣기연습을 할 수 있도록 지도하세요.

1. 학생들은 세 사람씩 짝을 지어 한 조를 이룬다.
2. 조별로 화자, 청자, 관찰자의 역할을 돌아가며 하게 된다.
3. 각 역할을 수행하는 순서를 정한다.
4. 조원 각자는 다음과 같은 역할을 수행한다.
   1) 화자: 자신이 하고 싶은 이야기를 한다.
   2) 청자: 화자가 한 이야기를 요약해서 다시 화자에게 들려준다.
   3) 관찰자: 청자가 화자의 이야기 내용을 잘 들었는지 관찰한다.
5. 다음과 같이 해 본다.
   1) 경청하지 않는 역할극
      - 화자는 최근에 자신에게 일어난 인상적이거나 중요하거나 또는 고민되는 내용에 대해 상대방에게 열심히 이야기한다.
      - 그때 청자는 가능하면 과장된 행동으로 상대방의 이야기를 경청하지 않는 체 한다.

      예 시계를 들여다보기만 하고, 걸어가서 다른 사람과 이야기를 하기도 하고, 책을 펴서 읽기도 함
   2) 경청하는 역할극
      - 한 사람이 상대방에게 자신에게 의미 있는 이야기를 들려주려고 노력한다.
      - 이야기를 진심으로 경청하는 반응을 보이도록 한다.

      예 온화하게 시선을 맞추고 부드러운 자세로 고개를 끄덕이거나 "그래요?" "네, 그런 일이 있었군요." 등의 언어적 반응을 보임
   3) 서로가 역할을 바꾸어서 해 보도록 한다.
6. 활동이 끝나면 각자의 역할에서 느낀 점을 서로 이야기한다.

   화자의 입장에서 청자가 잘 들어 주었을 때의 느낌이나 잘 듣지 않았을 때의 느낌 등에 대해 이야기 나누어 보고 청자, 관찰자의 입장에서 느낀 점을 말해 본다.

말다툼 다루기

자료번호 : II-H-37
영역 : 인성 · 사회성 발달

구분	내용		
활동영역	자신 및 타인의 이해	활동범주	타인을 이해하고 사이 좋게 지내기
활동목표	타인들에게 수용될 뿐만 아니라 그들을 수용할 수 있다.		
활동대상	고등학교 1~2학년	소요시간	50분
준비물	교사: '말다툼을 악화시켰을 때' 활동지, '말다툼의 세 가지 종류' '말다툼을 악화시키는 것' '말다툼 해결을 위한 대안' 읽기자료	집단크기	소집단, 학급 전체
활동소개	다른 사람을 이해할 줄 알고 잘 어울리는 대부분의 사람들은 갈등을 다룰 때 다양한 대안을 찾을 줄 안다. 이 활동을 통해 일상에서의 말다툼을 해결하기 위한 대안을 발견하게 될 것이다.		
활동절차	1. '말다툼의 세 가지 종류' '말다툼을 악화시키는 것' 읽기자료를 학생들에게 나누어 주고 함께 읽는다. 2. '말다툼을 악화시켰을 때' 활동지의 질문에 답하도록 한다. 3. 작성한 활동지 내용을 자유롭게 발표하도록 한다. 4. '말다툼 해결을 위한 대안' 읽기자료를 함께 읽고, 학생들에게 각각에 대한 그들의 의견을 묻고 그들이 그중의 하나를 사용했을 때를 가정해 보도록 한다. 5. 학생들에게 다음과 같은 질문을 한다. ① 이 활동으로부터 무엇을 배웠는가? ② 여섯 가지 대안 중 어떤 것을 보다 자주 사용하고 싶은가? ③ 충돌과 말다툼을 다루는 소집단 활동에 참여하고 싶은가?		
유의사항	토의를 시작하기 전에 교사가 먼저 개인적인 예를 들어 줄 수도 있다.		

활동지 번호
: Ⅱ-H-37

말다툼을 악화시켰을 때

_____학년 _____반 _____번

이름: ____________________

당신이 말다툼을 하다가 폭력을 사용했던 때나 문제를 회피했을 때 또는 누군가에게 말만 하고 행동을 하지 않았을 때를 생각해 보고 다음을 기록해 봅시다.

1. 어떤 상황이었는가?

____

____

____

2. 무엇이 일어났는가?

____

____

____

3. 그것을 극복할 수 있었다면 어떤 방법을 통해서였는가?

____

____

____

4. 당신의 결정에 대해 어떻게 느꼈는가?

____

____

____

말다툼의 세 가지 종류

다음은 말다툼의 세 가지 종류에 대한 안내입니다.

모든 사람들은 살면서 종종 말다툼을 한다. 말다툼의 대상은 부모님이나 선생님, 친구 또는 낯선 사람이 될 수도 있다. 말다툼은 크든 작든 어떤 상황에서건 일어날 수 있으며, 부정적인 결과를 낳기 쉽고, 때로는 긍정적인 결과를 낳을 수도 있다.

긍정적인 결과를 가져오는 말다툼은 관련된 사람들이 근본적인 문제를 더 잘 느끼게 하고, 그러한 갈등을 해결함으로써 서로를 더 잘 이해할 수 있게 한다. 반면 부정적인 결과를 가져오는 말다툼은 다른 사람이나 자기 자신에 대해 나쁜 감정을 갖게 한다.

충돌과 말다툼의 세 가지 종류

1. 둘 다 상처받는다. 두 사람이 싸웠다(신체적으로든, 언어적으로든). 문제는 계속되고 결과적으로 자신도 타인도 존중되지 못한다. 아마도 또 다른 싸움이 일어날 것이다.

2. 한 사람은 상처받고, 다른 사람은 자신의 입장만을 고집한다. 한 사람이 싸웠고 (신체적으로든, 언어적으로든) 다른 사람은 그만두거나 물러난다. 문제가 고착되고 두 사람 모두 자신이나 상대방을 존중하지 않는다. 패자는 복수하려고 하거나 다른 사람이나 다른 것에게로 갈 것이다.

3. 아무도 상처받지 않는다. 아무도 싸우거나 다투지 않는다. 각자 자신의 입장을 말한다. 각자 듣고 그 문제를 해결하는 데 대안을 사용한다. 충돌이 해결된다. 패자도 승자도 없다. 서로가 서로를 그리고 자신을 존중한다.

읽기자료 번호 : II-H-37-②

말다툼을 악화시키는 것

다음은 말다툼을 악화시키는 항목들을 나열한 것입니다.

1. 폭력(신체적 혹은 언어적)

   타협의 여지를 파괴하고 우정을 깬다. 폭력을 사용하면 실재적인 문제를 해결하기가 거의 어렵고 갈등만 더 증폭시킨다. 사람들은 종종 신체적, 언어적 폭력으로 인해 근본적인 문제를 잊어버린다.

2. 회피

   문제를 해결하지 않고 회피하는 것은 문제를 근본적으로 해결하는 데 오히려 방해가 된다. 그것은 단지 잠시 덮어두는 것에 불과할 것이며, 언젠가는 그 문제가 다시 표면화될 수 있을 것이다. 문제를 회피하는 사람들은 타인을 무시하거나 타인들로부터 무시당할 수 있다.

3. 말만 하고 행동을 하지 않기

   단지 문제를 악화시킬 뿐이다. 다른 사람들에게 신뢰를 잃게 된다. 이런 행동은 다른 사람이 문제를 해결해 주거나 자신을 대신하여 다른 누군가가 어떤 결정을 해 주기를 바란다는 것을 의미한다.

말다툼 해결을 위한 대안

읽기자료 번호 : Ⅱ-H-37-③

다음은 말다툼을 해결하기 위한 대안들을 나열한 것입니다.

1. 나 전달법: 다른 사람이 아니라 자신이 어떻게 느끼고 있는지의 관점에서 문제를 진술하라. ("항상 내 등 뒤에서 흉을 보는 너는 참 비겁한 녀석이다."가 아니라 "나는 항상 네가 뒤에서 내 흉을 보는 것이 진짜 화가 난다."와 같이 표현한다.)

2. 주의 깊게 듣기: 상대방으로 하여금 여러분이 그들의 편에서 들으려고 한다는 것을 알게 하라. ("오, 나는 듣고 있어요." "계속하세요. 듣겠어요." "나는 듣고 있어. 네가 ~라고 한 것이 맞니?"와 같이 표현한다.)

3. 도움 구하기: 문제 해결을 위해 도와줄 타인을 이용하라. 단지 여러분의 문제만을 해결하기 위해 다른 사람에게 이야기하거나 기대하지 말라. 갈등 사태에 대해 알고 있거나 문제를 해결할 능력이 있는 사람들을 활용하라.

4. 그만두기: 혼자서 다룰 수 없는 상황은 그대로 두어라. 냉각기를 갖거나 해결할 수 없는 문제라면 일단 그 자리를 떠나라. 이것은 다른 사람이 그들의 방식을 취하도록 내버려 두지 않으면서 동시에 도망가는 것도 아니다. '승자 없음' 상황에서 어떤 문제를 피하거나 '휴식기'를 갖는 것이 좋다.

5. 협상하기: 상대방과 협력하라. 만약 상대방이 조금 양보할 의사를 보이면 여러분도 상대방에게 무엇인가를 양보하라.

6. 사과하기: (여러분이 옳을 수도 있지만) 여러분의 잘못을 억지로 인정하라는 것이 아니라 다른 사람으로 하여금 여러분이 말다툼이 일어난 것 자체에 대해 유감스럽게 생각한다는 것을 알게 하라. ("우리가 이 문제를 해결할 수 있을 것 같지는 않구나. 하지만 나는 이 문제 때문에 네가 기분 나쁜 것에 대해 미안하게 생각해. 나도 마찬가지로 마음이 상한단다."와 같이 표현한다.) 물론 여러분이 진짜로 잘못했다고 믿는다면 먼저 사과함으로써 오히려 다른 사람으로부터 존경을 받게 될 수도 있을 것이다.

자료번호 : II-H-37
영역 : 인성 · 사회성 발달

헐뜯기

<table>
<tr><th>구분</th><th colspan="3">내용</th></tr>
<tr><td>활동영역</td><td>자신 및 타인의 이해</td><td>활동범주</td><td>타인을 이해하고 사이좋게 지내기</td></tr>
<tr><td>활동목표</td><td colspan="3">타인들에게 수용될 뿐만 아니라 그들을 수용할 수 있다.</td></tr>
<tr><td>활동대상</td><td>고등학교 1학년</td><td>소요시간</td><td>50분</td></tr>
<tr><td>준비물</td><td>교사: '누군가 나를 헐뜯는다고 느낄 때' 활동지, '헐뜯기에 대한 토의' 참고자료</td><td>집단크기</td><td>소집단, 학급 전체</td></tr>
<tr><td>활동소개</td><td colspan="3">타인이 자신을 헐뜯고 있다고 느꼈던 경험을 되돌아보고 그것을 서로 공유해 봄으로써, 내가 다른 사람을 헐뜯었을 때 상대방이 느끼는 감정에 대하여 이해할 수 있는 기회를 제공한다.</td></tr>
<tr><td>활동절차</td><td colspan="3">1. '헐뜯기에 대한 토의' 참고자료의 첫 번째 질문에 대해 전체 학생들과 토의한다.
2. 학생들을 소집단으로 나누고 각 집단에서 '헐뜯기에 대한 토의' 참고자료에 대해 브레인스토밍 하도록 한다.
3. 집단별로 이야기한 내용을 발표한다.
4. '누군가 나를 헐뜯는다고 느낄 때' 활동지를 나누어 주고 개인별로 작성해 보도록 한 후 집단원들과 내용을 공유한다. (단, 이야기하고 싶지 않은 학생은 넘어갈 수도 있다.)
5. 집단별로 그들이 발표한 상황 중 하나를 선택하여 역할극을 해 보게 한다.
6. 역할극에서 헐뜯기는 역할을 맡은 사람의 느낌을 말해 보고, 반대로 헐뜯는 역할을 맡은 사람의 느낌은 어떤지 이야기한다.</td></tr>
<tr><td>유의사항</td><td colspan="3">활동지를 작성하거나 집단별로 이야기를 나눌 때 자신이 책임질 수 있는 범위에서 자기 개방을 하도록 주의시킨다. 그리고 이 활동을 하는 동안 상담자는 상호작용을 관찰하면서 집단들을 순회하여 각 학생들이 모두 참여할 기회를 갖도록 도와준다.
활동과정 속에서 개인적으로 많이 힘들어하는 학생이 있는지 잘 살펴보고, 개인상담의 기회를 갖도록 한다.</td></tr>
</table>

누군가 나를 헐뜯는다고 느낄 때

활동지 번호 : Ⅱ-H-37

_____학년 _____반 _____번

이름: ____________________

누군가 나를 헐뜯고 있다고 느꼈을 때를 생각해 보고, 그때 다른 사람이 나에게 어떻게 했으며, 나는 그에 대해 어떤 느낌을 가졌는지 써 봅시다.

헐뜯기에 대한 토의

다음의 주제들로 이야기를 나누어 봅시다.

1. 다음 주제에 대해 전체 학생들과 토의한다.

- 헐뜯는다는 것은 무엇인가?
- 누군가 나를 헐뜯을 때 어떻게 느끼는가?
- 사람들이 누군가를 헐뜯는 구체적인 모습은 어떠한가? (언어적이든, 비언어적이든)

2. 학생들을 소집단으로 나누고, 각 집단에서 다음 주제에 대해 브레인스토밍 하도록 한다.

- 사람들은 왜 남을 헐뜯는가?
  (예: 자기들이 더 중요하다고 느끼기 때문에, 남이 자신을 헐뜯는다고 느꼈기 때문에, 단지 놀리는 거라고 생각하기 때문에 등)
- 다른 사람을 헐뜯은 후에 느낌은 어떠한가?
  (예: 죄의식, 부끄러움, 우월감 등)
- 우리는 어떤 것을 왜 헐뜯는가?
  (예: 특별히 뚱뚱하기 때문에, 주근깨가 있기 때문에, 안경을 꼈기 때문에, 잘난 체한다고 보이기 때문에 등)
- 누군가 나를 헐뜯는다면 어떻게 그에 긍정적인 방식으로 대처할 수 있는가? 효과적인 대처방법이 있다면 무엇일까?
  (예: 자리를 피한다, 일단 자신의 속마음을 드러내지 않는다, 그것이 사실이 아닐 것이라고 생각한다, 그 헐뜯음 때문에 자신이 어떻게 느끼고 있는지를 솔직하게 말한다 등)

최선의 대안 선택하기

<table>
<tr><th>구 분</th><th colspan="3">내 용</th></tr>
<tr><td>활동영역</td><td>자신 및 타인의 이해</td><td>활동범주</td><td>타인을 이해하고 사이좋게 지내기</td></tr>
<tr><td>활동목표</td><td colspan="3">내가 도움을 필요로 할 때 누군가와 이야기할 수 있다.</td></tr>
<tr><td>활동대상</td><td>고등학교 1학년</td><td>소요시간</td><td>50분</td></tr>
<tr><td>준비물</td><td>교사: “최선의 대안 선택’ 상황카드’ 참고자료</td><td>집단크기</td><td>소집단, 학급 전체</td></tr>
<tr><td>활동소개</td><td colspan="3">이 활동은 어떤 상황이 일어나기 전에 미리 대처할 수 있게 하는 정보를 제공하는 데 도움이 될 수 있고, 이런 새로운 경험을 통해 상황에 대처하는 능력을 기를 수 있다.</td></tr>
<tr><td>활동절차</td><td colspan="3">1. ‘최선의 대안 선택’ 상황카드를 한 장씩 학생들에게 나누어 주고, 발표하고 싶어 하는 학생에게 자기가 받은 카드를 크게 읽도록 한다.
2. 한 학생이 상황카드를 크게 읽은 후, 그 문제에 대하여 누가 또는 어떤 기관이 문제 해결에 도움을 주는 데 ‘최선의 대안’이 될 수 있는지 학생들이 말해 보게 한다.
3. 도움을 주는 사람으로 교장, 상담자, 축구 코치 또는 행정실 직원과 같은 새로운 사람이 언급되면 칠판에 기록한다.
4. 카드 내용 전체를 한 번씩 읽은 후, 흔히 발생할 수 있는 상황 몇 가지를 골라서 그 문제 상황을 해결하기 위한 방안을 이야기해 보도록 한다(카드에 없는 다른 상황을 예로 활용해 보는 것도 좋을 것이다.).
5. 어떤 문제 상황을 해결하고자 할 때 우리 주변에 도움을 구할 수 있는 사람들이 많이 있다는 것을 알게 된 데 대하여 칭찬하고, 추가적으로 도움이 될 수 있는 정보를 알려 주면서 활동을 마무리한다.</td></tr>
<tr><td>유의사항</td><td colspan="3">학생들에게 다양한 정보를 제공하는 데 그치지 말고, 실제로 문제 상황이 발생하였을 때 학생들이 그러한 정보를 이용할 수 있도록 지도한다.</td></tr>
</table>

참고자료 번호 : Ⅱ-H-38

'최선의 대안 선택' 상황카드

만약 다음과 같은 상황이라면 누구에게 또는 어디에 도움을 청하는 것이 최선일까요?

누군가가 나를 괴롭히고 있다.	나는 축구를 하러 나가고 싶다.
나는 수영연습 후에 수영장 버스를 이용할 수 있는지 모른다.	내 여자 친구는 더 이상 나와 사귀고 싶어 하지 않는다. 그리고 나는 무엇이 잘못되었는지 모른다.
나는 이번 학교 축제에 전시하기 위하여 2개의 작품을 준비했다.	나의 수행평가 점수가 잘못 되었음이 틀림없다.
나는 영어 연극반에 들어가기 위해 특별한 승인이 필요하다.	나의 가장 친한 친구가 가출하려는 생각을 하고 있다.
옆 반 친구가 내 미술책을 빌려 가서 갖다주지 않아, 내가 수업시간에 곤란하게 되었다.	나는 졸업할 때 장학금을 받고 싶지만, 그것을 받기 위해 어떻게 해야 하는지 모른다.
나는 수학선생님을 이해할 수 없다. 그런데 막상 찾아가서 말하기에는 겁이 난다.	나는 몇몇 새로운 친구를 만나기 위해 방과 후 활동에 참여하고 싶지만 어떤 활동이 개설되어 있는지 모른다.

우리 가족은 이사하는 것에 대해 심각하게 생각하고 있고, 나는 그것이 혼란스럽다.	나는 직업을 얻기 위한 진로상담이 필요하다.
나는 아르바이트 자리를 얻고 싶지만, 그것이 좋은 생각인지 아닌지는 확신할 수 없다.	나는 대학에 가고 싶지 않다. 그러나 직업을 준비하기 위해 어떻게 해야 하는지 모르고 있다.
우리 부모님은 내가 대학에 가기를 원한다. 그러나 나는 더 이상 학교에 다니고 싶지 않다.	모든 사람이 요즘 나를 깔보는 것처럼 보인다. 그리고 나는 그것에 대해 매우 기분 나쁘게 느끼고 있다.
내 친구 중 몇몇이 버스에서 매일 똑같은 학생을 놀리고 있다.	나는 요즘 열심히 노력하고 있고 많은 것을 더 잘하고 있다. 그러나 아무도 그것을 알아채는 것 같지 않다.
나는 학생증을 잃어버렸다.	누군가 시험에서 부정행위하는 것을 돕도록 나에게 압력을 가하고 있다.
나는 기분이 좋지 않다. 그래서 오늘 자율학습에 빠지고 싶다.	배우는 과목 중에 하나가 진짜 따분하고 나에게는 너무 쉬운 것 같다.

자료번호 : II-K-48
영역 : 인성 · 사회성 발달

술과 약물

구분	내용		
활동영역	자신 및 타인의 이해	활동범주	약물과 술이 나와 친구들에게 미치는 영향 알기
활동목표	술과 약물의 문제점을 안다.		
활동대상	고등학교 1~3학년	소요시간	50분
준비물	• 교사: 영화(비디오, DVD), 도화지, 크레파스 등 • 학생: 잡지, 신문	집단크기	소집단, 학급 전체
활동소개	이 활동은 학생들로 하여금 적정한 수준의 음주와 남용 사이의 차이를 이해할 수 있게 하고, 나아가 술의 폐해와 그 남용에 따른 심각한 결과를 깨닫는 기회를 제공할 것이다.		
활동절차	1. 음주를 소재로 하는 영화를 소개해 주거나 짧게 편집하여 함께 본다. 예) 〈라스베이거스를 떠나며〉, 〈남자가 사랑할 때〉, 〈28일 동안〉 등 2. 감상한 영화에 대해 토의한다. 3. 잡지나 신문을 활용하여 술과 관련된 사고나 범죄에 관한 기사를 조사하도록 한다. 4. 술 남용의 위험성을 보여 주는 포스터 또는 만화를 그려 보는 활동을 한다. 5. 학생들이 만든 포스터나 만화를 전시하고 함께 공유한다.		
유의사항	활동과정에서 음주에 관해 자랑하는 경향이 있거나 과도한 음주 경험을 이야기하는 학생이 있다면 개인상담을 의뢰하는 것도 고려해 보아야 할 것이다.		

음주의 문제

구 분	내 용		
활동영역	자신 및 타인의 이해	활동범주	약물과 술이 나와 친구들에게 미치는 영향 알기
활동목표	음주로 인한 문제점을 안다.		
활동대상	고등학교 1~3학년	소요시간	50분
준비물	교사: '술과 나의 삶' '음주의 영향' 활동지	집단크기	소집단, 학급 전체
활동소개	이 활동은 음주의 영향에 대하여 생각해 보게 함으로써 건전한 음주습관의 중요성을 깨달을 수 있는 기회를 제공할 것이다.		
활동절차	1. '술과 나의 삶' 활동지를 나누어 주고 작성하게 한다. 2. 어른들이 술을 마시는 이유와 고등학생들이 술을 마시는 이유 사이의 유사점과 차이점을 이야기해 본다. 3. 자신이 바라는 미래 삶의 모습과 나쁜 음주습관 간의 관련성에 대하여 토의한다. 4. '음주의 영향' 활동지를 나누어 주고 작성하도록 한다. 5. 과도한 음주를 하지 말아야 하는 이유에 대하여 토의해 보게 한다. 6. 나쁜 음주습관이 자신이 바라는 미래 삶의 모습에 어떤 영향을 미칠지에 관해 토의하도록 한다.		
유의사항	음주에 대해 비현실적인 의견을 가지고 있는 학생이 있다면 개인상담에 의뢰하는 것도 고려해 보아야 할 것이다.		

활동지 번호
: Ⅱ-K-49-①

술과 나의 삶

_____학년 _____반 _____번

이름: ____________________

음주의 이유와 그것이 내 삶에 어떤 영향을 미치는지에 대해 생각해 봅시다.

1. 어른들이 술을 마시는 이유는 무엇일까?

____

____

____

2. 고등학생들이 술을 마시는 이유는 무엇일까?

____

____

____

3. 술을 마셔 보았다면 어떤 이유로 마시게 되었는가?

____

____

____

4. 미래의 내 삶의 모습이 어떠하길 바라는가?

____

____

____

음주의 영향

활동지 번호
: Ⅱ-K-49-②

_____학년 _____반 _____번

이름: ____________________

다음의 질문에 대해 생각해 봅시다.

1. 음주를 하지 말아야 하는 이유는 무엇일까?

2. 내가 만약 과도한 음주습관을 갖는다면 나의 삶은 어떻게 될까?

제9장

학업발달 영역

직장에서의 권리와 책임

구분	내 용		
활동영역	교육 및 직업 발달	활동범주	직업 선택을 위한 준비하기
활동목표	고용주가 구직자 및 피고용자에게 요구하는 것이 무엇인지를 안다.		
활동대상	고등학교 1～2학년	소요시간	50분
준비물	교사: '개인적인 특성의 평가' 활동지, '직업의 유지/권리와 의무' 읽기자료	집단크기	소집단, 학급 전체
활동소개	학생들은 자신과 가족 또는 고용주에 대한 그들의 책임을 명확히 알지 못한다. 이 활동은 학생들 개인으로서의 권리와 책임에 대한 상호관계를 이해하도록 도와줄 것이다.		
활동절차	1. '직업의 유지/권리와 의무' 읽기자료를 나누어 주고 학생들과 함께 읽는다. 2. 읽기자료의 2번 '고용주는 무엇을 기대하는가' 부분을 읽고 제시된 주제에 대해 토론한다. 3. 읽기자료의 3번 '고용주에게 기대하는 것은 무엇인가' 부분을 읽게 하고 다음의 사항을 강조한다. ① 수행된 일을 위한 공정한 보상 ② 추가적인 이득 ③ 부당한 대우 받지 않기 4. 읽기자료의 4번 '노동조합' 부분을 함께 읽으며 내용을 이해하도록 도와준다. 5. '개인적인 특성의 평가' 활동지를 나누어 주고 작성하게 한다. 6. 지금 자신의 모습에 대해 정직하게 평가하도록 하고, 장차 직업을 갖게 될 때 어떤 영향을 미칠지 토의해 본다.		
유의사항	학생들이 '개인적인 특성의 평가' 활동지를 하는 동안, 교사는 학생들에게 그들의 약점이 되는 문항을 명확히 알 수 있다면 각 학생들이 그들의 경쟁력을 향상시키는 데 도움이 될 것임을 강조한다.		

개인적인 특성의 평가

_____학년 _____반 _____번
이름: ____________________

다음은 여러분의 개인적인 특성에 대해 알아보는 질문들입니다. '예' '아니요'로 답해 봅시다.

1. 당신의 목소리는 듣기에 편안한가? _________
2. 당신은 좋은 경청자인가? _________
3. 당신은 열린 마음을 가졌는가? 즉, 다른 사람의 생각을 받아들이는가? _________
4. 당신이 다른 사람을 대하는 태도는 적절한가? _________
5. 당신은 사람들을 편안하게 느끼도록 만들 수 있는가? _________
6. 당신은 적어도 10분 동안 조용히 자리에 앉아 편안하게 있을 수 있는가? _______
7. 당신은 유머 감각을 가졌는가? _________
8. 당신은 모든 일에 열정적인가? _________
9. 당신은 다른 사람을 괴롭히는 나쁜 버릇을 고치려고 노력하는가? _________
10. 당신은 다른 사람과 함께 일하는 것을 좋아하는가? _________
11. 당신은 명료하고 부드럽게 이야기할 수 있는가? _________
12. 당신은 자기 조절을 할 수 있는가? _________
13. 당신은 서로 의견이 다른 사람들과 지나친 논쟁을 하는 것을 자제할 수 있는가? _________
14. 당신은 혼자 있을 때 편안한가? _________
15. 당신은 실수했을 때 그에 따른 책임을 수용하는 편인가? _________
16. 당신은 항상 밝게 보이려고 노력하는가? _________
17. 당신은 정말로 다른 사람에게 관심이 있는가? _________
18. 당신은 신뢰할 만한가? _________
19. 당신은 오랜 친구가 있는가? _________
20. 당신은 다른 사람의 관심사와 취미를 존중하는가? _________

⇨ '예'라고 대답한 것에 10점씩 주고 총 몇 점인지 계산해 보세요.

180~200점: 훌륭함	160~180점: 좋음
140~160점: 보통	120~140점: 노력이 요구됨

읽기자료 번호 : Ⅲ-E-23

직업의 유지/권리와 의무

자료를 읽고 함께 생각해 봅시다.

1. 직업의 유지/권리와 의무

여러분의 첫 직업은 아마도 오랜 기간 지속될 것이다. 여러분이 고용주에게서 받은 고용계약서는 중요하며 영구적인 것이다. 한편 일에 대한 기록은 학교 생활기록부와 같다. 그것은 여러분이 했던 일을 반영하며 일생 동안 따라다니게 될 것이다. 많은 경우 새로 지원하고자 하는 회사에서는 여러분의 채용 여부를 결정하기 전에 이전 회사의 근무 기록을 요구할 수도 있다.

일에 대해 여러분이 기대하는 것이 무엇인지 아는 것과 고용주가 여러분에게 기대하는 것이 무엇인지 아는 것은 중요하다. 일반적으로 고용주들은 그들의 고용인에게 고용계약서를 준다. 고용계약서에는 고용인의 권리와 의무가 명시되어 있다. 부정적인 인격적 특징, 잦은 결근과 저급한 품행적 특징은 종종 해고 사유가 된다. 때때로 직업을 유지하는 것은 직업을 얻는 것보다 더 어렵다.

2. 고용주는 무엇을 기대하는가

고용주들은 협동, 유능함, 사려 깊음, 책임감, 자발적인 노동을 기대한다. 이것은 근무시간을 잘 준수하고 회사의 규칙을 잘 지키는 것이 중요함을 강조한다.

종종 고용주들은 젊은 사람을 고용하기를 꺼려하는데, 많은 젊은이들이 일할 때 책임감을 보여 주지 못했기 때문이다. 때때로 결근하는 것은 피할 수 없지만 여러분이 회사의 절차를 알고 그에 맞춰 결근계를 제출하는 것은 중요하다. 이런 통상적인 것이 고용주에게 영향을 주기에 가능한 한 결근할 의도가 있다면 결근의 이유를 적고 결근계를 제출해야 한다. 때때로 여러분은 어떤 추가적인 일을 요구받거나 또는 정규적인 일 외의 것을 요구받을 수도 있는데, 만약 불합리한 요구가 아니라면 그런 일들을 함께 하는 것이 좋다. 맡은 일에 대해서는 창조적, 협조적, 적극적인 의지를 가지고 있어야 한다.

〈토론해 볼 주제〉

① 고용주의 기대 중 불합리해 보이는 것이 있는가? 이유는 무엇인가?

② 시간을 지키고 규칙적으로 일한 것을 보고하는 것이 왜 그렇게 중요한가?

③ 만약 결근이 불가피하다면 무엇을 해야 하는가?

④ 직업을 유지하는 데 보다 중요한 요소는 무엇인가?

3. 고용주에게 기대하는 것은 무엇인가

피고용인들은 일이 끝났을 때 정당한 대가를 기대한다. 쾌적하고 안전한 작업 장소, 정당한 대우, 보험, 휴가/공휴일 등을 보장받기를 기대할 수 있다. 또한 직장 내에서 부당한 대우를 받았을 때, 회사 내에서뿐만 아니라 회사 밖에서도 권리를 구제받을 수 있다. 외부 지원책으로 노동조합과 고용지원센터 등이 있다.

4. 노동조합

노동조합은 정당한 보수, 법정 근로시간 준수, 부가적인 이익과 더 나은 작업환경 등 노동자의 권리와 이익을 보장받기 위한 노동자 조직이다.

노동조합은 합법적 조직이며 노동자의 권익보호를 뒷받침해 준다. 만약 회사에 노동조합이 있다면 일반적으로 회사에 입사한 날부터 30일쯤에 노동조합에 가입하도록 권유받는다. 노동조합에 가입하게 되면 노동조합비를 납부해야 한다. 노동조합비는 일반적으로 월급에서 공제되며, 회사에서 일하는 동안 영향을 미치게 된다. 노동조합은 고용주와 피고용인이 어떤 사안에 대해 논쟁을 할 때(예: 임금조건이나 근로조건에 대한 논쟁), 피고용인을 대표하여 협약을 체결할 수 있다. 또한 피고용인들의 건강이나 복지후생에 관여한다.

고용주들은 노동조합이 피고용인을 돕는 것을 좋아한다. 노동조합은 일자리를 안정적이고 지속적으로 이끄는 데 도움이 되고, 임금 협상을 한꺼번에 하게 함으로써 고용주의 경영을 쉽게 만드는 측면이 있기 때문이다. 하지만 어떤 고용주들은 노동조합을 좋아하지 않으며 조합원 가입을 원하지 않는 경우도 있다. 고용주들은 모든 문제를 노동조합과 협의하지 않고 독단적으로 다루려 하기도 한다.

자료번호 : Ⅲ-E-24
영역 : 학업발달

입사지원서 작성

구분	내용		
활동영역	교육 및 직업 발달	활동범주	직업 선택을 위한 준비하기
활동목표	입사지원서를 정확히 작성할 수 있다.		
활동대상	고등학교 1학년	소요시간	50분
준비물	교사: '입사지원서' 활동지	집단크기	학급 전체
활동소개	학생들이 큰 회사나 조직에 지원할 때는 개인적인 면접을 하기 전에 대부분 입사지원서를 작성해야 한다. 지원서를 작성하는 것은 자신에 대한 적절한 정보를 고용주에게 제공하고 첫인상을 형성하는 것이기에 중요하다. 이 활동은 지원서를 작성하는 연습을 통해 학생들에게 지원서 작성 요령에 대해 알려 준다.		
활동절차	'입사지원서' 활동지를 나눠 주고 다음의 안내에 따라 학생들이 작성하도록 한다. • 쓰기 전에 전체 양식을 먼저 읽고 각 줄마다 어떤 정보를 적어야 하는지 확인한 후 기록하도록 한다. • 볼펜으로 지원서를 작성한다. • 모든 항목을 빠짐없이 작성하고, 명확하고 정직하게 표시한다. • 법적인 이름을 쓰고 사진은 최근의 사진을 붙인다. • 자격사항, 외국어, 학내 외 활동을 빠짐없이 기록한다.		
유의사항	간결하면서 맞춤법에 맞게 작성하도록 돕고, 어려워하는 부분은 연습을 통해 도움을 제공할 수 있다.		

입사지원서

활동지 번호 : Ⅲ-E-24

입사지원서

긴급연락처:

희망 연봉:

	성 명	(한 글) (한 문)			
	주 민 등 록 번 호	(만 세)			
	지 망 부 서	1		2	
	지 망 직 종	지		지	
	희 망 근 무 지	망		망	
	현 주 소	(-)			

학력사항	기 간	학 교 명	전 공	취득학점 / 평점	소 재 지
	~				
	~				
	~				
	~				

인적사항	신 장	체 중	취 미	특 기	군필 여부	보훈 여부
	cm	kg				

자격사항	자격 및 면허증	취득일자	발행기관	외국어	언 어	시 험 명	점 수

학내외 활동	활 동 기 간	활 동 명	실 적

가족사항	관 계	성 명	연 령	직 업	직 장 명	동거 여부	거 주 지
						여 · 부	
						여 · 부	
						여 · 부	
						여 · 부	

년 월 일

위 지원자 ______________(서명 또는 사인)

자료번호 : Ⅲ-E-25
영역 : 학업발달

면접을 위한 준비

구분	내용		
활동영역	교육 및 직업 발달	활동범주	직업 선택을 위한 준비하기
활동목표	취업 면접에 대해서 안다.		
활동대상	고등학교 2~3학년	소요시간	50분
준비물	교사: ‘취업 면접을 위한 준비’ ‘면접 견본’ ‘면접 시 해야 할 것과 하지 말아야 할 것’ ‘면접 전의 점검표‘ 읽기자료	집단크기	소집단, 학급 전체
활동소개	학생들은 면접의 중요성을 인식해야 한다. 이 활동에서 학생들은 면접의 과정을 배우게 되며 면접의 기술을 지도받게 될 것이다.		
활동절차	1. 면접의 중요성에 대해 학급에서 토의하게 한다. 왜 면접 시 불안해하는지, 그리고 무엇이 학생들의 불안을 줄일 수 있는지에 관해 토의한다. 2. ‘취업 면접을 위한 준비’ 읽기자료를 읽고 토의하게 한다. 3. ‘면접 견본’ 읽기자료를 바탕으로 학생들이 논의하도록 하고, 자신이 주인공이라면 어떻게 할지 생각해 보도록 한다. 4. ‘면접 시 해야 할 것과 하지 말아야 할 것’ 읽기자료를 읽게 한다. 제시된 것 외에 면접에 대해 더 알아 두면 좋은 다른 내용이 있는지 질문하고, 있다면 추가하도록 한다. 5. ‘면접 전의 점검표’ 읽기자료를 나누어 주고, 함께 읽으면서 이것이 필요한 이유에 대해 논의한다.		
유의사항	실제로 면접을 준비하는 학생들이 있다면 개인적으로 자세하게 지도할 필요가 있다.		

취업 면접을 위한 준비

다음은 면접의 종류와 준비에 대한 설명입니다.

면접의 세 가지 기본적인 방법

1. 면대면 면접: 회사에서 직원을 충원시킬 목적으로 주로 사용하며 대부분의 회사는 즉석면접을 한다. 이 면접은 일반적으로 간단하지만 당신의 이미지를 확실히 결정하기 때문에 매우 중요하다.
2. 전화 면접: 전화 면접에 임할 때는 듣는 사람이 책상 반대편에 앉아 있는 것처럼 자연스럽고 일관성 있게 대답하고, 면접관 질문의 핵심을 파악하여 간결하고 분명하게 대답해야 한다. 또한 그 일의 적임자가 당신 자신임을 알리도록 노력해야 한다. 전화할 때 잡음이나 음악 소리가 없어야 하고 품위 있도록 하며, 대화의 끝에는 면접 결과에 대한 기한을 분명히 확인할 필요가 있다.
3. 서신 면접: 서신으로 면접을 보고자 할 때는 주소를 정확히 기입하고 정해진 양식으로 작성한다. 당신이 보내는 면접서류는 고용주에게 당신의 태도와 당신이 회사에 적합한지를 보여 준다. 따라서 면접에 필요한 사항들을 정확하고 간명하게 진술함으로써 고용주가 당신의 자격을 검증할 수 있도록 해야 한다. 면접에 필요한 모든 정보를 서류 속에 포함시킨다. 되돌아 올 편지봉투와 전화번호까지 준비해야 한다.

면접을 위한 몇 가지 준비단계

1. 자신만의 포트폴리오를 준비하라. 모든 정보는 현재의 것이어야 한다.
2. 회사에 대한 몇 가지 정보를 가지고 가라. 회사의 현재 상황, 연혁, 서비스, 생산품, 규모 등 회사에 대해 많이 알고 있는 것은 당신이 그 직업에 흥미를 가지고 있다는 것을 보여 준다.
3. 옷을 단정하게 입어라. 지나친 몸치장이나 너무 간소한 옷은 입지 말라. 면접을 위해 산뜻하고 깨끗하며 자신에게 어울리는 옷을 입어라.
4. 혼자 가라. 직업 면접 시 절대로 친구를 데리고 가지 말라. 만약 당신이 혼자 지원할 수 없다면 아마도 일 또한 혼자 할 수 없을 것이다.
5. 시간을 지켜라. 교통체증, 예기치 않은 사건 등을 고려해서 충분히 일찍 나서며 최소 면접시간 10분 전에 도착해야 한다.

읽기자료 번호 : Ⅲ-E-25-②

면접 견본

영석은 S 자동차 제작공장에 입사하기를 원하고 있습니다. 다음은 영석과 면접관의 면접 내용을 기술한 것입니다.

(똑똑)

면접관: 들어오세요.

영 석: 앉아도 될까요?

면접관: 물론이죠. 앉으세요. 담배는 꺼 주시겠어요. 흡연은 병을 유발합니다.

영 석: 그러죠. 저도 그럴 생각이었습니다. 20분 동안이나 기다려서 신경이 쓰였습니다. 이 회사에 지원하려고 왔습니다. 저는 어떤 것이나 할 수 있고 제가 잘할 수 있을 거라고 생각합니다. 저는 M 자동차의 생산성을 높이는 데 일조하기를 원하며, 회사의 장점에 대해서도 알고 있습니다.

면접관: 당신이 M 자동차의 장점에 관해 알고 있는 것에 대해 기쁘게 생각합니다. 하지만 여기는 S 자동차 제작공장입니다. 당신은 S 자동차에 대해서도 그만큼 알고 있나요? 그건 그렇고 당신 이름이 무엇이지요?

영 석: 오, 물론…… 음…… S 자동차에 대해서도 잘 알고 있습니다. 음, 그리고 제 이름은…… 음…… 영석……

면접관: 영석 씨, 우리 회사에서는 어느 부서에서 근무하고 싶습니까? 전에는 어디에서 일했나요? 당신의 지원서에는 이전에 경험했던 기록이 없더군요.

영 석: 방금 말했듯이 저는 무엇이든 할 수 있습니다. 올해 저는 여러 힘든 곳에서 일했습니다. 그리고 예전 직장의 상사는 정말 바보였지요. 별일 아닌 일에 신경질을 내며 다음날 저를 해고했습니다. 아파서 3일 동안 회사에 못 나왔을 뿐인데 말이죠. 그는 단지 저를 헐뜯기만 좋아했습니다.

1. 여러분은 영석이 S 자동차 제작공장에서 일을 할 수 있을 거라고 생각하는가?

___

2. 만약 여러분이 영석이라면 영석이와 다르게 행동했어야 할 최소한 네 가지의 사항이 있다. 무엇이겠는가?

___

면접 시 해야 할 것과 하지 말아야 할 것

면접 준비 시 다음을 참고하세요.

1. 면접 시 해야 할 것

• 만약 면접실의 문이 닫혀져 있다면 들어가기 전에 노크하라. • 얼굴에 미소를 띠며 면접실에 들어가고, 면접관에게 정중히 인사하라. • 면접관이 당신에게 앉기를 권할 때까지 기다려라. • 면접관의 이름을 알고 있어라. • 깊숙이 앉고 주의 깊게 바라보되 긴장을 풀고 편안함을 갖도록 노력하라. • 소지품을 깔끔히 정돈하여 의자 옆에 두거나 무릎 위에 두어라. • 말할 때는 면접관과 눈을 맞춘다. • 공손하고 품위 있어야 한다. • 면접관의 질문을 주의 깊게 듣고 답하기 전에 생각하라. • 명확히 말하라. '예' '아니요'로 답하며, 정확한 이해를 위해 자세히 말하라. 질문을 하면 진심으로 흥미를 가지고 설명하라. • 지망하는 직업에 대해 상세하게 말하라. • 지원서의 내용과 면접 내용은 정직해야 한다. 면접관은 당신의 대답에서 이를 확인할 수 있다. • 자신감을 가져라. 당신의 잠재력을 보여 줘라. • 당신이 과거에 경험했던 일에 관해 긍정적이려고 노력하며 그 직업의 좋은 측면을 강조하라. 또한 그것으로부터 당신이 배운 점과 습득한 기술을 설명한다. • 미소 지으며 편안히 하려고 노력하라. • 면접을 마치고 나올 때에는 고맙다고 인사하라.
기타

2. 면접 시 하지 말아야 할 것

- 문이 닫혀 있으면 그냥 걸어 들어가지 말아야 한다.
- 면접실에 웅크린 채 들어가지 말아야 한다.
- 앉기를 권할 때까지 자리에 앉지 말아야 한다.
- "저기요." "아저씨" 등과 같이 부르지 말아야 한다.
- 의자에서 수그리거나 허둥대고 안절부절못하거나 흥분하지 말아야 한다.
- 소지품을 아무렇게나 방치하거나 종이를 바닥에 떨어뜨리지 말아야 한다.
- 면접하는 사람이 말하는 동안 바닥이나 천장을 응시하지 말아야 한다.
- 껌을 씹지 말아야 한다.
- 면접관의 질문을 중단시키거나 당신이 생각할 시간을 갖기 전에 대답해서는 안 된다.
- 질문에 대답할 때 웅얼거리거나 산만하고 과다한 몸짓은 삼가야 한다.
- 당신의 치명적인 약점에 대해서는 굳이 밝히지 않아도 된다.
- 자신의 학업 성적, 직업 기록, 기술이나 능력 등에 관해 거짓 정보를 제공하지 말아야 한다.
- 당신의 이전 감독관이나 회사에 대해 부정적인 견해를 보이지 말아야 한다. 당신을 면접하는 사람이 누구인지 모를 뿐더러, 만약 부정적으로 말하면 당신도 부정적인 이미지를 주게 된다.
- 농담으로 대화를 이끌지 말아야 한다. 명언이나 짧은 경구를 준비하며 당신의 친구들에 대해 재치 있게 대답하라.

기타

면접 전의 점검표

읽기자료 번호 : Ⅲ-E-25-④

다음의 면접 전에 점검해 보아야 할 사항을 확인해 봅시다.

1. 나는 면접 5분 전 모든 것이 완벽하게 준비되어 있는가?
2. 나에게 어울리는 옷을 입었는가?
3. 나는 면접관 이름을 알고 있는가?
4. 나는 회사 또는 내가 흥미 있는 분야에 대해 잘 알고 있는가?
5. 내가 지원할 근무처를 알고 있는가?
6. 나는 자세가 좋으며 붙임성 있는 편인가?
7. 나는 객관적인 자세로 나 자신과 이야기할 준비가 되어 있는가?
8. 나는 질문에 답할 준비가 되어 있으며 적절히 묻고 응답할 수 있는가?
9. 나는 다음의 규칙을 지킬 준비가 되어 있는가?
   - 담배 피지 말 것
   - 대기실에서 몸치장하지 말 것
   - 껌 씹지 말 것
   - 비서나 접수원에게 정중한 태도로 대할 것
   - 친절한 얼굴로 미소 짓기
   - 적당한 악수 청하기
10. 나는 회사나 근무처에 대해 어느 정도의 정보를 가지고 있는가?
11. 나는 다음의 비언어적인 표시들을 알 수 있는가?
    - 면접이 거의 끝났는가?
    - 내가 너무 많이 말했는가?
    - 질문들에 대해 충분히 대답하지 못했는가?
12. 나는 마음속으로 면접이 끝날 때 할 진술들을 생각하고 있는가?
    - 고맙습니다. 만남이 즐거웠습니다.
    - 고맙습니다. 시간을 내주셔서 고맙게 생각합니다.
    - 면접에 대해 감사합니다. 당신을 다시 만나 볼 수 있기를 희망합니다.
13. 몸차림을 점검하였는가?
    - 몸 상태가 청결하고 머리 모양은 단정한가?
    - 치아와 입이 깨끗하며 면도가 깨끗이 되어 있는가? (남자)
    - 화장을 적당하게 하였나? 립스틱은 너무 짙게 바르지 않았는가? (여자)
    - 옷맵시가 좋으며 단정한가? 너무 화려하거나 캐주얼하지 않은가?
    - 옷에 구김이 없고 단추가 떨어진 곳은 없는가?
    - 신발은 정장용 신발이고 잘 손질되어 있는가?

자료번호 : Ⅲ-E-25
영역 : 학업발달

성공적이고 즐거운 면접에 대한 안내

구분	내용		
활동영역	교육 및 직업 발달	활동범주	직업 선택을 위한 준비하기
활동목표	취업 면접에 대해서 안다.		
활동대상	고등학교 2~3학년	소요시간	50분
준비물	교사: '면접 준비하기' '즐겁고 성공적인 면접에 대한 안내' 참고자료	집단크기	소집단, 학급 전체
활동소개	이 활동은 학생들에게 취업 면접에 대한 소개를 하기 위해 계획되었다. 성공적인 면접을 위한 바람직한 면접 준비와 실전 전략에 대해 알아보고 면접 상황 역할극을 해 봄으로써 학생들이 면접에 대해 자신감을 키울 수 있도록 도와줄 것이다.		
활동절차	1. 성공적인 면접을 위해 도움이 되는 점들에 대해 이야기한다. 2. '면접 준비하기' 참고자료를 나누어 주고 질문들에 대해 토론하게 한다. 3. '즐겁고 성공적인 면접에 대한 안내' 참고자료를 나누어 주고 각각의 항목들에 대해 토론한다. 4. 취업 면접 역할극을 할 자원자를 뽑는다. 면접관, 지원자 그리고 접수자의 세 역할이 필요하다. 5. 학생들이 가장 취업하길 원하는 회사의 종류를 선택해 면접 상황을 가정하고 역할극을 한다.		
유의사항	자기 자신을 표현하는 데 어려움을 가진 학생들이나 스트레스를 다루기 힘들어하는 것처럼 보이는 학생들에게는 개인적인 지원과 연습이 도움이 될 것이다.		

면접 준비하기

다음은 면접을 위해 준비해야 하는 사항들을 설명한 것입니다.

1. 자신이 지원할 회사와 관련된 정보들을 다음의 출처들을 통해 얻어라.
   - 공공도서관
   - 고용지원센터 등의 지방 구직기관들
   - 이웃, 친구
   - 인터넷
   - 회사별 간행물

2. 그 직업에 대한 자신의 자격을 다시 살펴보라.
   - 학교에서 수강한 직업 관련 과정들
   - 학창시절의 파트타임이나 다른 직업 경험들
   - 그 직업에서 필요로 하는 자격증

3. 자신을 되돌아보라.
   - 성격, 기질
   - 좋아하는 것과 싫어하는 것
   - 목표
   - 목표를 어떻게 달성할 것인가?
   - 회사에 기여할 수 있는 것은 무엇인가?

4. 토론을 위한 질문들은 다음과 같다.
   - 회사나 사업에 대한 어떤 정보가 지원자에게 유익할 것인가? 새로운 사업인가, 아니면 오래된 사업인가? 특징은? 회사의 신규 채용률은 어떠한가?
   - 직업 경력이 없다면 자신의 경험 중 어떤 것을 강조할 수 있는가?
   - 여러분의 목표를 알고 있는가? 직업목표를 잘 모른다면 개인적인 목표로 어떤 종류의 목표에 대해 말할 수 있는가? (예를 들면, "나는 사업의 세계에 대해 가능한 한 많이 배우고 싶습니다. 왜냐하면 언젠가는 나 자신의 사업을 계획하고 있기 때문입니다.")

참고자료 번호 : Ⅲ-E-25-②

즐겁고 성공적인 면접에 대한 안내

다음은 면접할 때의 유의사항입니다.

1. 정해진 시간에 도착하라.
2. 면접관이 자신을 소개할 때 잘 듣고 그의 이름을 외워라.
3. 자연스럽게 행동하라.
4. 편하게 앉되 너무 구부정하게 앉지 말라.
5. 손은 가만히 두어라(손을 산만하게 만지작거리지 말라.).
6. 소지품을 면접관 책상에 놓지 말라.
7. 조용하면서도 명확하게 말하라. 단, 속어는 쓰지 말라.
8. 껌을 씹거나 담배를 피지 말라.
9. 당신이 원하는 직업의 부서만을 고집하기보다는 어느 부서에서라도 가능함을 보여 줘라.
10. 면접관이 면접을 시작하기 전에 앞서서 말하지 말라.
11. 질문에 간단하게 대답하되 당황하지 말라. 대답에 있어 문장을 종결지어 완전하게 말하되, 두서없이 횡설수설하지 말라.
12. 면접관의 말을 막지 말라.
13. 따지지 말라(논쟁하지 말라.).
14. 가족, 학업, 취미 그리고 활동들에 대해 면접관에게 이야기할 준비가 되어 있어야 한다.
15. 예전에 일한 경험이 있다면 간단하고 정확하게 이전의 직업에 대해 설명할 준비가 되어 있어야 한다.
16. 이전의 고용인을 절대 비판하지 말라.
17. 당신의 자격에 대해 언급하되 과장은 하지 말라.
18. 그 직업의 의무, 일하는 시간과 봉급에 대해 이해하고 있음을 확실하게 하라.
19. 면접 합격 발표 날짜를 정확히 확인하라.
20. 면접관의 호의에 감사하는 마음을 전하라.

이력서 쓰기

<table>
<tr><th>구분</th><th colspan="3">내용</th></tr>
<tr><td>활동영역</td><td>교육 및 직업 발달</td><td>활동범주</td><td>직업 선택을 위한 준비하기</td></tr>
<tr><td>활동목표</td><td colspan="3">이력서(고용주를 위한 개인적인 정보서류)를 작성할 수 있다.</td></tr>
<tr><td>활동대상</td><td>고등학교 2~3학년</td><td>소요시간</td><td>50분</td></tr>
<tr><td>준비물</td><td>교사: '나의 이력서' 활동지, '이력서 작성방법' 참고자료</td><td>집단크기</td><td>소집단, 학급 전체</td></tr>
<tr><td>활동소개</td><td colspan="3">취업을 준비함에 있어 이력서는 매우 중요한 요소다. 이 활동에서는 이력서의 형식과 내용에 학생들이 친숙해지도록 하고, 학생들은 연습을 통해 이력서를 작성하는 방법을 배우게 될 것이다.</td></tr>
<tr><td>활동절차</td><td colspan="3">1. 칠판에 '이력서'라고 적고 다음의 질문들에 답해 보도록 한다.
① 이력서란 무엇인가?
② 이력서를 쓰는 것이 왜 필요한가?
③ 이력서에 어떤 사항들이 들어가는가?
2. '이력서 작성방법' 참고자료를 보고 '이력서란 무엇인가?'와 '이력서에 어떤 사항들이 들어가는가?'에 대해 설명한다.
3. '나의 이력서' 활동지를 나눠 주고 작성하도록 한다. 학생들이 작성하는 동안 '이력서 작성방법' 참고자료를 보고 작성방법을 설명해 준다. 필요한 경우 개인적으로 도와준다.</td></tr>
<tr><td>유의사항</td><td colspan="3">이력서는 깨끗하게 작성하며 이력서에는 학생 개인에 대한 긍정적인 정보만 기록하도록 주의시킨다.</td></tr>
</table>

활동지 번호 : Ⅲ－E－26

나의 이력서

이력서 작성방법을 참고하여 자신의 이력서를 작성해 봅시다.

(인사서식 제1호)

	이력서			희망부서	
				희망직급	
				희망연봉	
	성 명	한글		주민등록번호	
		한자			
		영문			
	생년월일		년 월 일 (만 세)		
주 소				자택전화	
E－mail				휴대전화	
호적관계	호주와의 관계			호주성명	
년 월 일	학력 및 경력 사항			발행처	

년	월	일	학력 및 경력 사항	발행처

참고자료 번호 : Ⅲ-E-26

이력서 작성방법

이력서는 최초의 얼굴입니다. 다음의 사항을 읽어 보고 스스로 이력서를 작성해 보는 연습을 해 봅시다.

이력서는 고용주에게 당사자보다 먼저 선을 보이는 응시자의 최초의 얼굴이며 작성자의 인간 됨됨이의 일면을 반영하는 기록이다. 취업을 희망하는 경우 어느 회사를 막론하고 입사지원서와 함께 반드시 이력서를 제출하여야 하는데, 이력서가 자신의 용모, 학력이나 경력, 가족관계, 상벌관계, 특기사항 등을 파악할 수 있는 기초적인 자료가 되기 때문이다. 또한 실제 면접에서의 질문들은 이력서의 기입사항을 참고로 해서 질문을 하는 경우가 대부분이다.

특히 최근 들어 신입사원 채용 시 인성을 중시하는 경향이 확산되면서 서류전형에 의한 채용이 각 기업체의 채용방식의 주류를 이루고 있는 만큼, 취업 시 불이익을 당하지 않도록 기본적인 양식에 따라 정성 들여 작성해야 한다. 이력서의 경우, 문방구에서 판매하는 인사서식 제1호가 있으므로, 이를 이용하는 것이 좋다. 그러나 근래에는 컴퓨터로 작성한 이력서가 많이 쓰이고 있다. 컴퓨터를 통한 이력서 작성은 규격을 맞추는 것이 문제가 되는데, 그저 문방구 규격 이력서에 맞추는 방법이 있고, 자기만의 독특한 개성을 넣은 자유 형식의 이력서가 있다. 후자의 경우 인사서식 제1호의 경우보다 훨씬 자신의 장점을 잘 드러낼 수 있으므로 대기업과 달리 자체적인 규격양식이 없는 일반 중소기업에 지원하는 경우 권장할 만한 형태라고 할 수 있다.

이력서 작성방법

1. 간단명료하되 구체적으로 기술한다. 읽는 사람으로 하여금 짧은 시간 내에 작성자의 인적사항에 대해 알 수 있도록 내용을 간추려 쓴다. 출신 학교나 학과, 자격증뿐 아니라 수상 경력, 대내외적인 활동 등 자신의 능력이나 장점을 돋보이게 할 수 있는 사항을 일목요연하게 기술하여 다른 사람에게 호감을 갖게 하는 것도 중요하다. 자필 또는 워드프로세서로 꼼꼼히 읽기 쉽게 기술한다.

2. 과장됨이 없이 솔직하게 작성한다. 기업체에서는 성실한 사람을 요구한다. 그러므로 이력서 작성 시 가장 주의해야 할 점은 허위나 과장이 없이 사실 그대로 기술하는 것이다. 만일 면접이나 입사 후에라도 허위 사실이 드러날 경우에는 난처한 상황이 발생할 수 있으므로 솔직하고 정직하게 작성한다.

3. 정성들여 깨끗이 작성한다. 오탈자가 없도록 주의한다. 아울러 틀린 글자가 있을 때는 수정액으로 지우고 고쳐 쓰기보다는 새로운 용지에 다시 쓰는 편이 좋다.

4. 자필 또는 워드프로세서로 작성한다. 이력서는 자기 자신을 스스로 소개하는 글이므로 자필로 작성하는 것이 원칙이다. 그러나 최근에는 지원 회사의 성향에 따라 워드프로세서를 이용하여 작성하는 것이 유리한 경우도 있다.
   또한 국문 이력서는 국 · 한문 혼용이 일반적이다. 한글이 보편화되기는 했으나 대부분의 기업에서는 한문을 선호하고 있으므로 한자를 적절히 사용하는 것이 좋다. 이때 유의할 점은 명조체로 또박또박 쓰되 흑색 필기구를 사용하도록 한다.

5. 연대순으로 기술한다. 학력은 보통 고등학교 졸업부터 적는 것이 일반적이다. 정확한 졸업 날짜를 적는 게 좋고, 남자의 경우 군경력 외에 특별한 경력이 없을 때는 학력과 경력을 구분하지 않고 군경력을 학력 속에 포함시켜 연대순으로 기술한다.

6. 응시 기업과 연관된 실무능력을 위주로 작성한다. 자격증은 국가적으로 공인된 자격증을 발행처와 아울러 적고, 교원자격증의 경우에는 취득 예정일도 명기한다. 이 밖에 타자, 컴퓨터, 속기 등 사무관리 분야의 자격증이나 면허증 등 특기할 만한 내용을 기록하고 응시 기업이나 업무와 관련된 연구 업적 및 아르바이트, 상벌, 외국어, 관련 서클 활동 등은 좋은 인상을 심어 줄 수 있다.

7. 연락처 및 응시 부문을 이력서 우측 상단에 명기한다. 특히 이력서상의 주소와 현재 거주지가 다를 때는 반드시 직접 연락이 가능한 주소나 전화번호 등 긴급연락처를 밝혀 두어야 한다.

8. 사진은 단정한 것을 규격에 맞게 사용한다. 수수하면서도 단정한 정장에 밝은 인상을 줄 수 있는 사진이 좋다.

9. 대학시절 동아리 활동 및 사회봉사 활동을 강조한다. 대학시절 경험했던 여러 가지 활동을 상세히 언급하는 것이 유리하다.

10. 주민등록등본을 참고하여 작성한다. 정확한 이력서를 작성하기 위해서는 주민등록등본을 참고하여 본적이나 현주소는 통, 반, 아파트 동 호수까지 정확하게 기재하며, 실제 나이와 생년월일이 틀리더라도 주민등록등본이나 초본에 기재된 내용과 동일하게 작성한다.

11. 호주와의 관계는 특히 유의할 부분이다. 이는 호주 쪽에서 본 자신의 관계를 말하는 것이므로 자기 쪽에서 본 관계를 쓰지 않도록 주의해야 한다. 예를 들면 '부'나 '모'가 아닌 '차남' 또는 '이녀' 등으로 기재해야 한다.

12. 특기 및 상벌 사항을 작성한다. 특기사항에는 각종 자격증, 면허증 발급사항을 기재하는데, 이 경우 국가가 공인한 자격증이나 면허증 취득사항 등을 기재한다. 하지만 응시 기업의 업무와 연관된 자격증이라면 비공인이라도 기입하는 것이 유리하다. 또한 관련 학원 및 교육과정을 수료했다면 그 역시 기입한다. 이때 반드시 취득일과 발령기관을 명기한다.
상벌사항은 교내외 행사나 대회에서 수상한 사실을 기록하는데, 특히 외국어와 관련된 수상 경력은 반드시 언급한다. 그 밖에 지망 회사와 관계 있는 분야의 연구, 업적, 아르바이트, 동아리 활동 등을 기입하는 것도 자신을 돋보일 수 있는 방법이다.

13. 시간적 여유를 두고 작성한다. 충분한 시간적 여유를 가지고 차분하게 작성해야 내용도 충실하고 글씨도 깨끗하게 쓸 수 있다. 여러 통의 이력서를 작성해 놓고 필요할 때마다 사용하는 것도 좋은 방법이다.

14. 마무리를 빈틈없이 확인한다. 맨 위의 성명란과 맨 아래 서명 뒤에도 도장을 찍어 마무리함으로써 빈틈없이 깔끔한 인상을 주도록 한다. 오탈자가 없는지, 접히거나 더럽혀지지는 않았는지 다시 한 번 확인한 후 우송한다. 가급적 직접 제출하거나 큰 봉투에 넣어 등기로 우송하는 것이 좋다.

직업 찾기

자료번호 : III-E-27
영역 : 학업발달

구분	내용		
활동영역	교육 및 직업 발달	활동범주	직업 선택을 위한 준비하기
활동목표	구직을 어디서 어떻게 시작해야 하는지 안다.		
활동대상	고등학교 2~3학년	소요시간	50분
준비물	교사: '직업 정보의 출처' '어떻게 직업을 찾을 것인가' 활동지, '직업 정보의 출처' 읽기자료, '직업 정보의 출처-해답' 참고자료	집단크기	소집단, 학급 전체
활동소개	학생들은 직업을 찾는 데 중요한 정보를 제공해 줄 수 있는 출처가 많이 있다는 것을 인식할 필요가 있다. 이 활동은 평소 고려해 보지 않았던 직업 정보의 출처 중 몇 개를 탐색해 보도록 도울 것이다.		
활동절차	1. '직업 정보의 출처' 읽기자료를 나누어 주고 각 출처들을 함께 살펴본다. (구인구직 광고를 통해서 얻는 직업 정보는 단지 전체 구직 정보의 15%에 불과함을 강조한다.) 2. '직업 정보의 출처' 활동지를 작성하도록 하고, 필요하다면 개인적으로 도와준다. 3. 학생들과 활동지의 질문들을 다시 살펴보면서 토론하고, '직업 정보의 출처-해답' 참고자료를 나누어 준다. 4. '어떻게 직업을 찾을 것인가' 활동지를 나눠 주고 작성하도록 한다. 이것은 학생들이 그들의 직업 탐색에 대한 실마리와 정보를 알도록 하기 위한 것이다.		
유의사항	직업을 곧 가지게 될 학생을 확인하고, 이런 학생들에게 추가적인 지원을 주기 위해 개인상담의 기회를 제공할 수 있다.		

활동지 번호 : Ⅲ-E-27-①

직업 정보의 출처

____학년 ____반 ____번
이름: ______________

다음 질문에 답해 봅시다.

1. 어떻게 TV가 구직에 관한 정보의 출처가 될 수 있는가?

2. 업종별 전화번호부에서 취직자리를 찾을 때 어떤 점이 불편한가?

3. 잠재적인 고용주들은 취업 정보를 어떻게 제공하는가?

4. 여러분이 다른 직업을 찾아보고 있다면 이것이 현재의 상사와의 관계에 어떤 영향을 미치는가?

5. 전문 직업잡지란 무엇인가?

6. 큰 회사에 근무하는 사람들은 다른 부서에 취직자리가 났다는 것을 어떻게 알 수 있는가?

7. 고용지원센터의 서비스는 어떻게 이용하나?

8. 몇몇 학생들은 고등학교를 졸업한 뒤에도 학업을 계속하고 있는데, 그들이 추가적으로 얻을 수 있는 구직 정보의 출처에는 어떤 곳들이 있는가?

9. 어떤 정보의 출처가 간호사 직업에 대해 관심을 두고 있는 사람에게 유용할 수 있는가?

10. 어떤 정보의 출처가 건설노동자 직업에 대해 관심을 두고 있는 사람에게 유용할 수 있는가?

11. 언제 구인광고가 가장 많이 게시되는가?

12. 어떤 곳에서 적성검사를 무료로 제공하는가?

13. '직업 정보의 출처' 읽기자료 목록에 제시되어 있지 않은 정보의 출처에는 어떤 것들이 있는가?

활동지 번호 : Ⅲ-E-27-②

어떻게 직업을 찾을 것인가

_____학년 _____반 _____번
이름: ____________________

다음 내용을 읽고 빈칸을 채워 봅시다.

1. 1단계: 구인광고

구인광고 복사물을 읽고 여러분이 가지고 있는 능력에 적합한 네 개의 직업을 선택해 〈보기〉 순서에 따라 작성해 본다.

〈보기〉	1. 일의 유형	2. 주소
	3. 전화번호	4. 연락할 사람

2. 2단계: 진로상담가

학교 안에 진로상담가가 있는지 알아보고, 있다면 만나기로 약속을 한다.

- 상담가의 이름 ____________________
- 약속 시간, 날짜 ____________________

3. 3단계: 고용알선 사무소

대부분의 시 · 도에는 공립 또는 사설 고용알선 사무소가 있다. 전화번호부에서 고용알선 사무소를 찾아서 연락처를 다음 빈칸에 작성해 본다.

	사무소 이름	주 소	전 화
1			
2			
3			

4. 4단계: 시 · 군 · 구청 및 기타 정부기관

정부기관들은 많은 종류의 사람들을 고용하고, 보수도 보통 좋고, 합리적인 작업 환경을 제공한다. 전화번호부에서 해당 기관의 주소와 전화번호를 찾아 기록해 본다.

	기관명	주 소	전 화
1			
2			
3			

5. 5단계: 업종별 전화번호부

전화번호부의 업종별 분류를 훑어보고 근처 지역에 있는 지원 가능한 회사의 연락처를 적어 본다.

	회사 이름	주 소	전 화
1			
2			
3			

6. 6단계: 가족과 친구들

여러분의 직업을 찾는 데 도움을 줄 수 있는 친구나 친척으로, 현재 직장생활을 하고 있는 사람들의 이름과 전화번호를 적어 본다.

	이 름	전 화		이 름	전 화
1			4		
2			5		
3			6		

7. 7단계: 자기 광고

사람들에게 나를 직접 소개할 수 있는 서비스가 있다면, 그 방법을 활용해 본다. 예를 들어, 생활정보지나 구직 사이트 등에 자신을 소개하는 글을 올릴 수 있다.

	내가 할 수 있는 직업은?	어떻게 광고할 수 있을까?
1		
2		
3		

8. 8단계: 실천계획 수립

이상의 계획들 중 최소한 세 가지를 선택해 구체적인 계획을 세워 본다.

1. ______________________________

2. ______________________________

3. ______________________________

직업 정보의 출처

다음은 직업을 얻기 위한 정보의 출처들입니다. 활동에 참고하세요.

1. 대중매체
   1) 찾는 곳: 신문, 라디오, TV, 잡지
   2) 활용방법: 미래의 유망 직종에 관한 암시를 해 주는 뉴스 정보에 관심을 기울인다. "정부는 시설 증가를 위해 시민병원과 계약을 체결하였다." "우리나라는 2050년이 되면 고령화사회가 된다."와 같은 직업 전망을 암시하는 정보가 있다.
   3) 장점: 구직광고가 나기 전에 그 직업에 관한 연구를 미리 할 수 있다. 다른 사람들보다 먼저 해당 직업에 관해 고민하고 더 많은 정보를 가지고 있으면 고용주의 생각에 더 근접해 있을 가능성이 크다.
   4) 단점: 시간과 수고를 요구한다. 직업 선택에 대한 폭을 좁혀 놓을 수 있다.

2. 구직 사이트
   1) 찾는 곳: 인터넷
   2) 활용방법: 인터넷 검색을 통해 정보를 얻는다.
   3) 장점
      ① 인터넷 취업 사이트에서는 PDA 서비스나 모바일 서비스로 수시채용 정보를 제공하고 있다. 언제 어디서든 검색이 가능하기 때문에 채용 정보 확보에 유리하다.
      ② 서류로는 드러낼 수 없는 어학실력이나 멀티미디어 활용능력을 동영상을 이용해 적극 홍보할 수 있다.
      ③ 경력과 진로에 대한 고민을 사이트에서 운영하는 취업상담실에서 해결할 수 있다. 취업상담은 보통 무료로 받을 수 있다.
      ④ 적성검사 서비스를 이용해서 인성 및 적성 검사를 해 볼 수 있다. 진로와 취업 전략에 도움이 된다.
   4) 단점
      ① 허위 정보가 게재되어 있을 수 있다.
      ② 보수 과장형, 취업 보장형, 병역특례 보장형 광고는 조심해야 한다.
      ③ 구인업체에 대한 사업자등록증 확인 절차를 거치지 않는 사이트도 있다.

3. 공공기관의 취업알선센터

1) 찾는 곳: 각 지역에 고용지원센터와 한국산업인력공단 취업알선센터, 시 · 군 · 구청 취업정보센터 등이 있다. 전화번호부나 인터넷으로 검색하면 위치와 전화번호를 알 수 있다.

2) 활용방법: 절차에 관한 정보를 문의하고 사무실로 가서 서비스를 요청한다.

3) 서비스 종류: 취업알선 관련 업무, 자활지원 사업, 실업급여, 피보험자 자격관리, 고용안정 업무 등이 있다. 이 중 고용지원센터에서 실시하고 있는 청년층 취업지원 프로그램으로는 청년층직업지도(CAP) 프로그램, 직업지도 시범학교, 청소년 대상으로 특화한 구인업체 개척사업, 취업희망 프로그램, 성취 프로그램 등이 있다.

4) 장점

① 다른 도시에서의 구직 기회에 관한 정보를 얻을 수 있다.

② 무료나 저렴한 가격으로 서비스를 이용할 수 있다.

③ 전문적인 진로 및 취업 상담이 이루어진다.

5) 단점

① 정보를 접하지 못하면 알지 못한다.

② 개인의 자발적인 관심과 노력이 필요하다.

4. 업종별 전화번호부

1) 찾는 곳: 인쇄된 전화번호부나 인터넷 상의 전화번호부

2) 활용방법: 전화번호부의 가나다 색인을 활용한다.

3) 서비스 종류: 거의 모든 종류의 잠재적인 고용주를 확인할 수 있다. 추가적인 비용 부담 없이 충분히 제공받을 수 있다.

4) 장점

① 무료이고 쉽게 이용 가능하다.

② 잠재적인 고용주를 확인하기에는 효과적인 방법이다.

5) 단점

① 시간과 노력이 필요하다.

② 전화할 수 있는 용기가 필요하다.

5. 각종 대학의 취업정보센터

1) 찾는 곳: 대학에 있으며, 취업정보망, 경력개발센터, 취업정보실, 취업지도실, 취업정보센터, 취업보도실 등 그 명칭이 다양하다.

2) 서비스 종류: 사무실에서는 개인 기록 증명서, 각종 서식, 추천서 등은 물론 구직과 관련된 정보관리, 취업특강, 학생들의 동기유발을 위한 강좌, 영어능력 배양을 위한 과정 신설, 취업과정의 학점화 등의 서비스를 제공한다.

3) 장점

① 각종 기록과 정보들이 많아 시간과 수고를 덜 수 있다.

② 취업정보 사이트에 없는 정보들이 모여 있다.

③ 동문을 중심으로 기업 인사담당자들이 참여하는 각종 실무전략 특강과 현장교육을 위한 인턴십, 성공학, 면접법 등에 관한 교육을 다양하게 실시한다.

4) 단점: 재학생이나 졸업생들에게만 서비스를 제공한다.

6. 사람들 사이의 소문

1) 찾는 곳: 친구, 이웃, 친척, 동료, 잠재적인 고용주들

2) 활용방법: 자신이 흥미롭다고 생각하는 직업에 대해서 숨기지 말고 적극적으로 이야기한다. 더 많은 사람들이 여러분의 직업 탐구를 알게 되면, 정보를 얻을 수 있는 범위는 넓어진다. 여러분의 모든 지인들을 활용하라.

3) 장점: 구직의 80%는 입소문이라는 특수 경로를 통해 이루어진다는 점을 명심해야 한다. 또한 이 방법은 비용이 들지 않는다.

4) 단점: 직업을 찾고 있다는 것을 안 동료들과 현재의 직장상사는 불편해할 수 있다.

7. 전문잡지, 회보 및 채용정보 잡지

1) 찾는 곳: 도서관에 가면 찾을 수 있다.

2) 활용방법: 책을 보고 직접 고용주에게 연락한다.

3) 장점: 직접적인 출처로부터 자료를 얻는다.

4) 단점: 많은 자리들이 매우 숙련되고 교육을 많이 받은 지원자를 원한다.

8. 직업소개소

1) 찾는 곳: 대부분의 시에 있고 전화번호부에 기재되어 있다.

2) 활용방법: 신청서가 거의 계약서인 경우가 많기 때문에 확실하게 읽어야 한다.

3) 서비스 종류: 게시된 직업 목록을 준다.

4) 장점: 직업소개소의 목적은 돈을 벌기 위한 것이기에 구직자들의 직업 탐색에 매우 열성적이다.

5) 단점: 지나치게 이익만 좇아 구직자에게 적절한 직장을 알아봐 주는 것이 아니라 구직자와 고용주를 연결해 주는 데만 급급한 경우도 있다.

9. 생활정보신문 구인광고

1) 찾는 곳: 거리 배부대나 인터넷에서 찾는다.

2) 활용 방법: 직종별로 구인광고가 나와 있다.

3) 장점

① 일일 목록을 제공해 준다.

② 기재된 직업들은 현재 지원할 수 있다.

③ 중소기업 및 자영업체 등의 네트워크를 통한 막강한 지역 채용 정보력이 있다.

4) 단점: 화려한 대우를 약속하는 광고에 조심해야 한다.

직업 정보의 출처 – 해답

참고자료 번호 : Ⅲ–E–27

'직업 정보 찾기' 활동지에 대한 해답입니다. 여러 가지 상황이 있을 수 있기 때문에 정확한 답변은 없습니다. 다음의 주어진 답변들은 하나의 보기입니다.

1. 방송과 뉴스는 유망직종에 대해 안내해 줄 수 있다. 예를 들면, "정부는 시설 증가를 위해 시민병원과 계약을 체결하였다."와 같은 정보를 통해 직업 전망을 할 수 있다.

2. 취직자리를 업종별 전화번호부에서 찾을 때 시간과 수고가 필요하다. 또한 구직자는 고용주에게 전화를 걸 수 있는 용기와 독창성을 가져야 한다.

3. 잠재적인 고용주들은 그들의 회사와, 취업 가능한 다른 회사들의 취업 정보를 말해 줄 수 있다.

4. 여러분의 상사나 감독관들은 여러분이 다른 직업을 찾고 있다면 부정적인 시각을 보일 것이다. 여러분에 대한 신뢰가 떨어져 여러분이 기대했던 승진이나 혜택이 없을지도 모른다. 그들은 여러분이 조속한 시일 내에 다른 회사로 가기를 원할 것이다.

5. '전문 직업잡지'란 직업이나 헤드헌터 분야의 사람들이 준비하고 지정한 인쇄물이다.

6. 회사에 게시된 인사 정보를 보거나 회사 동료들 간에 정보가 공유되기도 한다.

7. 인터넷으로 제공하는 정보를 살펴보거나 직접 방문해 정보 안내를 받고 적성검사나 상담 등의 서비스를 제공받을 수 있다.

8. 대학 및 직업훈련학교의 취업센터는 고등학교를 졸업한 후 학업을 지속해 나가는 학생들에게 추가적인 구직 정보의 출처가 된다.

9. 구인광고나 취업알선센터, 채용 관련 잡지를 통해 간호사 직업에 대한 정보를 얻을 수 있을 것이다.

10. 건설 노동자들은 구인광고나 업종별 전화번호부 또는 직업소개소를 통해 구직 정보를 얻을 수 있을 것이다.

11. 요즘은 벼룩신문류의 무가지나 인터넷을 통해 다양한 직종의 구인 정보가 매일 제공된다. 다만 대기업 등 한 번에 많은 사람을 뽑는 정보의 제공시기는 제한되어 있다.

12. 각 지역의 고용지원센터나 청소년 관련 복지관 등에서 가능하다.

13. 선생님, 상담가 등이 '직업 정보의 출처' 읽기자료에 나오지 않은 출처다.

구직을 위한 단계

자료번호 : Ⅲ-E-27
영역 : 학업발달

구 분	내 용		
활동영역	교육 및 직업 발달	활동범주	직업 선택을 위한 준비하기
활동목표	구직을 어디서 어떻게 시작해야 하는지 안다.		
활동대상	고등학교 2~3학년	소요시간	50분
준비물	교사: '나의 직업 찾기' 활동지, '취업정보 사이트' 참고자료	집단크기	학급 전체
활동소개	이 활동은 학생들이 취업 정보를 활용하여 고등학교 졸업 후 취업 준비를 어떻게 해야 하는지 알게 함으로써 자신의 전반적인 취업계획을 세울 수 있도록 한다.		
활동절차	1. 취업 준비가 왜 필요한지 이야기해 준다. 2. '나의 직업 찾기' 활동지에 나의 직업계획을 세워 본다. 3. '취업정보 사이트' 참고자료를 나누어 주고, 이를 참고로 관심 직업에 대한 구체적인 정보를 조사한다. 4. 유용한 구직 정보를 얻기 위해서는 많은 자료를 참고해야 함을 언급하고 이번 활동에서의 느낌을 함께 이야기해 본다.		
유의사항	이 활동은 직업 찾기 활동과 함께 한다면 효과적일 것이다.		

활동지 번호
: Ⅲ-E-27

나의 직업 찾기

_____학년 _____반 _____번
이름: ____________________

자신이 갖게 될 직업에 대해 구체적으로 생각해 봅시다.

1. 내가 취업을 준비한다면 어떻게 계획을 세울 것인가? (구체적인 전략을 적어 보세요.)

2. 내가 희망하는 직종(회사)과 관련된 정보를 찾고, 그 기관에서 요구하는 구체적인 취업 준비에는 어떤 것들이 있는지 적어 보세요.

취업정보 사이트

다음은 여러 가지 취업정보 사이트들에 대한 설명입니다. 활동 시 필요할 때 적절히 사용하세요.

1. 국내 취업정보 사이트

1) 워크넷(www.work.go.kr): 노동부 산하 취업알선 사이트

하루 17만 명이 방문하는 사이트로 노동부와 산업인력공단 한국고용정보원이 운영해 신뢰성이 높은 편이다. 온라인뿐 아니라 각 지역의 고용지원센터와 한국산업인력공단 취업알선센터, 시 · 군 · 구청 취업정보센터와 연결되어 있어 정보망이 넓고 다채롭다.

2) 커리어(www.career.co.kr): '커리어' 맞춤 채용 알림 서비스

윈도우 라이브 메신저를 통해 취업뉴스, 구인광고, 공지사항 등 실시간으로 업데이트되는 자료를 제공받을 수 있다. MSN 실시간 알림 서비스를 신청한 후 MSN 메신저에 로그인하면 각자의 맞춤 채용 정보를 실시간으로 확인할 수 있다. 이 외에도 전세계 60개국 유명 취업포털 사이트와 제휴를 맺고 있어 다양한 취업 정보 및 서비스를 편리하게 제공받을 수 있다.

3) 인크루트(www.incruit.co.kr): 대표 온라인 채용 사이트

지난 1998년 국내 최초로 인터넷 채용 시스템을 개발, '온라인 채용'의 길을 제시한 선도기업이다. 모든 채용공고가 유료 서비스를 기반으로 하고 있기 때문에 100% 인증 절차를 거친다. 구직자들이 장기적으로 경력관리를 할 수 있는 '장래 직업설계' 코너와 고객만족 인증제도도 인기다. 이 외에도 취업과 노무, 창업, 유학 등 각 분야에서 구직자들의 궁금증을 풀어 줄 수 있는 '전문가 상담 코너'와 5년 동안 축적해 온 1,400여 개 기업의 '면접 족보' 역시 인기 서비스로 꼽힌다.

4) 스카우트(www.scout.co.kr): 지원 기업의 실시간 경쟁률 제공

구직자들은 '입사지원 통계 시스템'을 통해 자신이 입사를 원하는 기업에 지원한 경쟁자들의 학력별, 경력별, 희망 연봉별 통계치를 실시간으로 확인할 수 있다. 해당 기업이 언제 채용공고를 냈는지 보여 주는 '히스토리' 기능과 그 기업을 관심 기업으로 등록한 회원이 얼마나 되는지 알려 주는 기능도 있으며, 구직자들의 커뮤니티가 활성화된 점도 눈여겨 볼 만하다.

5) 잡코리아(www.jobkorea.co.kr): 지역별, 역세권별 정보 가득

유료화를 기본으로 하는 만큼 고급 채용 정보의 확보에 주력하고 있다. 100여 개 업종과 직종들을 지정할 수 있는 '키워드 라이브러리'를 적용해 구직자들이 원하는 취업 정보를 보다 빠른 시간에 찾을 수 있도록 서비스하고 있다. 역세권별 채용정보 서비스와 지역별 채용정보 서비스를 제공해 수도권과 지방 구직자들에게 인기가 있다.

6) 지투잡(www.g2job.com): 예약 입사지원 시스템

기업이 원하는 인재를 미리 확보해 상시채용에 대비할 수 있도록 하는 '예약 입사지원 시스템(PASS)' 서비스를 제공하고 있다. PASS는 온라인 상시 채용관으로 구직자가 희망 기업에 입사지원서를 제출하면 데이터베이스에 입사지원서가 자동 입력된다. 기업의 인사담당자는 결원 발생 시 PASS를 통해 자체적으로 구축된 지원자 데이터베이스를 열람해 기업에 맞는 인재를 가장 빠르고 정확하게 찾을 수 있다.

7) 사무잡(www.samujob.co.kr): 사무직 전문취업 정보 사이트

사무직 구직자에게 특화된 서비스와 채용 정보를 제공하고 있다. 사무잡에서는 구직자들의 데이터베이스를 경력과 능력 및 특성 등으로 세분화하고 계수화하여 '사무직 최적인력 선발 시스템'을 구축, 사무직 채용을 원하는 구인기업들에게 좋은 평가를 얻고 있다. 뿐만 아니라 일반 사무, 단순 사무, 전문 사무로 크게 구분하고 그 밑에 36개의 세부적인 직무로 나누어 놓아, 구직자들이 자신의 취향과 적성을 고려한 최적의 직무를 빠르게 찾을 수 있도록 했다.

8) 스카우트뷰티(www.scoutbeauty.co.kr): 미용 전문취업 정보 사이트

온라인 채용업체인 스카우트가 세인아카데미와 공동으로 미용 분야 전문취업 사이트를 열었다. 헤어, 메이크업, 코디, 네일아트, 미용강사, 스킨, 보디케어 등 미용 관련 전 분야의 전문화된 채용 정보를 제공한다.

9) 훈장마을(www.hunjang.com): 학원강사 전문채용 사이트

전국 4만여 개 학원과 25만 명이 넘는 학원강사가 이용하고 있는 명실상부한 국내 1위의 학원강사 채용 사이트다. 서울 · 경기를 비롯해 대전 · 충청 · 강원, 대구 · 경북, 부산 · 울산 · 경남, 광주 · 전라 · 제주의 4개 지역을 구분하고 있으며 무료로 구인/구직 정보를 게재할 수 있다.

10) 미디어잡(www.mediajob.co.kr): 매스컴 전문취업 포털 사이트

신문, 방송, 출판, 광고, 영화, 디자인, 이벤트 등과 관련된 직업의 채용 속보와 관련 취업 정보를 매일 200건 이상 제공하고 있다.

11) 어카운팅피플(www.accountingpeople.co.kr): 재경직, 회계직 전문 취업 사

이트

12) 메디잡(www.medijob.co.kr): 의료직 전문취업 사이트
13) 넥스트잡(www.nextjob.or.kr): 기술기능인력 전문취업 사이트
14) 워커(www.worker.co.kr): 건설직 전문취업 사이트
15) 텔레잡(www.telejob.co.kr): 텔레마케터 전문취업 사이트
16) 샵마넷(www.shopma.co.kr): 유통판매직 전문취업 사이트
17) 패션워크(www.fashionwork.co.kr): 패션 관련직 전문취업 사이트
18) 코리아피알(www.koreapr.org): 한국PR협회 공식 사이트
19) 잡쿡(www.jobcook.com): 외식업계 전문 구인구직 사이트
20) 호텔잡(www.hoteljob.co.kr): 호텔 전문취업 사이트
21) 파인드잡(www.findjob.co.kr): 중소기업 전문취업 포털 사이트
생활정보지 벼룩시장을 발행하는 미디어윌이 만든 중소기업 전문취업 포털 사이트다. 중소기업 및 자영업체에 특화되어 있다. 전국 51개 지역에서 하루 10만 개 이상의 구인구직 광고가 쏟아지는 벼룩시장 네트워크를 통한 막강한 지역 채용 정보력이 자랑거리다.
22) HRTop(www.hrtop.com): 사이버 헤드헌터 활용
사이버 헤드헌터의 자발적인 활동을 통해 구직자와 구인자를 온라인 상에서 연결해 주는 취업 사이트다. 2만 명에 달하는 사이버 헤드헌터가 HRTop의 고급 전문인력 데이터베이스를 제공받아 취업을 알선하는 활동을 한다. 기존의 전문적인 헤드헌터는 아니지만 성사 때마다 수수료를 분배받아 보다 적극적인 가교 역할을 하게 되며, 단순 중개 역할에서 벗어나 구직자의 이력서를 분석해 부족한 경력을 보충·개발할 수 있도록 유도하는 자문 및 상담 역할도 한다.
23) EBS 직업방송 사이트(www.ebs.co.kr/actions/JobIntro): EBS가 운영하는 직업방송 사이트
교육과 취업을 하나로 EBS가 운영 중인 위성 직업방송 채널 EBS 플러스 2와 연계한 인터넷 직업방송 사이트다. 공인중개사·교원임용고사 등 다양한 자격증 강좌와 직업실무 강좌 등을 제공하고 있다.

2. 취업정보 사이트의 편리한 서비스

1) 인터넷 취업 사이트에서는 PDA 서비스나 모바일 서비스로 수시채용 정보를 제공하고 있다. 언제 어디서든 검색이 가능하기 때문에 채용 정보의 신속한 확보에 유리하다.

2) 서류로는 드러낼 수 없는 어학실력이나 멀티미디어 활용능력을 동영상을 이용해 적극 홍보할 수 있다.
3) 경력과 진로에 대한 고민을 사이트에서 운영하는 취업상담실에서 해결할 수 있다. 취업상담은 보통 무료로 제공되므로 적극적으로 활용하는 것이 좋다.
4) 적성검사 서비스를 이용하여 인성 및 적성 검사를 해 볼 수 있다. 진로와 취업 전략에 도움이 된다.

3. 취업정보 사이트의 효과적인 이용법

1) 무수히 많은 채용 정보 중 자신이 원하는 알짜 채용 정보만을 걸러 내어 주는 맞춤채용 정보 기능을 이용한다. 조건을 설정해 놓으면 자신이 원하는 채용 정보만을 이메일로 받아볼 수 있다.
2) 지원 회사에 대한 궁금증이 생길 때 활용하면 좋은 서비스가 바로 기업정보 검색 서비스다. 사업 내용, 설립 연도 등 기본적인 기업 정보 외에 기업의 신용 정보까지 추가로 제공해 면접을 앞둔 구직자들이라면 꼭 확인해 봐야 한다.
3) 구인공고를 낸 일부 기업은 모집공고와 달리 직종이나 채용조건 등을 일방적으로 변경하는 경우가 있다. 취업 사이트에서 제공하는 '이력서 열람 제한' 서비스를 이용하면 기업들이 자신의 이력서 열람을 금지하도록 하는 설정이 가능하다.

   온라인 취업 메신저를 통해 구인 · 구직자 모두 채용 및 인재 정보를 조건별로 맞춤 검색할 수 있으며, 툴바를 설치하면 홈페이지로 이동하지 않고도 웹 브라우저에서 취업 정보를 실시간으로 확인해 볼 수 있다.

목표를 설정하는 과정

구분	내용		
활동영역	교육 및 직업 발달	활동범주	의사결정하기
활동목표	나의 목적은 무엇이고 그 가치가 무엇인지를 안다.		
활동대상	고등학교 1~3학년	소요시간	50분
준비물	교사: '성공적인 사람' '안녕하세요, 스마일 선생님' 활동지	집단크기	소집단, 학급 전체
활동소개	학생들과 이 활동을 해 나감으로써 목표 설정의 과정에 대한 지침이 명확해지고 학생들의 미래 목표 설정의 질이 개선될 수 있다.		
활동절차	1. 무엇이 사람을 성공하게 하는지 함께 브레인스토밍 한 후 목록을 칠판에 적는다. 2. '성공적인 사람' 활동지를 나누어 주고, 학생들로 하여금 위 목록에서 중요해 보이는 몇 개의 항목을 뽑아서 활동지에 기록하도록 한다. 예) 좋은 성적 등 3. 항목별로 성공하기 위해서 어떻게 해야 할지 구체적으로 기입하도록 한다. 예) 더 좋은 성적 → 성적을 평균 '미'에서 '우'로 올린다. 다음 사회 시험에서 80점 또는 그 이상의 점수를 받는다. 매일 밤 30분씩 사회과목을 공부한다. 4. 마지막 항목에서 중요한 한 가지를 뽑아서 완전한 문장의 형태로 쓰도록 한다. 예) 다음 사회시험에서 80점 혹은 그 이상의 점수를 받겠다. 5. 선택한 목표를 성취하기 위해 해야 할 일들을 목록으로 만들어 보도록 한다. 예) -과제를 빠짐없이 해야 한다. -예습, 복습을 철저히 한다. -수업시간에 좀 더 열심히 집중한다. 6. 목표가 실제로 이루어질 수 있는 방식으로 기술되어 있는지 확인하기 위해 '안녕하세요, 스마일 선생님' 활동지를 활용한다.		
유의사항	이 과정을 학생들이 잘 이해하지 못하는 것 같으면 반복해서 설명하고, OHP로 과정을 간단하게 보여 줄 수 있다.		

활동지 번호 : Ⅲ-F-28-①

성공적인 사람

_____학년 _____반 _____번

이름: ____________________

무엇이 사람을 성공하게 하는지에 대해 브레인스토밍 한 것 중 중요해 보이는 몇 가지 요소를 선택해서 다음에 기록해 봅시다.

성공적인 사람이 되는 요소			
위 항목을 성취하기 위해 어떻게 해야 할지 상세하고 구체적으로 기록하세요.	→ → → →	→ → → →	→ → → →
중요해 보이는 한 가지를 뽑아 문장의 형태로 써 보세요.			
위의 목표를 성취하기 위해서 해야 할 일들을 적어 보세요.	1. 2. 3. 4. 5.	1. 2. 3. 4. 5.	1. 2. 3. 4. 5.

안녕하세요, 스마일 선생님

활동지 번호
: Ⅲ-F-28-②

____학년 ____반 ____번
이름: ____________

이 활동은 목표가 실제로 이루어질 수 있는 방식으로 기술되어 있는지를 살펴보기 위한 것입니다. 빈칸에 여러분의 목표 진술문을 넣어 문장을 완성해 봅시다.

안녕하세요, 스마일 선생님! 제가 어떻게 ______________________ 할 수 있는지/하는지 보여 드릴게요.

1. 잘된 예

안녕하세요, 스마일 선생님! 제가 어떻게 매일 밤 사회 교과서를 읽는지 보여 드릴게요.

2. 잘못된 예

안녕하세요, 스마일 선생님! 제가 어떻게 학교생활을 더 즐기는지 보여 드릴게요.

※ 구체적이지 못하고 추상적인 목표는 그것을 달성했는지의 여부를 간단히 확인하기 어렵다. 따라서 목표는 되도록 구체적이고 상세하여 달성 여부를 직접적으로 쉽게 확인할 수 있도록 세우는 것이 좋다.

자료번호 : Ⅲ-F-29
영역 : 학업발달

의사결정하기

<table>
<tr><th>구분</th><th colspan="3">내용</th></tr>
<tr><td>활동영역</td><td>교육 및 직업 발달</td><td>활동범주</td><td>의사결정하기</td></tr>
<tr><td>활동목표</td><td colspan="3">의사결정을 할 수 있다.</td></tr>
<tr><td>활동대상</td><td>고등학교 1~3학년</td><td>소요시간</td><td>100분</td></tr>
<tr><td>준비물</td><td>교사: '의사결정하기' '나의 걱정' 활동지, "의사결정하기' 설명자료', "나의 걱정' 설명자료' '문제 해결 과정' 참고자료</td><td>집단크기</td><td>소집단, 학급 전체</td></tr>
<tr><td>활동소개</td><td colspan="3">합리적 결정을 내릴 수 있는 학생들은 보다 행복하고 건강한 삶을 살아갈 수 있다. 따라서 학생들이 의사결정을 할 때 대안들과 그에 따른 결과들을 생각해 보는 것은 중요하다.</td></tr>
<tr><td>활동절차</td><td colspan="3">[1차시]
1. 학기초 학생들이 새로운 환경에 직면하면서 생기는 여러 문제들에 대해 서로 이야기를 나눠 본다(예: 새로운 친구 사귀기, 학업, 이성교제 등)
2. 사람들이 어떻게 합리적 결정을 내리는지에 대해 토의한다.
① '의사결정 모형'을 개관하고 설명한다.
(문제 명확히 하기-대안 찾기-각 대안에 대한 찬반-가장 적절한 대안 고르기-믿을 만한 권위자와 결정 검토하기-행동계획 세우기-결과 평가하기; '의사결정 모형' 활동지(Ⅲ-F-31) 참조)
② '의사결정하기' 활동지를 나누어 주고 활동하게 한다.

[2차시]
1. 모두가 직면하는 평범한 문제에 대해 '의사결정 모형' 과정을 거쳐서 결정하도록 한다.
2. '나의 걱정' 활동지를 이용하여 학생들은 고민을 분석해 보는 연습을 하고 각자 자신의 고민거리를 분석해 보도록 한다.
3. 상담가/교사는 문제해결 과정을 다음 방법 중 적절한 것을 선택하여 진행한다.
① 자신들의 해결책을 발표하도록 하고, 다른 급우들은 그에 대해 평을 하도록 한다.
② 학생들이 이 '과제'에 대해 부모님이나 다른 가족 구성원과 이야기를 나누어서 정보를 얻고 다음 시간에 발표하도록 한다.
③ 문제 상황에 대해 집단활동을 하도록 한다. 작은 집단들로 나누고 각 집단에서는 해결책을 공동으로 모색해 보도록 한다.</td></tr>
<tr><td>유의사항</td><td colspan="3">이런 상황들은 학생들로 하여금 합리적인 결정을 하는 데 있어 문제해결 단계를 연습할 수 있게 해 준다.</td></tr>
</table>

의사결정하기

활동지 번호 : Ⅲ-F-29-①

_____학년 _____반 _____번

이름: ____________________

다음 상황을 읽고 다양한 의사결정을 생각해 봅시다.

1. 다음의 예시 상황을 읽고 여러분이라면 문제를 해결하기 위해서 어떤 의사결정을 할 것인지 이야기해 봅시다.

> **예시 상황**
>
> 나는 친구들 모임에 참석했다. 모임이 끝날 무렵 나의 절친한 친구 수민이 술에 취해서 누군가가 그녀를 집에까지 데려다 줘야 하는 상황에 처했다. 작년에 여자 친구를 빼앗아 간 것 때문에 수민이 매우 싫어하는 형진이 말고는 수민의 집 근처에 사는 사람이 아무도 없었다. 나는 돈도 없고 몸도 좋지 않았다. 수민이도 돈이 많이 없다는 것을 안다. 수민이는 4km 떨어진 곳에 살고 있다. 매우 추운 겨울 밤이고 오후 11시 30분 경이다. 이 상황에서 나는 무엇을 어떻게 할 수 있을까? 그리고 그 이유는?

2. 다음의 두 가지 예시 상황에 대한 해결책을 평가한 후 그 순위를 매겨 보고 다른 해결책도 생각해 봅시다.

> **예시 상황 1**
>
> 여름방학 동안 성수는 자신의 집에서 친구들과 많은 시간을 보냈다. 어느 날 성수의 어머니가 장을 보러 가시고 아이들만 남았을 때, 정호는 양주 한 병을 찾아내서는 그것을 마셨다. 그러고는 다른 아이들에게도 술을 권했다.
>
> 질문: 성수는 ____________________해야 한다.
>
> ① 정호에게 찾았던 장소에 도로 가져다 놓도록 말하고 어머니에게 말한다.
> ② 정호에게 도로 가져다 놓도록 하고 어머니에게는 말하지 않는다.
> ③ "좋아, 아버지는 많이 가지고 있으니까 마셔 봐."라고 말한다.
> ④ 다른 아이들에게 어떻게 해야 할지 묻는다.
> ⑤ 친구들이 술을 마시게 하고 아버지가 어떤 것이 없어졌는지 모르게 병에 물을 채워 놓는다.
> ⑥ 어머니가 돌아오실 때까지 기다렸다가 오시면 조금 먹겠다고 요청한다.
> ⑦ 자기가 줄 수 있는 위스키가 아니며 들키면 큰일난다고 말한다.
> ⑧ 조금 마시고 어머니가 돌아오셨을 때 무슨 일이 있었는지 말한다.

1) 해결책 순위

____

2) 기타 해결책

____

____

예시 상황 2

병철은 학교 가는 길에 재희를 만났다. 가볍게 인사를 하고 헤어졌는데 길에 담배갑이 떨어져 있는 것을 발견했다. 병철이 보기에 재희의 것 같았다. 병철은 올해부터 재희가 담배를 피기 시작했다는 것을 알고 있었다.

질문: 병철은 ____________________해야 한다.

① 주운 담배갑을 재희에게 준다.
② 재희에게 그의 것이 맞는지 물어본다.
③ 담배를 피워 본다.
④ 이번 주 금요일 밤에 있을 모임을 위해 담배를 감춰 둔다.
⑤ 쉬는 시간에 친구들에게 담배를 보여 준다.
⑥ 재희의 선생님에게 드린다.
⑦ 집에 가서 아버지에게 드린다.
⑧ 담배를 피우는 다른 친구에게 준다.
⑨ 그냥 있는 그대로 놔둔다.
⑩ 담배갑을 쓰레기통에 버린다.

1) 해결책 순위

____

2) 기타 해결책

____

____

____

____

나의 걱정

활동지 번호
: Ⅲ-F-29-②

_____학년 _____반 _____번
이름: ______________

다음 예시를 참고하여 자신의 고민거리를 분석해 봅시다.

예 시

1. 걱정: 과제를 끝내지 못할 것 같다.
2. 상황의 원인: 과제를 싫어한다(습관이 형성 안 됨).
3. 상황이 나에게 걱정을 주는 이유: 성적이 안 나와서 원하는 학교에 못 갈까 두렵다.
4. 유발된 감정: 좌절감과 불안
5. 연루된 다른 사람들: 부모님이 좋은 성적을 기대하고 계신다. 선생님은 내가 더 잘할 수 있다고 말씀하신다.
6. 유발된 감정의 이유: 좌절은 위의 1번과 3번, 불안은 위의 3번과 5번
7. 걱정의 근원적인 원인: 나는 실패하고 싶지 않다.
8. 가치 진술: 나는 성공을 소중히 생각한다. 그리고 나의 부모님을 기쁘게 해 드리는 것이 소중하다. 그리고 내 교육을 소중하게 여긴다.

나의 걱정

1. 걱정: ______________
2. 상황의 원인: ______________
3. 상황이 나에게 걱정을 주는 이유: ______________
4. 유발된 감정: ______________
5. 연루된 다른 사람들: ______________
6. 유발된 감정의 이유: ______________
7. 걱정의 근원적인 원인: ______________
8. 가치 진술: ______________

참고자료 번호 : Ⅲ-F-29-①

'의사결정하기' 설명자료

'의사결정하기' 활동지에 대한 설명입니다.

1. '예시 상황'을 꼼꼼하게 읽고 내용을 잘 파악하도록 지도합니다.
   1) 주어진 예시 상황에서 언급되고 있는 내용을 바르게 파악하였는가를 확인합니다.
      - 누가 술에 취했는가?
      - 수민이가 처해 있는 상황은 어떠한가(사는 곳, 겨울 밤, 늦은 시간 등)?
      - 나는 왜 고민해야 하는가? 나는 무엇을 할 것인가? 그 이유는 무엇인가?
   2) 아이들의 생각이 자유롭게 표출될 수 있도록 허용적이고 개방적인 분위기를 유지합니다.
   3) 장난스러운 분위기가 되지 않도록 유의합니다.

2. '예시 상황 1'과 '예시 상황 2'에 대하여
   1) '예시 상황 1'의 ①부터 ⑧까지, '예시 상황 2'의 ①부터 ⑩까지 각각의 해결책에 대하여 평가해 보도록 합니다.
   2) 최상책에서부터 최하책까지 해결책들의 순위를 매겨 보도록 합니다.
      (1순위부터 5순위 정도까지만 고르게 하는 방법도 가능합니다.)
   3) 왜 그러한 순서를 매겼는지 의견을 발표하게 합니다.
   4) 자료에 예시된 해결책과 다른 좋은 해결책이 있다면 발표해 보도록 합니다.
      (왜 그 해결책이 바람직하다고 생각하는지 그 이유를 말하게 합니다.)
   5) 전체 학생들의 의견을 수렴한 순위표를 만들어 봅니다.
   6) 개인의 순위표와 학급의 순위표가 어떻게 다른지 비교해 보도록 합니다.
   7) 활동에 대한 느낌을 서로 이야기해 봅니다.

'나의 걱정' 설명자료

참고자료 번호
: Ⅲ-F-29-②

'나의 걱정' 활동지에 대한 설명입니다.

1. 고민에 빠져 있는 많은 학생들이 보여 주는 의사결정 모습은 어떠합니까? 대체로 걱정이 무엇인지 확실히 알지 못하고, 더욱이 그 걱정을 해결하기 위하여 무엇을 어떻게 해야 좋을지 몰라서 발만 동동 구르는 모습이 일반적입니다.

2. 의사결정 훈련을 위한 프로그램에서는 고민거리를 잘게 나누어 분석하고 평가해 봄으로써 복잡한 고민을 단순화시키고, 보다 쉽고 합리적인 방법으로 문제를 해결할 수 있도록 합니다.

3. 다음 내용에 유념하여 '나의 걱정' 활동지를 작성하도록 안내합니다.
   1) 걱정: 지금 가장 중요한 고민거리가 무엇인지 우선 생각나는 대로 몇 개를 나열한 후 우선순위를 매겨 보도록 합니다. → 가장 중요한 고민거리 결정
   2) 상황의 원인: 브레인스토밍 기법을 활용하여 자유롭게 나열해 보게 합니다. → 주관적인 진술 내용을 객관적 입장에서 검토해 보도록 합니다.
   3) 상황이 나에게 걱정을 주는 이유: 브레인스토밍 기법을 활용하여 자유롭게 나열해 보게 합니다. → 핵심적 이유라고 생각되는 2~3개를 남겨 두도록 합니다.
   4) 유발된 감정: 걱정 때문에 생긴 감정이 무엇인지 탐색해 보도록 합니다. 슬픔, 좌절감, 불안, 우울 등으로 명확하게 쓰지 못하는 경우에는 그냥 자기 느낌을 글로 표현하도록 합니다.
   5) 연루된 다른 사람들: 다른 사람의 기대나 요구에 제대로 부응하지 못할 때 걱정, 근심, 염려, 불안 등이 생겨납니다. 걱정을 하면서 떠오른 사람들을 써 보도록 합니다.
   6) 유발된 감정의 이유: 정확하지 않더라도 유발된 감정의 이유를 찾아보도록 합니다. 유추나 짐작 정도로 표현해도 됩니다.
   7) 걱정의 근원적인 원인: 부정적 원인 탐색보다는 긍정적 방향에서의 원인을 생각해 보도록 합니다. 나의 바람이 무엇인지를 탐색하게 합니다.
   8) 가치 진술: 내가 소중하게 생각하는 가치가 무엇인지 써 보게 합니다.

   ※ 이 활동을 통해 걱정하는 모습 속에 숨어 있는 소중한 자원을 찾아냄으로써 스스로 문제를 해결해 나갈 수 있는 힘을 얻게 됩니다.

참고자료 번호
: Ⅲ-F-29-③

문제 해결 과정

학생들의 구체적인 문제를 다음과 같은 순서에 따라 해결해 봅시다.

1. 교사와 학생이 함께 문제를 확인한다.

2. 문제와 그 상황에 변화가 없다면 무슨 일이 일어날 것인지 이야기한다.

3. 그 문제의 원인이 될 수 있는 것들에 대해 이야기한다.

4. 재발을 막기 위해 취할 수 있는 방법에 대해 이야기한다.

5. 그 문제에 대한 가능한 해결책을 이야기한다.

6. 다양하게 제시된 해결책에 대해 느낌을 포함해서 장단점을 토론한다.

7. 채택되지 않은 해결책들을 버린다.

8. 가장 바람직한 해결책을 선택한다.

9. 채택한 해결책을 시도해 본다(이것은 문제와 해결책에 따라 시간이 걸릴 수 있다.).

10. 시도한 해결책의 결과에 대해 평가한다.

11. 그 해결책이 불만족스럽거나 혹은 다른 해결책들이 그럴듯해 보이면 여러 개의 해결책에 대해서 5~10단계를 반복한다.

내가 내린 결정 되돌아보기

구분	내 용		
활동영역	교육 및 직업 발달	활동범주	의사결정하기
활동목표	이미 이루어진 결정을 평가 및 판단할 수 있다.		
활동대상	고등학교 1~3학년	소요시간	50분
준비물	교사: '나의 결정 되돌아보기' 활동지, '나의 결정 돌아보기' 읽기자료	집단크기	학급 전체
활동소개	인생에 있어 선택은 매우 복잡하고 포괄적으로 이루어진다. 학생들은 과거에 중요한 의사결정을 하는 과정에서 사용했던 방법들을 인식하는 것이 필요하다.		
활동절차	1. '나의 결정 돌아보기' 읽기자료를 나누어 주고 함께 생각해 본다. 2. '나의 결정 되돌아보기' 활동지를 나누어 주고 작성해 보도록 한다. 3. 지금까지 자신에게 영향을 미치고 있는 작년에 내린 결정에 대해 묻는다. 예) 계열 선택, 방학 동안 대학 진학을 위해 내린 학업 관련 결정들 4. 자신이 내린 각각의 결정에 영향을 미친 여러 가지 요소들을 파악해 보도록 한다. 다음은 고려할 몇 가지 요소들이다. ① 친구들/부모님의 영향 정도 ② 결정에 앞서 수집한 정보 ③ 결정의 장기적, 단기적 영향 고려하기 ④ 잘된 결정인가? 5. 자신의 결정과 관련 요소들에 대해 발표하고, 그 결정을 했을 때 느낌이 어땠는지 이야기한다. 6. 결정에 영향을 끼친 요소들 중 어떤 것이 효과적이고, 또 어떤 것이 효과적이지 못했나를 토론한다. 7. 이 회기 동안 이야기된 결정 중에서 어떤 결정이 여러 사실들을 수집하고 숙고한 결과로써 내려진 것인지를 토론한다. 그리고 어떤 결정들이 직관, 예감 또는 정보 부족의 결과였는지 살펴본다.		
유의사항	의사결정 과정에 영향을 준 다양한 요소들에 집중하도록 한다.		

활동지 번호 : Ⅲ-F-30

나의 결정 되돌아보기

_____학년 _____반 _____번

이름: ____________________

여러분이 작년에 내렸던 크고 작은 결정들을 되돌아보고 그 결정 과정을 분석해 봅시다.

1. 작년에 내렸던 결정
   -
   -
   -
   -

2. 결정하는 데 영향을 끼친 사항들
   -
   -
   -
   -

3. 결정에 긍정적 영향을 끼친 요소와 부정적 영향을 끼친 요소
   -
   -
   -
   -

"결정을 내리는 데 있어서 효과적인 방법은 무엇일까?"

결정과정 돌아보기

이 자료는 여러분이 결정을 내린 과정을 돌이켜 보고, 어떠한 과정을 거쳐서 결정을 내렸는지 살펴보는 데 도움을 줄 것입니다. 과거 자신의 결정과정을 살펴봄으로써 앞으로의 결정에 더욱 효율적으로 대처할 수 있습니다. 자료를 읽고 자신의 경험에 비춰 생각해 봅시다.

섬처럼 외로운 사람들을 연결해 드립니다.

이은혜(들꽃 피는 학교)

한동안 미용을 하겠다고 했던 내게 파티플래너라는 새로운 꿈이 나타났다. 인터넷을 돌아다니다가 우연히 알게 된 직업. 지금까지 내가 전혀 들어 보지 못했던 직업이라는 호기심 때문에 자세히 알아보게 된 이 직업은 무척 매력적으로 느껴졌다. 부모와 떨어져 대안학교에서 내가 외로운 청소년기를 보내고 있어서일까. '파티' 하면 상류사회, 사치스러운 일을 떠올리지만, 섬처럼 외로운 사람과 사람 사이에 새로운 네트워크를 만들어 주고 행복한 분위기를 조성해 사람들에게 만남의 다리를 놓아주는 일이란 점이 강하게 나를 끌어당겼다.

인터넷을 검색해 보니 파티플래너는 '파티 기획, 전체적인 파티 테마 선정부터 세부적인 프로그래밍, 파티의 원활한 진행 등 총 책임을 담당하는 직업'이라고 나와 있었다. 나는 파티플래너로서의 자질을 쌓기로 결심했다. 먼저 학교에 장학금 신청을 위한 연구계획서를 내기로 했다.

그런데 이게 웬걸, 아직 우리나라에는 전문적인 파티플래너 학원이 거의 없었고, 설령 있다 하더라도 몇 백만 원의 비싼 학원비를 지불해야 한다는 사실이 나를 기다리고 있었다. 설상가상으로 내가 낸 연구계획서는 채택되지 못해 장학금 획득의 길마저 막혔다.

그러나 뜻이 있는 곳에 길이 있다 했던가. 한국청소년상담원 해밀센터의 '학교 밖 길 찾기' 수기모집에 뽑혀 파티플래너가 꿈이라는 소망을 밝혔는데 뜻밖의 연락이 왔다.

1997년 우리나라에서 최초의 파티플래너 회사를 남편과 함께 창립한 클럽프렌즈의 임정선 이사와 인터뷰를 해 보지 않겠냐는 연락이었다. 나는 이 만남이야말로 내 꿈을 향해 한 발 더 내딛을 수 있는 기회가 되리라는 생각에 설레는 마음으로 임정선 이사를 만나기 위해 강남 교보문고 옆 백암빌딩에 위치한 클럽프렌즈를 찾았다.

임정선 씨는 약간 피곤해 보였는데, 전날 파티가 있어서 뒷정리를 하느라 새벽 3시쯤에 들어갔다고 했다. 임정선 씨는 화려하게만 생각하던 파티플래너라는 직업의 현실적 명암에 대해 자세하게 말해 주었다.

"파티플래너가 되기 위해서는 체력과 지구력, 은근과 끈기가 정말 필요해요. 매 주말 또는 격주로 파티가 진행되는데 그 준비를 위해 한 달에 7~8번은 새벽 3, 4시에 들어가곤 합니다."

"은혜 학생은 파티 하면 어떤 것을 떠올리나요? 이벤트 위주의 파티? 이곳에서는 이벤트 위주의 파티는 별로 좋아하지 않아요. 그보다 한 단계 높은 소셜 파티, 사람과 사람 사이에 의사소통을 돕고, 웃고 자연스럽게 즐기는 가운에 새로운 만남이 싹트는 그런 모임을 주선하는 데 더 의의를 두지요."

이화여대 의류직물학과를 졸업했다는 임정선 씨는 가치관과 문화를 공유하는 사람들을 모아 주는 소사이어티 플래너로서의 자부심을 갖고 이 일을 하고 있다고 했다. 내가 알고 있기로는 지금 현재 우리나라에서 파티플래너로 활동하려면 대개 푸드스타일리스트과, 이벤트 학과 등의 단과대학을 졸업해야 되는 것이 아니냐고 물었다.

임정선 씨는 그런 학과를 졸업하면 좋겠지만 꼭 그런 것은 아니라며 새로운 것을 만드는 것을 좋아하는 사람, 다른 이들의 라이프스타일 기획에 보람을 느끼는 사람은 자격이 있다고 했다. 레크리에이션, 풍선아트나 마술, 푸드스타일 같은 것을 꼭 정통할 필요는 없지만 할 수 있는 것이 많으면 그만큼 도움이 된다고 했다.

임정선 씨는 자신의 일에는 휴일이 없고, 어떤 때는 밤을 새가며 일한다고 했다. 서로 자유롭게 이야기를 나눌 수 있도록 활동적인 동선 구조를 짜고 스탠딩 테이블과 의자 설치를 하고 퍼포먼스를 준비하고 홍보를 하고…… 파티가 진행되는 동안 겉으로는 웃고 있지만 사실은 끝날 때까지 긴장을 늦출 수가 없어 스트레스도 많다고 이야기했다.

내가 그렇게 휴일도 없이 잠도 설쳐 가며 일하는데 어떻게 계속 웃으며 일할 수 있느냐고 묻자, 임정선 씨는 자신의 일을 좋아하지 않으면 불가능한 일이라며 자신은 다른 사람들의 라이프스타일을 새롭게 기획해 주는 일을 좋아하고 새로운 사람을 만나는 것을 너무나 즐겁게 생각하기 때문에 앞으로도 이 일을 계속할 것이라고 말했다.

난 사실 파티 하면 가장무도회처럼 이벤트가 있고 화려한 것인 줄 알았다. 하지만 임정선 씨의 말을 듣고 보니 처음 내가 그리던 파티플래너의 모습과 실제 일하는 모습이 차이가 많은 것 같아 조금 실망스러웠다. 하지만 임정선 씨를 만나 이야기를 하면서 파티 문화의 다양성을 알게 된 것 같아 뿌듯했다.

그 만남이 있은 후 나는 2기 연구계획서를 모집한다는 말에 다시 한 번 용기를 내어 계획서를 제출했고 결국 당선되었다. 임정선 씨와의 만남이 큰 도움이 된 것 같다. 처음에 좌절했을 때, 나는 너무나 속상해서 참 많이 울었다. 그래서인지 더욱 기쁘고 감사하다. 그런데 이번 계획서를 쓰면서 느낀 것이 참 많다. 우선 계획서를 통해 내 꿈을 다시 한 번 찾고 깊이 알아볼 수 있는 계기가 됐다. 나 스스로 꿈을 이루기까지 내가 해나가야 할 일을 짚어 보고, 계획을 세우며, 그냥 막연히 '무언가를 배우고 싶다.'거나 '이거 하고 싶어요.'라고 할 때와는 확실히 다른 각오를 새기게 되었다.

(한국청소년상담원, 청소년세상 유스피아, 제1호, 2004. 12)

1. 이 글에서 은혜가 내린 결정은 무엇인가?
   파티플래너가 되기로 함

2. 은혜가 결정을 내리는 데 영향을 끼친 요소들은 무엇인가?
   - 환경적 요소: 부모님과 떨어져 대안학교에서 생활함
   - 결정에 앞서 수집한 정보
     - 인터넷으로 파티플래너에 관한 정보를 찾아봄(정의, 필요한 교육, 학비 등)
     - 임정선 이사와의 인터뷰(신체적 조건, 구체적인 업무, 적합한 성격, 필요한 기술 등)

3. 그 요소들이 결정에 있어서 긍정적이었는가, 부정적이었는가?
   - 인터넷으로 알아본 정보
     파티플래너가 어떤 일을 하는지 알게 되면서 그 직업이 사람과 사람 사이의 네트워크를 만들어 주고 행복한 분위기를 조성한다는 점에 매력을 느끼고 자신의 가치관에 맞는다고 생각하게 되었음
   - 임정선 이사와의 인터뷰
     파티플래너라는 직업이 화려한 겉보기와는 달리 체력적으로 고되다는 것을 알게 되어서 실망도 했지만, 오히려 앞으로 그 꿈을 이루기 위해 해야 할 일을 구체적으로 파악하고 필요한 예산도 알게 되었다는 점에서 긍정적으로 작용

4. 결정을 내리는 데 있어서 효과적인 방법은 무엇인지 생각해 봅시다.

5. 이번 시간에 느낀 점을 이야기해 봅시다.

자료번호 : Ⅲ-F-30
영역 : 학업발달

목표 설정하기

구 분	내 용		
활동영역	교육 및 직업 발달	활동범주	의사결정하기
활동목표	이미 이루어진 결정을 평가 및 판단할 수 있다.		
활동대상	고등학교 1~3학년	소요시간	50분
준비물	교사: '창의적인 생애조정 안내' 활동지, '꿈은 나무처럼 자란다' 읽기자료	집단크기	학급 전체
활동소개	현재 자신이 처한 상황을 객관적으로 파악하고 그 상황 속에서 진심으로 바라는 목표를 정확히 파악할 수 있다면 효과적인 결정을 내릴 수 있다. 이 활동은 학생들이 자신에게 중요한 목표를 세울 수 있도록 도와줄 것이다.		
활동절차	1. '창의적인 생애조정 안내' 활동지를 학생들에게 나누어 주고 활동에 대한 설명을 한다. 2. '꿈은 나무처럼 자란다' 읽기자료를 나누어 주고, 느낀 점을 함께 이야기해 본다. 3. 학생들에게 현재 자신이 가지고 있는 목표를 생각해 보도록 한다. 4. 학생들이 '창의적인 생애조정 안내' 활동지를 채우도록 충분한 시간을 준다. 5. 필요에 따라 학생들을 도와준다. 6. 마지막으로 학생들이 쓴 답을 공유하고 평가하도록 격려한다.		
유의사항	학생들이 어려워하면 '목표를 설정하는 과정'(자료번호: Ⅲ-F-28)을 참고하도록 한다.		

창의적인 생애조정 안내

활동지 번호 : Ⅲ-F-30

____학년 ____반 ____번
이름: ________________

자신의 삶과 꿈에 대한 생각을 적어 보는 시간입니다. 솔직하게 다음 문항에 답해 봅시다.

1. 여러분이 변화시키고 싶은 주변 환경에 대해서 적어 봅시다.

____
____
____

2. 그 상황 속에서 여러분이 이루고 싶은 구체적인 목표는 무엇인가?

____
____
____

3. 그 목표에서 가장 중요한 가치 하나는 무엇인가?

____
____
____

4. 목표 달성을 방해하는 구체적인 장애물은 무엇인가?

____
____
____

5. 그 장애물에서 가장 중요한 가치는 무엇인가?

____
____
____

6. 목표의 가치와 장애물의 가치 중에서 상대적으로 더 중요한 것은 무엇인가?

7. 가치의 중요도에 기초해서 지금 성취하고 싶은 구체적인 목표는 무엇인가?

8. 목표를 성취하는 데 도움이 될 여러분이 가지고 있는 기능적인 강점들을 열거해 봅시다.

9. 다음 질문에 답해 봅시다.
   1) 환경을 조정할 수 있는 구체적인 대안들을 몇 가지 나열해 봅시다.

   2) 대안별로 최선의 결과와 최악의 결과를 나열하고, 그 대안을 사용한다면 실제로 무슨 일이 일어날지 적어 봅시다.

   3) 선택된 대안에서 최고의 결과를 성취하기 위한 여러분이 가진 강점을 나열해 봅시다(8번 참조).

   4) 어떤 대안을 실행할지 결정해 봅시다.

꿈은 나무처럼 자란다

읽기자료 번호
: Ⅲ-F-30

다음을 읽고 생각해 봅시다.

트로이의 유적을 발굴한 독일의 고고학자 하인리히 슐리만은 어린 시절부터 한 가지 꿈을 가지고 있었다. 가난한 목사였던 아버지는 그에게 곧잘 재미있는 역사 이야기를 들려주곤 하였다. 그는 특히 호메로스가 노래한 영웅들의 이야기와 트로이전쟁에서 빚어진 여러 가지 사건들에 대하여 흥미롭게 들었다. 트로이가 파괴되어 흔적조차 남지 않고 지상에서 사라졌다는 이야기를 들었을 때, 그는 슬픈 생각에 잠기곤 하였다.

그러던 어느 날 아버지는 슐리만에게 『어린이를 위한 세계사』란 책을 선물하였다. 그는 그 책에 삽화로 나오는 트로이 왕도와 거대한 성벽을 보고 감탄하지 않을 수 없었다.

"전에 트로이가 흔적도 없이 사라졌다는 아버지의 얘기는 잘못됐어요. 여기 이렇게 트로이 성벽이 있잖아요?"

슐리만은 눈을 말똥말똥 뜬 채 물었다.

"아니다. 그건 화가가 상상으로 그린 그림일 뿐이란다."

아버지는 빙그레 웃으며 아들을 쳐다보았다.

"아니에요. 그럴 리 없어요. 이처럼 거대한 성벽이 흔적도 없이 사라질 리 없다고요. 아마 땅속에 묻혀 있을 거예요."

슐리만의 말에 아버지는 그렇지 않다고 말했다.

그러나 슐리만은 자신의 생각을 믿었다. 그리고 언젠가는 자신이 직접 땅속에 묻혀 있는 트로이의 성벽을 발견해 내겠다고 마음먹었다.

꿈은 나무처럼 자라는 법이다. 슐리만은 트로이의 유적을 발견하겠다는 꿈을 자신의 가슴속에 심어 놓았다. 그리고 나무에 물을 주듯이 자신의 꿈을 키워 나갔다.

나무를 심어 놓고 물을 주지 않으면 말라죽게 되는 것처럼 꿈은 포기하는 순간 죽고 만다. 그러나 슐리만은 결코 자신의 꿈을 단 한 번도 허황되게 생각해 본 적이 없었다. 그래서 나이가 들어 어른이 되었을 때에도 반드시 트로이의 유적을 발견하고야 말겠다고 생각하였다. 많은 사람들이 그의 이야기를 듣고 '바보 같은 생각'이라 비웃었지만, 그는 자신의 꿈을 결코 포기하지 않았다.

트로이의 유적을 발견하기 위해서는 많은 돈이 필요하였다. 그래서 슐리만은 우선 돈을 벌어야겠다고 생각하였다. 크리미아전쟁 때 그는 러시아로 가서 물감과 염료, 군수물자 등을 팔아 엄청난 돈을 벌었다.

일단 트로이 유적을 발굴할 자금을 마련한 슐리만은 그때부터 본격적으로 어학 공부를 시작하였다. 그리스어를 배우지 않으면 유적을 발굴하는 데 많은 어려움이 뒤따를 것이라고 생각했기 때문이다. 그는 짧은 시일 내에 어학을 마스터하기 위해 그리스어로 된 텍스트 하나를 정해서 매일 반복해 읽었다. 큰 소리로 읽고 또 읽었다. 이웃 사람들이 시끄러워 잠을 잘 수가 없다고 항의를 해 올 정도로 매일 밤낮을 가리지 않고 읽었다.

이렇게 해서 슐리만은 단 6주 만에 그리스어를 마스터하였다. 그다음에는 고전 그리스어로 파고들었다. 3개월 후에 그는 고전 그리스어로 된 저서들을 읽을 수 있게 되었다.

그런 다음 슐리만은 2년 동안 오로지 그리스 문학에만 몰두하였다. 거의 모든 그리스 고전 작가들의 작품을 훑어보았지만, 특히 호메로스의 『일리아스』와 『오디세이아』를 수없이 되풀이해서 읽었다.

슐리만의 어학 공부는 여기에서 그치지 않았다. 그는 다시 어렸을 적에 배웠던 라틴어 공부에 몰두하였다. 그 후 이집트를 여행하면서 아랍어도 익혔다.

1866년에 슐리만은 프랑스 파리에 가서 고대사 연구에 착수하였으며, 2년 후인 1868년에는 트로이를 답사하였다. 그리고 1870년부터 1873년까지 트로이 유적을 발굴하는 데 성공하였다. 이어서 1876년에는 미케네 고분을 발굴하여 엄청난 재물과 보화를 찾아내는 성과를 거두었다.

이렇게 하여 슐리만은 그리스 선사 고고학 분야의 대표적인 인물이 되었다. 그가 발굴한 보물들은 아테네, 베를린, 이스탄불 등지의 박물관에 소장되어 있다.

만약 하인리히 슐리만이 없었다면 트로이의 역사는 신화의 차원에서 벗어나지 못했을 것이다. 그것을 실제 역사로 인식시켜 준 최초의 계기는 바로 그의 어린 시절 꿈이었다. 꿈은 이처럼 '가능하지 않은 일처럼 보이는 어떤 것'을 '가능한 것'으로 만들어 주는 힘을 가지고 있다.

'꿈은 이루어진다!'는 한국 축구 응원단 '붉은 악마'들의 월드컵 캐치프레이즈처럼, 꿈은 신화를 만들어 낸다. 그래서 꿈을 꾸는 사람들은 아름답다. 꽃봉오리가 벌어지면 꽃향기가 피어오르듯, 어릴 적의 작은 꿈을 키워 큰 꿈을 이루면 그 땀(노력)과 눈물(인내)로 인해 그 사람만의 멋진 향기가 풍겨 나온다.

의사결정 모형

자료번호 : Ⅲ-F-31
영역 : 학업발달

구 분	내 용		
활동영역	교육 및 직업 발달	활동범주	의사결정하기
활동목표	잘된 결정은 따르고 잘못된 결정은 바꿀 수 있다.		
활동대상	고등학교 1~2학년	소요시간	50분
준비물	교사: '의사결정 모형' 활동지	집단크기	소집단, 학급 전체
활동소개	우리는 살면서 수많은 의사결정을 하며 살아가는데, 쉬운 결정도 있지만 어려운 결정도 있다. 이 활동은 학생들이 어려워하는 문제에 부딪혔을 때 합리적인 의사결정을 내릴 수 있도록 도와줄 것이다.		
활동절차	1. 우리가 살아가는 동안 내리는 여러 가지 결정의 예를 들어 주고 학생들에게 결정을 내리기 '어려운' 것과 '쉬운' 것으로 나눠 보게 한다. 2. 의사결정을 하는 이유는 올바른 선택을 하기 위한 것이고, 주어진 문제를 해결하기 위해서라는 사실을 예를 들어 설명한다. 그리고 다음의 의사 결정 모형을 설명한다. ① 문제 명확히 하기 ② 대안 찾기 ③ 각 대안에 대한 찬반 ④ 가장 적절한 대안 고르기 ⑤ 믿을 만한 권위자와 결정 검토하기 ⑥ 행동계획 세우기 ⑦ 결과 평가하기 3. 위의 일곱 가지 과정을 칠판에 요약 정리하여 판서하고, 학생들에게 '의사결정 모형' 활동지를 나누어 준다. 4. 다음 한 주 동안 학생들 각각 자신이 가지고 있는 문제에 대해 의사결정을 내리고 대안방법을 적어 오도록 한다. 그리고 각 대안들에 대한 찬성과 반대 의견을 적고, 이를 교사나 상담원에게 반드시 전하도록 한다.		
유의사항	이 과정은 매우 중요하므로 학생들이 이 활동을 해마다 할 수 있도록 지도한다.		

활동지 번호 : Ⅲ-F-31

의사결정 모형

_____학년 _____반 _____번

이름: ____________________

의사결정하기는 다음의 순서에 따라 이루어집니다. 여러분이 선택한 하나의 문제에 대해 이 순서에 따라 의사를 결정해 봅시다.

의사결정 모형						
1	2	3	4	5	6	7
문제 명확히 하기	대안 찾기	각 대안에 대한 찬반	가장 적절한 대안 고르기	믿을 만한 권위자와 결정 검토하기	행동계획 세우기	결과 평가하기

1. 문제 명확히 하기: 성취할 수 있는 목표나 목적은 무엇입니까? 여러분이 하고 싶은 것은 무엇인가요?
2. 대안 찾기: 여러분이 생각할 수 있는 가능한 한 많은 대안과 선택을 열거합니다. 이 과정은 다른 사람의 간섭을 받지 않고 창의적으로 이루어져야 합니다.
3. 각 대안에 대한 찬반: 각 대안에 따른 결과를 예상합니다. 집단 브레인스토밍을 쓰면 효과적입니다.
4. 가장 적절한 대안 고르기: 예상 결과를 분석하고 중요도를 살펴본 다음, 가정이나 사회 전체를 폭넓게 고려하여 가장 좋은 대안을 선택합니다.
5. 믿을 만한 권위자와 결정 검토하기: 신뢰도 높은 권위자(교사, 상담자 등)를 통해 여러분의 선택을 검증받습니다. 이 과정을 통해 여러분의 결정이 사회적으로 문제가 없는 방법이라는 것을 확인할 수 있습니다.
6. 행동계획 세우기: 여러분의 선택에 따라 이행합니다. 여러분이 선택한 대안이 문제를 제대로 해결하는지, 여러분의 요구를 충족시킬 수 있는지 확인합니다.
7. 결과 평가하기: 여러분의 선택에 따른 결과를 평가합니다. 여러분의 행동계획이 요구를 충족시키거나 문제를 해결하지 못한다면 다른 대안을 선택하여 다시 시도합니다.

변화하는 세상에 대처하기

자료번호 : Ⅲ－F－32
영역 : 학업발달

<table>
<tr><th>구 분</th><th colspan="3">내 용</th></tr>
<tr><td>활동영역</td><td>교육 및 직업 발달</td><td>활동범주</td><td>의사결정하기</td></tr>
<tr><td>활동목표</td><td colspan="3">변화하는 세계에 적응하는 방법을 안다.</td></tr>
<tr><td>활동대상</td><td>고등학교 1～3학년</td><td>소요시간</td><td>50분</td></tr>
<tr><td>준비물</td><td>교사: ‘변화하는 세상에 대처하기’ 참고자료</td><td>집단크기</td><td>학급 전체</td></tr>
<tr><td>활동소개</td><td colspan="3">학생들은 자신들의 삶에 영향을 줄 수 있는 세상의 변화에 대해 적절하게 대처해야 한다. 그러기 위해서는 변화기술도 익혀야 한다. 이번 활동을 통해 이 두 가지 모두를 소개한다.</td></tr>
<tr><td>활동절차</td><td colspan="3">1. 변화하는 문화와 그렇지 않은 문화의 특성을 알아본다. 책에서 소개된 바를 말하거나, 대도시의 삶과 농촌의 삶을 비교하거나, 학생들에게 적절한 다른 예를 든다.
2. ‘변화하는 세상에 대처하기’ 참고자료를 바탕으로 활동을 진행한다. 학생들에게 안정된 삶과 변화하는 삶 중 어느 것을 더 선호하는지 질문한다. 또 표준화된 성격측정 검사 등을 통해 자신의 성향을 알아보도록 할 수 있다(MBTI 등 활용).
3. ‘나의 삶에 영향을 끼치는 사회변화’에 대해 브레인스토밍 한 후 그에 대해 이야기 나눈다.
4. 변화에 대처하기 위해 어떤 심리학적, 개인적 기술들을 지니고 있어야 하는지 제시한다.
5. 삶에서 어느 정도의 안정성을 추구하는 것은 잘못된 것이 아니지만 변화하는 사회에 대처하고 이를 위한 기술들을 개발하는 것이 중요하다는 점을 끝으로 언급한다.</td></tr>
<tr><td>유의사항</td><td colspan="3">이 활동 후에 융통성과 강직함에 대한 세부 토론이나 의사결정 기술에 대해 보다 자세히 학습할 수 있다.</td></tr>
</table>

참고자료 번호
: Ⅲ-F-32

변화하는 세상에 대처하기

다음을 참고하여 활동을 지도해 봅시다.

1. 안정된 삶과 변화하는 삶

다음 질문은 변화와 안정성에 대한 학생들의 성향을 알아보기 위한 것이다. 이때 학생들에게 안정성과 변화 중에 어느 것을 선호하는지를 물어본다. 변화든 안정성이든 무엇을 선택하든 옳고 그름은 없으며, 사회변화에 직면하는 것은 불가피하고, 사회변화에 적절하게 대처할 수 있는 능력은 반드시 필요함을 주지시킨다.

- 어른이 되어도 지금 살고 있는 곳에서 살고 싶나요?
- 부모님이나 친구들이 갖고 있는 직업과 비슷한 일을 하고 싶나요?
- 여러분의 삶이 어떻게 진행될지 정확히 알고 있나요? 아니면 삶에 대한 여러 질문들로 가득 차 있나요?
- 삶에서 큰 방향 전환이 있다면 쉽게 적응할 수 있을 것 같나요?

2. 나의 삶에 영향을 끼치는 사회변화

'나의 삶에 영향을 끼치는 사회변화'에 대해 브레인스토밍 할 때, 학생들에게 제시할 수 있는 예로는 다음과 같은 것들이 있다.

- 직업문제: 컴퓨터 산업 분야의 발전, 기계산업이나 노동산업 종사자의 감소
- 성문제: 에이즈의 영향, 낙태 관련 법률의 주요 변화
- 이혼 또는 가족 해체
- 경기불안, 경기침체, 고용불안
- 복지 분야나 국방의 의무에 대한 변화 가능성
- 개인 재해나 장애

3. 변화에 대처하는 기술

변화에 대처하기 위한 심리적, 개인적 기술들의 예로 다음과 같은 것들이 있다.

- 융통성: 쉽게 변할 수 있는 주변 상황에 잘 대처해 나가는 성질이나 능력
- 끊임없는 학습: 개인의 세계관이나 신념이 항상 들어맞지 않다는 것을 자각하고, 새로운 기술들을 학습하고 새로운 생각들을 접하려는 노력
- 의사결정 기술: 주어진 정보를 이용하여 새로운 대안들을 제시하고 이행할 수 있는 능력. 이것은 학습을 통해서 이루어질 수 있음을 강조

문제 파악하기

자료번호 : Ⅲ-F-33
영역 : 학업발달

구분	내용		
활동영역	교육 및 직업 발달	활동범주	의사결정하기
활동목표	어려움을 겪을 때 진정한 문제가 무엇인지를 알 수 있다.		
활동대상	고등학교 1~2학년	소요시간	50분
준비물	교사: '문제 파악하기' 참고자료	집단크기	학급 전체
활동소개	개인이 어떤 문제로 인해 겪는 곤란은 문제의 원인에 대한 회피, 왜곡, 자기부정 등으로 인한 경우가 많다. 이 활동은 문제 상황을 보다 정확하게 파악하는 방법을 학생들에게 소개한다. '문제 파악하기' 참고자료를 바탕으로 활동을 진행한다.		
활동절차	1. 문제 파악은 그 문제를 해결하기 위해 가장 중요한 단계임을 소개한다. 어려움을 겪고 있는 상황에서 자신의 문제가 무엇인지 파악했다면 문제는 거의 해결된 것이다. '문제 파악하기' 참고자료를 바탕으로 활동을 진행한다. 2. 자신의 문제를 찾는 데 방해하는 요소가 무엇인지 브레인스토밍 해 본 후, 문제 회피, 잘못된 자기 인식, 가능한 대안의 무시 등에 대해서 알아본다. 3. 문제 파악을 방해하는 장애물들을 극복하는 방안을 예를 들어 설명한다. 4. 문제 해결을 위해서는 정확한 문제 파악이 중요하다는 사실을 강조하며 요약 정리한다.		
유의사항	이 활동은 자신을 수용하지 못하는 학생에게 도움을 줄 수 있다.		

참고자료 번호 : Ⅲ-F-33

문제 파악하기

다음을 참고하여 활동을 지도해 봅시다. 문제 파악을 방해하는 요소에는 여러 가지 의견이 있을 수 있으니 아래 내용을 참조하여 학생들과 자유롭게 토의해 봅시다.

1. 문제 파악을 방해하는 요소

1) 문제 회피: 자신의 문제를 인정하지 않고 남을 탓하는 것
2) 잘못된 자기 인식: 실제로는 그렇지 않은데도 스스로 그렇게 믿는 것
   예 "사람들은 나를 좋아하지 않아."
3) 가능한 대안의 무시: 가능한 대안을 충분히 고려하지 않는 것

2. 문제 파악을 방해하는 장애물들을 극복하는 방안

문제 파악을 방해하는 장애물들을 극복하는 방안에는 다음과 같은 것들이 있다.

1) '문제 회피' 극복 방안: 근본적인 문제에 대해 눈을 뜨고 바로 보게 하기 위해서는 강력한 중재(직면)가 필요하다.
2) '잘못된 자기 인식' 극복 방안: 대화와 피드백이 매우 중요하다. 자신의 문제에 대해 혼자 고민하는 사람보다는 다른 사람에게 자신의 문제를 털어놓는 사람이 그릇된 자기 인식을 보다 쉽게 수정할 수 있다. 예를 들어, 자신이 매력적이지 않다고 생각하는 사람이 있을 때, 그러한 책망을 제쳐두고 "상황을 개선하기 위해 내가 무엇을 해야 하지?"라고 질문을 던져 보는 것은 매우 유익하다. 이와 같은 질문을 던지면 자신이 가지고 있는 문제가 보다 정확하게 드러나게 된다. 또한 친구나 상담자 등에게 말하는 것도 도움이 된다. 그러나 다른 사람에게 이야기를 함으로써 무슨 효과를 꼭 봐야겠다고 집착할 필요는 없다.
3) '가능한 대안의 무시' 극복 방안: 우선 범위를 넓게 설정하여 더 많은 정보를 얻어야 한다.
   예 이성 친구를 사귈지 말지, 자신과 부모님이 생각하는 진로가 다른 경우, 학교에서 좌절을 겪는 경우 등의 문제 상황에 부딪혔을 때, 가장 먼저 할 일은 주위 사람에게 이야기하거나 관련 서적을 통해 더 많은 정보를 얻는 것이다.

직장에서의 문제

자료번호 : Ⅲ-F-34
영역 : 학업발달

구분	내용		
활동영역	교육 및 직업 발달	활동범주	의사결정하기
활동목표	문제에 대한 여러 가지 해결책을 도출할 수 있다.		
활동대상	고등학교 1~3학년	소요시간	50분
준비물	교사: '직장에서의 문제' '인간관계에서의 문제 상황' 활동지	집단크기	학급 전체
활동소개	학생들은 노력과 연습을 통해 자신의 행동을 변화시킬 의사결정이 필요함을 이해한다.		
활동절차	1. 학생들이 어떤 업무를 수행하는 데 있어서 경험했던 문제에 대해 질문하는 것으로 활동을 시작한다. 이러한 상황을 다스리기 위한 방법을 학급 전체와 의논하고, 긍정적인 방안인지 부정적 방안인지 분류한다. 그리고 긍정적인 방안에 중점을 둔다. 2. 학생들이 경험 부족으로 인해 1번 활동을 잘 수행하지 못하면 '직장에서의 문제' 활동지의 '예시' 상황에 대해 논의한다. 3. 학생들에게 '직장에서의 문제' 활동지에 답을 적도록 한다. 4. 학생들의 답안에 대해 서로 의논한다. 다양한 답안을 가능한 한 많이 모으고, 대안 해결책을 도출할 수 있도록 반응을 이끌어 낸다. 5. '인간관계에서의 문제 상황' 활동지의 각 상황에 대해 여러 해결책을 쓰도록 학생들을 지도한다. 이때 시간이 부족하면 몇 가지 문항을 선택해서 작성하도록 한다.		
유의사항	자신의 동료를 돕기 위해 분명하고 정확한 반응을 제시하는 학생들을 추후에 가려 낸다. 각 문제 상황에 대한 자신만의 대답을 준비하게 한다.		

활동지 번호 : Ⅲ-F-34-①

직장에서의 문제

_____학년 _____반 _____번

이름: ____________________

먼저 예시에 대해 논의한 다음 각 문항의 상황을 읽고 질문에 답해 봅시다.

예 시

A. 민지는 음악기획사의 전산담당자다. 그녀는 밝고 매력적인 여성으로 업무능력도 뛰어났다. 그러나 그녀는 솔선수범하여 먼저 일을 시작하는 법이 없었다. 사장이 전해 준 업무를 마치면, 그녀는 책상에 앉아서 책을 읽거나 그냥 쉬고만 있었다. 그녀가 할 수 있는 다른 일이 있음에도 불구하고 그녀는 일을 적극적으로 찾아보려 하지 않았다. 하라고 지시받은 일만 하는 사람이었다. 사장은 이러한 그녀의 태도에 대해 여러 번 이야기했지만 그녀의 자세는 바뀌지 않았다. 무엇을 해야 하는지 끊임없이 지시하기란 사장에게 너무나 번거로운 일이었기에 결국 그녀를 해고하였다.

B. 열일곱 살의 지혜는 패스트푸드점에서 카운터 일을 하고 있다. 사람이 붐비는 정오가 되면 모든 직원은 일하느라 바빴지만, 이 시간이 지나고 나면 카운터를 보는 점원들은 잡담을 나누고 콜라를 마시며 휴식을 취했다. 그러나 지혜는 자신의 업무시간에 자리에 앉는 법이 없었다. 탁자를 닦거나 조미료통을 채우는 등의 일을 했다. 매니저는 솔선수범하는 그녀의 자세를 보고, 카운터 업무 부장으로 승진시켰고 임금을 인상시켜 주었다.

⇨ 민지의 삶의 자세와 지혜의 삶의 자세에 대해 여러분은 어떻게 생각하나요?

____

____

____

____

____

____

1. 여러분은 시내의 한 아이스크림 전문점에서 여름 동안 아르바이트를 하기로 했습니다. 여러분은 아침 9시부터 오후 3시까지 격일 근무를 하며 이 시간 동안 판매대에서 혼자 일을 하게 되었습니다. 이 가게의 사장은 5개의 체인점을 운영하고 있어서 그의 얼굴을 보기가 힘듭니다. 원래는 15분 휴식시간이 주어지지만, 너무 바빠 1분도 제대로 쉬기가 힘듭니다. 제대로 휴식을 취할 수도 없는 데다가 사장도 얼굴을 비추지 않으니 여러분은 화가 났습니다. 이러한 문제를 해결하려면 어떻게 해야 할까요?

____

____

____

____

2. 여러분은 시내의 큰 보험회사에서 비서로 일하고 있습니다. 여러분은 매일 오후 12시와 1시 사이에 다른 직원과 교대하고 점심식사를 합니다. 대개는 밖에 나가서 점심식사를 합니다. 그런데 점심을 먹는 동안 갑자기 몸이 아프고 건강 상태가 안 좋아졌습니다. 집에 가서 쉬거나 병원에 가야 할 것 같은데, 여러분은 1시까지 직장에 다시 돌아가기로 되어 있습니다. 이럴 때는 어떻게 해야 할까요?

____

____

____

____

3. 여러분은 의류 도매점에서 일자리를 새로 구했습니다. 직원들은 일을 할 때 서로 돕는다고 들었습니다. 두 명의 나이 든 직원이 트럭에서 옷을 내리라고 시켰습니다. 그들은 큰 소리로 "야! 빨리 와서 상자 내려. 어려운 일 아니지? 빨리 해!"라며 당연시 여깁니다. 이런 상황에서 여러분은 어떻게 해야 할까요?

____

____

____

____

4. 여러분은 시청 건물의 수위로 여름 동안 일하게 되었습니다. 여러분은 집행관 밑에 소속되어 먼지 닦기나 바닥 쓸기와 같은 가벼운 청소를 할 것으로 예상했습니다. 그런데 막상 일을 시작해 보니, 변기 닦기와 같은 가장 지저분하고 힘든 일만 주어졌습니다. 다른 사람들이 하기 싫은 일은 꼭 나에게 시키는 것 같고, 이런 대우를 받는 것이 못마땅합니다. 이럴 때 여러분은 어떻게 해야 할까요?

5. 여러분은 동네의 작은 가게에서 일하고 있습니다. 일을 마치기 전에 여러분은 반드시 돈을 정산해야 합니다. 돈이 약간 남았을 때는 그 돈을 사장에게 주었습니다. 그러다 한 번은 돈이 1만 6,000원이 부족했습니다. 그리고 다음 달 임금표를 보니, 여러분의 임금에서 1만 6,000원이 감해져 있었습니다. 앞으로 돈이 남는 일이 생기면 여러분은 그 돈을 예전과 같이 계속해서 사장에게 주겠습니까?

6. 여러분은 분주히 돌아가는 보험회사 사무실에서 근무하고 있습니다. 할 일은 태산같이 많지만, 언제나 최선을 다해 노력하고 있으며 지금까지 잘해 오고 있다고 생각합니다. 또한 많은 사람들이 여러분의 능력을 인정해 주고 있습니다. 그러나 여러분의 감독관은 여러분을 항상 비판합니다. 정작 그녀 자신은 그다지 생산적인 일을 해내지도 못합니다. 결국 일과가 마칠 무렵이면 기분이 안 좋아집니다. 이 문제에 대해서 여러분의 감독관에게 이야기를 하겠습니까?

인간관계에서의 문제 상황

활동지 번호
: Ⅲ-F-34-②

____학년 ____반 ____번
이름: ______________

다음의 상황을 읽고 답해 봅시다.

1. 직업이 지겹다고 느껴질 때 여러분은 어떻게 직업에 대한 긍정적 자세를 유지할 수 있습니까?

____

____

2. 나 혼자서 감당할 수 없는 인간관계에서의 문제가 발생하였을 때, 누구에게 고민을 털어놓을 수 있습니까?

____

____

3. 직속상관이 여러분에 대해 편견을 가지고 있다고 생각될 때 여러분은 무엇을 해야 합니까?

____

____

4. 여러분이 타인과 관계를 잘 맺는다면 여러분의 동료들이 이에 대해 시기심을 느낄 것이고, 그 결과 오히려 이득보다 해만 입게 된다고 생각할 수 있습니까?

____

____

5. 인간관계를 맺는 데 있어서 아주 서툰 사람들을 어떻게 이해할 수 있습니까?

____

____

6. 미래가 없는 직위에 임명되었다면 어떻게 해야 할까요? 전근을 가거나 다른 직장을 구하는 방법은 어떤가요?

7. 만약 여러분이 과대평가되어 수행능력 이상의 직위에 있다는 사실을 알았다면 어떠한 행동을 취해야 할까요?

8. 임금 조정이나 협상을 논의하기 위해 언제 그리고 어떻게 이야기하는 것이 좋을까요?

9. 왜 우리는 다시 못 볼지도 모르는 사람들과도 좋은 관계를 유지할 필요가 있습니까?

10. 여러분이 인간관계를 성공적으로 맺는 데 반해 여러분의 상사는 그렇지 못하다면, 목표를 달성하기 위해 여러분의 능력을 어떻게 사용해야 할까요?

11. 같은 부서에서 일하는 이성의 구애를 거절하면서도 좋은 인간관계를 유지할 수 있는 방법은 무엇일까요? 특히 접근하는 사람이 여러분의 상사라면 어떻게 해야 할까요?

12. 여러분이 사장과 매우 가까운 친구라는 사실을 다른 직원들도 알고 있을 때, 어떻게 하면 수평적인 관계를 잘 맺을 수 있을까요?

13. 두 명의 동료가 서로를 싫어하고, 여러분은 중간에 끼어 있는 상황이라면 여러분은 이 상황을 어떻게 다루어야 할까요?

14. 동료직원의 비리를 고발해야만 하는 상황이라면 어떻게 해야 합니까? 회사에 대한 나의 책임은 무엇입니까?

15. 여러분에게는 회사를 홍보할 책임도 있습니까?

16. 큰 조직체에서는 너무나 많은 준수 사항이 요구되는 것은 아닐까요? 경력을 쌓기 위해서는 나의 개성도 버려야 할까요?

나는 어떤 일을 할까?

구분	내용		
활동영역	교육 및 직업 발달	활동범주	직업 선택하기
활동목표	자기가 살고 있는 지역에서 구할 수 있는 직업에 대해 안다.		
활동대상	고등학교 1~2학년	소요시간	50분
준비물	교사: '나는 어떤 일을 할까?' 활동지, 신문 구인광고	집단크기	학급 전체
활동소개	학생들은 자기가 살고 있는 지역에서 얻을 수 있는 직업에 어떤 것이 있는지 알 필요가 있다. 이 활동에서는 주요 직업과 관련 분야에 대해 소개한다.		
활동절차	1. 자신이 살고 있는 지역의 주요 산업을 이야기해 본다. 학생들이 대답을 하면 칠판에 판서한다(예: 농업, 의류제조업, IT 산업 등). 2. 학생들의 부모님이 어떠한 산업에 종사하시는지 질문한다. 3. 부모님이 해 오셨던 다른 직업에 대해서 묻고 이를 판서한다. 4. 부모님이 해 오신 일 중에 흔하지 않은 직업이 있는지 질문한다. 5. 칠판에 적힌 직업을 얻기 위해 필요한 교육 프로그램이나 훈련 프로그램을 학생들이 인지하고 있는지 물어본다(단, 임금에 대한 논의는 피한다.). 6. 학생들에게 '나는 어떤 일을 할까?' 활동지를 나누어 주고 작성하게 한다. 7. 작성한 활동지를 바탕으로 함께 이야기해 본다.		
유의사항	학생들이 활동지의 답을 작성하는 동안 교실 주위를 돌며 과제를 수행하는 데 어려움을 겪는 아이들을 찾아 도움을 준다. 부모님과 관련된 질문에서 곤란을 겪는 학생이 있다면 조부모나 삼촌으로 바꾸어 적용하도록 한다.		

나는 어떤 일을 할까?

활동지 번호
: Ⅲ-G-39

_____학년 _____반 _____번
이름: ____________________

다음의 빈칸을 채워 봅시다. 필요한 경우 신문 구인광고를 참고해 보세요.

1. 나의 어머니는 __________(으)로서 __________에서 일하신다.

2. 나의 아버지는 __________(으)로서 __________에서 일하신다.

3. 이 직업을 위해서 받아야 하는 교육이나 훈련 프로그램에는 어떤 것이 있나?

____

4. 우리 지역에서 이 직업의 전망은 어떤가?

____

5. 이 직업을 위한 지역 구인광고가 있나?

____

6. 여러분에게 흥미가 있는 직업은 어떤 것인가?

____

7. 흥미 있는 직업에 대한 구인광고가 몇 개나 있나?

____

8. 광고에는 이 직업을 위한 자격 요건이 소개되어 있나?

____

9. 자격 요건은 무엇인가?

____

자료번호 : Ⅲ-G-40
영역 : 학업발달

아르바이트 평가표

<table>
<tr><th>구 분</th><th colspan="3">내 용</th></tr>
<tr><td>활동영역</td><td>교육 및 직업 발달</td><td>활동범주</td><td>직업 선택하기</td></tr>
<tr><td>활동목표</td><td colspan="3">시간제 및 계절제 직업을 구하는 방법을 안다.</td></tr>
<tr><td>활동대상</td><td>고등학교 1~2학년</td><td>소요시간</td><td>50분</td></tr>
<tr><td>준비물</td><td>교사: '아르바이트 평가표' 활동지, '아르바이트' 참고자료</td><td>집단크기</td><td>소집단, 학급 전체</td></tr>
<tr><td>활동소개</td><td colspan="3">학생들은 아르바이트를 함으로써 직업 세계에 대해 배우고 자기 자신에 대해 더 알아가는 기회를 가질 수 있다. 이 활동은 일자리를 찾고 있는 학생에게 유용할 것이며, 또 직업과 관련된 능력, 흥미, 강점 등을 알고 싶은 학생들에게도 도움이 될 것이다.</td></tr>
<tr><td>활동절차</td><td colspan="3">1. 학생들에게 '아르바이트 평가표' 활동지를 나누어 주고 작성하게 한다. 이때 아르바이트를 선택하는 기준과 미래 직업 간의 연관성에 대해 언급한다.
2. 학생들이 지금까지 해 왔던 일에 대해 생각해 보도록 돕는다. 여기에는 그전의 아르바이트 경험, 계절제 직업, 전임 취업, 자원봉사 업무 등이 모두 포함된다. 그런 다음 자기 자신을 알아가는 데 가장 많은 도움을 줄 수 있는 직업 한두 개를 고르게 한다. 가장 즐거웠던 업무 경험일 필요는 없음을 강조한다. 실제로 즐겁지 않았던 일을 통해서도 더 많은 것을 배울 수 있다.
3. 활동지를 작성하도록 시간을 준다. 교실을 돌아다니며 학생들이 과제를 수행하도록 돕는다.
4. 자신이 한 과제를 친구들과 이야기해 보도록 한다.</td></tr>
<tr><td>유의사항</td><td colspan="3">아르바이트 경험이 없는 학생은 가정, 교회, 동아리 활동 등에서 해 봤던 일을 토대로 과제를 수행할 수 있다. 이러한 학생들 역시 업무에 대한 불만을 가지고 있을 수 있고, 직업을 구하는 데 개인적인 어려움을 느끼고 있을지 모른다. 이런 경우 개인상담이 필요하며, 시간이 가능하다면 보다 자세한 이야기를 나누도록 한다.</td></tr>
</table>

아르바이트 평가표

활동지 번호
: Ⅲ-G-40

_____학년 _____반 _____번
이름: ___________________

여러분이 지금까지 한 아르바이트 경험을 되살려 다음의 항목을 작성해 봅시다.

1. 아르바이트 종류와 세 가지 주요 업무를 쓰세요.

____
____
____

2. 그 아르바이트의 어떤 점이 가장 좋은가요?

____
____
____

3. 그 아르바이트의 가장 나쁜 점은 무엇인가요?

____
____
____

4. 그 아르바이트를 통해 여러분 자신에 대해서 알게 된 사실 세 가지를 쓰세요.

____
____
____

5. 이 일을 통해 직업 세계에 대해 배운 점 세 가지를 쓰세요.

____
____
____

6. 여러분의 미래 직업 선택과 학업계획에 대해 결정한 사항을 두 가지 쓰세요.

직업 경험이 없을 시 다음 질문에 답해 봅시다.

1. 여러분이 일을 구하는 데 방해요인이 있거나 혹은 일할 마음이 없지는 않았나요?

2. 이 점에 대하여 어떤 느낌이 드나요?

3. 이러한 사실이 여러분에 대해 무엇을 말해 주나요?

아르바이트

지도 시 다음을 참고하세요.

아르바이트와 미래 직업 간의 연관성

아르바이트는 자신의 미래 직업을 선택하고 자신에 대해서 배울 수 있는 기회를 제공할 수 있다. 아르바이트와 미래 직업 간의 연관성을 살펴보면 다음과 같다.

1. 아르바이트를 수행하는 자신의 자세는 미래의 직업에서도 나타난다.
2. 자신의 직업목표와 비슷한 아르바이트를 한다면, 이를 통해 자신이 미래 직업에 대해 얼마나 만족할지를 미리 예상해 볼 수 있다.
3. 자신이 아르바이트를 잘 수행하고 있다면 현재의 고용주에게 추천서를 써 달라고 추후에 부탁할 수 있다. 시간을 들여 아르바이트의 여러 측면을 살펴보는 것은 미래의 직업을 현명하게 선택하도록 도움을 준다.

청소년의 아르바이트와 관련하여 적용되는 법률

청소년들은 법률에 관해 잘 모르는 경우가 많기 때문에 부당한 대우를 받을 우려가 있다. 청소년의 아르바이트와 관련하여 우리가 알아야 할 법률은 근로기준법과 청소년보호법이다. 즉, 근로기준법에서는 취직연령 제한, 근로시간 제한, 야간근로 금지 등을 규정하여 연소근로자(18세 미만자)를 보호하고 있으며, 청소년보호법에서는 청소년(19세 미만자)의 출입과 고용이 금지되는 업소를 규정함으로써 청소년을 유해 · 위험한 환경으로부터 보호하고 있다. 따라서 아르바이트를 하려는 청소년은 다음의 법률을 잘 인지하여야 밝고 건전한 환경에서 아르바이트를 할 수 있을 것이다. 다음은 근로기준법과 청소년보호법에 관해 약술한 것이다.

1. 근로기준법

1) 연령 제한

① 18세 이상은 본인 의사에 따라 자유로이 취업 가능하다.

② 15세 이상 18세 미만은 취업 가능하나 친권자나 후견인의 동의서가 필요하다. 또한 사용자는 연령을 증명하는 호적증명서와 친권자나 후견인의 동의서를 반드시 사업장에 비치해야 한다.

③ 13세 이상 15세 미만은 원칙적으로 근로자로 사용하지 못하나, 노동부장관이 발급한 취직인허증을 소지한 자는 가능하다. 사용자는 취직인허증을 반

드시 사업장에 비치해야 한다. 여기서 15세 미만자라 함은 만 15세 미만인 자와 초·중등교육법에 의해 중학교에 재학 중인 18세 미만인 자를 포함한다. 예를 들어, 중학교에 재학 중인 16세의 학생은 부모의 동의서만으로는 취업할 수 없고 반드시 노동부장관이 발급하는 취직인허증이 있어야 아르바이트가 가능하다.

④ 13세 미만은 근로자로 사용하지 못한다.

2) 대리 근로 계약 금지 및 독자적 임금 청구

① 친권자 또는 후견인은 미성년자의 근로 계약을 대리할 수 없다.

② 친권자, 후견인 또는 노동부장관은 근로 계약이 미성년자에게 불리하다고 인정하는 경우 향후 이를 해지할 수 있다.

③ 미성년자는 독자적으로 임금을 청구할 수 있다.

3) 근로시간 제한 및 야업 및 휴일근로 제한

① 15세 이상 18세 미만자의 근로시간은 1일에 7시간, 1주일에 40시간을 초과하지 못한다. 다만 당사자 간의 합의에 의하여 1일에 1시간, 일주일에 6시간을 한도로 연장할 수 있다.

② 사용자는 18세 미만자를 오후 10시부터 오전 6시까지 및 휴일에 근로시킬 수 없다. 다만 18세 미만자의 동의하에 노동부장관의 인가를 얻은 경우에는 가능하다.

4) 최저임금 보장

① 사용자는 근로자들에게 최저임금액 이상의 임금을 지급하여야 한다.

② 현재 최저임금(2009년 1월 1일부터 2009년 12월 31일까지 적용)은 다음과 같다.

- 시간급 4,000원, 일급(8시간 기준) 32,000원
- 취업기간이 6월을 경과하지 아니한 18세 미만 근로자는 시간급 최저임금액의 90%를 적용
- 따라서 18세 미만자라 하더라도 동일한 업소에서 6월을 경과하여 근무한 경우에는 일반 근로자와 동일한 기준이 적용됨
- 최저임금액에 미달하는 임금을 정한 근로 계약은 그 부분에 한하여 무효가 되고, 최저임금액과 동일한 임금을 지급하기로 한 것으로 간주됨

2. 청소년보호법

1) 청소년의 정의

청소년이라 함은 만 19세 미만의 자를 말한다(다만 만 19세에 도달하는 해

의 1월 1일을 맞이한 자는 제외함. 즉, 1986년에 태어난 사람은 2005년 1월 1일부터는 청소년보호법상 청소년에 해당하지 않음).

2) 청소년 유해업소의 정의

청소년 유해업소는 ① 청소년의 출입과 고용이 청소년에게 유해한 것으로 인정되는 업소(청소년 출입 · 고용 금지업소), ② 청소년의 출입은 가능하나 고용은 유해한 것으로 인정되는 업소(청소년 고용 금지업소)를 말한다(자세한 사항은 청소년보호법 참고).

3. 질문과 답변

1) 빠른 91년생으로 지금 대학교 1학년입니다. 호프집에서 아르바이트를 할 수 있습니까?

⇨ 91년생은 2009년 현재 만으로 18세이므로 청소년보호법상 청소년에 해당합니다. 따라서 대학생이라 하더라도 호프집에서 아르바이트 할 수 없습니다.

2) 몇 살까지 부모님 동의가 있어야 아르바이트가 가능한가요?

⇨ 근로기준법상 18세 미만자는 친권자 또는 후견인의 동의서가 있어야 취업할 수 있습니다. 따라서 17세까지는 부모님 동의가 있어야 합니다.

3) 나이 제한은 생일을 기준으로 하나요? 아니면 1월을 기준으로 하나요?

⇨ 법률에서 규정한 나이는 만 나이입니다. 따라서 법률상 특별한 규정이 없는 한 생일이 지나면 가능합니다.

4) PC방은 10시가 넘으면 청소년 출입 규제인데 아르바이트도 마찬가지입니까? 그럼 10시 전의 아르바이트는 괜찮나요?

⇨ PC방은 청소년보호법상 청소년의 고용이 금지되는 청소년 유해업소가 아니므로 청소년도 아르바이트를 할 수 있습니다. 다만 만 18세 미만자는 근로기준법상 밤 10시부터 다음날 새벽 6시까지(야간근로) 원칙적으로 근로를 시킬 수 없습니다. 따라서 일정 요건을 갖추지 않는다면 야간근로는 금지됩니다.

사용자(사장)가 연소근로자(만 18세 미만자)를 야간근로 시키기 위해서는 근로자 자신의 동의와 노동부장관의 인가를 받아야 합니다. 부모님의 동의서만으로는 법적 효력이 없습니다. 반드시 노동부장관의 인가를 받아야 합니다. 만약 만 18세 이상에 해당한다면 PC방에서 야간에 아르바이트를 할 수 있습니다(근로기준법의 나이 제한과 청소년보호법상 고용금지 업소의 제한을 받지 않음).

5) 중학교 1학년(14세)이 아르바이트를 하는 건 불법인가요?

⇨ 14세의 경우 원칙적으로 근로자(아르바이트)로 사용하지 못하며, 노동부장관이 발급한 취직인허증을 소지하지 않은 상태라면 14세의 학생들을 고용하여 일을 시키는 것은 근로기준법 위반입니다.

6) 저희는 고3이고 생일이 지났으니 만 18세입니다. 그러니 최저임금을 모두 받을 수 있는 거죠?

⇨ 최저임금법상 취업기간이 6개월을 경과하지 아니한 18세 미만 근로자는 시간급 최저임금액의 90%가 적용됩니다. 18세 이상에 해당하는 경우에는 근로 계약 시 특별한 규정(예: 수습기간)이 없는 한 일반 근로자 기준인 시간급 4,000원(2009년 12월 31일까지)이 적용됩니다.

7) 부모님과 고용주(사장) 동의하에 동네 노래연습장에서 아르바이트를 하고 있습니다. 저는 남자이고 만 18세입니다. 문제가 있는지요?

⇨ 청소년보호법상 만 18세인 자는 청소년에 해당합니다. 따라서 청소년 유해업소에는 취업할 수 없으며 부모님의 동의나 고용주의 동의는 법 적용에 있어서 아무런 효력이 없습니다. 따라서 관계기관에 적발 시 사용자는 처벌(3년 이하의 징역 또는 2천만 원 이하의 벌금)을 받게 되므로 하루 빨리 아르바이트를 그만두어야 합니다.

8) 만 19세 미만의 청소년은 유흥업소가 아닌 음식점이나 주유소 같은데도 10시 이후에는 일할 수 없나요?

⇨ 근로기준법상 연소근로자(만 18세 미만)는 밤 10시부터 다음날 새벽 6시까지 근로를 시킬 수 없습니다. 다만 본인의 동의하에 노동부장관의 인가를 받았을 경우에는 가능합니다.

따라서 18세 이상에 해당한다면 근로기준법상 연소근로자가 아니므로 밤 10시 이후에도 아르바이트가 가능합니다. 즉, 18세 이상인 자는 친권자(부모님)나 후견인의 동의 없이 마음대로 취업할 수 있으며, 따라서 야간근로 또한 마음대로 할 수 있습니다.

질문자의 경우 18세 이상이면 가능, 18세 미만이면 본인의 동의하에 노동부장관의 인가를 받으면 가능합니다.

9) 저는 1990년생인데 단란주점에서 아르바이트가 가능한가요?

⇨ 1990년생의 경우 2009년 1월 1일부터는 청소년보호법상 청소년에 해당하지 않으므로 직종에 상관없이 취업이 가능합니다.

10) 20세의 대학생입니다. 야간(22:00~06:00)에 아르바이트를 하게 되었습니다.

최저임금 기준으로 얼마를 받아야 정상입니까?

⇨ 2009년 12월 31일까지 적용되는 최저임금은 시간급 4,000원입니다. 질문하신 분의 경우에는 다음 두 가지를 기준으로 최저임금 여부를 판단해야 합니다.

본인이 근무하는 사업장이 상시 근로자 5인 이상일 경우: 근로기준법에서 정한 가산임금 조항이 적용되므로 야간근로 시에는 시간급 6,000원(시급 50% 가산) 이상을 받아야 합니다.

본인이 근무하는 사업장이 상시 근로자 5인 미만일 경우: 근로기준법에서 정한 가산임금 조항이 적용되지 않으므로 주·야간 구분 없이 시간급 4,000원 이상이면 문제가 없습니다.

11) 편의점 아르바이트를 하다가 갑자기 그만두게 되어서 생긴 일인데요. 사장님은 '네가 갑자기 그만둬서 월급을 다 못 주고 일부만 주겠다.'고 하는데 어떻게 해야 합니까?

⇨ 근로관계로 인하여 발생한 임금채권은 퇴직 사유와 상관없이 근로기준법이 정하는 시일(퇴사일로부터 14일) 내에 지급해야 합니다. 따라서 사장님이 주장하는 것은 근거가 없으므로 사장님에게 다시 한 번 지급해 줄 것을 독촉해 보고, 시정되지 않으면 편의점 주소지를 관할하는 노동부 근로감독과에 진정 또는 고소 접수하기 바랍니다.

12) 월급제 직원 3명과 아르바이트 3명을 쓰는 식당을 운영하고 있습니다. 제가 알기로는 종업원 5인 이상의 업체에서 1년 이상 근무한 근로자에 한해 퇴직금을 지급한다고 알고 있는데요. 저희 식당의 경우 퇴직금을 지급해야 합니까?

⇨ 근로기준법상 퇴직금은 상시 근로자 5인 이상을 사용하는 사업장에 적용됩니다. 상시 근로자에는 임금을 목적으로 근로를 제공하는 모든 사람(월급제, 아르바이트, 임시직, 일용직 등)이 포함됩니다. 따라서 질문하신 분의 사업장은 5인 이상 업체에 해당하므로 퇴직금을 지급해야 합니다.

13) 친구가 아르바이트를 하는데요. 시급 4,000원에 식사는 본인이 알아서 하라고 합니다. 최저임금 위반 아닌가요?

⇨ 근로기준법상 식대의 부담 주체에 대하여 규정하고 있는 것은 없습니다. 따라서 시급 4,000원(2009년 기준) 이상을 지급하고 있다면 최저임금 위반이 아닙니다. 즉, 식대는 근로 계약 시에 당사자(사용자와 근로자)가 정한 바에 따라 부담 주체가 결정되므로 근로 계약 시에 식사를 제공하지 않는 조건이었다면 문제가 없습니다.

※ 노동부 고시(2007) 참고

자료번호 : Ⅲ-J-41
영역 : 학업발달

성격 이해와 학습상담

<table>
<tr><th>구분</th><th colspan="3">내 용</th></tr>
<tr><td>활동영역</td><td>교육 및 직업 발달</td><td>활동범주</td><td>공부 및 기본적 학습기술의 향상</td></tr>
<tr><td>활동목표</td><td colspan="3">자신의 성격을 이해하고 그에 맞는 학습방법을 알아간다.</td></tr>
<tr><td>활동대상</td><td>고등학교 1~2학년</td><td>소요시간</td><td>50분</td></tr>
<tr><td>준비물</td><td>교사: '오행 체크리스트' '부모의 오행 체크리스트' '같은 성격 유형끼리' 활동지, '오행별 성격 유형' 참고자료</td><td>집단크기</td><td>소집단, 학급 전체</td></tr>
<tr><td>활동소개</td><td colspan="3">학생들이 자신의 기본 성격을 이해함으로써 학습 태도에 대한 기본 성향과 문제점을 알아보고, 나아가 진로를 탐색해 보는 데 그 의의가 있다.</td></tr>
<tr><td>활동절차</td><td colspan="3">1. "여러분은 몇 년 동안 공부를 했나요?"라고 질문한 후 "아직도 공부가 어려운가요?"라고 물어본다.
2. 대답에 대한 이유를 학생들과 간략하게 이야기 나눈 후 '오행 체크리스트' 활동지를 나누어 준다.
3. '오행 체크리스트' 활동지를 작성하도록 한다(학기초 부모님과의 상담 시 '부모의 오행 체크리스트' 활동지를 실시해 본다.).
4. 활동지의 하단에 있는 표를 활용하여 각자의 유형을 분류하게 한다.
5. '오행별 성격 유형' 참고자료를 바탕으로 유형에 따른 특징을 설명해 준다.
6. 같은 유형의 학생들끼리 소집단을 형성하도록 한다.
7. '같은 성격 유형끼리' 활동지를 나누어 주고 작성하게 한다.
8. 집단별로 나와서 그 유형에 대한 특성을 발표하게 함으로써 서로 다른 유형에 대한 이해와 자신의 학습방법에 대한 해결책을 스스로 찾아갈 수 있도록 한다.</td></tr>
<tr><td>유의사항</td><td colspan="3">동일 개수가 나온 경우 현재 자신의 성향과 가까운 유형으로 가게 하며, 좋고 나쁨의 유형 판단이 되지 않도록 주의시킨다.</td></tr>
</table>

오행 체크리스트

활동지 번호
: Ⅲ-J-41-①

_____학년 _____반 _____번

이름: ________________

다음을 읽고 자신에게 해당하는 항목에 ○표 해 봅시다.

1. 경쟁심이 매우 강한 편이다. ( )
2. 남의 얘기를 듣지 않고 자기주장을 내세우는 일이 많다. ( )
3. 다른 사람의 부탁을 잘 거절하지 못한다. ( )
4. 매사에 냉철하며 비판을 잘한다. ( )
5. 매우 순하다는 말을 자주 듣는다. ( )
6. 모범생이라는 소리를 자주 듣는 편이다. ( )
7. 일을 시키면 신속히 마무리 짓는다. ( )
8. 어떤 일을 할 때 명분과 의미를 매우 중요하게 생각한다. ( )
9. 어떤 일을 시작하는 데 상당히 미적거린다. ( )
10. 일을 벌이기를 좋아하고 마무리를 짓지 않는다. ( )
11. 새로운 것에 금방 재미를 느끼지만 싫증도 빨리 낸다. ( )
12. 성격이 급하여 초조해할 때가 많다. ( )
13. 수업시간에 자진하여 손을 들어 발표하는 일은 드물지만 일단 시키면 잘한다. ( )
14. 싫고 좋다는 표현이 분명하다. ( )
15. 엉뚱한 생각을 잘한다. ( )
16. 원치 않는 상황에도 잘 적응하는 편이다. ( )
17. 자기 일은 자기가 잘 알아서 꼼꼼히 챙기는 편이다. ( )
18. 자기 주관과 수준에 맞지 않는 친구를 별로 배려하지 않는 경향이 있다. ( )
19. 자기가 충분히 자신 있는 일은 잘해 내지만, 능력 부족인 것까지 욕심내지 않는다. ( )
20. 자신과 관계없는 일이라면 남의 일에 관심을 두지 않는다. ( )

21. 잡기(雜技)에 관심이 없다. ( )

22. 처음 만나는 사람과도 금방 친해진다. ( )

23. 학교교사나 과외교사의 지도보다는 혼자 알아서 공부하는 편이다. ( )

24. 행동이 매우 느린 편이다. ( )

25. 호기심이 매우 많고 새로운 것을 좋아한다. ( )

	1	2	3	4	5	6	7	8	9	10	11	12	13	14	15	16	17	18	19	20	21	22	23	24	25
유형	화	화	토	수	토	금	화	수	토	목	목	화	금	화	목	토	금	수	금	금	수	목	수	토	목
체크																									

유형	목형(木型)	화형(火型)	토형(土型)	금형(金型)	수형(水型)
개수					

■ 나의 유형: ________________

출처: 이원범(2002).

부모의 오행 체크리스트

활동지 번호
: Ⅲ-J-41-②

_____학년 _____반 _____번

이름: ____________________

다음을 읽고 자신에게 해당하는 항목에 ○표 해 봅시다.

1. 금전적 욕심은 적고 지도자가 되고 싶은 욕구가 강한 편이다. ( )
2. 나는 청렴하고 깔끔하며 분명한 사람으로 평가받는다. ( )
3. 남에게 지고는 못 사는 성격이다. ( )
4. 내 사생활을 친구에게도 잘 털어놓지 않는 편이다. ( )
5. 내 일을 내가 알아서 하고 동료 일에도 간섭하지 않는 편이다. ( )
6. 다른 사람의 부탁을 잘 거절하지 못한다. ( )
7. 매사에 느긋하고 행동이 느린 편이라는 평가를 듣는다. ( )
8. 명분이 확실한 일에 움직이고 반드시 소신을 가지고 관철시켜 나간다. ( )
9. 모임의 장(長)을 맡는 일이 많다. ( )
10. 상황이 안 좋아져도 잘 적응하는 편이다. ( )
11. 새로운 것에 금방 재미를 느끼지만 싫증도 빨리 낸다. ( )
12. 성격 좋다는 소리를 자주 듣는다. ( )
13. 싫고 좋다는 표현이 분명하다. ( )
14. 약속은 반드시 지키고, 지키지 못할 약속은 아예 하지 않는다. ( )
15. 어떤 일에 계산이나 판단이 빠른 편이다. ( )
16. 어릴 적부터 '모범생, 교과서'라는 소리를 자주 들었다. ( )
17. 엉뚱한 생각을 잘하며 아이디어가 풍부한 편이다. ( )
18. 오락적인 모임이나 잡기(雜技)를 싫어한다. ( )
19. 의견을 먼저 내놓는 경우가 잘 없으며 말도 느린 편이다. ( )
20. 일복이 많다는 소리를 자주 듣는다. ( )
21. 일을 벌이기를 좋아하지만 마무리 짓지 못하는 때가 많다. ( )
22. 일이 주어지면 그날 당장 실행하는 편이다. ( )

23. 평소에는 말수가 적지만, 내가 중요하다고 생각하는 주제가 나오면 나의 의견을 거침없이 얘기한다. ( )

24. 해야겠다는 결심이 확실히 서면 뜻을 굽히거나 포기하는 일이 거의 없다. ( )

25. 호기심이 매우 많고 새로운 것을 좋아한다. ( )

	1	2	3	4	5	6	7	8	9	10	11	12	13	14	15	16	17	18	19	20	21	22	23	24	25
유형	수	금	화	금	금	토	토	수	화	토	목	토	화	금	목	금	목	수	토	화	목	화	수	수	목
체크																									

유형	목형(木型)	화형(火型)	토형(土型)	금형(金型)	수형(水型)
개수					

■ 나의 유형: ________________

출처: 이원범(2002).

같은 성격 유형끼리

활동지 번호 : Ⅲ-J-41-③

____학년 ____반 ____번

이름: ______________

같은 성격 유형끼리 모여 함께 이야기해 봅시다.

1. 우리 유형의 장단점은?

장 점	단 점

2. 우리 유형이 공부할 때의 어려움(문제점)은?

문제점

3. 자, 이렇게 해결해 나가자!

해결책

참고자료 번호 : Ⅲ-J-41

오행별 성격 유형

오행별 성격 유형에 대한 설명입니다.

이 활동은 학교에서뿐만 아니라 학기초에 부모-자녀가 함께 실시함으로써 부모가 자녀를 이해하고 학습에도 도움을 줄 수 있다.

1. 목형(木型)

1) 성격

- 활기차고 낙관적이다. 조금만 가능성이 있어도 일이 잘되고 있다고 말해 주변 사람들에게 허풍이 심하다는 이야기를 듣는 경우도 있다. 어떤 일의 성장 가능성에 관심이 많아 일단 한번 저질러 보는 경우가 많다.
- 이것저것 관심이 많다. 호기심이 많기 때문에 자기 관심권에 들어온 일을 재미있어 하고 툭툭 건드려 본다. 또 자기가 직접 해 봐야 직성이 풀린다. 상식도 풍부하고 언변이 좋고 창의적인 발상도 잘한다.
- 생각과 동시에 행동한다. 민첩하고 순발력이 있다. 좋은 아이디어가 떠오르면 일단 몸으로 겪어 보고서 그게 괜찮은지 확인한다. 피아노를 배워 보고 싶다는 생각이 들면 그날 당장 피아노 학원에 등록해서 피아노 건반을 두드려야 직성이 풀린다. 서점에서 관심이 가는 책을 발견하면 나에게 절실히 필요한지 찬찬히 따져 보지도 않고 일단 그 책을 사 버린다. 한마디로 일단 시작을 잘하는 것이다. 하려고 하는 일에 대해 민첩하기도 하다.
- 하고 싶은 일만 하려는 경향이 있다. 자기가 하고 싶은 것, 잘하는 것, 재미있을 것 같은 것만 건드리는 경향이 많다.
- 두뇌회전이 빠른 편이다. 남보다 아이디어도 많고 독창적이다. 말을 하는 중에 계속해서 머릿속에서 다른 생각들이 솟아나는데, 이 생각들을 바로 입 밖으로 내놓지 않으면 사라질 것 같다. 사라져 버리기 전에 입 밖으로 빨리빨리 내놓다 보니 말이 빨라진다.
- 칭찬에 민감한 편이다. 자신이 잘하고 있다는 피드백이 바로 돌아오지 않으면 불안해진다. 남들이 칭찬해 주지 않으면 때로는 자기가 먼저 자기 자랑을 해서 스스로를 칭찬하려고 한다.
- 좌절에 약한 편이다. 낙관적인 상황을 지향하다 보니 비관적인 상황에 익숙

하지 않다. 또 실패에 정면으로 맞서려고 하지 않는다. 뻗어나가는 것만 있을 뿐 수그러드는 상황을 생각하고 싶어 하지 않는 경향이 있다.

2) 학습

- 초기 학습 속도가 빠르다. 처음에 새로운 것을 배우는 속도가 다른 유형보다 빠르다. 그런데 지속성이 없어 진득하게 수업에 임하지 못하는 경우가 자주 발생한다. 산만해지기 쉽다.
- 새로운 것을 배우려는 욕구가 강하다. 하고 싶은 것이 많지만 포기도 빠르다.
- 과제를 잘 잊어버린다. 건망증을 의심하게 된다. 새로운 일에 몰입해서 앞으로 추진해 나가기를 좋아하다 보니, 주변의 자질구레한 일들을 저도 모르게 잊어버리게 된다. 하찮게 생각하는 것이 아닌데도 다른 사람과 했던 약속을 잘 잊어버리기도 한다.
- 공부 마무리를 잘 못한다. 이것저것 손대는 것만 많지 정작 마무리 짓지 않는 경향이 있다. 어려운 단계에 오면 그 단계를 넘어야 하는데 다른 아이들보다 잘 포기한다. 시험공부도 마찬가지다. 끈기가 부족하다는 염려를 많이 듣는다. 잘 미룬다. 이것저것 하고 싶은 건 많은데 할 일을 제때 처리하지 못한다. 이런 행동의 원인은 어떤 일을 가장 먼저 해야 하는지 현실적으로 생각하지 못하기 때문이다.
- 쉬운 문제를 더 잘 틀린다. 머리는 팽글팽글 잘 돌아가고 직관력과 추리력이 뛰어나서 선생님께 배운 방식이 아닌 자기만의 독특한 해법으로 문제를 풀어 내기도 한다. 그러나 오히려 계산이 틀리거나 문제를 건성으로 읽어서 시험 점수가 기대한 만큼 나오지 않을 수 있다. 꼼꼼하고 차분하게 문제를 파악하는 것이 서툴기 때문이다.

3) 자녀 지도방법

- 우선순위에 따라 행동하는 습관을 길러 줘라. 금형의 체계성을 배울 필요가 있다. 무엇이든 저질러 보려고 하기 때문에 잦은 시행착오를 겪고 에너지를 과도하게 낭비할 가능성이 있다. 따라서 가장 중요하고 긴급한 일에 대한 우선순위를 결정하는 습관을 길러 줄 필요가 있다.
- 칭찬을 자주하라. 아이가 자랑하면 '엄마, 저는 지금 칭찬이라는 영양분이 필요해요.'라는 메시지로 이해해야 한다. 목형 아이는 칭찬이 없고 꾸중만 계속되는 상황을 굉장히 힘들어한다. 또 꾸중이나 비난을 너무 심각하게 생각하는 경우가 있다. 좌절이나 비판에 익숙하지 않기 때문이다. 목형 아이를 너무 몰아붙이면 아이는 정말 쪼그라들 수 있다.

- 건강한 좌절감은 오히려 약이 된다. 이따금 벽에 부딪혀 봐서 세상은 호락호락하지 않다는 것을 경험할 필요가 있다. 과도한 낙관주의는 현실과 동떨어져 일을 추진할 수 있기 때문이다. 그러나 너무 심한 좌절은 성장 욕구 자체를 뿌리째 뽑을 수 있다.
- 기억하게 하지 말고 기록하게 하라. 메모나 정리 습관을 기를 필요가 있다. 목형 아이는 기획력은 뛰어나지만 관리능력은 떨어진다고 할 수 있다. 그러다 보니 약속을 자주 잊거나 책상이 정리되지 않기가 일쑤다. 메모장이나 포스트잇을 활용하게 한다.
- 일관성 있게 지도하라. 부모 중 한 사람이 목형인 경우, 목형 부모는 학습방법이나 보상을 해 줄 때 일관성이 없는 경우가 많다. 그러면 아이의 태도는 제대로 고쳐지지 않는다. 일관성이 없는 상태가 지속되면 나중에 아이가 성장한 후 아예 통제가 되지 않는 경우가 많다.
- 한꺼번에 많은 것을 사 주지 말라. 전집으로 사 주거나 대형 서점에서 여러 권의 책을 한꺼번에 사 주는 경우가 많다. 역사책이나 백과사전같이 내용이 연결되는 책이라면 모르지만, 위인전집이나 명작 시리즈 같은 책으로 아이가 독서에 흥미를 붙이기는 힘들다. 한꺼번에 많이 사 주면 아이는 오히려 한 권의 책도 흥미진진하게 읽지 못한다. 책은 낱권으로 사 주어야 한다.
- 내면의 좌절에 귀 기울여라. 목형 아이가 항상 낙천적인 것은 아니다. 자율성을 제한하는 상황을 굉장히 힘들어한다. 의무사항과 금지사항만 지나치게 강조하면 겉으로는 발랄하게 보여도 안으로는 심하게 좌절할 수도 있다. 그러므로 내면을 잘 살펴 창의성과 발랄함이 성장할 수 있게 해 주어야 한다.

> - 목형 인물의 예: 빌게이츠(성적 향상보다 인성교육 주력, 엄격한 학교로 전학), 스티븐 스필버그
> - 진로에 대한 고려: 꼼꼼하고 사무적인 일보다 아이디어와 다양함이 있는 직업
> - 음식: 열이 많음. 따뜻한 음식, 국화차와 결명자차는 상열을 식혀 줌

※ 습관 만들기가 중요하다. 꾸준히 할 수 있는 힘을 길러 준다.

2. 화형(火型)

1) 성격

- 마음이 여리다. 다혈질로 한번 화가 나면 스스로 그 화를 주체하지 못한다. 불 같은 성격이다.
- 자존심이 강하다. 자존심 상하는 일이 있으면 참지 못하고 당장 뛰쳐나와 버린다.

- 감정표현이 적극적이고 좋고 싫음이 분명하다. 애정 표현에 적극적이지만 화가 폭발하면 단번에 관계를 끊어 버린다.
- 뒤끝이 없다.
- 적극적이고 신속하다. 꾸물거리는 법이 별로 없다. 당장 해치운다. 목표를 향해 가는 도중에 난관이 생겨도 별로 신경 쓰지 않는다.
- 약속을 지키지 않는 사람을 참지 못한다.
- 앞에 나서는 상황을 즐긴다. 자기 존재가 확연히 표출되는 곳에서 살아 있음을 확인한다. 학교에서 리더십 욕구를 채우지 못하면 자신을 대장으로 모셔줄 집단을 찾아 그곳에서 욕구를 충족시키려는 경향도 보인다. 엉뚱한 패거리의 '짱'이 될 수 있다.
- 승부근성이 강하다. 경쟁에서 지는 것을 싫어하고 늘 이겨야 한다고 생각하고, 패배에 따른 충격도 오래 가는 편이다. 말싸움이든 주먹싸움이든 일단 싸움이 나면 중요한 싸움이건 아니건 무조건 이겨야 한다.
- 겉모습에 신경을 많이 쓴다. 타인의 평가에 민감하고 자신의 겉모습이 어떻게 비칠까 자주 의식한다.
- 리더 아니면 왕따다. 공동 작업을 할 때 다른 아이가 굼뜨게 행동하는 것을 잘 참지 못하고 신경질 내기 일쑤다.

2) 학습

- 결과 중심의 공부를 한다. 자신이 학습한 내용에 대해 얼마나 잘 이해하고 있는지가 중요하지 않고 점수에 연연한다. 문제집을 많이 풀어도 학습 내용을 충분히 이해하지 못하는 경우가 종종 있다.
- 시험 후유증이 오래 간다. 자기가 열심히 했는데도 그 결과가 만족스럽지 못하면 상대적으로 큰 충격을 받는 유형이다.
- 발표를 두려워하지 않는다.
- 과목에 대한 편애가 심하다.

3) 자녀 지도방법

- 1등주의에서 벗어나게 하라. 남다른 성취욕을 가지고 있으나, 등수 자체에 집착하면 큰 스트레스에 시달리게 된다. 공부 자체에 몰입하기보다는 성적에 대한 걱정이나 다른 사람들의 평가에 연연하게 되므로 집중력이 분산된다. 성적 자체보다는 공부하는 과정의 즐거움을 경험할 수 있도록 하는 것이 중요하다.
- 자존심 상하게 하는 말을 피하라. 인격을 비하하는 말은 자존심만 상하게 할 뿐이다. 버릇을 잡으려면 몰아붙이기보다 토닥거리는 것이 더 효과적이다.

- 따뜻한 리더십을 키워 줘라.
- 나눔의 미덕을 보여 줘라. 자신의 것을 뺏기지 않으려는 욕심이 강하다. 그러므로 부모가 본을 보여 주어야 한다.
- 엇길로 빠지는 것을 조심하라. 외모에 신경을 많이 쓰고 개인기 같은 것에 몰입하는 경우가 있다. 공부는 아예 뒷전이 될 수 있으니 잘 잡아 주어야 한다.

> - 화형 인물의 예: 허재('너 자신과의 싸움에서 이겨라.'라는 아버지의 강조)
> - 성공한 사업가가 많으나 자신의 화를 잘 다스려야 함. 남 앞에 나서는 연예인과 같은 직업도 적절. 부모와의 관계 조절이 관건
> - 명상, 기체조, 심신수련법이 유용. 조급하기 때문에 가슴이 답답하고 한숨을 몰아쉬는 경향. 혈관계통의 질환. 진액이 마르고 건조해지게 되어 건강을 해칠 수 있음

※ 과정을 즐길 수 있도록 하고, 고등학교 때까지는 전체를 두루 잘할 필요가 있음을 이야기한다.

3. 토형(土型)

1) 성격

- 마음먹은 일에 대해서는 꾸준히 한다. 자기가 선택한 일에 대해 진득하게 매달린다. 꾸준하다. 상황이 안 좋아도 불평하는 법 없이 그 상황을 잘 참아내는 편이다.
- 시작하기가 힘들다. 목형과 대조적으로, 일단 일을 시작하는 것이 힘들다. 사람을 사귈 때도 낯선 상황에서 잘 모르는 사람들과 친해지는 것을 어려워한다. 처음에 관계 형성이 잘 안 되면 여간해서는 마음을 움직이지 않는다.
- 표현이 불분명하다. 좋고 싫음이 분명하지 않아 답답하게 보인다. 기호가 없는 것이 아니라 천천히 드러날 뿐이다. 식당에서의 메뉴도 그냥 같은 걸로 하는 편이다.
- 매사에 행동이 느리다. 잘 움직이지 않는다. 미루기를 잘한다. 자기 할 일을 안 하는 것은 아니다. 다만 활발하게 움직이는 것이 낯설 따름이다.
- 양보를 잘한다. 개성을 잘 드러내지 않지만 모 나는 법 없이 잘 지낸다. 주변 사람들을 편안하게 해 준다.
- 상황에 잘 휘둘린다. 따라서 자칫 예스맨이 될 수 있다.
- 타인에게 만만해 보인다.
- 이미 끝난 일에 연연해하지 않는다. 부모의 압박이 없다면 학교 시험이나 발

표회 같은 중요한 일을 앞두고도 별로 긴장하는 법이 없다. 담대함이 넘쳐서 지나치게 느긋할 때도 있다. 지나간 시험 결과에 대해 연연해하지 않는다. 스트레스에 대한 면역력이 강하다.

2) 학습

- 일단 하면 진득하게 해낸다. 시작이 어려워 그렇지 일단 시작하면 진득하게 매달리는 끈기가 있다.
- 양보다 질 중심의 공부를 한다. 한 가지 대답을 해도 정확하고 알찬 것이 많다.
- 하나를 배워도 오래 배운다. 학원도 잘 바꾸지 않고, 수강과목, 악기도 한 가지를 진득하게 한다.
- 갈수록 성적이 좋아질 수 있다. 처음에는 바보 취급을 받는 경우도 있으나, 이는 내적 능력이 명료하게 드러나지 않았을 뿐이다. 꾸준함의 장점을 살려 점점 성적이 향상되고 선택한 분야에서는 두각을 나타내게 된다.

3) 자녀 지도방법

- 잠재력에 주목하라. 잘 안 나타날 수도 있지만, 분명 한줄기 빛과 같은 재능이 어김없이 나타난다.
- 재기발랄한 친구를 사귀게 하라.
- 조금씩 개선시켜라. 급한 마음을 거두고 차근차근 더 좋은 상황으로 자녀를 끌고 가야 한다. 지나치게 많은 것을 수동적으로 배우게 하는 것은 좋지 않다. 오히려 여기저기 낯선 세계로 끌려 다니면서 주눅만 든다. 진정 바라는 것 한 가지씩 차근차근 시키는 것이 좋다.
- 함께 놀아 줘라. 부모가 같이 놀아 주는 것이 좋다. 토형 아이는 자기가 즐기는 것, 좋아하는 것을 소극적으로 표현한다. 아이의 눈높이에 맞추어 같이 놀아 줄 필요가 있다.
- 발전의지를 계속 유지시켜라. 성급한 변화를 기대하지 말고 조금씩 단계를 높여 나가는 것이 좋다.
- 꿈의 단계를 자연스럽게 높여 줘라. 토형 아이는 꿈의 수준이 낮은 경우가 많다. 꿈이 있더라도 너무 먼 일이라고 생각하기 쉽다. 위인들도 어릴 때는 평범하기는 마찬가지였다는 사실을 강조할 필요가 있다.

> - 토형 인물의 예: 안철수
> - 다른 사람의 마음을 잘 수용하고 이해해 주는 직업이 적격. 교사, 카운슬러, 종교 지도자 등 그 외 전문가 직종. 한 분야의 전문가가 되려면 꾸준함이 필요

- 분노나 실망감을 자신에게 돌릴 가능성이 높음. 얼굴이 동글고 머리가 크고 살집이 많고 걸음도 성큼성큼 걷는 경우가 많음
- 기의 활동을 도와주는 것, 칡차나 녹차 등, 비만에 대한 관리, 운동이 필요. 한꺼번에 말고 하나씩 진행

※ 일단 흥미를 가질 수 있게 해 주는 것이 가장 중요하다. 그다음에 꾸준하게 잘 진행하도록 한다.

4. 금형(金型)

1) 성격

- 성실하게 주어진 일을 해낸다. 성실하고 근면하다. 자신의 일을 게으름 피우지 않고 해낸다. 일단 맡기면 틀림없고, 약속은 철저하게 지킨다.
- 체계적으로 일을 처리한다. 매사를 자기가 설정한 틀에 잘 맞춘다. 우선순위를 분명히 잘 인식하며 일을 한다. 원칙과 룰을 정하면 그것을 따라야 한다고 생각한다. 다른 사람이 그 원칙에서 어긋나는 행동을 하는 것을 잘 용납하지 않는다.
- 신중하나 갇혀 있다. 이것저것 건드리지 않고 의미 있는 일에만 에너지를 집중한다. 모험심의 결여로 연결될 수 있다.
- 금형 자녀는 키우기가 쉽다. 관습을 잘 따르기 때문에 고분고분하고 말도 잘 듣는 편이다. 상대적으로 키우기 쉽다는 이야기를 듣는다.
- 스트레스에 약하다. 내적으로 자기 규제가 많고 늘 금기에 눌려 있기 때문에 스트레스를 많이 받는다. 화형 아이는 대인관계 관련 갈등으로 스트레스를 받는 반면, 금형 아이는 자신의 완벽주의적인 기준 때문에 스트레스를 받는 경우가 많다.
- 너와 나의 경계가 분명하다. 내 몫과 네 몫에 대한 경계가 뚜렷하다. 공동 작업을 하더라도 각자 해야 할 몫을 잘 나누고 자기 몫에 대해 확실하게 처리한다. 개인주의적인 기질이 있다.
- 잘 아는 사람들에게만 친절하다. 가족관계에 충실하다. 먼저 안면을 트는 경우가 별로 없다. 일단 알게 되면 수다도 떨고 다정하게 대하지만, 잘 모르는 사람들에게는 낯가림이 심하다.
- 실패를 두려워한다. 실수가 적은데 체계적으로 일하기 때문이기도 하지만 실패를 싫어해서 완전하게 자신 있는 일에만 참여하는 경향이 있기 때문이다. 얻을 것은 확실히 얻을 수 있지만 획기적인 성공을 거둘 가능성은 적다.

답답하고 포부가 적어 보이기도 한다.

2) 학습

- 정형화된 모범생이 많다. 선생님의 말씀을 잘 따르고 주어진 과제를 착실하게 한다.
- 창의성이 부족할 수 있다. 자기가 설정한 사고의 틀에 갇히기 쉽다. 정형화된 답은 잘 도출하지만 창의적인 표현, 기발한 상상력은 목형이나 수형 아이에 비해 떨어질 수 있다. 암기를 잘해서 수학을 잘하지만 응용문제에는 취약하기 쉽다.
- 꼼꼼하게 공부한다. 똑같이 지문을 읽어도 아주 꼼꼼하게 본다. 재현하는 능력이 뛰어나다. 꼼꼼하게 메모도 잘 해 둔다.
- 배려가 부족할 수 있다. 자기 몫을 잘 못해내는 아이들을 무시하거나 이해하지 못하는 경향이 있다.
- 자꾸 틀리는 문제를 회피하려고 한다. 실패할 가능성이 많을 경우 아예 다시 해 보려고 하지 않고, 어떤 문제를 틀렸는지 맞았는지에 유난히 집착하는 경향이 있다.

3) 자녀 지도방법

- 그릇의 크기를 넓혀 줘라. 폭넓게 세상을 볼 수 있도록 많은 것을 보여 줄 필요가 있다. 미래에 대한 구체적인 비전을 가지도록 해 줄 필요가 있다.
- 할 수 있다는 자신감을 키워 줘라. 할 수 있다는 자신감이 들면 체계적으로 목표를 향해 실천하기 때문에 금형 아이들의 근면과 성실은 성공을 보장한다.
- 실패에 대한 내성을 키워 줘라. 틀린 것에 대해 둔감하도록, 그렇지만 틀린 원인은 따져볼 수 있도록 돕는다.
- 적극성을 키워 줘라. 지나치게 모험을 두려워하는 경향이 있고 소심하다. 외부의 평가에 연연해하지 말고 자신감 있게 목표를 향해 나아가도록 지지해 줄 필요가 있다.
- 심리적 강박이 있는지 세심하게 살펴라. 시험불안, 정리정돈에 대한 집착, 부모의 기대에 부응해야 하다는 부담 등이 발전적 동기가 되면 괜찮지만 강박증의 수준이 된다면 아이의 먼 장래를 볼 때 좋지 않다.
- 창의적인 면을 보충해 줘라. 창의적인 면을 키워 주고 상상력을 자극할 수 있도록 다양한 문화적 경험을 하도록 해야 한다.

- 능력을 발휘할 수 있는 분야: 관리, 교육 분야. 예술가보다는 예술을 가르치는 사람
- 힘들 수 있는 분야: 광고회사나 이벤트 회사. 변화나 상상력을 요구하는 곳
- 피부색이 희며 손발이 상대적으로 작음. 기후 변화에 대해 상대적으로 취약. 기혈이 모두 부족한 경우가 많아 체질이 약하다고 할 수 있음. 신경성 두통이나 위염이 많고 소화기능이 떨어짐
- 인삼차가 좋음
- 심리적 억압을 조심해야 함. 석차가 내려간 것에 대한 스트레스가 심함. 대범할 수 있도록 주의를 기울여야 함

※ 꾸준하고 모범적이나 실패에 대한 두려움으로 아예 시도조차 하지 않을 수 있으며, 자신만의 꿈이 없고 그저 성실하기만 할 수 있다(창의성과 자율성의 부족).

5. 수형(水型)

1) 성격

- 주관이 강하다. 어떤 일이나 선택을 할 때 자기 생각이 뚜렷하고 부화뇌동하는 면을 찾아보기 힘들다. 고집이 세다.
- 속을 짐작하기 힘들다. 웬만해서는 속을 구체적으로 보여 주지 않는다. 계획한 일을 다 이루고서야 비로소 입을 여는 경우가 많아 주변 사람들로서는 섭섭한 마음이 들 수도 있다.
- 명분을 중시한다. 그 일을 해야 하는 의미나 명분이 이해되면 매우 잘 받아들이지만, 그렇지 않으면 아무리 설득해도 받아들이지 않는다. 가치가 중요하다.
- 또래에 비해 조숙한 편이다.
- 자존심이 강하다. 남이 인정해 주지 않아도 스스로 그 상황을 납득하고 만족하면 자존심이 살아난다. 다른 사람의 칭찬은 별로 의미가 없다.
- 자질구레한 일을 잘 안한다. 그러나 그 일에 의미가 있다면 남이 보기에 하잘 것 없는 일도 열정적으로 매달린다.

2) 학습

- 혼자 하는 공부를 즐긴다. 자기가 스스로 개발한 학습방법으로 공부한다.
- 권위만으로는 설득당하지 않는다.
- 통찰력이 강한 편이다.
- 여러 방면에 박학다식하다.

3) 자녀 지도방법

- 올바른 가치관부터 심어 줘라.

- 부모가 먼저 모범을 보여라.
- 진심을 담아 대화하라.
- 진로 결정에서는 부모가 양보하라.
- 스스로 깨달아서 고치게 하라.

- 수형 인물의 예: 서태지
- 관습적인 일(예: 꼼꼼한 경리업무 같은 것)을 싫어함
- 정치가, 시민운동가, 예술가 같은 기개와 주관을 펼칠 수 있는 것이 적당. 통합능력, 흔들리지 않는 신념. 모든 것을 녹여 버리고 합쳐 버리는 물의 성질처럼 다양한 의견 또는 개념들을 하나의 대의로 수렴하는 탁월한 능력을 가지고 있으며 아울러 리더십도 강해질 수 있음. 자기 분야에 대해서 늘 진지하게 파고들기 때문에 한 분야의 성취 수준도 갈수록 높아짐. 반대로 자기가 하는 일의 의미를 발견하지 못하면 크게 좌절하거나 공허감에 빠짐
- 좀처럼 잔병을 앓지 않음. 체력을 과신할 수 있음. 신장에 산수유차가 좋음. 절제와 융통성이 중요. 일단 발동이 걸리면 어떤 일에 깊이 몰입하게 되고 식음을 전폐하는 경우가 있음. 몰입능력은 중요하나 건강을 해치거나 다른 일을 등한시할 수 있다는 점, 오래 가면 생활의 균형이 깨어진다는 점 때문에 여러 후유증이 있음. 다른 일과 균형을 맞출 것을 논리적으로 설득하는 것이 중요

※ 비전과 가치관을 잘 설정하는 것이 가장 중요하다.

출처: 이원범(2002).

자료번호 : Ⅲ－J－42
영역 : 학업발달

성공적인 학습을 위한 안내

구분	내용		
활동영역	교육 및 직업 발달	활동범주	공부 및 기본적 학습기술의 향상
활동목표	읽기, 쓰기, 말하기, 듣기, 연산 기술 등을 향상시키는 방법을 안다.		
활동대상	고등학교 1～2학년	소요시간	50분
준비물	교사: '고등학생 학습 안내' 읽기자료	집단크기	학급 전체
활동소개	이 활동의 목적은 많은 학생들에게 효율적으로 공부하는 방법을 안내함으로써 학업에 어려움을 겪는 학생들을 돕는 것이다.		
활동절차	1. 고등학교에서의 학습방법 향상의 필요성을 소개한다. 고등학교에 올라와 학생들은 교육과정이 바뀌고 과목 수가 증가하고 내용도 난이도가 높아져 공부하기에 어려움을 겪는다. 2. '고등학생 학습 안내' 읽기자료를 읽어 보고 항목별 내용을 정리해 본다. 3. 학생들 각자의 학습습관을 이야기한 후 토의한다. 4. 중요한 내용들을 정리하고 학생들 자신의 생각을 발표한다.		
유의사항	제시된 학습방법만이 효과적이라고 단정 짓지 말아야 하고, 모든 학생들이 최대한 적극적으로 참여하도록 유도한다.		

고등학생 학습 안내

성공적인 학습은 학습시간을 얼마나 효과적으로 사용하는가에 달려 있습니다. 다음은 성공적인 학습을 위한 방법에 대한 설명입니다. 다음의 내용을 바탕으로 자신의 학습습관을 되돌아보고 개선해야 할 점을 생각해 봅시다.

1. 공부하기
   1) 학습은 매일 조금씩 해야 합니다. 시험 전날 벼락치기를 해서는 안 됩니다. 한 번에 너무 오래 앉아 있지 않는 것이 좋습니다. 휴식을 취하며 진행하세요.
   2) 학습 장소는 적절한 조명이 갖추어지고, 편안하고 주의가 분산되지 않는 곳이어야 합니다. TV와 라디오는 집중하는 데 방해가 되어 학습 능률을 떨어뜨립니다.
   3) 휴식을 적절하게 취하고 건강한 상태를 유지합니다. 운동, 다이어트는 등교 전에 좋지 않습니다. 고단백과 낮은 당분의 아침식사는 여러분의 에너지를 하루 종일 유지시켜 줄 것입니다.
   4) 긍정적인 사고를 하세요. 공부하는 시간을 즐거운 배움의 시간으로 생각하세요. 하기 싫은 일로 생각하지 마세요.

2. 시험 준비
   1) 학교 공부와 병행하며 준비하세요. 한 번 뒤처지면 따라가기 힘듭니다.
   2) 복습하세요. 어떤 유형의 문제가 출제될지 예상해 보세요. 만약 이해되지 않는 부분이 있다면 선생님에게 질문하세요.
   3) 중요한 개념을 기억하세요. 중요 어구를 공부하세요. 카드에 중요 어구를 적는 것이 도움을 줄 것입니다. 친구들과 연습해 보세요.

3. 시험 볼 때 요령
   1) 불안해하지 마세요. 모든 사람은 시험에 대해 긴장을 느낍니다. 적절한 긴장감은 집중력을 높이고 학습에 도움이 됩니다.
   2) 먼저 전체 문제를 훑어보세요. 문제를 풀기 전에 먼저 시험문제를 전체적으로 훑어보는 것은 시험을 보는 데 유용합니다. 이는 다음과 같은 도움을 줍니다.
      - 약간의 긴장감을 덜어 줍니다.
      - 가장 먼저 시작할 쉬운 문제를 고를 수 있습니다.

• 문제를 푸는 데 걸리는 시간을 줄여 줍니다.
• 어려운 문제를 맞닥뜨렸을 때 쉬운 문제를 먼저 풀고 다시 그 문제를 보면 정답이 어느 순간 생각날 수도 있습니다.
• 전체 문제 중에서 몇몇 문제의 힌트를 찾을 수도 있습니다. 결국 전체를 훑어보고 시작하는 것은 문제를 푸는 데 걸리는 시간을 줄여 줍니다.

3) 시험문제 안에서 단서를 찾아보세요.
• 짝을 지어야 하는 문제나 선다형 문제에서는 답이 아닌 것을 제거함으로써 정답을 찾을 수 있습니다.
• 진위형 문제에서는 모든, 항상, 결코, 전혀 등의 단어를 찾으세요. 한 가지 예외라도 생각난다면 그 문항은 거짓입니다.
• 논문 형태의 문제는 먼저 주제에 대해 생각을 하세요. 그리고 핵심어를 뽑거나 개요를 작성한 후에 답변을 쓰세요.
• 만약 문제를 풀다가 문제를 이해하는 것이 어렵다면 공부한 내용과 관련해서 생각해 보세요. 그중에서 질문의 핵심을 발견할 수 있을 것입니다.

4. 수업 필기요령

1) 교사의 모든 말을 적으려고 노력하지 마세요. 주의 깊게 듣고 이해한 핵심 내용을 정리하여 여러분의 언어로 필기하세요. 예를 드는 것에 주의를 기울이세요.
2) 질문하는 것을 두려워하지 마세요. 만약 여러분이 이해하지 못했다면 다른 사람들도 마찬가지입니다.
3) 수업 내용을 다시 한 번 정리해 봅니다. 여러분이 기억하고 있는 내용을 저녁 학습시간을 이용해서 필기 내용을 보며 정리하세요. 그리고 필기는 깔끔하게 하세요. 시험 전날 밤에 내용을 정리하면 모든 것을 기억하기 어렵습니다. 여러분이 기억하고 있을 때 정리하면 이해하지 못한 부분을 질문할 수 있습니다.

5. 효과적인 독서기법

1) 교과서 읽기
• 책을 읽기 전에 먼저 목록을 훑어보는 것이 이해에 도움을 줄 수 있습니다. 훑어보기는 다음 순서에 따라 진행합니다.
  – 모든 목차를 순서대로 읽어 봅니다.
  – 각 장마다 굵게 인쇄된 단어를 읽습니다. 주제와 중요한 단어는 종종 굵게 인쇄되어 있습니다.
  – 각 장의 처음과 마지막 단락을 읽습니다.

-간단하게 정리해서 읽습니다. 각 장의 질문, 단어 목록, 책의 요약, 주제의 정리를 살펴봅니다.

-첫 장을 대략 읽습니다. 중요한 단어를 중심으로 눈으로 건너뛰면서 읽습니다.

• 훑어보기는 여러분에게 책 내용에 대한 윤곽을 제공할 것입니다. 그 개요는 세부적인 내용을 읽을 때 내용을 전체적인 맥락에서 정리할 수 있게 해 줄 것입니다. 훑어보기는 여러분의 읽은 내용을 기억하는 것을 도울 것입니다.

2) 효과적 독서방법(SQ3R)

• 개관하기(survey: S): 이 내용을 다른 친구에게 '어떻게 가르쳐 줄 수 있을까? 생각하면서 읽습니다. 제목을 자신의 언어로 바꾸어 생각하고 연상하며 도표나 그림, 그래프 혹은 요약을 읽어 가면서 공부할 내용에 익숙해집니다.

• 질문하기(question: Q): 주요한 제목과 부제를 질문으로 바꾸어 보고 스스로 내용을 정리(대답)해 봅니다. 잘 모르는 내용은 즉시 책이나 자습서를 찾아 확인합니다.

• 읽기(read: R): 자신이 던진 질문에 답을 찾아보며 내용을 읽습니다. 읽으면서 중요한 개념과 질문에 대한 답 부분에 표시를 합니다.

• 암송(recite: R): 소제목의 내용을 모두 읽은 후 또는 한 페이지를 모두 읽은 후에는 몇 초 동안 책에서 눈을 떼고 중요한 부분을 기억해 봅니다. 그리고 어떤 내용이 있었는지 생각해 봅니다. 기억이 나지 않으면 처음부터 다시 읽습니다.

• 복습(review: R): 내용 전체를 다시 한 번 훑어보고 중요한 개념을 이해했는지 확인합니다. 정확하게 이해되지 않은 부분은 기억하기가 어렵습니다. 분명하게 이해되도록 다시 읽어 봅니다.

6. 효율적인 독서환경

1) 독서환경은 주의가 분산되지 않는 곳이어야 합니다. 가장 좋은 학습 장소가 가장 좋은 독서 장소일 가능성이 많습니다.

2) 밝은 조명은 반드시 필요합니다. 빛이 여러분의 어깨 너머로 그림자를 만드는 것은 피해야 합니다. 그러나 어두운 방 안 밝은 빛 아래서 책을 읽는 것은 피해야 합니다.

3) 책을 읽는 동안 가끔씩 눈을 쉬게 합니다. 휴식 없이 책을 읽는다면 눈에 문제가 생길 것입니다. 시력이 나빠지면 해결할 수 있는 방법이 없습니다.

자료번호 : Ⅲ-J-43
영역 : 학업발달

태도와 성취도

구분	내용		
활동영역	교육 및 직업 발달	활동범주	공부 및 기본적 학습기술의 향상
활동목표	내가 시작한 과제나 프로젝트를 완성할 수 있다.		
활동대상	고등학교 1~2학년	소요시간	50분
준비물	교사: '학습을 위한 태도 발견' 활동지	집단크기	소집단, 학급 전체
활동소개	많은 학생들이 바람직한 학습습관을 알고는 있지만, 대부분 그것을 실천하지 않는다. 이 활동은 각자의 흥미와 자신에게 맞는 좋은 학습습관을 연습하기 위한 것이다.		
활동절차	1. "여러분은 성공한 사람의 학습습관을 시도할 생각을 해 보았습니까?"라고 질문한다. 2. "여러분은 성공한 사람의 어떤 학습습관을 따라해 보고자 했습니까?"라고 질문한 후 칠판에 자유연상 기법을 통해 떠오른 대답을 기록한다. 3. 학생들이 발표한 성공한 사람의 학습습관을 간략하게 정리해 준다. 4. '학습을 위한 태도 발견' 활동지를 나누어 주고 작성하도록 한다. 활동지의 결과를 질문하고 학생들의 점수를 기록한다. 5. 학생들에게 개별적으로 자신의 응답을 분석하고 개선할 한 가지 태도를 정하도록 한다. 학생들이 자발적으로 개선하기로 결정한 태도와 방법을 발표하도록 한다. 6. 방법을 알지 못하는 학생이 있다면 교사가 개별적인 지도를 통해 방법을 찾도록 해 준다. 7. 학생이 목표로 한 학습태도를 잘 성취할 수 있도록 구체적인 계획을 세우도록 지도한다.		
유의사항	학생들이 자발적으로 참여할 수 있도록 유도하며, 어려움을 겪는 학생들에게는 각별한 지도가 필요하다.		

학습을 위한 태도 발견

활동지 번호 : Ⅲ-J-43

_____학년 _____반 _____번

이름: ______________________

다음 문항을 읽고 자신에게 해당하는 부분에 ○표 해 봅시다.

번호	내 용	높음				낮음
1	내가 성적이 떨어졌을 때, 도움을 받을 수 있는 사람(예: 교사, 과외교사 등)이 주변에 있다.	5	4	3	2	1
2	나는 정신력이 강하고 쉽게 지치지 않는다.	5	4	3	2	1
*3	어려운 책에 도전하는 것은 나에게 맞지 않다.	5	4	3	2	1
4	나는 바쁘지만 항상 공부할 시간을 만든다.	5	4	3	2	1
*5	나는 지루한 교사를 만나면 재미있는 공상에 잠긴다.	5	4	3	2	1
6	나는 학교에 갈 이유가 있다. 나의 목표에 가까이 가기 위해 공부한다.	5	4	3	2	1
*7	나는 종종 분위기에 따라 내 일을 소홀히 할 때가 있다.	5	4	3	2	1
8	나는 노력한 만큼 성적을 받는다.	5	4	3	2	1
9	나는 내가 어려운 과제를 수행했을 때 스스로 보상하는 방법이 있다.	5	4	3	2	1

※ * 표시 문항은 역으로 계산하세요(예: 5에 표시했으면 1점, 1에 표시했으면 5점).

총점 ______________

⇨ 나의 일반적인 태도는: 뛰어남(45~40점) (　　　)
우수함(39~30점) (　　　)
도움이 필요함(29~0점) (　　　)

자료번호 : Ⅲ – J – 44
영역 : 학업발달

성적을 향상시키는 방법

구분	내용		
활동영역	교육 및 직업 발달	활동범주	공부 및 기본적 학습기술의 향상
활동목표	수험기술을 향상시키는 방법을 안다.		
활동대상	고등학교 1~2학년	소요시간	50분
준비물	교사: '학습자 선택기술 검사' 활동지, '시험성적 향상을 위한 5단계' 읽기자료, '성적 향상 연습' 참고자료	집단크기	학급 전체
활동소개	이 활동은 시험요령에 대해 학습함으로써 성적을 향상시키는 데 도움을 줄 것이다.		
활동절차	1. 학생들에게 시험을 칠 때의 모습을 생각해 보게 하고, 그에 대한 이야기를 나누어 본다(예: 시험지를 받았을 때의 나의 행동 등). 2. '시험성적 향상을 위한 5단계' 읽기자료를 나누어 주고 이것이 도움이 될 수 있음을 학생들에게 말한다. 3. 자원자를 뽑아서 읽기자료를 읽게 한다. 필요하다면 각 사항에 관해 토론한다. 4. '학습자 선택기술 검사' 활동지를 나누어 주고 '시험성적 향상을 위한 5단계'를 실제 적용해 보도록 한다. 5. '성적 향상 연습' 참고자료를 활용하여 학생들을 지도한다. 6. 학생들에게 자신이 택한 답과 그 이유를 함께 이야기해 보고 활동지를 보관하여 다음 활동에 참고하도록 한다.		
유의사항	시험 자체에 대해 불안감을 갖는 학생이 있다면 개인적인 상담을 통하여 불안을 적절하게 조절해 줄 필요가 있다.		

학습자 선택기술 검사

활동지 번호 : Ⅲ-J-44

_____학년 _____반 _____번
이름: ____________________

다음 질문에 답해 보시오.

	점수
1. 국어에서 문장성분 일곱 가지는 ______________________이다.	10
2. 국어에서 최소의 의미단위는 ________이다.	10
3. 국어에서 단어는 반드시 조사와 결합해서 쓰인다. (○ / ×)	15
4. 국어에서 초성이 없는 단어가 있는가 ? ________	15

다음 글에서 밑줄 친 단어의 문맥상 의미를 쓰시오.

"조가의 집이 번창하려고? …… 하지만 꾸어 온 조상은 자기네 자손부터 돕는답디다."

상훈은 불끈하여 소리를 높여서 또 무슨 말을 이으려다가 마루 끝에서 영감님의 기침 소리가 나는 바람에 좌우 방 안은 5. 괴괴하여졌다.

"왜들 떠드니?"

화를 참는 못마땅한 6. 강강한 목소리와 함께 건넌방 문이 활짝 열렸다. 방 안의 젊은 애들은 우중우중 일어서며 아랫목에 앉았던 상훈은 윗목으로 내려섰다. 방 안에서는 더운 김이 서린 담배 연기가 뭉긋뭉긋 흘러나온다.

"이게 굴뚝 속이지, 젊은 것들이 무슨 담배를 이렇게 피우며 주책없는 소리들만 씨부렁대는 거냐?"

영감은 방 안을 들어서며 우선 나무래 놓고 아랫목으로 가서 앉으며 자기의 발끈한 성미를 속으로 7. 간정시키려는 듯이 목소리를 가라앉혀서, "어서들 앉아라." 하고 무슨 잔소리를 꺼내려는지 판을 차린다. 영감은 제청을 다아 배설해 놓고 시간을 기다리느라고 사랑으로 나오다가 종형제간의 말다툼을 가만히 듣고 섰다가 참을 수 없어 뛰어든 것이다.

5. 괴괴하여졌다: ______________________	5
6. 강강한: ______________________	5
7. 간정시키려는: ______________________	10

다음 단어를 적절한 음절로 구분하시오.

8. escape	10
9. engrave	10
10. inopportune	10
보너스: 세 음절의 단어를 쓰고 그 정의를 기술하시오.	
______________________________	10

시험성적 향상을 위한 5단계

시험을 보다 잘 볼 수 있는 요령과 방법들이 있습니다. 다음의 간단한 5단계를 따라 시험을 친다면 성적 향상에 도움이 될 것입니다.

1. 시험문제를 전반적으로 검토하라. 어떤 문제에 답하기 전에 전체적으로 훑어보기를 한다. 그러면 문제를 더 빨리 이해하게 될 것이다.

2. 속도를 조절하라. 정해진 시간 내에 시험을 완료할 수 있도록 문제풀이 속도를 조절하라. 문제에 따라서는 지문을 읽기 전에 문항을 먼저 읽어 보는 것이 지문의 내용을 파악하는 시간을 줄여 줄 수도 있다.

3. 실마리가 되는 단어를 찾아라. 문제를 푸는 데 실마리가 되는 핵심 단어를 찾아라.

   예 다음의 문제에서 실마리가 되는 단어를 찾아라.

   1) A formal speech is an __________
      a. conversation
      b. oration
      c. talk
      d. rambling
      ⇨ 여기서의 열쇠는 'an'으로 정답이 'b'라는 것을 알려 주고 있다. 'an'은 모음 앞에서만 쓰이는 관사다. 답지의 a, c, d는 모음으로 시작하지 않으니 oration이 정답이다.

   2) 단서가 되는 단어는 진위형 문제에서도 중요하다. '모든, 항상, 결코, 아무것도' 등과 같은 단어는 예외를 가정하지 않는다. 이 단어들은 항상 그런 것은 아니지만 자주 거짓인 문장에 쓰인다. 반면, '많은, 많이, 어떤, 아마도' 등과 같은 단어는 여지를 남겨 두기에 참인 문장에 자주 쓰인다.

예	T	F	모든 경찰은 남자이다.	⇨ 거짓(F)
	T	F	어떤 경찰은 여자이다.	⇨ 참(T)

3) 서술형이나 논술형 시험에서 단서가 되는 단어는 정확하게 여러분이 무엇을 해야 할지 알려 준다. 정의하라, 설명하라, 개요를 작성하라, 기술하라, 비교하라, 논의하라 등이 단서 단어다.

4. 쉬운 문제부터 답변하라. 문제 전체를 미리 살펴보는 것이 쉬운 문제를 파악하는 데 도움이 된다(1단계 참조). 애매한 문제는 표시해 놓고 아는 문제를 먼저 푼다. 그다음에 다시 앞으로 돌아가서 못 푼 문제를 살펴보면 시험시간이 끝날 때까지 모든 문제를 풀 수 있을 것이다. 단문 형식의 시험에서는 이러한 방식이 더욱 도움이 될 것이다.

5. 제출하기 전에 다시 한 번 살펴보라. 시험을 끝내기 전에 여러분의 답안을 대강 훑어보라. 부주의한 실수를 발견할 수 있을 것이다. 단문시험에서 훑어보기를 할 때는 다음 사항에 주의하라.
   1) 내가 전달하고자 하는 바를 썼는가?
   2) 질문에서 묻고자 하는 것에 답했는가?
   3) 나의 답변은 명확한가? (말하고자 하는 바가 분명한가?)
   4) 지시에 따라 최선을 다해서 그 질문에 적절하게 답변했는가?

성적 향상 연습

참고자료 번호 : Ⅲ-J-44

이 활동을 지도할 때 다음의 내용을 참고하세요.

1. 대부분의 학생은 제한 시간 안에 문제를 푸는 것을 어려워한다. 정해진 시간 안에 문제를 푸는 연습은 학생들에게 시험에서의 시간 활용방법을 결정하게 한다. 5분이 경과하면 중지시킨다.

2. 학생들에게 이 활동은 정답을 찾는 것이 중요한 것이 아니라 '시험성적 향상을 위한 5단계'를 적용해 보는 것이 중요함을 강조한다.

3. 이 활동의 목적은 시험에 대한 학생들의 접근법을 살펴보는 것임을 강조하고, 만약 학생들이 점수에 관심을 갖는다면 학생들과 함께 채점을 한다.

4. '학습자 선택기술 검사' 활동지에 관해 토론할 때 다음과 같은 점에 유의한다.
   1) 시작하기 전에 질문의 요지를 찾는다. 어려운 문제는 쉬운 문제보다 점수 배점이 높다. 여러분에게 주어진 시간을 현명하게 사용했는가?
   2) '결코'라는 말을 포함하고 있으면 잘못된 답지일 가능성이 높다.
   3) 5, 6번을 건너뛰고 7번을 완성하고 8, 9, 10번을 먼저 할 수 있다.
   4) 문제를 빨리 풀면 10점의 보너스 문제를 풀 수 있다.

자료번호 : Ⅲ-J-45
영역 : 학업발달

지시사항 따르기

구분	내용		
활동영역	교육 및 직업 발달	활동범주	공부 및 기본적 학습기술의 향상
활동목표	일생을 통해 활용할 수 있는 학습 습관 및 기술을 개발하는 방법을 안다.		
활동대상	고등학교 1~2학년	소요시간	50분
준비물	교사: '나는 왜 활동내용을 따라가지 못할까?' 활동지, '지시사항 따르기' 참고자료	집단크기	학급 전체
활동소개	지시사항을 따르는 것은 중요한 기술로 학교와 사회에서의 성취와 관련된다. 이 활동은 학생들에게 지시사항을 따르지 않는 이유를 살펴보고, 지시사항 따르기 연습의 계기를 제공한다.		
활동절차	1. '지시사항 따르기' 참고자료를 이용하여 학교에서 지시사항을 따르는 것의 필요성을 이야기한다. 2. 학생들에게 지시사항을 잘 따르지 않아서 곤란을 겪었던 최근의 경험을 이야기해 보게 한다. 3. 그 경험에서 지시사항을 따르지 않았던 이유와 그와 관련된 불이익에 대해 이야기 나누어 본다. 4. '나는 왜 활동내용을 따라가지 못할까?' 활동지를 학생들에게 나누어 주고 작성하도록 한다. 5. 학생들 각자 지시사항을 따르지 않는 원인에 대해 함께 이야기 나누어 보고 그 해결책을 모색해 본다. 6. 이번 연습을 통해 얻게 된 점을 서로 이야기해 본다.		
유의사항	학생들이 활동에서 거부감이 생기지 않도록 부드러운 분위기를 조성하는 것이 필요하며, 너무 빨리 활동지를 완성한 학생이나 모든 이유에 적절하다고 표시한 학생은 주의 깊게 살펴보아야 한다.		

나는 왜 활동내용을 따라가지 못할까?

활동지 번호
: Ⅲ-J-45

_____학년 _____반 _____번
이름: ____________________

여러분이 학교활동을 따라가지 못하는 이유를 다음과 같이 기술했습니다. 여러분이 생각하기에 적당한 이유가 되는 항목에 √표 하세요.

번호	내가 학교활동을 따라가지 못하는 이유	그렇다	보통	아니다
1	나는 학교를 싫어한다.			
2	나는 학급이 종종 싫다.			
3	나는 가끔 다른 생각을 한다.			
4	나는 밤에 잠을 충분히 자지 못한다.			
5	나는 몇몇 선생님을 싫어한다.			
6	나는 숙제를 싫어한다.			
7	나는 간섭받는 것이 싫다.			
8	나는 부족한 학생이다.			
9	나는 학교에 있는 것이 지루하다.			
10	나는 백일몽을 꾼다.			
11	나는 다른 곳에 있는 것이 더 낫다고 생각한다.			
12	나는 몸이 아프다.			
13	나는 하루 종일 학교에 있을 수 없다.			
14	나는 과제를 다 할 수가 없다.			
15	나는 흥미가 없다.			
16	나는 항상 소음에 시달린다.			
17	누군가 항상 나를 방해한다.			
18	나는 배운 내용을 기억하는 것이 어렵다			
19	나는 즉시 공부하기 어렵다.			
20	나는 필기도구가 부족하다.			
21	교사들은 나를 좋아하지 않는다.			
22	나는 다른 일을 하고 싶다.			

참고자료 번호 : Ⅲ-J-45

지시사항 따르기

이 활동을 지도할 때 다음 사항을 참고하세요.

1. 지시사항 준수의 중요성

학교에서는 지시사항에 귀 기울여야 한다. 그렇지 않으면 성적이 나쁘거나 추가 학습이 발생할 수도 있다. 따라서 지시사항을 끝까지 다 듣는 습관을 기르는 것은 중요하다. 교사들은 자신만의 지시방법을 가지고 있다. 학생들은 교사들의 지시사항이 같다거나 끝까지 다 듣지 않아도 전체 지시사항을 알 수 있다고 생각해서는 안 된다. 글로 쓰인 지시사항에서도 마찬가지다. 진위형 시험을 치른다고 해서 무조건 답에 T나 F를 써서는 안 된다. 경우에 따라서는 그 문장이 사실인 경우 1로, 거짓인 경우는 2로 쓰라고 요구하는 경우도 있다.

2. 지시사항을 따르지 않았을 때의 불이익

학교 장면에서 벗어나면 글로 된 지시사항을 제대로 따르지 않는 것의 심각성이 더 커질 수 있다. 약, 인형, 도구, 전자제품 등의 지시사항은 여러분과 상품을 보호하기 위해 있는 것이다. 지시사항을 주의 깊게 읽고 따르지 않으면 여러분이 다칠 수도 있고 상품이 손상될 수도 있다. 이와 같이 지시사항을 정확히 읽고 따르는 것도 하나의 중요한 기술로서 학교 현장에서뿐만 아니라 밖에서도 유용하다.

효과적인 공부

구분	내용		
활동영역	교육 및 직업 발달	활동범주	공부 및 기본적 학습기술의 향상
활동목표	공부하는 방법을 알고 공부시간에 최선의 효과를 거두는 방법을 안다.		
활동대상	고등학교 1～2학년	소요시간	50분
준비물	교사: '효과적인 학습방법' 읽기자료	집단크기	학급 전체
활동소개	학생들이 어떻게 공부하는지 조사하고, 학생들의 발표 내용 중 유용한 것을 학급 전체와 공유한다.		
활동절차	1. 학생들에게 "자신의 학습방법에 대해 얘기해 볼까요?"라고 질문해 본다.(구체적인 학습방법에 대한 질문 및 전반적 학습 스타일에 관한 질문일 수 있다.) 2. 학습에 있어 구체적으로 어떤 어려운 점들이 있는지 이야기해 보도록 한다. 3. '효과적인 학습방법' 읽기자료를 나누어 주고, 학습에 관련된 전반적인 방법을 설명해 준다. 4. 학습방법과 관련된 학생들의 질문을 받고 함께 생각해 보는 시간을 가진다. 5. 학생들 각자에게 자신만의 공부방법을 찾을 수 있도록 안내해 준다.		
유의사항	자신만의 공부방법을 찾은 학생들에게는 더 심화된 공부방법에 대한 안내 제시가 필요하며 학습방법은 각자 다를 수 있음을 인지시킨다.		

효과적인 학습방법

다음은 학습방법에 대한 일반적인 내용입니다.

1. 장(chapter) 전체를 개관하기
   1) 장 표제
   2) 보기(또는 삽화)
   3) 도입과 요약
   4) 학습 문제

2. 읽기
   1) 새로운 단어들의 의미 파악
   2) 전체적인 맥락을 파악하기 위해 알아야 할 내용 생각해 보기
   3) 각 단락이나 부분의 주요 생각 찾기
   4) 교재 외에 다른 보충학습 자료를 활용하기

3. 필기
   1) 기본 윤곽
   2) 마인드맵 그리기: 그림 윤곽에 색깔 넣기, 테두리, 밑줄, 화살표, 생각의 구조를 비교하는 공간 배치
   3) 필기 점검: 복습 계획 수립

4. 듣기
   1) 주요 생각을 정리하며 듣기
   2) 지시 따르기

5. 시험 준비
   1) 중요한 사실들과 활동, 학습 필기에서의 중요한 내용들을 복습하기
   2) 예상 문제 만들기
   3) 최소 2시간 이상의 학습시간을 할당하기

6. 시험 보기

1) 지시문과 질문을 자세히 읽기
2) 주요 단어나 전체적인 맥락에 따라 서술형 질문에 대한 답을 계획하기
3) 시험 문제의 다양한 유형에 익숙해지기
4) 질문의 종류와 중요도를 고려해 시간 분배를 계획하기

7. 시간계획

1) 할당량과 읽을 기한을 설정하기
2) 매일 정해진 학습시간을 제외한 나머지 시간에 대한 계획 수집하기
3) 공부시간에 해야 할 과제들을 적절히 배분하기

8. 물리적 환경 배치

1) 공부하는 책상이나 탁자의 크기는 충분한가?
2) 학습 공간은 정리되어 있고 주의를 분산시킬 수 있는 요소는 없는가?
3) 조용한 공간(소음으로부터 자유로운 곳)에서 공부하는가?
4) 다른 사람과 같이 하기보다는 혼자 학습하는가?
5) 언제 주로 공부를 시작하는가? 필요한 학습도구들을 갖고 있는가?

※ 뇌반구에 대한 최근의 조사에서는 학습기술의 단계와 관련된 몇 가지 놀라운 가능성을 발견했다. 조사에 따르면 좌뇌보다 우뇌가 더 발달한 학생들은 다음 방법을 통해서 효과를 얻을 수 있다고 한다.

• 조용한 배경음악(듣기 편한 음악이나 부드러운 록 음악)과 함께 학습하기
• 마루에 앉거나 누워 읽기/학습하기
• 걸어가면서 읽기/학습하기

자료번호 : Ⅲ-J-47
영역 : 학업발달

필기요령

구분	내용		
활동영역	교육 및 직업 발달	활동범주	공부 및 기본적 학습기술의 향상
활동목표	필기하는 요령을 안다.		
활동대상	고등학교 1~2학년	소요시간	50분
준비물	교사: '메모의 기술' 활동지, '구술 정보를 듣고 필기하기' 읽기자료, "메모의 기술' 설명자료' 참고자료	집단크기	소집단, 학급 전체
활동소개	이 활동은 학생들에게 필기의 중요성을 인식시키고, 실제적인 노트 필기에 대해 가르침으로써 필기능력을 향상시키는 데 목적이 있다.		
활동절차	1. '구술 정보를 듣고 필기하기' 읽기자료를 학생들에게 읽어 주고 중요한 사실/정보를 적어 보도록 한다. 2. '구술 정보를 듣고 필기하기' 읽기자료를 학생들에게 나누어 준다. 3. 함께 큰 소리로 읽고 학생들에게 중요하다고 느낀 것을 개별적으로 결정하여 메모하도록 한다. 4. 학생들을 소집단으로 만들고 각자의 메모를 비교하게 하고 그 단락에서 가장 중요한 것이 무엇이었는지 소집단별로 의견을 모아 보게 한다. 5. 각 소집단은 가장 중요하다고 생각한 것에 대해 발표하고 그동안에 리더는 칠판에 그것을 기록한다. 6. 전체 학생들이 중요하다고 동의한 사안을 칠판에 다시 쓴다. 7. 리더는 '메모의 기술' 설명자료의 메시지를 큰 소리로 읽고 학생들은 '메모의 기술' 활동지에 각 메시지의 중요 정보를 필기한다. 8. 학생들이 듣고 기록한 내용에 대해 이야기한 후, 활동에서 느낀 점을 서로 나누며 활동을 마무리한다. 이때 메시지의 중요한 내용과 중요하지 않은 세부사항을 구별하도록 도와주어야 한다.		
유의사항	내용을 잘 파악하지 못하는 학생들에게는 개별적인 도움을 줄 수 있다.		

메모의 기술

활동지 번호
: Ⅲ-J-47

_____학년 _____반 _____번

이름: ____________________

들려주는 메시지를 1회 듣고 중요한 정보를 적어 봅시다.

1. 메시지 A

____

____

____

____

2. 메시지 B

____

____

____

____

3. 메시지 C

____

____

____

____

4. 메시지 D

____

____

____

____

읽기자료 번호
: Ⅲ-J-47

구술 정보를 듣고 필기하기

다음의 구인광고를 듣고 그 광고에서 가장 중요한 사실이 무엇인지 적어 봅시다. (1회 읽기)

> **구인광고**
>
> 여기 여러분을 위한 직장이 있습니다! 도넛을 만들 때 나는 달콤한 향은 여러분이 도넛 천국에서 일하는 것을 좋아하게 만들 것입니다. 도넛 천국은 가경동과 조치원역에 위치해 있습니다. 우리는 이번 여름 주중 오전 7시부터 오후 1시까지 이곳에서 열심히 일할 분이 필요합니다. 가끔 금요일이나 토요일 저녁 6시에서 9시까지 일을 할 수도 있습니다. 시급은 4,000원입니다. 이 직장에 지원하기 위해서는 최소한 17세 이상이어야 합니다. 가게 바로 앞에 버스 정류장이 있어 찾아오기가 쉽습니다. 카운터 청소, 마룻바닥 쓸기, 쓰레기 줍기, 그 밖의 잔일들을 하게 될 것입니다. 이후에 카운터에서 일할 새로운 사람을 필요로 하게 될 때, 여러분은 보다 높은 보수를 주는 자리로 승진할 기회를 가질 것입니다. 만약 이곳에서 일하고 싶다면 방문 약속을 위해 월요일이나 화요일 오후 6시 이후에 043) 555-××××번으로 송일민 씨에게 전화를 해 주십시오.

중요한 사실/정보

- 업체의 장소와 위치: ______________________
- 근무시간: ______________________
- 급료: ______________________
- 나이: ______________________
- 하는 일: ______________________
- 승진 기회: ______________________
- 담당자 / 전화번호: ______________________
- 기타 기억에 남아 있는 것: ______________________

다음 글을 읽고 가장 중요한 사실/정보가 무엇인지 적어 봅시다.

구술 정보를 듣고 필기하는 방법

때때로 우리는 많은 정보를 말로 전달받고 전달한다. 선생님들은 우리가 알아야 할 필요가 있는 사실들을 말해 주고, 친구는 다음 주에 열릴 동아리 모임에 관해 말한다. 우리는 정확한 시간과 장소를 확인하고 싶어 한다.

눈으로 읽지 않고 귀로 들어서 얻게 되는 정보를 구술 정보라고 한다. 구술이라는 말은 '입'을 뜻하는 라틴어의 'OS'에서 유래했다. 그래서 구두어로 얻게 되는 정보를 구술 정보라고 한다. 구술 정보를 이해하는 것은 종종 더 어렵고 곤란할 때가 있다. 왜냐하면 한 번 들은 정보를 다시 확인할 수 없기 때문이다. 때때로 정보를 전달하는 사람이 너무 빠른 속도로 말해서 모든 것을 기억하지 못하기도 한다. 또 주의 깊게 듣지 않으면 중요한 정보를 놓치기도 쉽다.

구술 정보를 이해하는 데 있어서 누군가가 말을 하는 동안 창밖을 쳐다보거나 새로 산 파란 신발을 쳐다보는 등의 행동을 하지 않고 주의 깊게 듣는 것은 매우 중요하다. 또한 사람이 말을 다 마치거나 최소한 하나의 생각을 다 말했을 때, 그것들을 잘 기억할 수 있도록 자신의 말로 중심 사항을 기록해 둔다면 도움이 될 것이다. 만약 역사교사가 너무 빠르게 말하고 우리가 이해할 수 없는 단어를 너무 많이 사용한다면, 우리는 교사에게 말의 속도를 늦추거나 말한 내용을 반복해 줄 것을, 또는 이해할 수 없는 단어를 설명해 줄 것을 요청할 필요가 있다. 그다음에 우리는 배운 내용을 기록할 필요가 있다. 어떤 사람은 잉크펜으로 쓰는 것을 좋아하고, 어떤 사람들은 연필로 기록하는 것을 좋아한다. 또 어떤 사람은 스프링 노트를 좋아하고, 어떤 사람은 루스리프식 노트(낱장으로 페이지를 마음대로 뺐다 끼웠다 할 수 있는 노트)를 좋아한다. 무엇을 사용하든지 사람들은 기록을 했을 때 더 잘 이해할 수가 있다.

중요한 사실/정보

참고자료 번호 : Ⅲ-J-47

'메모의 기술' 설명자료

'메모의 기술' 활동지를 나누어 주고 학생들에게 다음의 메시지를 읽어 주세요.

1. 메시지 A

최순구 씨에게 그의 아내가 2시간 늦게 퇴근할 것이니 5시까지 어린이집에 딸을 데리러 가야 된다고 전해 주세요.

2. 메시지 B

손님이 주문하신 햄버거는 15개로, 그중 5개는 케첩과 상추를 넣고 3개는 양파만 넣고 4개는 겨자와 마요네즈를 넣고 2개는 모두 다 넣고 나머지 하나는 고기만 넣도록 하겠습니다. 28분 후에 준비되겠습니다.

3. 메시지 C

놀러 가기 전에 가게에 가서 쌀 10kg과 돼지고지 1kg을 사 오렴. 그다음에는 방 청소하고, 쓰레기 내다 버리고, 신발 닦고, 옷은 다림질해야 한다. 밤 9시까지는 들어오렴. －사랑하는 엄마가

4. 메시지 D

나는 김성수다. 산울림극단에서 신인배우 오디션을 맡고 있다. 박성규와 이나리에게 오디션에 합격했다고 전해 주어라. 그들은 내일 오후 4시 30분까지 나에게 연락해야 한다. 그렇지 않으면 다른 사람으로 대체할 예정이다. 내 전화번호는 051-555-××××다. 연습할 수 있는 테니스 신발과 편안한 복장을 가져와야 한다. 첫 연습은 다음 주 화요일 극단 연습실에서 오후 5시 30분에 있을 것이다.

노트 필기 방법

자료번호 : Ⅲ-J-47
영역 : 학업발달

구분	내 용		
활동영역	교육 및 직업 발달	활동범주	공부 및 기본적 학습기술의 향상
활동목표	필기하는 요령을 안다.		
활동대상	고등학교 1~2학년	소요시간	50분
준비물	교사: '메시지 기록하기' 활동지, '듣고 필기하는 방법' '요점 정리하기' 참고자료	집단크기	학급 전체
활동소개	학생들에게 구술로 제시되는 정보를 정리해 볼 수 있는 기회를 제공한다.		
활동절차	1. 정확한 노트 필기기술을 개발하는 것은 개인 생활뿐만 아니라 학교생활, 직업 세계를 통해 학생들에게 도움이 될 수 있음을 소개한다. 2. 학생들에게 '듣고 필기하는 방법' 참고자료의 내용을 읽어 준다. 3. 학생들에게 '요점 정리하기' 참고자료를 읽어 주고, 듣는 동안 중요한 사실을 기록하도록 한다. 4. 학생들은 필기한 내용을 발표해 본다. 5. 정보를 다시 읽어 주고 빠진 정보를 기록하도록 한다. 6. 학생들에게 전화로 주어지는 짧은 메시지를 만들어 보도록 한다. 그 메시지는 사업, 파티 초대와 같은 사교적인 것과 관련 있으며 긴급한 것일 수도 있다. 7. 메시지의 제공자 혹은 수신자 역할극을 할 10명의 지원자를 받고, 나머지 학생들은 제공자의 메시지를 들으면서 '메시지 기록하기' 활동지에 내용을 적어 보도록 한다. 8. 모든 활동을 한 후, 학생들에게 그들의 노트 필기기술을 평가하고, 이 기술을 개선시키기 위한 생각들을 말하도록 한다('요점 정리하기' 참고자료 참조).		
유의사항	듣기와 쓰기 등의 문제가 이번 활동에서 관찰될 수 있는데, 이때 교사는 어려움을 나타내는 학생과의 추후 만남을 준비해야 한다. 그리고 교사는 필요에 따라 미리 전화 메시지를 녹음해도 된다.		

활동지 번호 : Ⅲ-J-47

메시지 기록하기

_____학년 _____반 _____번
이름: ____________________

반 친구가 여러분에게 전화로 메시지를 제공할 때 주의 깊게 듣습니다. 여러분의 말로 그 메시지를 받아 적는데, 모든 말을 다 적으려고 애쓰지 말고 중요한 정보만 적습니다.

누구에게 ______________________________
날짜 __________ 시간 __________

여러분이 외출 중이었을 때

전화를 했음 ______ 전화를 요청함 ______
여러분을 만나기 위해 전화를 했음 ______ 다시 전화를 건다고 했음 ______
여러분을 만나기를 원했음 ______ 여러분의 전화에 대한 답변이었음 ______

메시지
____
____

누구에게 ______________________________
날짜 __________ 시간 __________

여러분이 외출 중이었을 때

전화를 했음 ______ 전화를 요청함 ______
여러분을 만나기 위해 전화를 했음 ______ 다시 전화를 건다고 했음 ______
여러분을 만나기를 원했음 ______ 여러분의 전화에 대한 답변이었음 ______

메시지
____
____

듣고 필기하는 방법

참고자료 번호
: Ⅲ－J－47－①

구술 정보를 듣고 필기하는 방법에 대한 설명입니다.

때때로 우리는 많은 정보를 말로 전달받고 전달한다. 선생님들은 우리가 알아야 할 필요가 있는 사실들을 말해 주고, 친구는 다음 주에 열릴 동아리 모임에 관해 말한다. 우리는 정확한 시간과 장소를 확인하고 싶어 한다.

눈으로 읽지 않고 귀로 들어서 얻게 되는 정보를 구술 정보라고 한다. 구술이라는 말은 '입'을 뜻하는 라틴어의 'OS'에서 유래했다. 그래서 구두어로 얻게 되는 정보를 구술 정보라고 한다. 구술 정보를 이해하는 것은 종종 더 어렵고 곤란할 때가 있다. 왜냐하면 한 번 들은 정보를 다시 확인할 수 없기 때문이다. 때때로 정보를 전달하는 사람이 너무 빠른 속도로 말해서 모든 것을 기억하지 못하기도 한다. 또 주의 깊게 듣지 않으면 중요한 정보를 놓치기도 쉽다.

구술 정보를 이해하는 데 있어서 누군가가 말을 하는 동안 창밖을 쳐다보거나 새로 산 파란 신발을 쳐다보는 등의 행동을 하지 않고 주의 깊게 듣는 것은 매우 중요하다. 또한 사람이 말을 다 마치거나 최소한 하나의 생각을 다 말했을 때, 그것들을 잘 기억할 수 있도록 자신의 말로 중심 사항을 기록해 둔다면 도움이 될 것이다. 만약 역사교사가 너무 빠르게 말하고 우리가 이해할 수 없는 단어를 너무 많이 사용한다면, 우리는 교사에게 말의 속도를 늦추거나 말한 내용을 반복해 줄 것을, 또는 이해할 수 없는 단어를 설명해 줄 것을 요청할 필요가 있다. 그다음에 우리는 배운 내용을 기록할 필요가 있다. 어떤 사람은 잉크펜으로 쓰는 것을 좋아하고, 어떤 사람들은 연필로 기록하는 것을 좋아한다. 또 어떤 사람은 스프링 노트를 좋아하고, 어떤 사람은 루스리프식 노트(낱장으로 페이지를 마음대로 뺐다 끼웠다 할 수 있는 노트)를 좋아한다. 무엇을 사용하든지 사람들은 기록을 했을 때 더 잘 이해할 수가 있다.

참고자료 번호 : Ⅲ-J-47-②

요점 정리하기

학생들에게 다음의 글을 읽어 주고, 듣는 동안 중요한 사실을 기록해 보도록 합니다.

> 구인광고
>
> 여기 여러분을 위한 직장이 있습니다! 도넛을 만들 때 나는 달콤한 향은 여러분이 도넛 천국에서 일하는 것을 좋아하게 만들 것입니다. 도넛 천국은 가경동과 조치원역에 위치해 있습니다. 우리는 이번 여름 주중 오전 7시부터 오후 1시까지 이곳에서 열심히 일할 분이 필요합니다. 가끔 금요일이나 토요일 저녁 6시에서 9시까지 일을 할 수도 있습니다. 시급은 4,000원입니다. 이 직장에 지원하기 위해서는 최소한 17세 이상이어야 합니다. 가게 바로 앞에 버스 정류장이 있어 찾아오기가 쉽습니다. 카운터 청소, 마룻바닥 쓸기, 쓰레기 줍기, 그 밖의 잔일들을 하게 될 것입니다. 이후에 카운터에서 일할 새로운 사람을 필요로 하게 될 때, 여러분은 보다 높은 보수를 주는 자리로 승진할 기회를 가질 것입니다. 만약 이곳에서 일하고 싶다면 방문 약속을 위해 월요일이나 화요일 오후 6시 이후에 043) 555-××××번으로 송일민 씨에게 전화를 해 주십시오.

학생들에게 그들의 노트 필기기술을 평가해 보고 문제점을 개선하는 방법에 대해 생각해 보도록 합니다.

이 활동은 노트 필기를 통한 자기 평가의 방법을 제공하기 때문에 학생들에게 도움이 된다. 학생들이 발견한 자신의 문제점에는 다음과 같은 것들이 있을 수 있다.

1. 메시지의 일부분만을 듣고 곧바로 기록을 시작하느라 중요한 사항을 놓친다.
2. 중요하지 않은 정보까지 장황하게 기록한다.
3. 중요한 정보와 그렇지 않은 정보를 구분하기가 어렵다.
4. 맞춤법에 문제가 있다.

효과적인 노트법

자료번호 : Ⅲ-J-47
영역 : 학업발달

구분	내용		
활동영역	교육 및 직업 발달	활동범주	공부 및 기본적 학습 기술의 향상
활동목표	필기하는 요령을 안다.		
활동대상	고등학교 1~2학년	소요시간	50분
준비물	교사: '노트 필기 점검목록' 활동지, '효과적인 노트법' 참고자료	집단크기	학급 전체
활동소개	학생들에게 노트 필기의 중요성을 인식시키고 실제 노트 필기요령을 숙지시킨다.		
활동절차	1. "왜 수업시간에 들은 내용을 필기해야 할까요?"라고 질문해 본다. 2. 학생들과 의견을 나눈 후 노트 필기의 중요성에 대해 이야기한다. 3. 학생들에게 '노트 필기 점검목록' 활동지를 나누어 준 후 작성하도록 한다. 4. 자신의 '노트 필기 점검목록'을 분석하고 친구들과 함께 의견을 나누는 시간을 가지도록 한다. 5. 자신의 부족한 부분을 어떻게 보완해 나갈 것인지를 각자 생각해 보도록 한다. 6. 학생들이 참고할 수 있도록 효과적인 노트법에 대해 설명해 준다('효과적인 노트법' 참고자료 참조). 7. 학생들의 질문을 받고, 학생들이 서로 노트 필기에 대한 정보를 공유하는 시간을 가지도록 한다.		
유의사항	노트법은 정해져 있는 것이 아니며 자신의 스타일에 따라 다양하게 변화될 수 있음을 숙지시키고, 학생들이 자신만의 노트 필기법을 찾을 수 있도록 도와준다.		

활동지 번호 : Ⅲ-J-47

노트 필기 점검목록

_____학년 _____반 _____번

이름: __________________

노트 필기를 효율적으로 하기 위해 다음의 사항에 주의해야 합니다. 다음의 각 문항에 대해 '① 매우 그렇지 않다, ② 그렇지 않다, ③ 보통이다, ④ 주로 그렇다, ⑤ 항상 그렇다' 가운데 자신에게 해당하는 번호를 기입해 봅시다.

수업이 시작되기 전

1. 수업시간에 배울 내용을 미리 읽는가? ( )
2. 지난 시간 학습 내용을 복습하는가? ( )
3. 주제와 관련된 내 경험과 학습을 연관시켜 보는가? ( )
4. 수업에 필요한 자료는 모두 준비되어 있는가? ( )
5. 노트에 복습란을 만들고 활용하는가? ( )

수업을 듣는 동안

6. 교과에 흥미를 가지고 정신을 집중하는가? ( )
7. 수업에서 핵심적인 내용을 정확하게 기록하는가? ( )
8. 펜으로 읽기 쉽고 수정하기 쉽게 기록하는가? ( )
9. 선생님의 강의를 정리하는 데 노트 작성은 효율적인가? ( )
10. 혼란스러운 내용을 학습했을 때 노트에 메모한 후 질문하는가? ( )
11. 기록이 정확한지 확인하는가? ( )
12. 학습자료를 자세히 검토하는가? ( )

수업이 끝난 후

13. 노트 필기 내용을 다시 복습하는가? ( )
14. 이해가 안 되는 부분을 정확하게 이해하려고 노력하는가? ( )
15. 부족한 부분이 있다고 느껴지면 친구의 노트와 비교하여 정리하는가? ( )

※ 위 사항들을 체크한 후 문제가 되는 부분이 있다면 습관을 고치도록 노력해야 합니다.

효과적인 노트법

'노트 필기 점검목록' 활동지를 한 후 학생들에게 다음 사항을 조언해 주세요.

효과적인 노트법 1

1. 노트는 세 부분으로 나눈다.
2. 첫째 칸에는 제목이나 중요한 개념을 적는다.
3. 가운데 넓은 부분에 필기하며, 칠판에 기록된 것뿐만 아니라 말로만 설명하는 중요한 내용도 필기해야 한다.
4. 마지막 칸에는 자신이 이해한 것이나 질문사항을 적는다.
5. 수업이 끝난 직후 수업 내용을 요약하고 확인하여 자신이 잘못 적은 부분이 있으면 곧 수정하거나 보완한다.
6. 수업 후의 간단한 복습요령은 넓은 부분을 덮고 첫째 칸에 있는 제목만 보고 자신이 학습한 내용을 속으로 소리 내어 자신에게 설명할 수 있는지 확인하는 것이다.
7. 학습한 내용의 적절한 예를 자신의 생활 속에서 찾아볼 수 있는지 생각한다. 생각이 정리되지 않으면 책이나 참고서 등을 찾아서 확실한 예를 생각한다.
8. 필기한 내용을 다시 확인하면서 천천히 읽어 본다.

효과적인 노트법 2

1. 수업내용 중 중요한 핵심 내용을 중심으로 요약하여 적는다.
2. 자신의 생각을 구분해서 적어 둔다.
3. 왼쪽에 약 6㎝ 정도 여백란을 두어 노트한 내용 중 생각해 볼 만한 사항을 적어 넣는다.
4. 아래쪽에 약 5㎝ 정도 여백란을 두어 노트한 내용을 한두 문장으로 요약한다.
5. 한 가지 제목에 관련 내용이 많을 때는 일련번호를 붙인다.
6. 관련된 내용이 흩어져 있을 때는 가위로 잘라 붙이거나 포스트잇을 사용하여 관리한다.
7. 노트 내용 중 분명하지 못한 내용은 교재에서 확인하거나 교사에게 물어보고 보충한다.
8. 자기만의 약자, 약어를 개발한다.

   예 시험에 나올 내용 → 시　　　반복, 강조 → ★, 반
   나만의 좋은 아이디어 → ※　　　잘 모르겠음 → ????

자료번호 : Ⅲ-M-50
영역 : 학업발달

졸업생의 경험 나누기

구분	내용		
활동영역	교육 및 직업 발달	활동범주	졸업한 친구 및 타인으로부터 학습하기
활동목표	졸업생들이 어떤 직업을 가지고 어느 곳에서 일하는지 안다.		
활동대상	고등학교 1~2학년	소요시간	100분
준비물	교사: '졸업생에게 할 질문' 활동지, '준비 절차' '졸업생 초대장' 참고자료	집단크기	학급 전체
활동소개	가장 최근의 졸업생들이 진로 선택에 대한 그들의 경험과 생각들을 신입생이나 재학생들과 함께 공유한다면 학생들에게 그들이 가진 선택의 범위를 알아보는 유용한 기회가 될 것이다.		
활동절차	1. 학기초부터 교사는 '준비 절차' 참고자료를 바탕으로 활동을 준비한다. 2. '준비 절차' 참고자료에서 분류한 세 집단의 졸업생들을 교실에 모이게 한다. 3. 첫 번째 집단을 소개하고 학생들에게 질문하도록 한다('졸업생에게 할 질문' 활동지 활용). 특정 질문에 대해서는 답하지 않아도 됨을 졸업생들에게 알려 준다. 4. 졸업생 각자에게 '고등학교 시절의 경험 중 가장 도움이 되는 것' 또는 '만약 고등학생으로 되돌아간다면 무엇을 어떻게 할 것이다.'와 같은 주제에 관해 간단히 2분 정도 이야기해 줄 것을 부탁한다. 5. 졸업생 각각에게 말할 수 있는 시간을 주고, 재학생들에게 아직 하지 못한 질문을 할 수 있는 시간을 준다. 6. 두 번째와 세 번째 집단에게도 같은 형식으로 진행한다. 7. 이러한 일련의 활동 후 졸업생과 재학생들 간에 자유로운 만남의 시간을 가지도록 한다. 8. 교사는 학생들이 졸업생들에게 감사장을 쓰게 한다.		
유의사항	시간은 진행 상황에 따라 적절히 2차시로 배부한다. 감사장을 쓸 때는 학생들에게 특정 졸업생을 한 명씩 선정해 주는 것이 좋다.		

졸업생에게 할 질문

활동지 번호
: Ⅲ－M－50

_____학년 _____반 _____번

이름: ____________________

졸업생들에게 물어볼 질문 세 가지를 정합니다. 만약 생각하기 어렵다면 아래의 질문을 참고하세요.

졸업생에게 할 질문

- 질문 1: ____
- 질문 2: ____
- 질문 3: ____

권장할 만한 질문

- 고등학교를 졸업한 후 첫 직장을 구하는 데 어떤 어려움을 겪었고 어떤 절차를 밟았습니까?
- 고등학교 교육내용 중 선배님의 취직 준비에 도움이 되었던 것이 있습니까?
- 대학이나 직업 관련 학교에 입학했을 때, 선배님에게 어려웠던 과정들이 있었습니까? 만약 있었다면 어떤 과정이었습니까?
- 고등학교에서 받았으면 좋았을 교육과정은 무엇입니까?
- 현재 고등학교에 재학 중인 학생들에게 해 주고 싶은 충고는 무엇입니까?
- 선배님의 직업이나 대학생활에서 가장 어려운 점은 무엇입니까?

참고자료 번호
: Ⅲ-M-50-①

준비 절차

이 활동을 준비할 때 다음을 참고하세요.

1. 학기초에 교사는 반 학생들에게 본교 졸업생과 친분이 있는 사람이 있는지 조사한다. 만약 친분이 있는 사람이 있다면 그 졸업생의 신상 정보를 메모해 둔다.
2. 졸업생과 친분이 있는 학생들에게 초대장 양식('졸업생 초대장' 참고자료 참조)을 나누어 주고 졸업생들에게 초대장을 전달한 다음 신상정보를 작성하여 회송하게 한다. 답장기간은 한 달 이상을 넘기지 않는 범위로 정한다.
3. 답장들을 모아서 세 가지 기준에 따라 분류한다.
   1) 취업 중인 상태
   2) 대학 또는 직업 교육기관에 다니는 상태
   3) 실업자이자 학교에 다니지 않는 상태
4. 많은 졸업생들이 시간을 내기 쉬운 기간인 겨울방학이나 봄방학 즈음으로 날을 하루 정한다.
5. 이 활동에 참여할 것을 초대하는 편지를 졸업생들에게 보낸다. 날짜, 시간, 장소 그리고 이 활동의 목적을 첨부한다.
6. 취업 중인 졸업생들에게 이 활동에 참여하기 위한 시간을 허락받을 수 있도록 그들의 고용주들에게 보여 줄 편지를 보낸다.
7. 실직 상태이거나 학교를 다니고 있지 않은 졸업생들에게는 그들의 경험이 다른 학생들에게 도움이 될 것임을 분명히 밝힌다.
8. 학생들에게 졸업생들을 만나기 전에 물어볼 질문 세 가지를 준비하도록 권한다. 이때 질문 내용은 학문적이고 직업에 관한 범위 내에서 할 것을 주지시킨다. 만약 학생들이 질문할 목록을 준비하지 않았다면 졸업생들에게 할 추천 질문을 보충자료로 제시한다. 교사는 학생들이 질문을 하도록 고무시키는 집단역동 기술을 사용할 필요가 있다. 즉, 학생들은 졸업생들에게 문서화된 질문사항들을 제출할 수도 있고, 질문사항들을 떠올리기 위한 브레인스토밍 활동을 함께 할 수도 있다. 그 후에 전체 집단을 위한 질문이 제기된다.

졸업생 초대장

참고자료 번호 : Ⅲ-M-50-②

졸업생에게 안내장을 보낼 때 다음 내용을 참고하세요.

안녕하십니까? 저는 ㅇㅇ고등학교의 교장입니다. 금년 우리 학교는 가까운 시일 내 '졸업생의 경험 나누기' 행사를 개최할 예정입니다. 이 행사는 현재 여러분의 후배들에게 여러분의 고등학교 경험을 바탕으로 한 직접적인 정보를 얻을 수 있는 기회를 제공해 주기 위해 마련됩니다. 여러분의 참여는 후배 학생들이 미래를 계획하는 데 매우 큰 도움이 될 것입니다.

만약 참가할 의사가 있다면 다음의 양식을 작성한 후 잘라서 보내 주십시오. 이 행사는 겨울방학이나 봄방학 즈음에 열릴 예정입니다. 참석해 주시길 진심으로 기대합니다.

ㅇㅇ 고등학교장

'졸업생 경험 나누기'에 참가합니다

이름 ____________________

집 주소 ____________ 메일 주소 ____________

전화번호(집) ____________ (휴대전화) ____________

최종 학력 ____________________
(대학/직업훈련 학교 등)

최근 근무처 ____________________
(회사 이름 / 직위)

회사 주소 ____________ (전화번호) ____________

관리자 이름 ____________________

졸업년도 ____________________

본인은 ____________ 이후로 참석이 가능합니다.
(가능한 날짜)

자료번호 : Ⅲ-M-51
영역 : 학업발달

졸업 이후의 인생

구분	내용		
활동영역	교육 및 직업 발달	활동범주	졸업한 친구 및 타인으로부터 학습하기
활동목표	졸업생들이 취업에서 겪는 문제들이 무엇인지 안다.		
활동대상	고등학교 2~3학년	소요시간	50분
준비물	없음	집단크기	학급 전체
활동소개	졸업한 선배들을 통해 졸업 후에 직면하게 될 여러 문제들을 들을 수 있다. 이러한 경험은 학생들이 스스로 졸업 후의 생활을 더 철저하게 준비할 수 있도록 해 준다.		
활동절차	1. 다양한 분야에서 일하는 졸업생들을 초청한다. 2. 학생들은 졸업생과의 대화 전 물어보고 싶은 질문의 목록을 준비한다. 3. 학급 학생들에게 졸업생들을 소개하고, 이 활동의 목적을 설명한다. 4. 졸업생들이 주어진 주제에 초점을 맞추어 이야기하도록 요청한다. 5. 편안하게 대화를 이끌어 가면서 학생들이 다음과 같은 주제나 도움이 되는 다른 내용에 대해 질문하도록 허용한다. ① 고등학교 다닐 때 졸업 후 무엇을 할 것이라 생각했는가? ② 졸업 후의 생활을 준비하기 위해 스스로 무엇을 해야 하는가? ③ 직면할 문제를 가장 잘 해결하기 위해 어떤 과정이나 활동을 했는가? ④ 졸업한 이래 가장 곤란했던 것이 무엇인가? ⑤ 대학에 진학하거나 고등학교 졸업 후 다른 교육을 받는 데 도움이 되었던 개인이나 대행사(대리인, 단체)가 있었는가? 6. 학생들이 자유롭게 질문할 수 있도록 개방적인 분위기를 만든다. 7. 학생들이 경험을 이야기해 준 졸업생들에게 감사의 인사를 전할 수 있는 시간을 갖는다.		
유의사항	이 활동은 졸업생과 재학생들 모두에게 유익한 시간이어야 한다. 애매모호하거나 주제를 벗어나 다른 관심을 표명하는 학생들에게는 적절한 중재가 필요할 것이다.		

나의 성격유형

구분	내용		
활동영역	교육 및 직업 발달	활동범주	직업 선택 및 훈련
활동목표	나의 가장 강력한 직업 흥미, 적성, 능력이 무엇인지를 안다.		
활동대상	고등학교 1～2학년	소요시간	50분
준비물	교사: '나의 성격유형 1' '나의 성격유형 2' 활동지	집단크기	학급 전체
활동소개	학생들은 각자의 흥미가 어떤 식으로 그들의 직업 선택과 관련되는지를 이해할 필요가 있다.		
활동절차	1. 학생들에게 관심을 가지고 있는 직업들이 있는지 물어본다. 2. 자신의 흥미와 직업 간의 관련성에 대한 이야기를 나누어 본다. 3. 이 활동을 통해 자신의 흥미와 그와 관련 있는 잠재적 직업 선택에 대해 배우게 됨을 말함으로써 학생들에게 동기를 부여한다. 4. 학생들에게 '나의 성격유형 1' 활동지를 작성하도록 한다. 5. 학생들에게 '나의 성격유형 2' 활동지를 작성하도록 한다. 6. 활동을 통해 학생들이 스스로에 대해 발견한 것이 있다면 함께 이야기 나누도록 한다. 7. 이 활동의 목적을 요약한다.		
유의사항	자신이 가질 앞으로의 직업에 대한 생각을 진지하게 할 수 있도록 분위기를 조성한다. 적성검사를 병행하는 것도 권장할 만하다.		

활동지 번호 : Ⅲ-O-52-①

나의 성격유형 1

_____학년 _____반 _____번
이름: ____________________

다음에 여러 문항이 있습니다. 신중하게 살펴보고 자신을 잘 설명한다고 생각되면 문항 앞에 √표 해 봅시다.

그룹 R

_____ 1. 주위 사람들과 너무 다르게 행동하는 것을 좋아하지 않는다.
_____ 2. 다른 사람들에게 얘기할 때 아주 쉽고 개방적으로 얘기한다.
_____ 3. 다른 사람들에게 꾸밈없다.
_____ 4. 나의 성공에 대해 자랑하지 않는다.
_____ 5. 물건을 소유하기를 좋아한다.
_____ 6. 마음이 여유롭다.
_____ 7. 쉽게 희망을 잃지 않는다.
_____ 8. 스스로를 현실적이라고 생각한다.
_____ 9. 부끄러움을 잘 탄다.
_____ 10. 쉽게 화를 내지 않는다.
_____ 11. 저축하는 것을 좋아하고 물건을 구입할 때 아주 싼 것을 산다.

합계 ________

그룹 I

_____ 12. 생각이나 사물들을 세밀하게 실험하고 부분으로 쪼개는 것을 좋아한다.
_____ 13. 위험한 것은 피한다.
_____ 14. 결점이나 잘못을 지적하길 좋아하고 고쳐 주려고 한다.
_____ 15. 질문을 하길 좋아한다.
_____ 16. 스스로 어떤 일들을 하길 좋아한다.
_____ 17. 아주 똑똑하다.
_____ 18. 주변 세계보다는 자기 자신의 생각이나 감정에 더 관심이 많다.
_____ 19. 어떤 일을 할 때 매우 신중하다.
_____ 20. 모든 것이 제대로 고쳐지길 원한다.

_____ 21. 자신의 행동이나 생각이 스스로에게나 다른 사람에게 올바른 것으로 여겨지길 원한다.

_____ 22. 의견이나 판단을 잘 말하지 않는다.

합계 _______

그룹 A

_____ 23. 나는 복잡한 사람이라서 이해하기 힘들다.

_____ 24. 사물의 순서를 바꾸는 것을 꺼리지 않는다.

_____ 25. 자신의 감정에 민감하다.

_____ 26. 자신의 생각을 명확하게 말하길 좋아한다.

_____ 27. 좋은 생각을 많이 하길 좋아한다.

_____ 28. 무언가 상상하길 좋아한다.

_____ 29. 자신의 흥미를 충족시켜 주는 것 외에는 아무런 실질적인 소용이 없는 것들을 좋아한다.

_____ 30. 판단을 아주 빨리 하는 편이다.

_____ 31. 다른 사람들과 다른 것을 아무렇지 않게 생각한다.

_____ 32. 다른 사람은 보지 못하는 것을 잘 보는 편이다.

_____ 33. 다른 사람들과 다르지만 그것이 나를 힘들게 하지는 않는다.

_____ 34. 새로운 것이나 생각을 만들어 내기 좋아한다.

합계 _______

그룹 S

_____ 35. 아주 믿을 만한 사람이다.

_____ 36. 어떤 프로젝트에서 다른 사람들과 일하기 좋아한다.

_____ 37. 다른 사람들과 잘 어울린다.

_____ 38. 남에 대한 이해심이 많다.

_____ 39. 다른 사람을 도와주길 좋아한다.

_____ 40. 연구할 가치가 있는 완벽한 사상이 있다고 생각한다.

_____ 41. 지혜가 많다.

_____ 42. 친절하고 사려 깊은 사람이다.

_____ 43. 옳은 일 하기를 좋아한다.

_____ 44. 어울리기 쉬운 사람이다.

_____ 45. 다른 사람들에게 무례하게 굴지 않는다.

_____ 46. 다른 사람을 잘 인식한다.

합계 _______

그룹 E

_____ 47. 위험을 겁내지 않는다.
_____ 48. 스스로가 좀 더 나아지도록 도전한다.
_____ 49. 다른 사람들이 나를 알아차리도록 만든다.
_____ 50. 다른 사람들에게 무엇을 해야 할지 말하길 좋아한다.
_____ 51. 활동적인 것을 좋아하고 오랫동안 앉아 있지 못한다.
_____ 52. 활동을 할 때 저돌적으로 뛰어드는 편이다.
_____ 53. 가장 좋은 일만이 일어날 것이라고 생각한다.
_____ 54. 기분 좋은 상황을 많이 경험하고 싶어 한다.
_____ 55. 스스로를 아주 자신 있어 한다.
_____ 56. 진심으로 다른 사람을 대한다.
_____ 57. 모든 사람들이 나를 좋아하거나 적어도 나를 알고 있다.

합계 _______

그룹 C

_____ 58. 적절한 때 나타나고 행동할 줄 안다.
_____ 59. 아주 정직하다.
_____ 60. 깔끔하고 정확한 것을 좋아한다.
_____ 61. 모든 변화를 조심스럽게 살펴본다.
_____ 62. 너무 사교적이지 않으려고 한다.
_____ 63. 지시를 잘 따르는 편이다.
_____ 64. 정해진 순서를 따르기 좋아한다.
_____ 65. 쉽게 포기하지 않는다.
_____ 66. 스스로를 현실적이라고 생각한다.
_____ 67. 어떤 것을 상상하는 것을 좋아하지 않는다.
_____ 68. 내가 하는 모든 일에 대해 잘하고 싶어 한다.

합계 _______

⇨ 각 그룹에 총 체크한 수를 아래에 적어 봅시다.

합계: 그룹 R __________	합계: 그룹 I __________
합계: 그룹 A __________	합계: 그룹 S __________
합계: 그룹 E __________	합계: 그룹 C __________

출처: Holland(1992).

나의 성격유형 2

여러분이 사회의 일원이 되면 스스로에게 다른 이름을 부여할 수도 있습니다. 주어진 이름을 바꾸는 것이 아니라 그냥 그것에 새 이름을 더하는 것입니다. 예를 들어, 여러분이 '동굴 탐험을 좋아하는 사람들의 모임'의 일원이라면 스스로를 '동굴 탐험가'라고 부를 수도 있습니다. 우리 스스로에게 지어 준 이름으로 인해 그 그룹에 대한 소속을 보여 주는 것입니다.

1. '나의 성격유형 1' 활동지에 나와 있는 그룹명에 대한 설명이 다음에 제시되어 있습니다. 각 그룹과 관련된 직업을 살펴보세요.

Holland－직업군

- **실재형(realistic) 그룹(R)**: 자동차 정비, 항공교통 관리자, 측량사, 농부, 전기기술자 등과 같이 현실적인 직업. 이 그룹에 속한 사람들은 기계를 다루는 능력이 있다.
- **탐구형(investigative) 그룹(I)**: 생물학자, 화학자, 물리학자, 인류학자, 지질학자, 의료과학자 등과 같이 연구하는 직업. 이 그룹에 속한 사람들은 수학적이고 과학적인 능력을 가지고 있다.
- **예술형(artistic) 그룹(A)**: 작곡가, 음악가, 무대감독, 작가, 실내장식가, 배우 등과 같이 예술적인 직업. 이 그룹에 속한 사람들은 글 쓰는 능력이나 음악적인 능력, 그림 그리는 능력처럼 예술적인 능력을 가지고 있다.
- **사회형(social) 그룹(S)**: 교사, 종교인, 상담가, 심리학자, 간호사, 언어치료사 등과 같이 사회적인 직업. 이 그룹에 속한 사람들은 사회적인 능력과 재능을 가지고 있다.
- **설득형(enterprising) 그룹(E)**: 판매원, 지배인, 회사 이사, 정치가, 스포츠 후원자, 바이어 등과 같이 사업과 관련된 직업. 이 그룹에 속하는 사람들은 리더십과 언변이 뛰어나다.
- **관습형(conventional) 그룹(C)**: 회계사, 속기사, 금융분석가, 은행원, 금융인, 세금전문가 등과 같이 관료적인 직업. 이 그룹에 속하는 사람들은 사무적인 능력과 계산능력을 가지고 있다.

2. 그룹명에 직업들을 넣은 이유는 그러한 직업을 가진 사람들이 여러분이 '나의 성격유형 1' 활동지에서 선택했던 답과 비슷한 성향을 가졌기 때문입니다.

3. '나의 성격유형 1'과 그 그룹들에 대한 설명을 다시 한 번 살펴보세요. 여러분이 여러분 스스로에 대해 느끼는 것과 그룹에 대한 설명을 비교해 보세요. 그리고 여러분이 어느 그룹에 속할지를 생각해 보세요. 다음 문장의 빈칸을 채워 보세요.

나는 ______________ 그룹과 가장 비슷하다.
그다음으로는 ______________ 그룹과 가장 비슷하다.
그다음으로는 ______________ 그룹과 가장 비슷하다.

출처: Holland(1992).

무엇을 먼저? I

자료번호 : Ⅲ-O-53
영역 : 학업발달

구 분	내 용		
활동영역	교육 및 직업 발달	활동범주	직업 선택 및 훈련
활동목표	내가 흥미, 적성, 능력을 가지고 있는 직업 프로그램에 등록하는 데 있어서 도움을 받는다.		
활동대상	고등학교 2~3학년	소요시간	50분
준비물	교사: '무엇을 먼저?' 활동지	집단크기	소집단, 학급 전체
활동소개	이 활동은 졸업반 학생들에게 자신들이 관심을 가지는 졸업 후의 진로가 무엇인지 생각하고 알아보도록 한다.		
활동절차	1. 학생들에게 다음과 같이 말한다. "졸업 후에는 모든 것들이 달라질 것입니다. 그리고 졸업반으로서 여러분은 여러분의 관심 분야에 대해 이야기하고 싶어 할 것입니다. 무엇이 중요하며 가장 관심이 가는 분야가 무엇인지 알아봅시다. 그런 후 우리는 도움이 될 수 있다고 여겨지는 것들에 관한 정보를 수집하고 토론할 수 있습니다. 다음 시간에는 몇몇 졸업생들이 여러분의 질문과 관심 분야에 대한 답변에 도움을 주기 위해 이곳을 방문할 것입니다." 2. '무엇을 먼저?' 활동지를 배부하고 관심사를 조사한다. 3. 활동지가 다 작성되고 나면 상담자는 요청된 사항들에 대한 토의를 위해 몇몇 지원한 조언자들과 함께 모임을 갖고 사전에 활동계획을 논의해야 한다.		
유의사항	학생들은 졸업을 생각하면 새로운 환경과 책임감 그리고 역할에 대해 불안을 느끼므로 이 감정을 잘 다스릴 수 있도록 지도한다.		

활동지 번호
: Ⅲ-O-53

무엇을 먼저?

_____학년 _____반 _____번

이름: ____________________

다음 질문을 읽고 답해 봅시다.

1. 첫 번째 칸에는 여러분이 졸업생들과 함께 토론하고 싶은 주제인지 여부를 표시합니다.
2. 두 번째 칸에는 여러분이 선택한 주제와 연관이 있거나 그에 대해 이야기해 줄 수 있는 사람을 알고 있으면 적습니다.
3. 세 번째 칸에는 토론하고 싶은 세부내용들을 적습니다.

주 제	토론을 원하는지의 여부	정보제공 가능자	세부 주제
직업을 구하기			
추천인과 보증인을 선정하기			
모집광고 살펴보기			
직업소개소 이용하기			
이력서 쓰기와 활용하기			
직업에 대해 조사한 것 숙지하기			
면접 보기			
특별히 유의할 점			
예산 세우기(등록금, 생활비, 아르바이트 등)			
학교 가는 방법			
타지 생활방법			
집에 사는 것과 통학과 통근에 적응하기			
새로운 친구 사귀기			
월간 소요경비			

시간 관리하기			
학교에서 겪는 어려움에 대한 도움 구하기			
방세와 식비 지불하기			
‘성인’의 특권 누리기			
가족에 대한 책임감 이해하기			
방이나 아파트 빌리기			
식품비 예상하기			
법적, 사업적 관계 고려하기			
동거인 선택하기			
새로운 사회생활 영위하기			
다른 생활비용 보기			
세금 내기			
옷 사기			
교통수단 계획하기			
지속적인 교육 투자			
보험료 내기			
여가생활을 위한 비용 남기기			
소비 절약하기			
기타			

자료번호 : Ⅲ-O-53
영역 : 학업발달

무엇을 먼저? II

구분	내용		
활동영역	교육 및 직업 발달	활동범주	직업 선택 및 훈련
활동목표	내가 흥미, 적성, 능력을 가지고 있는 직업 프로그램에 등록하는 데 있어서 도움을 받는다.		
활동대상	고등학교 2~3학년	소요시간	50분
준비물	없음	집단크기	소집단, 학급 전체
활동소개	졸업생들에게 학급을 방문해서 학생들의 관심 분야에 대해 답변하게 함으로써 재학생들에게 진로에 대한 유용한 정보를 제공할 수 있다.		
활동절차	1. 참석한 졸업생들을 소개하고 절차를 다시 말해 준다. 2. 졸업생들에게 그들의 현재 상황과 그들이 어떻게 졸업 후 진로를 추구해 나갈 결심을 하게 되었는지를 질문한다. 3. 학생들이 사전에 작성한 '무엇을 먼저?' 활동지를 각자에게 돌려주고, 그것을 바탕으로 개인적인 관심사들을 질문하도록 한다. 4. 졸업생들에게 일이나 교육에 관해 그들이 겪었던 일들 중 논의되지 않은 부분이 있다면 이야기하도록 요청한다. 5. 재학생들에게 진로와 관련하여 해 주고 싶은 말을 할 수 있도록 충분한 시간적 여유를 가지도록 한다.		
유의사항	재학생들에게 이번 활동의 초점은 앞 시간에 이미 논의된 주제들을 중심으로 활동해야 한다는 것을 주지시킨다.		

부 록

1. 30분 단위 시간 및 과제 분석 양식
2. 상담교사 활동계획표 양식
3. 문서파일 점검표
4. 고등학교 상담교사의 업무 진술문 (예시)
5. 상담교사 수행평가 양식
6. 상담교사 수행평가의 영역 및 준거
7. 프로그램에 대한 상담교사의 자기평가 양식
8. 고등학교 학교상담 교육과정의 학년별 내용 (미국 코네티컷 주)
9. 학교상담 요구조사 도구 (예시)
10. 학교상담 프로그램 평가지 (예시)

부록 1: 30분 단위 시간 및 과제 분석 양식

하루 일과 중 해당 시간에 한 일을 30분 단위로 나누어 해당 영역에 빗금을 치시오.

범 주	학교상담 교육과정	개별계획	반응적 서비스	체제지원	학교상담과 무관한 활동들
활동 예 / 시 간	교실활동, 집단활동	개별적인 조언, 개별적인 평가, 정치(定置), 직업 탐색	자문, 개인상담, 소집단 상담, 위기 상담, 의뢰	연구, 교직원 및 지역사회 교육, 전문성 개발, 자문위원회, 프로그램 관리 및 실행	통학버스 관리, 급식실 관리, 운동장 관리, 보결수업, 학급 성적관리 및 석차 산출
09:00~09:30					
09:30~10:00					
10:00~10:30					
10:30~11:00					
11:00~11:30					
11:30~12:00					
12:00~12:30					
12:30~13:30	점 심 시 간				
13:30~14:00					
14:00~14:30					
14:30~15:00					
15:00~15:30					
15:30~16:00					
16:00~16:30					
16:30~17:00					
블록 소계	개	개	개	개	개
유효활동 비율	%	%	%	%	%
전체활동 비율	%	%	%	%	%

※ 휴식 등 이 양식에 포함되지 않는 내용을 수행하였을 시에는 해당 시간을 비워 둔다.
※ 유효활동 비율: 블록 소계를 유효한 활동으로 표시된 블록 수로 나눈다.
※ 전체활동 비율: 블록 소계를 전체 블록 수(14)로 나눈다.

부록 2: 상담교사 활동계획표 양식

1. 2주 단위

2주 단위 상담교사 활동계획표

1주	월	화	수	목	금	토
오전						
오후						
방과 후						
2주	월	화	수	목	금	토
오전						
오후						
방과 후						

소비시간 분석

	학교상담 교육과정	개별 계획	반응적 서비스	체제 지원	학교상담 무관 활동
소비한 시간					
소비한 시간 비율					

2. 1개월 단위

월간 및 연간 계획표

일	월	화	수	목	금	토
	1	2	3	4	5	6
7	8	9	10	11	12	13
14	15	16	17	18	19	20
21	22	23	24	25	26	27
28	29	30	31			

부록 3: 문서파일 점검표

다음에 제시되는 점검표는 반드시 해야 할 구체적인 과제를 명료화하는 데 도움을 준다.

점검사항	진행 중	완 료
1. 문서화된 프로그램의 정의 및 철학		
2. 학교운영위원회의 보장사항		
3. 자문위원들의 명단		
4. 자문위원회 회의 의사록 및 일정		
5. 요구평가 자료의 요약		
6. 요구평가 자료에 근거한 범주와 목표		
7. 학교상담 학습활동 계획안		
8. 시간 및 과제 분석 요약표		
9. 시간배당 관련 원형 분포표		
10. 연간 계획표		

부록 4: 고등학교 상담교사의 업무 진술문 (예시)

1. 고등학교 상담교사의 주 기능

학교상담 부서의 일원인 상담교사는 10학년부터 12학년까지의 학생들에게 종합적인 학교상담 프로그램을 제공하는 것이 주 기능이다. 상담교사는 학생들의 요구를 충족시키기 위한 활동을 제공하며, 교사, 교직원, 학부모들에게는 그들의 학생 조력활동의 효율성을 높이기 위한 자문을 제공하고 기타의 고등교육 프로그램에 대한 지원을 제공한다.

2. 고등학교 상담교사의 주요 업무 및 책임

- 고등학교 학교상담 교육과정을 실행한다.
- 교육 및 진로 계획의 수립을 통하여 집단 및 개별 학생들을 지도하고 상담한다.
- 문제를 가지고 있는 소집단 및 개별 학생들을 상담한다.
- 학생의 발달적 욕구 충족과 관련하여 교사, 교직원, 학부모를 자문한다.
- 부모와 상의하여 심각한 문제를 가지고 있는 학생들을 적절한 지역사회 기관에 의뢰한다.
- 효과적인 학교운영을 위한 활동을 조정하고 실행하는 데 참여한다.
- 학교상담 프로그램을 평가하고 개선한다.
- 전문적 성장을 추구한다.

3. 고등학교 상담교사의 핵심 임무

1) **고등학교 학교상담 교육과정을 실행한다.**
   담임교사 및 학교 행정가와 협의 및 연계를 통하여 계획된 교실에서의 학교상담 학습활동을 실행하며, 학교상담 학습활동을 정규 교육과정으로 통합시키기 위해 교사를 위한 자원봉사자가 되거나 자문을 해 준다.
2) **교육 및 진로 계획의 수립을 통하여 집단 및 개별 학생들을 지도하고 상담한다.**
   학생 및 학부모를 위한 오리엔테이션 활동을 제공한다. 9학년이 되는 학생들을 위한 오리엔테이션에 참여하고, 9학년과 10학년 학생들에게 고등학교 3년간의 계획을 수립하도록 안내하며, 11학년과 12학년 학생들에게는 고등학교 졸업을 위한 요건과 현 상태를 비교 평가하도록 도와준다. 또한 12학년 학생들이 고교 졸업 후의 교육 또는 진로 계획을 실행하기 위한 적절한 단계를 개발하고 취할 수 있도록 도와주며, 개별 및 집단 학생들과 그들의 부모에게 교육 및 진로 계획의 수립을 위해 시험 결과 및 정보의 활용을 안내한다. 모든 학생들이 학교상담실에 있는 자원들을 활용하여 시험적인 진로 및 직업 계획을 수립하도록 도와준다.

3) **문제를 가지고 있는 소집단 및 개별 학생들을 상담한다.**

   개별 또는 집단 학생의 확인된 욕구를 충족시키기 위하여 구조화되고 목적 지향적인 상담 회기를 실시한다.

4) **학생의 발달적 욕구 충족과 관련하여 교사, 교직원, 학부모를 자문한다.**

   교직원을 위한 현직연수 프로그램을 실행하고 교사, 학생 및 학부모와의 회의를 개최 및 촉진한다. 부모교육 프로그램을 제공하고 학교와 관련된 문제를 가지고 있는 가족들을 도와준다.

5) **부모와 상의하여 심각한 문제를 가지고 있는 학생들을 적절한 지역사회 기관에 의뢰한다.**

   담임교사, 양호교사, 행정가 및 지역사회의 심리학자, 서비스 기관 및 의사 등과 같은 지역사회 내에 있는 기관들로부터 자문을 구하고, 필요 시 부모와 상의하여 이들이 효과적인 조력을 받을 수 있는 기관에 의뢰할 수 있도록 조정한다.

6) **효과적인 학교 운영을 위한 활동을 조정하고 실행하는 데 참여한다.**

   교직원에 대한 집단검사 결과를 해석하고 모든 학년과의 효율적인 연계를 유지한다. 영재교육 및 특수교육과 같은 적절한 프로그램에 특별한 욕구를 가진 학생들을 배치하는 것을 도와주며 전교평가 프로그램을 실행하는 데 있어서 한 팀원으로 참여한다.

7) **학교상담 프로그램을 평가하고 개선한다.**

   교직원 및 행정가와 함께 프로그램 평가 자기보고서를 활용하여 학교상담 프로그램을 정기적으로 검토하며, 프로그램 계획표를 검토 및 개선하고 학교상담 학습 활동을 평가한다.

8) **전문적 성장을 추구한다.**

   각종 학회 및 전문 단체에서 주관하는 회의 및 워크숍, 프로그램 등에 참여하거나 전문서적을 읽는다.

4. 고등학교 상담교사의 시간 배분

종합적이고 발달적인 학교상담 프로그램을 수행하기 위해서는 다음과 같은 시간 배당을 하는 것이 바람직하다.

- 학교상담 교육과정: 15~25%
- 개별계획: 25~35%
- 반응적 서비스: 25~35%
- 체제지원: 15~25%
- 학교상담 무관 활동: 0%

부록 5: 상담교사 수행평가 양식

상담교사 수행평가는 상담교사의 평가를 위한 준거로 개발되었으며, 이러한 준거는 교사 수행평가 과정의 일부분으로도 사용될 수 있다. 상담교사의 평가 준거는 종합적 학교상담 프로그램과 직접적으로 관련이 있기 때문에, 평가자는 이러한 준거와 관련하여 학년초에 상담교사와 협의하는 것이 필수적이다.

여기에서 제시하고 있는 것들은 상담교사를 평가하는 데 사용될 수 있는 양식들을 예시한 것이다. 이러한 양식은 교사평가에도 동일하게 사용될 수 있으며, 상담교사에 대한 확인된 준거를 반영한 것이다. 이 양식에는 상담교사 사전관찰 양식지, 과정관찰 양식지, 세부 목표별 평가지, 총합평가 보고서 양식 등이 포함되어 있다.

사전관찰 양식지는 사전관찰 협의에 앞서 작성되고, 사전관찰 협의과정 중에 평가자와 함께 논의된다. 이 양식지를 활용하면 평가자는 계획된 관찰을 하기 전에 목표와 활동에 대한 이해를 할 수 있다. 많은 준거들이 학교상담 프로그램에 대한 방향 및 목표 설정과 연관되어 있음을 유념하는 것이 중요하다. 평가자는 설정된 프로그램 목표에 관해 논의하기 위해 학년초에 상담교사와 협의하는 것이 바람직하다. 이는 계획된 관찰에 앞서 사전관찰 협의 중에 이루어질 수도 있다.

관찰이 이루어지는 중에 평가자는 특히 활동과 사건에 관한 기록 및 관련 관찰 진술문 등을 순차적으로 기록해야 한다. 이러한 기록을 바탕으로 평가자는 과정관찰 양식지를 작성한다. 이 양식지는 평가자들로 하여금 유용하고 논리적인 방법으로 수행 준거에 관한 적절한 정보를 기록하도록 하는 데 도움을 준다. 과정관찰 양식지는 계획된 관찰과 계획되지 않은 관찰 모두를 기록하여 작성한다.

세부 목표별 평가지는 확인된 목표를 달성하는 데 도움을 준다. 세부 목표별 평가지를 작성하기 위해서는 수행 영역 및 바라는 목표에 대한 구체적인 준거가 정해져야만 한다. 그런 다음 바라는 목표가 준거와 비슷한 용어로 진술되어야 한다. 평가 방법과 일정에서는 평가자가 목표 달성 여부를 결정할 수단을 진술해야 하며, 목표 달성을 위한 일정도 기술해야 한다.

상담교사 사전관찰 양식지

상담교사	날짜
학교	기간/시간

상담교사는 이 양식을 작성하고 계획된 관찰에 앞서 행정가와 내용에 대해 논의한다.

1. 이러한 관찰시간 동안 성취할 것이 무엇인가?	2. 종합적 학교상담 프로그램 구성요소(학교상담 교육과정, 개별계획, 반응적 서비스, 체제지원) 중 어떤 것을 다룰 것인가?
3. 어떤 구체적인 활동을 할 것인가?	4. 평가자가 알고 있어야 하는 특별한 상황이 있는가?
메모	메모

상담교사 서명/날짜	평가자의 서명/날짜

(서명은 정보가 논의되었음을 의미한다.)

과정관찰 양식지

상담교사	날짜	학교
시작시간	종결시간	관찰자

수행 영역

1. 학생들을 위한 집단 회기의 효과적인 지도기술과 철저한 계획을 통해 학교상담 교육과정 요소를 실행한다(학급활동, 집단활동).
2. 학교상담 기술의 효과적인 활용을 통해 개별계획 요소를 실행한다(개별 평가, 개별 조언, 정치(定置) 등).
3. 반응적 서비스 요소를 실행한다(자문, 개인상담, 위기상담과 의뢰기술).
4. 효과적인 프로그램 점검 및 운영을 통해 체제지원 요소를 실행한다.
5. 효과적이고 전문적인 인간관계를 형성한다.
6. 전문가로서의 책임을 완수한다.

상담교사 서명	평가자 서명

(서명은 정보가 논의되었음을 의미한다.)

세부 목표별 평가지

상담교사	날짜	학교

1. 수행 영역

2. 준거

3. 개선목표(적용 가능한 진술/설명 가능한 결함)

4. 목표 달성 절차(상담교사와 행정가의 책임에 대한 설명)

5. 평가 방법과 일정

6. 상담교사 소견

7. 평가자 소견

상담교사 서명/날짜	평가자 서명/날짜

목표 달성 날짜: ______________________

상담교사 서명/날짜	평가자 서명/날짜

(서명은 정보가 논의되었음을 의미한다.)

※ 세부 목표별 평가지는 준거별로 작성해야 한다.

세부 목표별 평가지 (작성 예시)

상담교사	날짜	학교

1. 수행 영역
   수행영역을 여기에 진술한다.
2. 준거
   '확인된 학생 요구에 맞는 개별계획 활동의 선택'과 같이 구체적인 준거를 진술한다.
3. 개선목표(적용 가능한 진술/설명 가능한 결함)
   성취되기를 바라는 목표를 진술하되 준거와 비슷하게 한다.
4. 목표 달성 절차(상담교사와 행정가의 책임에 대한 설명)
   상담자가 목표를 달성하기 위해 무엇을 하는지, 그리고 무엇을 도와줄 수 있는지에 대해 구체적으로 진술한다. 이러한 진술문들은 변화의 과정, 단계, 구성요소를 명백히 보여 준다.
5. 평가 방법과 일정
   진전이 되고 있음을 어떻게 알 수 있는가? 과정을 어떻게 점검할 수 있는가? 어떤 시점에서 목표의 달성을 기대하는가? 또는 적절한 진전을 위해서는 기간 연장이 필요한가?
6. 상담교사 소견
   상담교사에게 자신의 생각을 알릴 수 있는 기회를 제공한다.
7. 평가자 소견
   긍정적일 필요가 있다. 가능하면 이러한 기회를 변화의 필요성과 왜 그러한 변화가 적절한지를 강화하는 데 활용한다.

상담교사 서명/날짜	평가자 서명/날짜

목표 달성 날짜: ____________________

상담교사 서명/날짜	평가자 서명/날짜

(서명은 정보가 논의되었음을 의미한다.)

※ 세부 목표별 평가지는 준거별로 작성해야 한다.

부록 6: 상담교사 수행평가의 영역 및 준거

다음 문항들은 모든 것을 포함하는 것도 반드시 상호 배타적인 것도 아니다. 이것은 체크리스트로 사용되기보다는 오히려 상담교사의 역할이 평가과정의 차원에서 더 분명하게 하는 데 목적이 있다.

첫째, 학생들을 위한 집단 회기의 효과적인 지도기술과 철저한 계획을 통해 학교상담 교육과정 요소를 실행한다.

둘째, 학교상담 기술의 효과적인 활용을 통해 개별계획 요소를 실행한다(개별 평가, 개별 조언, 정치(定置) 등).

셋째, 반응적 서비스 요소를 실행한다(자문, 개인상담, 위기상담과 의뢰기술).

넷째, 효과적인 프로그램 점검과 운영을 통해 체제지원 요소를 실행한다.

다섯째, 효과적이고 전문적인 인간관계를 형성한다.

여섯째, 전문가로서의 책임을 완수한다.

1. 수행 영역 I

학생들을 위한 집단 회기의 효과적인 지도기술과 철저한 계획을 통해 학교상담 교육과정 요소를 실행한다.

1) 효과적인 교수기법의 사용
   ① 최종 목표 선택하기
   ② 중요하지 않은 것들을 추려 내기
   ③ 적절한 난이도 수준으로 가르치기
   ④ 학습 순서 선택하기

2) 효과적인 학교상담 학습활동의 사용
   ① 설명
   ② 이해 여부 점검
   ③ 시범 보이기
   ④ 안내활동
   ⑤ 종결

⑥ 독립활동

⑦ 교정

⑧ 평가

3) 학생들의 적극적인 학습 참여

① 다양한 활동하기

② 적절한 집단 형태로 학생들과 상호작용하기

③ 학생 참여 권유하기

④ 학생들의 반응과 참여 이끌어 내기

⑤ 학생들의 주의를 끌고 유지하기

⑥ 분명한 방향을 제시하기

⑦ 학생들의 행동 다루기

⑧ 학생들이 학습에 대한 흥미를 느끼게 하기 위한 전략 사용하기

4) 확인된 학생 요구에 맞는 목표의 선택

① 적절한 난이도 수준으로 가르치기

② 공식적, 비공식적으로 학생 요구 사정하기

③ 학교상담 영역과 계열 및 교육과정을 지키기

2. 수행 영역 II

학교상담 기술의 효과적인 활용을 통해 개별계획 요소를 실행한다(개별 평가, 개별 조언, 정치 등). 이에 다음과 같은 준거가 포함된다.

1) 회기의 철저한 계획

① 안내활동의 폭넓은 활용을 통해 학교상담 활동 설계를 효과적으로 사용하기

② 다양한 학교상담 기법 사용하기

③ 직업선택 이론의 이해 및 적용

2) 정확하고 적절하며 편견이 없는 정보의 제시

① 학생들이 그것을 처리 및 내면화할 수 있도록 정보를 제공하기
 -학생들에게 적합한 어휘 사용하기

② 중요한 사항을 강조하기

③ 학생들의 오해를 명료화하기

④ 교육 · 진로 정보체계를 확인, 선택, 조직화 및 접근하게 하기, 학생들이 정

보를 활용하게 하기
⑤ 자료를 효과적으로 활용하기
⑥ 교육 및 진로 대안의 범위 및 이들 각각의 가치에 관해 알기

3) 개별화된 교육 및 진로 계획에의 학생 참여
① 학생들이 목표를 설정하고 계획기술을 활용하도록 돕기
② 학생들의 능력, 성적, 흥미, 목표를 알기
③ 필요할 때 자문기술을 효과적으로 사용하기
④ 학생의 계획에 부모의 참여를 권장하기
⑤ 학생들의 교육 및 진로 포부와 정보 요구를 정확히 사정하기
⑥ 능률과 효율성을 보장하는 데 도움이 되는 크기로 집단활동을 수행하기

4) 정확하고 적절한 검사 해석
① 시의적절한 방법으로 학생, 학부모, 교직원에게 적절한 정보를 제공하기
② 개인들이 관심을 가지고 활용 가능한 보고서를 읽는 방법 알려 주기
③ 검사 결과 자료의 확대 해석이나 다른 부적절한 활용을 막기 위해 노력하기
④ 검사 결과를 해석해 주는 데 있어서 개인의 검사 정보에 대한 비밀을 지키는 것에 유의하기
⑤ 평가 도구 및 자료의 활용에 있어서 기본적인 통계적 개념을 이해 및 적용하기
⑥ 측정과 평가에 대한 기본 개념과 원리를 이해 및 적용하기
⑦ 학교상담에서 적절하게 활용할 수 있도록 평가자료를 처리하기

5) 확인된 학생 요구에 맞는 개별계획 활동의 선택
① 공식적, 비공식적으로 학생들의 계획과 관련된 도움에 대한 요구 사정하기
② 선배 학생들의 실제적인 교육 및 진로 과정에 관한 연구들로부터 나온 자료를 반영하기 위한 요구 확인 자료를 제시하기
③ 달성해야 할 중요한 과제와 자료에 대한 정보를 제공하기
④ 학교상담 프로그램의 구조, 시간의 틀, 우선순위를 준수하기

3. 수행 영역 III

상담, 자문, 의뢰기술 등의 효과적인 활용을 통해 반응적 서비스 요소를 실행한다.

1) 해결되어야 할 문제나 사건의 적절한 확인

① 상담에서 학생들이 자신들의 문제를 정의하도록 조력하기

② 자문에서 자문을 받는 사람이 문제를 정의하는 데 동참하기

③ 의뢰의 기본을 이해하기

2) 학생의 문제와 환경에 적절한 상담, 자문 또는 의뢰 개입의 선택

① 자기 자신의 개인적, 전문적 한계를 인식하고 사례를 적당히 담당하기

② 유능하고 전문적인 방식으로 조정을 받아들이기

③ 정보의 요청에 대해 적절하게 반응하기

- 상담에서

다양한 기법과 절차를 사용하기, 일관되게 적용하고 의식하고 있는 자신의 이론적 기초에 관한 인식을 가지고 상담하기, 학생에 대하여 판단하지 않기, 상담관계나 집단에서 개인 행동의 역동성을 이해하기

- 자문에서

전문적 의견을 교환하기, 정보를 교환하기, 효과적이고 능률적으로 자문하기 위하여 문제의 구체화에 필요한 정보 수집하기, 목표 설정에 있어서 자문을 받는 사람의 책임과 목적을 이해하기, 다양한 선택, 대안, 자원이나 전략을 제시함으로써 신뢰감을 주기, 자문을 받는 사람의 행동계획 개발 및 실행을 조정하기

- 의뢰에서

의뢰 기관 및 전문가에 대해 알기, 의뢰 기관 및 전문가를 구하기, 의뢰 기관 및 전문가에 대한 적절한 연구를 하기, 조력과정 중 적절한 시기에 의뢰하기

※ 의뢰과정: 문제 구체화, 의뢰의 필요에 대한 평가, 자료의 개념화, 의뢰 및 추수활동

3) 잘 계획되고 목표 지향적인 회기의 실행

① 설정된 목표를 효과적으로 달성할 수 있도록 회기를 계획하기

② 목표에 초점을 두되, 집단이나 개인의 다양한 욕구에도 민감하게 대응하는 회기의 실행

4) 주제, 학생들의 요구 및 능력에 맞는 소집단과 개인상담 기술의 사용

① 내담자가 제기한 문제에 대하여 개인상담이나 집단상담이 가장 촉진적일 수 있는 경우를 식별하기

② 집단상담이 개인상담보다 더 효과적이라고 결정될 때 집단상담을 활용하기

③ 집단 구성뿐만 아니라 주제와 목적에 맞는 특화된 집단을 구성하기
④ 발달과제에 대한 유용한 지식과 연령 수준별 대응행동, 내담자 수준에 적합한 집단기술을 사용하는 능력을 갖추기

5) 상담, 자문 및 의뢰 과정에 학생의 적극적인 참여

• 상담에서

문제를 해결하려는 학생들의 행동에서 출발하기, 학생 중심으로 회기를 운영하기, 학생들이 문제에 대하여 자유롭게 말하도록 하기, 학생들이 정서를 탐색하도록 도와주기, 학생들이 목표를 설정하도록 도와주기, 학생들이 문제 해결을 목표로 한 구체적이고 행동적인 계획을 세우도록 도와주기, 섣부른 충고나 피상적인 위로는 피하기, 효과적으로 경청하기

• 자문에서

자문을 받는 사람이 문제를 해결하기 위한 행동에서 출발하기, 자문을 받는 사람에게 정보를 제공하기, 참여자 간 의사교환을 촉진하기, 섣부르고 피상적인 충고나 위로를 피하기, 건설적인 방식으로 갈등의 표현을 다루기, 다른 사람들이 표현한 아이디어에 감사하기, 타협과 협동 정신을 증진시키기, 효과적으로 경청하기

• 의뢰에서

의뢰를 필요로 하는 사람이 편안함을 느낄 수 있는 의뢰기술을 보여 주기, 내담자가 의뢰기관이나 전문가에게 가도록 조력하기, 의뢰 기관 및 전문가와 의뢰된 사람의 만남을 도와주기

6) 시의적절한 추수활동

① 문제해결 행동계획의 실행과정에서 학생이나 다른 내담자들의 진전 정도에 대해 추수 지도하기
② 사람들 간의 적절한 의사소통을 강화하기
③ 사례와 관련 있는 적절한 자료, 양식, 기록 등을 준비하고 유지하기
④ 내담자를 위해 의뢰 기관 및 전문가가 추천하는 추수활동을 실행하기

7) 학생의 확인된 요구에 맞는 서비스 제공

① 형식적, 비형식적인 요구사정을 실시하기
② 학생, 학부모, 교직원 및 행정가에 의해 인식된 요구와 우선순위 결정하기
③ 주의를 요하는 상황을 인식하기
④ 학교상담 프로그램의 기본 틀 내에서 설정된 우선순위에 주목하기

4. 수행 영역 Ⅳ

효과적인 프로그램 점검과 운영을 통해 체제지원 요소를 실행한다. 이에 다음과 같은 준거가 포함된다.

1) 종합적이고 균형 잡힌 학교상담 프로그램의 제공

① 효과적인 계획기술을 사용하기

프로그램의 요구와 우선순위를 정확하게 진단하기, 현실적인 프로그램의 목적을 세우기, 프로그램을 개선시키기 위하여 평가 결과를 사용하기, 프로그램과 활동을 계획하기, 적절하고 효과적인 시간표를 결정하기, 연간계획을 수립하기, 프로그램 계획을 작성하기

② 효과적인 조직화 기술을 사용하기

의미 있는 목표를 정하기, 의미 있는 설계로 활동을 배열하기, 시간을 정하여 그것을 따르기, 프로그램 일정표대로 운영하기

③ 자원을 효과적으로 사용하기

좋은 자료를 선택하고 만들기, 장비, 시설물 및 예산을 효과적으로 관리하기, 장비를 적절하게 관리하고 사용하기, 업무 또는 의무를 적절하게 배당하고 효과적으로 위임하기, 가용 인재의 강점을 고려하기, 적절한 답변이 없는 경우에는 도움을 구하기, 행정가와 다른 교직원을 적절하게 이용하기, 자원과 정보를 학생, 교직원, 학부모들에게 제공하기

④ 프로그램을 효과적으로 평가하기

전체적인 프로그램의 효율성을 체계적으로 평가하기, 프로그램을 향상시키기 위해 평가 결과를 활용하기

2) 확인된 학생의 요구를 충족시켜 주고 학교의 목적에 맞는 프로그램 활동의 선정

① 학생과 지역사회의 요구에 맞는 프로그램 구성하기

② 학교상담 프로그램의 틀에 프로그램을 맞추기

3) 학생들이 프로그램 활동에서 의미 있는 결과를 얻었다는 증거의 수집

① 활동의 효율성을 평가하기

② 학교상담 활동을 통한 학생 성장의 양과 질을 평가하기

③ 프로그램과 활동을 평가하는 체제를 제공하기

④ 프로그램의 목적, 목표와 전략을 재평가하기 위한 평가도구의 결과를 활용하기

⑤ 지속적으로 프로그램 활동을 평가하기

4) 수립된 절차, 정책과 우선순위 내에서의 운영

① 규정, 지침과 지시를 준수하기

② 학교의 기본 방침을 준수하기

5) 부여된 책임 밖의 단체적인 해결책 모색

① 단체적인 문제를 해결하기 위한 팀원으로 활동하기

② 다른 사람들이 자신의 책임을 알도록 도울 책임이 있음을 인정하고 타인에게 전가하지 않고 이러한 책임을 해내기

6) 학교상담 프로그램을 설명하는 프로그램의 실행

① 학교상담 프로그램의 철학, 우선순위, 실제를 효과적이고 명확하게 설명하기

② 학생들과 교직원들뿐만 아니라 학부모들도 학교상담 프로그램과 그 프로그램의 다양한 활동들을 이해하도록 돕기 위한 홍보계획을 수립하기

③ 학부모들과 의사소통하기 위한 다양한 전략들, 즉 소식지, 칼럼, 부모교육, 상담실 공개 등을 이용하기

7) 학교상담 프로그램에 관해 제시된 아이디어나 관심에 대한 주의

① 열린 마음으로 경청하기

② 제안을 솔직하게 받아들이기

③ 학부모들이나 지역사회 대표 인사들에게 지나치게 방어적이지 않고 그들의 관심을 이해하려고 노력하기

④ 후원자들이 잘못된 정보를 듣고 불신하는 상황에서 전문가다운 초연함을 유지하기

8) 학교의 기타 프로그램을 위해 필요한 지원 제공

① 학생들, 학교 그리고 지역사회의 최상의 이익을 위해 다른 부서와 협조하기

② 필요할 때 각종 위원회에 참여하기

③ 학교의 복지를 위해 행정가들과 협조하여 일하기

5. 수행 영역 V

효과적이고 전문적인 대인관계를 형성한다. 이에 다음과 같은 준거가 포함된다.

1) **학생들과 긍정적인 대인관계 형성**

① 학생들의 긍정적인 자아상을 향상시키기
② 학생들의 자기 통제력을 향상시키기
③ 학생들을 개인적으로 알기 위한 노력하기
④ 서로 존중하는 친근한 방식으로 학생들과 관계를 맺기
⑤ 적절한 시기에 건설적인 비평과 칭찬하기
⑥ 모든 학생과 관계를 맺기
⑦ 다른 견해나 가치를 가진 다른 사람의 권리를 인정하기
⑧ 다른 인종, 민족, 문화와 종교 집단을 이해하고 받아들이기
⑨ 비밀스러운 정보와 어려운 상황을 다룰 수 있는 능력을 활용하기

2) **교직원과 긍정적인 대인관계 형성**

① 상담활동을 계획할 때 동료와 협조적으로 일하기
② 다른 교직원들과 아이디어, 자료 및 방법들을 공유하기
③ 가용인적자원을 적절히 활용하기
④ 학교가 책임져야 할 정책과 규율의 실행을 위해 학교 행정가와 협동적으로 일하기
⑤ 학교에 관련된 문제를 행정가 및 관련 인사에게 알리기

3) **부모 또는 후원자와 긍정적인 대인관계 형성**

① 학생들에게 지대한 관심을 갖는 학부모들과 협조하기
② 상담교사와 학부모 간의 의사소통 통로를 열어 주는 풍토를 제공하기
③ 학부모-교사 활동을 지원하고 참여하기
④ 후원자의 학교 참여를 증진시키기
⑤ 적절한 시기에 부모들과의 대화시간을 마련하기

6. 수행 영역 VI

전문가로서의 책임을 다한다. 이에 다음과 같은 준거가 포함된다.

1) **전문성 신장활동에의 참여**

① 전문적 활동에 참가함으로써 책임을 이행하기(예: 전문단체, 수련과정, 워크숍, 회의 등)
② 동료, 학생, 학부모와 지역사회에서 배울 수 있는 기회를 활용하기
③ 상담전문가로서의 발전에 뒤떨어지지 않기

2) 학교의 정책, 절차와 요구를 따름

① 현재 위치에 적절한 정책과 규율에 대한 정보를 알기

② 관심사와 문제들을 해결할 수 있는 적절한 채널을 선택하기

3) 전문적이고 책임감 있는 근무습관의 유지

① 맡은 일을 신속하고 정확하게 완수하기

② 시간을 엄수하기

③ 합리적인 요구가 있을 때 학교에 대한 정확한 자료를 제공하기

④ 설정된 업무 진술문에 제시된 업무를 수행하기

4) 전문직종의 윤리적인 기준과 법적인 지침의 준수 및 실천

① 전문학회(ASCA, AACD)의 윤리강령을 살펴보기

② 학교의 정책과 법적인 지침에 따르기

③ 비밀보장을 해야 할 정보를 부적절하게 유출하지 않기

④ 학생 및 그의 가족들 또는 교직원들에 대해 개인적인 가치판단을 하지 않기

⑤ 학생의 성, 인종 또는 능력과 관련하여 공명정대함을 보여 주기

⑥ 자신의 개인적, 정서적, 전문적 한계를 인식하기

⑦ 정해진 범위 내에서 비밀보장을 유지하기

부록 7: 프로그램에 대한 상담교사의 자기평가 양식

다음 양식은 학교상담 프로그램에 대한 자기평가를 수행하기 위해서 상담자와 행정가가 사용하도록 만들어졌다. 학교에 대한 인구통계학적 정보, 참여한 상담자의 수와 사례분담 현황, 학교상담 프로그램 요소별 상담자 시간 배분 등을 제공한다.

프로그램 자기평가 (예시)

학교상담 담당요원

____

____

____

____

____

학교, 지역사회, 학교상담 프로그램에 관한 진술

▶ 현재 학생 수 ______________________________

학 년	학생 수	비 고

학생들의 교육 수준 개관

(표준화된 시험 결과에 대한 학교의 요약보고서에 근거함)

▶ 성취도: ______________________________

▶ 능력: ______________________________

▶ 교직원 수: ______________________________

▶ 학생들이 이용할 수 있는 다른 전문가들: ______________________________

____

▶ 상담교사 수: ______________________________

▶ 상담교사별 내담자 수: ______________________________

▶ 상담교사 사례 배정 기준: ______________________________

____

____

▶ 상담교사가 특별한 업무를 맡고 있다면 아래에 기록하시오.

____

____

▶ 본 학년도의 종합 생활지도 프로그램의 전달을 위한 시간 배당은 다음과 같다.

구성요소	비 율	비 고
학교상담 교육과정		
개별계획		
반응적 서비스		
체제지원		
학교상담 무관 활동		

부록 8: 고등학교 학교상담 교육과정의 학년별 내용 (미국 코네티컷 주)

1. 고등학교 1학년

1) 자신과 타인의 이해
- 스트레스적인 상황은 우선순위에 따라 서열화한다.
- 스트레스를 해소할 수 있는 방법들을 적용할 수 있다.
- 동료로서 다른 사람을 돕는 데 있어서 자신의 능력의 한계를 인식한다.
- 필요시 자신과 타인을 위해 의뢰를 해야 함을 인식한다.

2) 대인관계 및 사회화
- 고등학생으로서의 책임을 인식한다.
- 갈등 해결의 기법을 개발한다.
- 의사결정의 결과에 대한 개인적인 책임을 연습한다.
- 책임 있는 의사결정하기와 목적 설정에 관한 좋은 기법을 선택한다.
- 배운 문제해결 기법들을 현재의 관심 영역에 적용한다.

3) 지역 공동체
- 책임감 있는 사회적 기술을 습득하고 긍정적인 방식으로 학교와 지역사회에 공헌한다.
- 사회에서의 삶이 왜 상호 의존과 협력을 필요로 하는지 분석한다.
- 모든 국민은 문화적 전통과 유산을 가지고 있음을 이해한다.
- 부정적이기보다는 오히려 필수적이고 바람직한 것으로 차이점을 수용할 수 있다.

4) 학교환경
- 표준화 검사의 근거와 이용에 관해 안다.
- 진급 및 졸업 여건에 관해 안다.
- 자신의 학업 프로그램을 계획하는 데 있어서 자신의 장단점에 대해 이해한다.

5) 학교 성공기술
- 학업 동기와 성취에 있어서 내적 통제소재를 보인다.
- 학습양식과 그것이 학점 취득에 주는 시사점을 비교 및 대조한다.
- 좀 더 높은 수준의 학습에 맞게 시간관리 기법과 공부기술을 평가하고 수정

한다.
- 시험불안을 감소시키기 위해서 시험에 대한 준비기법을 적용한다.

6) 진로 인식 및 탐색
- 자신의 욕구를 충족시킬 수 있는 3~5개의 진로 영역을 비교한다.
- 가용 자원을 활용하여 관심 있는 진로를 조사한다.
- 상담부서에서 활용할 수 있는 진로 자료와 장비를 확인한다.
- 상담실에서 활용할 수 있는 교육정보 자원들을 확인한다.

7) 진로계획
- 고등학교 수행에 기초하여 장점을 평가한다.
- 자신의 흥미, 능력과 관련하여 교육 및 직업 대안을 예상한다.
- 졸업요건을 충족시키기 위하여 필요한 것이 무엇인지를 회상한다.
- 흥미, 적성, 능력을 고려하여 미래에 대한 개인적인 진로계획을 개발한다.
- 진로계획에서 성역할 고정형의 시사점을 논의한다.

8) 진로 준비
- 지원서(취업, 교육, 장학금 등)의 유형들을 안다.
- 지원과정에서의 단계를 확인한다.
- 고등교육을 위한 지원과정과 취업을 위한 지원과정을 비교한다.
- 적절한 방법으로 지원서를 작성한다.
- 교육 면접과 취업 면접에서의 적절한 행동을 열거한다.
- 고교 졸업 후의 포부에 맞게 구체적인 과정 선택을 한다.

2. 고등학교 2학년

1) 자신과 타인의 이해
- 자기개념에 영향을 미치는 신체적, 지적 요인들을 요약한다.

2) 대인관계 및 사회화

3) 지역 공동체
- 태도와 행동에 관한 성역할 고정형의 영향을 분석한다.
- 가정과 학교 공동체 내에서 자신의 다양한 역할을 인식한다.
- 자기 자신의 사회문화적 역할을 확인한다.

4) 학교환경
- 다양한 영역에서 학업적 성공을 예언하는 데 있어서 표준화 검사 점수의 적절

성을 안다.
- 특별히 고등학교와는 다른 대학교 환경의 특징을 안다.
- 학교환경과 일의 세계 간의 유사점과 차이점을 안다.

5) 학교 성공기술
- 성공적인 목적 달성과 관련하여 효과적인 듣기 및 의사소통 기술을 보인다.
- 각종 시험에 대하여 수험전략을 적용한다.
- 진로와 학과 간의 관계를 이해한다.

6) 진로 인식 및 탐색
- 고교 졸업 후에 선택 가능한 교육적 선택들을 열거한다.

7) 진로계획
- 고등학교 수행에 기초하여 장점을 평가한다.
- 자신의 흥미, 능력과 관련하여 교육 및 직업 대안들을 예상한다.
- 졸업요건을 충족시키기 위하여 필요한 것이 무엇인지를 회상한다.
- 흥미, 적성, 능력을 고려하여 미래에 대한 개인적인 진로계획을 개발한다.
- 진로계획에서 성역할 고정형의 시사점을 논의한다.

8) 진로 준비
- 취업지원서에 포함되어야 할 정보 영역을 말한다.
- 학교에서 학생 취업을 위한 지원서를 작성한다.
- 취업을 위한 지원서를 작성한다.
- 가능한 면접 질문들을 만들어 본다.
- 적절한 행동을 사용하여 서로 다른 유형의 면접에 관해 역할극을 한다.
- 최종 시한의 필요성에 관한 인식을 갖는다.
- 응시과정에서 이력서의 중요성과 역할을 인식한다.
- 개인적인 자료 목록이나 체크리스트를 작성하여 그것을 이력서 작성에 사용한다.
- 두 가지 유형의 이력서를 인식한다.
- 고교 졸업 후의 포부에 맞게 구체적인 과정 선택을 한다.

3. 고등학교 3학년

1) 자신과 타인의 이해
- 긍정적인 자기개념을 성공적인 삶과 자기 신뢰와 관련시킨다.

2) 대인관계 및 사회화

3) 지역 공동체

- 모든 사람은 다양한 관습과 문화를 갖는다는 점에 대한 이해를 넓힌다.

4) 학교 환경

5) 학교 성공기술

6) 진로 인식 및 탐색

- 고교 졸업 후에 선택 가능한 교육적 선택들을 열거한다.

7) 진로계획

- 장단기 미래계획을 만들기 위해 개발된 의사결정 기술을 활용한다.
- 졸업 후 계획에 있어서 배웠던 의사결정 기술을 실행한다.
- 고교 졸업 후의 교육, 훈련, 직업으로의 전환을 위해 요구되는 단계들을 확인하고 완수한다.

8) 진로 준비

- 시한을 지킬 책임을 수용한다.
- 고교 졸업 후의 진로 준비를 향해 적절한 '다음 단계'를 취한다.

부록 9: 학교상담 요구조사 도구 (예시)

1. 학생용

고등학교 학교상담 프로그램 개발을 위한 요구조사

-학생용-

학생 여러분 안녕하세요?

이 조사는 여러분의 학교생활에 도움이 되는 상담 프로그램을 개발하기 위한 기초자료입니다. 학교생활을 하면서 여러분들에게 가장 필요한 것이 무엇인지를 정확히 알아야만 좋은 프로그램을 만들 수 있습니다.

우선 여러분의 학교, 학년, 성별을 표시하세요. 그런 다음 문장을 차근차근 읽어가면서 여러분이 생각하는 정도에 따라 아래 예와 같이 해당 번호에 ○표 하면 됩니다.

여러분의 답은 다른 사람에게 알리지 않을 것이니, 솔직하게 표시해 주는 것이 중요합니다.

응답요령 예

내 용	전혀 그렇지 않다	거의 그렇지 않다	보통이다	약간 그렇다	매우 그렇다
좋은 친구가 되는 방법을 알고 싶다.	1	2	3	④	5

▶ 학교 이름: ______고등학교 ▶ 학년: ______학년 ▶ 성별: 남 / 여

다음 내용을 잘 읽고 여러분의 생각과 가장 가깝다고 생각되는 것에 ○표 하세요.

내 용	전혀 그렇지 않다	거의 그렇지 않다	보통이다	약간 그렇다	매우 그렇다
1. 다양한 직업과 진로에 대해 조사하는 방법을 알고 싶다.	1	2	3	4	5
2. 학교생활과 미래 직장생활을 위해 좋은 습관의 중요성을 알고 싶다.	1	2	3	4	5
3. 사람들이 일을 하는 이유를 알고 싶다.	1	2	3	4	5
4. 사람들이 함께 일해야 하는 이유를 알고 싶다.	1	2	3	4	5
5. 좋아하는 일과 잘할 수 있는 일을 알고 싶다.	1	2	3	4	5
6. 기쁨, 슬픔, 분노와 같은 감정을 다루는 방법을 알고 싶다.	1	2	3	4	5
7. 중요한 생각과 느낌을 표현하는 방법을 알고 싶다.	1	2	3	4	5
8. 문제를 어떻게 해결하고 누구에게 도움을 받아야 하는지 알고 싶다.	1	2	3	4	5
9. 나의 장점과 재능을 알고 싶다.	1	2	3	4	5
10. 나를 이해하고 받아들이고 싶다.	1	2	3	4	5
11. 주로 이성이 선택하는 직업(남자(여자)라면 여자(남자)가 하는 일)에 관심이 있다면 친구들의 놀림에 어떻게 대처해야 하는지 알고 싶다.	1	2	3	4	5
12. 내가 좋아하고 잘할 수 있는 직업을 선택하는 방법을 알고 싶다.	1	2	3	4	5
13. 나에게 중요한 생각들이 무엇인지 알고 싶다.	1	2	3	4	5
14. 어떤 문제에 대해 여러 가지 가능한 해결책들을 찾는 방법을 알고 싶다.	1	2	3	4	5
15. 목표를 정하고 계획을 세우는 방법을 알고 싶다.	1	2	3	4	5
16. 올바른 결정을 하고 그것을 실천하는 방법을 알고 싶다.	1	2	3	4	5
17. 나의 결정을 다시 생각해 보고 부족한 면을 고치는 방법을 알고 싶다.	1	2	3	4	5
18. 나의 결정에 대해 책임감 있게 받아들이는 방법을 알고 싶다.	1	2	3	4	5
19. 좋은 친구가 되는 방법을 알고 싶다.	1	2	3	4	5
20. 반 친구를 이해하고 싶다.	1	2	3	4	5

21. 남자, 여자 친구와 잘 지내는 방법을 알고 싶다.	1	2	3	4	5
22. 다른 사람들과 함께 어울려 살아가는 방법을 알고 싶다.	1	2	3	4	5
23. 부모님, 선생님, 다른 어른들에게 도움을 요청하는 방법을 알고 싶다.	1	2	3	4	5
24. 나의 시간을 계획하는 방법을 알고 싶다.	1	2	3	4	5
25. 수업시간에 주의 깊게 듣고 질문하는 방법을 알고 싶다.	1	2	3	4	5
26. 공부시간이나 숙제할 때 계획하는 방법을 알고 싶다.	1	2	3	4	5
27. 공책 정리를 잘하고 싶다.	1	2	3	4	5
28. 과제를 잘 시작하고 마무리하는 방법을 알고 싶다.	1	2	3	4	5
29. 시험에서 최선을 다하는 방법을 알고 싶다.	1	2	3	4	5
30. 술과 약물이 사람의 몸과 마음에 어떤 영향을 주는지 알고 싶다.	1	2	3	4	5
31. 술과 약물을 권하는 사람을 거절하는 방법을 알고 싶다.	1	2	3	4	5
32. 술과 약물의 문제가 생겼을 때 나와 친구를 도와줄 곳을 알고 싶다.	1	2	3	4	5
33. 고등학교는 중학교와 어떤 점이 다른지 알고 싶다.	1	2	3	4	5
34. 고등학교와 관련된 문제가 있을 때 어디에서 도움을 구해야 하는지 알고 싶다.	1	2	3	4	5
35. 고등학교에서 내가 해야 할 일이 무엇인지 알고 싶다.	1	2	3	4	5
36. 여가시간 동안 내가 할 수 있고 즐겁게 할 수 있는 취미, 운동들에 대해 알고 싶다.	1	2	3	4	5
37. 다음 학년에서 해야 할 일이 무엇인지 알고 싶다.	1	2	3	4	5
38. 나의 흥미와 능력에 맞게 교과를 선택하는 방법을 알고 싶다.	1	2	3	4	5
39. 직업을 갖거나 일상생활에서 교과공부(국어, 수학, 과학 등)의 중요성을 알고 싶다.	1	2	3	4	5
40. 가족 어른들과 잘 지내는 방법을 알고 싶다.	1	2	3	4	5
41. 형제자매와 잘 지내는 방법을 알고 싶다.	1	2	3	4	5
42. 가족에게 일어날 수 있는 문제들(이사, 실직, 이혼, 죽음 등)을 알고 싶다.	1	2	3	4	5
43. 나의 가족이 어려울 때 도움을 구하는 방법을 알고 싶다.	1	2	3	4	5
44. 가족 구성원으로서 책임을 갖고 서로 돕는 방법을 알고 싶다.	1	2	3	4	5

2. 교사용

고등학교 학교상담 프로그램 개발을 위한 요구조사

-교사용-

선생님 안녕하십니까?

학생들을 교육하시느라 불철주야 힘쓰시고 계신 선생님께 부탁 말씀드리려 합니다.

이 설문지는 고등학교 학생들에게 가장 필요한 상담 프로그램이 무엇인지를 파악하여, 학생들의 발달 상황에 적합한 종합적, 예방적, 적극적 학교상담이 되도록 하기 위한 작은 노력의 하나입니다. 이러한 프로그램을 만드는 데 선생님의 생각과 의견을 듣는 것이 중요하다고 생각되어 이렇게 부탁드리게 되었습니다.

설문지는 총 44문항으로 구성되어 있습니다. 각 문항을 잘 읽고 고등학교 학생들에게 중요하고 필요하다고 생각하시는 정도에 따라 아래와 같이 ○표 해 주시면 됩니다.

선생님의 소중한 의견을 바탕으로 학생들을 위해 보다 좋은 상담 프로그램을 제공하도록 노력하겠습니다. 감사합니다.

응답요령 예

내 용	전혀 그렇지 않다	거의 그렇지 않다	보통 이다	약간 그렇다	매우 그렇다
좋은 친구가 되는 방법을 알 필요가 있다.	1	2	3	④	5

▶ 학교 이름: __________고등학교 ▶ 1학년 담임 경험: 유 / 무

다음 내용을 잘 읽고 여러분의 생각과 가장 가깝다고 생각되는 것에 ○표 하세요.

내 용	전혀 그렇지 않다	거의 그렇지 않다	보통이다	약간 그렇다	매우 그렇다
1. 직업과 진로에 대해 조사하는 방법을 지도할 필요가 있다.	1	2	3	4	5
2. 학교생활과 미래 직장생활을 위해 좋은 습관의 중요성을 지도할 필요가 있다.	1	2	3	4	5
3. 사람들이 일을 하는 이유를 지도할 필요가 있다.	1	2	3	4	5
4. 사람들이 함께 일해야 하는 이유를 지도할 필요가 있다.	1	2	3	4	5
5. 좋아하는 일과 잘할 수 있는 일을 지도할 필요가 있다.	1	2	3	4	5
6. 기쁨, 슬픔, 분노와 같은 감정을 다루는 방법을 지도할 필요가 있다.	1	2	3	4	5
7. 중요한 생각과 느낌을 표현하는 방법을 지도할 필요가 있다.	1	2	3	4	5
8. 자신의 문제를 어떻게 해결하고 누구에게 도움을 받아야 할지 지도할 필요가 있다.	1	2	3	4	5
9. 자신의 장점과 재능을 알 필요가 있다.	1	2	3	4	5
10. 자신을 이해하고 받아들일 필요가 있다.	1	2	3	4	5
11. 일반적으로 이성이 선택하는 직업(남자(여자)라면 여자(남자)가 하는 일)에 관심이 있다면 친구들의 놀림에 어떻게 대처해야 하는지 지도할 필요가 있다.	1	2	3	4	5
12. 스스로 좋아하고 잘할 수 있는 직업을 선택하는 방법을 지도할 필요가 있다.	1	2	3	4	5
13. 어떤 생각들이 학생들에게 중요한지 지도할 필요가 있다.	1	2	3	4	5
14. 어떤 문제에 대해 여러 가지 가능한 해결책들을 찾는 방법을 지도할 필요가 있다.	1	2	3	4	5
15. 목표를 정하고 계획을 세우는 방법을 지도할 필요가 있다.	1	2	3	4	5
16. 올바른 결정을 하고 그것을 실행하는 방법을 지도할 필요가 있다.	1	2	3	4	5
17. 자신의 결정을 다시 생각하고 부족한 면을 개선하는 방법을 지도할 필요가 있다.	1	2	3	4	5
18. 자신의 결정에 대해 책임감 있게 받아들이는 방법을 지도할 필요가 있다.	1	2	3	4	5
19. 좋은 친구가 되는 방법을 지도할 필요가 있다.	1	2	3	4	5
20. 반 친구를 이해할 필요가 있다.	1	2	3	4	5

21. 남자, 여자 친구와 잘 지내는 방법을 지도할 필요가 있다.	1	2	3	4	5
22. 다른 사람들과 함께 어울려 살아가는 방법을 지도할 필요가 있다.	1	2	3	4	5
23. 부모님, 선생님, 다른 어른들에게 도움을 요청하는 방법을 지도할 필요가 있다.	1	2	3	4	5
24. 자신의 시간을 계획하는 방법을 지도할 필요가 있다.	1	2	3	4	5
25. 수업 중에 주의 깊게 듣고 질문하는 방법을 지도할 필요가 있다.	1	2	3	4	5
26. 공부시간이나 숙제할 때 계획하는 방법을 지도할 필요가 있다.	1	2	3	4	5
27. 공책 정리하는 방법을 지도할 필요가 있다.	1	2	3	4	5
28. 과제를 잘 시작하고 마무리하는 방법을 지도할 필요가 있다.	1	2	3	4	5
29. 시험에서 최선을 다하는 방법을 지도할 필요가 있다.	1	2	3	4	5
30. 술과 약물이 사람의 몸과 마음에 어떤 영향을 주는지 지도할 필요가 있다.	1	2	3	4	5
31. 술과 약물을 권하는 사람을 거절하는 방법을 지도할 필요가 있다.	1	2	3	4	5
32. 술과 약물의 문제가 생겼을 때 학생들을 도와줄 곳에 대하여 지도할 필요가 있다.	1	2	3	4	5
33. 고등학교와 중학교가 어떤 점이 다른지 이해할 필요가 있다.	1	2	3	4	5
34. 고등학교와 관련된 문제가 있을 때 어디에서 도움을 구해야 하는지 지도할 필요가 있다.	1	2	3	4	5
35. 고등학교에서 학생들이 해야 할 일이 무엇인지 지도할 필요가 있다.	1	2	3	4	5
36. 여가시간 동안 학생들이 즐겁게 할 수 있는 취미, 운동들에 대해 지도할 필요가 있다.	1	2	3	4	5
37. 다음 학년에서 해야 할 일이 무엇인지 지도할 필요가 있다.	1	2	3	4	5
38. 학교에서 학생들의 흥미와 능력에 맞게 교과를 선택하는 방법을 지도할 필요가 있다.	1	2	3	4	5
39. 직업을 갖거나 일상생활에서 교과공부(국어, 수학, 과학 등)의 중요성을 지도할 필요가 있다.	1	2	3	4	5
40. 가족 어른들과 잘 지내는 방법을 지도할 필요가 있다.	1	2	3	4	5
41. 형제자매와 잘 지내는 방법을 지도할 필요가 있다.	1	2	3	4	5
42. 가족에게 일어날 수 있는 문제들(이사, 실직, 이혼, 죽음 등)을 지도할 필요가 있다.	1	2	3	4	5
43. 가족이 어려울 때 도움을 구하는 방법을 지도할 필요가 있다.	1	2	3	4	5
44. 가족 구성원으로서 책임을 갖고 서로 돕는 방법을 지도할 필요가 있다.	1	2	3	4	5

3. 학부모용

고등학교 학교상담 프로그램 개발을 위한 요구조사

-학부모용-

학부모님께

항상 댁내 평안함이 가득하시길 기원합니다. 자녀교육에 애쓰시고 계신 부모님께 부탁 말씀드리려 합니다.

이 설문지는 여러분의 자녀에게 가장 필요한 상담 프로그램이 무엇인지를 파악하여, 학생들의 발달 상황에 적합한 종합적, 예방적, 적극적 학교상담이 되도록 하기 위한 작은 노력의 하나입니다. 이러한 프로그램을 만드는 데 학부모님의 생각과 의견을 듣는 것이 중요하다고 생각되어 이렇게 부탁드리게 되었습니다.

설문지는 총 44문항으로 구성되어 있습니다. 각 문항을 잘 읽고 여러분의 자녀에게 중요하고 필요하다고 생각하시는 정도에 따라 아래와 같이 ○표 해 주시면 됩니다.

학부모님의 소중한 의견을 바탕으로 아이들을 위해 보다 좋은 상담 프로그램을 제공하도록 노력하겠습니다. 감사합니다.

응답요령 예

내 용	전혀 그렇지 않다	거의 그렇지 않다	보통 이다	약간 그렇다	매우 그렇다
좋은 친구가 되는 방법을 알 필요가 있다.	1	2	3	④	5

▶ 학교 이름: ______고등학교 ▶ 학년: ______학년 ▶ 성별: 남 / 여

다음 내용을 잘 읽고 여러분의 생각과 가장 가깝다고 생각되는 것에 ○표 하세요.

내 용	전혀 그렇지 않다	거의 그렇지 않다	보통이다	약간 그렇다	매우 그렇다
1. 다양한 직업과 진로에 대해 조사하는 방법을 알았으면 좋겠다.	1	2	3	4	5
2. 학교생활과 미래 직장생활을 위해 좋은 습관의 중요성을 알았으면 좋겠다.	1	2	3	4	5
3. 사람들이 일을 하는 이유를 알았으면 좋겠다.	1	2	3	4	5
4. 사람들이 함께 일해야 하는 이유를 알았으면 좋겠다.	1	2	3	4	5
5. 좋아하는 일과 잘할 수 있는 일을 알았으면 좋겠다.	1	2	3	4	5
6. 기쁨, 슬픔, 분노와 같은 감정을 다루는 방법을 알았으면 좋겠다.	1	2	3	4	5
7. 중요한 생각과 느낌을 표현하는 방법을 알았으면 좋겠다.	1	2	3	4	5
8. 자신의 문제를 어떻게 해결하고 누구에게 도움을 받아야 할지를 알았으면 좋겠다.	1	2	3	4	5
9. 자신의 장점과 재능을 알았으면 좋겠다.	1	2	3	4	5
10. 자신을 이해하고 받아들였으면 좋겠다.	1	2	3	4	5
11. 일반적으로 이성이 선택하는 직업(남자(여자)라면 여자(남자)가 하는 일)에 관심이 있다면 친구들의 놀림에 어떻게 대처해야 하는지 알았으면 좋겠다.	1	2	3	4	5
12. 자신이 좋아하고 잘할 수 있는 직업을 선택하는 방법을 알았으면 좋겠다.	1	2	3	4	5
13. 자신에게 중요한 생각들이 무엇인지 알았으면 좋겠다.	1	2	3	4	5
14. 어떤 문제에 대해 여러 가지 가능한 해결책들을 찾는 방법을 알았으면 좋겠다.	1	2	3	4	5
15. 목표를 정하고 계획을 세우는 방법을 알았으면 좋겠다.	1	2	3	4	5
16. 올바른 결정을 하고 그것을 실천하는 방법을 알았으면 좋겠다.	1	2	3	4	5
17. 자신의 결정을 다시 생각해 보고 부족한 면을 개선하는 방법을 알았으면 좋겠다.	1	2	3	4	5
18. 자신의 결정에 대해 책임감 있게 받아들이는 방법을 알았으면 좋겠다.	1	2	3	4	5
19. 좋은 친구가 되는 방법을 알았으면 좋겠다.	1	2	3	4	5
20. 반 친구를 이해했으면 좋겠다.	1	2	3	4	5

21. 남자, 여자 친구와 잘 지내는 방법을 알았으면 좋겠다.	1	2	3	4	5
22. 다른 사람들과 함께 어울려 살아가는 방법을 알았으면 좋겠다.	1	2	3	4	5
23. 부모님, 선생님, 다른 어른들에게 도움을 요청하는 방법을 알았으면 좋겠다.	1	2	3	4	5
24. 자신의 시간을 계획하는 방법을 알았으면 좋겠다.	1	2	3	4	5
25. 수업 중에 주의 깊게 듣고 질문하는 방법을 알았으면 좋겠다.	1	2	3	4	5
26. 공부시간이나 숙제할 때 계획하는 방법을 알았으면 좋겠다.	1	2	3	4	5
27. 공책 정리를 잘하면 좋겠다.	1	2	3	4	5
28. 과제를 잘 시작하고 마무리하는 방법을 알았으면 좋겠다.	1	2	3	4	5
29. 시험에서 최선을 다하는 방법을 알았으면 좋겠다.	1	2	3	4	5
30. 술과 약물이 사람의 몸과 마음에 어떤 영향을 주는지 알았으면 좋겠다.	1	2	3	4	5
31. 술과 약물을 권하는 사람을 거절하는 방법을 알았으면 좋겠다.	1	2	3	4	5
32. 술과 약물의 문제가 생겼을 때 자신을 도와줄 곳을 알았으면 좋겠다.	1	2	3	4	5
33. 고등학교는 중학교와 어떤 점이 다른지 알았으면 좋겠다.	1	2	3	4	5
34. 고등학교와 관련된 문제가 있을 때 어디에서 도움을 구해야 하는지 알았으면 좋겠다.	1	2	3	4	5
35. 고등학교에서 자신이 해야 할 일이 무엇인지를 알았으면 좋겠다.	1	2	3	4	5
36. 여가시간 동안 자신이 즐겁게 할 수 있는 취미, 운동들에 대해 알았으면 좋겠다.	1	2	3	4	5
37. 다음 학년에서 해야 할 일이 무엇인지를 알았으면 좋겠다.	1	2	3	4	5
38. 학교에서 자신의 흥미와 능력에 맞게 교과를 선택하는 방법을 알았으면 좋겠다.	1	2	3	4	5
39. 직업을 갖거나 일상생활에서 교과공부(국어, 수학, 과학 등)의 중요성을 알았으면 좋겠다.	1	2	3	4	5
40. 가족 어른들과 잘 지내는 방법을 알았으면 좋겠다.	1	2	3	4	5
41. 형제자매와 잘 지내는 방법을 알았으면 좋겠다.	1	2	3	4	5
42. 가족에게 일어날 수 있는 문제들(이사, 실직, 이혼, 죽음 등)에 대해 알았으면 좋겠다.	1	2	3	4	5
43. 가족이 어려울 때 도움을 구하는 방법을 알았으면 좋겠다.	1	2	3	4	5
44. 가족 구성원으로서 책임을 갖고 서로 돕는 방법을 알았으면 좋겠다.	1	2	3	4	5

부록 10: 학교상담 프로그램 평가지 (예시)

1. 학교상담 프로그램을 마치면서

다음은 학교상담 프로그램을 마치고 난 후 프로그램에 대한 여러분의 생각을 알아보고자 하는 것입니다. 더 나은 학교상담 프로그램을 위해 여러분이 느끼고 경험한 대로 솔직하게 응답해 주시기 바랍니다.

2. 프로그램 내용

학교상담 프로그램의 내용이 얼마나 도움이 되었는지를 알아보는 것입니다. 해당 칸에 √표 하세요.

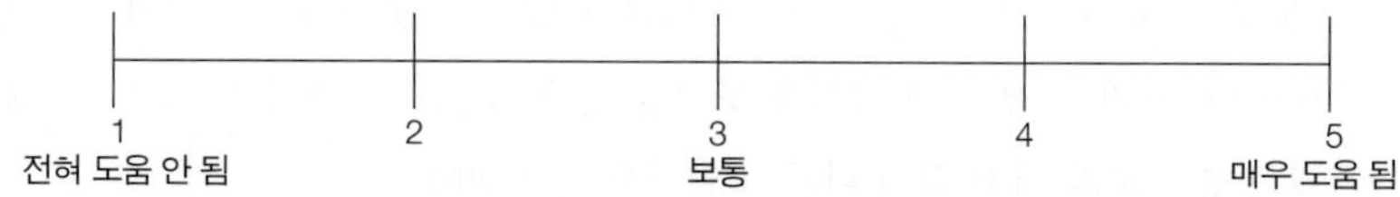

프로그램 내용	1	2	3	4	5
좋아하는 일과 잘할 수 있는 일 알기					
내가 좋아하고 잘하는 직업 선택하는 방법 알기					
여가시간 동안 즐겁게 할 수 있는 다양한 취미, 운동들 알기					
나의 장점과 재능 알기					
나의 결정을 다시 생각해 보고 부족한 면을 고치는 방법 알기					
좋은 친구가 되는 방법 알기					
가족 어른들과 잘 지내는 방법 알기					
형제자매와 잘 지내는 방법 알기					
나의 가족이 어려울 때 도움을 구하는 방법 알기					
가족 구성원으로서 책임을 가지고 서로 돕는 방법 알기					
공부시간에 주의 깊게 듣고 질문하는 방법 알기					
과제를 잘 시작하고 마무리하는 방법 알기					
시험에서 최선을 다하는 방법 알기					
학교에서 흥미, 능력에 맞게 교과를 선택하는 방법 알기					
직업을 갖거나 일상생활에서 교과공부(국어, 수학 등)의 중요성 알기					

■ 내가 참여한 프로그램에 얼마나 만족합니까?

전혀 도움 안 됨	도움 안 됨	보통	도움 됨	매우 도움 됨

■ 새롭게 배운 것은 무엇입니까?

■ 힘들었던 점이 있다면 무엇입니까?

■ 학교상담 프로그램에 바라는 점이 있다면 무엇입니까?

참고문헌

강우철(1978). 교육과정 개편 절차를 위한 선행조건: 교육과정 개발 원리. 한국교육개발원.

강진령(2000). 전문상담교사 양성과정 연수교재. 충북: 한국교원대학교 대학원.

강진령(2001). APA 논문작성법. 서울: 양서원.

강진령, 유형근(2003). 학교상담에서의 비성적 이중관계 문제와 그 대응방안에 관한 연구. 상담학 연구, 4(4), 831-843. 서울: 한국상담학회.

교육부(1997a). 고등학교 특별활동 교사용 지도서. 서울: 대한교과서주식회사.

교육부(1997b). 초 · 중등학교 교육과정[별책 1]. 서울: 대한교과서주식회사.

교육부(1998a). 고등학교 교육과정[별책 4]. 서울: 대한교과서주식회사.

교육부(1998b). 중학교 교육과정[별책 3]. 서울: 대한교과서주식회사.

교육부(1998c). 초등학교 교육과정[별책 2]. 서울: 대한교과서주식회사.

교육부(2000a). 초등학교 국어과 교사용 지도서(1-6학년). 서울: 대한교과서주식회사.

교육부(2000b). 초등학교 도덕과 교사용 지도서(3-6학년). 서울: 대한교과서주식회사.

교육부(2000c). 초등학교 바른 생활과 교사용 지도서(1-2학년). 서울: 대한교과서주식회사.

교육부(2000d). 초등학교 슬기로운 생활과 교사용 지도서(1-2학년). 서울: 대한교과서주식회사.

교육부(2000e). 특별활동, 재량활동 교육과정의 편성과 운영. 서울: 선명인쇄사.

교육부(2001a). 초등학교 사회과 교사용 지도서(3-6학년). 서울: 대한교과서주식회사.

교육부(2001b). 초등학교 실과과 교사용 지도서(5-6학년). 서울: 대한교과서주식회사.

교육부(2001c). 초등학교 특별활동(적응활동) 교사용 지도서. 서울: 대한교과서주식회사.

권낙원. 교육과정총론. 미발간 자료.

김경희(2004). 초등학교 3학년 학교상담 프로그램 개발. 한국교원대학교 대학원 석사학위 논문.

김계현(2000). 상담심리학 연구. 서울: 학지사.

김계현, 김동일, 김봉환, 김창대, 김혜숙, 남상인, 조한익(2000). 학교상담과 생활지도. 서울: 학지사.

김계현, 김동일, 김봉환, 김창대, 김혜숙, 남상인, 천성문(2009). 학교상담과 생활지도(2판). 서

울: 학지사.
김아영, 백화정, 설인자, 양혜영, 이선자, 정명숙 공역(1998). 교육심리학(A. E. Woolfork, 저). 서울: 학문사.
김정환(1999). 교육연구 및 통계 방법. 서울: 원미사.
김제한(1998). 발달심리학. 서울: 양서원.
김제한(1999). 개정 교육심리학. 서울: 양서원.
김종서, 남정걸, 정지웅, 이종환(1983). 평생교육의 체제와 사회교육의 실태. 한국정신문화연구원 연구논총, 82-7.
김진락(1992). 수학과 교육과정의 개발과 체재에 관한 연구. 한국교원대학교 대학원 박사학위논문.
김충기, 김현옥(1996). 진로교육과 진로상담. 서울: 건국대학교 출판부.
노향옥(2004). 일반계 고등학교 1학년 학교상담 프로그램 개발. 한국교원대학교 대학원 석사학위논문.
박명희(2004). 초등학교 5, 6학년 학교상담 프로그램 개발. 한국교원대학교 대학원 석사학위논문.
박미정(1992). 국민학교 아동의 비행화 경향의 진단에 관한 탐색적 연구. 연세대학교 교육대학원 석사학위논문.
박성희(1997). 상담학 연구 방법론. 서울: 양서원.
박은우(1992). 국민학교 아동의 학교상담 실태 및 개선에 관한 연구. 울산대학교 교육대학원 석사학위논문.
오장표(1993). 초등학교 교도교사제 정립에 관한 연구. 순천대학교 대학원 석사학위논문.
유정이(1998). 한국 학교상담 형성과정 연구: 해방 후 중등학교 상담을 중심으로. 서울대학교 대학원 박사학위논문.
유형근(2002a). 초등학교의 학교상담 교육과정 구안. 한국교원대학교 대학원 박사학위논문.
유형근(2002b). 종합적인 학교상담 체제 구안에 관한 연구. 청소년 상담 연구, 10(1), 55-70. 서울: 한국청소년상담원.
이동혁(1999). 학교상담체제 특성에 따른 학교생활의 질적 차이에 관한 분석. 서울대학교 대학원 석사학위논문.
이상주(1974). 의사결정의 관점에서 본 교육과정. 서울: 교육과정 연구회.
이숙영(2001). 상담교육훈련의 표준화. 2001년도 한국상담학회 연차대회 자료집, 31-64.
이원범(2002). 공부가 쉬워지는 오행학습법. 김영사.
이장호(1993). 상담심리학 입문(2판). 서울: 박영사.
이재창(1988). 생활지도. 서울: 문음사.
이중석(2000a). 인성과 카운슬링 Ⅰ. 충북: 협신사.

이중석(2000b). 인성과 카운슬링 II. 충북: 협신사.
이중석(2000c). 인성과 카운슬링 III. 충북: 협신사.
임규혁(1997). 학교학습 효과를 위한 교육심리학. 서울: 학지사.
임규혁, 임웅(2007). 학교학습 효과를 위한 교육심리학(2판). 서울: 학지사.
임승권(1993). 교육의 심리적 이해. 서울: 학지사.
임창재(2005). 교육심리학. 서울: 학지사.
정범모(1968). 교육의 교육학. 서울: 배영사.
정원식, 이상노, 이성진(1988). 현대교육심리학. 서울: 교육출판사.
정종식(1995). 교육심리학. 서울: 교육과학사.
조영숙(1999). 경기도내 초등학교에서의 상담실태 및 아동의 상담에 대한 요구 분석. 강원대학교 교육대학원 석사학위논문.
차갑부(1999). 성인교육 방법론. 서울: 양서원.
청소년 대화의 광장(1996). 학교상담체제 발전 연구. 서울: 태림문화인쇄.
충청북도 교육청(2000). 초등학교 우리들은 1학년과 교사용 지도서. 충북: 널바나출판사.
한국교육개발원(1997). 제7차 교육과정 개정에 따른 교과 교육과정 개발 체제에 관한 연구. 서울: 양동사.
한국교육개발원(2007). 교육통계서비스. 학과별 취업률 순위. std.kedi.re.kr.
한국대학교육협의회(2009). 2010학년도 대입정보 119.
한국청소년개발원(1997). 프로그램의 개발과 운영. 서울: 인간과 복지.
한국청소년상담원(1999). 학교상담 실태 및 모형개발 연구. 서울: 아름기획.
한국청소년상담원(2004). 유스피아, 제1호.
KOSIS 국가통계포털(2009). www.kosis.kr.

Alaska State Dept. of Education. (1989). The comprehensive counseling program for Alaska public schools. *A guide for program development: K–12 grade.* Washington, DC: Department of Education.
Bandura, A. (1986). *Social foundations of thought and action: A social cognitive theory.* Englewood Cliffs, NJ: Prentice–Hall.
Beck, A. T. (1972). *Depression: Cause and treatment.* Philadelphia: University of Pennsylvania Press.
Blocher, D. H. (2000). *Counseling: A developmental approach* (4th ed.). Danvers, MA: John Wiley & Sons, Inc.
Bloom, B. S. (1956). *Taxonomy of educational objectives handbook I: Cognitive domain.* NY: David McKay.

Bowman, R., & Bowman, S. (1998). *Individual counseling activities for children* (grades K–6). Chapin, SC: Youthlight, Inc.

Campbell, C. A., & Dahir, C. A. (1997). *The national standard for school counseling.* Alexandria, VA: American School Counselor Association.

Chapman, H., & Noel, E. (1987). Toward developmental guidance and counseling in connecticut: Counselors taking charge of change. *Dialog, 14,* Fall/Winter, 3–9.

Connecticut State Dept. of Education. (1991). *K–12 developmental guidance and counseling curriculum.* Alexandria, VA: ASCA.

Connecticut Vocational–Technical School System. (1997). *Developmental guidance lessons.* Connecticut State Department of Education.

Dahir, C., Sheldon, C., & Valiga, M. (1998). *Implementing the national standards for school counseling programs.* Alexandria, VA: ASCA.

Damon, W. (1988). *The moral child.* NY: Free Press.

Damon, W., & Hart, D. (1988). *Self–understanding in childhood and adolescence.* NY: Cambridge University Press.

Dusek, J. B. (1991). *Adolescent development and Behavior* (2nd ed.). Englewood Cliffs, NJ: Prentice–Hall.

Eccles, J. S., Midgleyl, C., Wigfield, A., Buchanan, C. M., Reuman, D., Flanagan, C., & MacIver, D. (1993). Development during adolescence: The impact of stage environment fit on young adolescents' experiences in schools and families. *American Psychologist, 48*(2), 90–101.

Farmington Public Schools. (1998). *Developmental guidance program.* Farmington, CT.

Faust, V. (1968). *The counselor–consultant in the elementary school.* Boston, MA: Houton Mifflin.

Feyereisen, K. V., Fiorino, A. J., & Nowak, A. T. (1970). *Supervision and curriculum renewal: A systems approach.* Englewood Cliffs, NJ.

Garriety, J., Parkman, G., & Sierkowski, D. (1989). Needs assessment. *Dialog, 15,* April, 16–23.

Gladding, S. T. (2000). *Counseling: A comprehensive profession.* NJ: Prentice–Hall, Inc.

Gysbers, N. C., & Henderson, P. (1994). *Developing and managing your school guidance program.* Alexandria, VA: ACA.

Gysbers, N. C., & Henderson, P. (2001). Comprehensive guidance and counseling programs: A rich history and a bright future. *Professional School Counseling,* 246–256.

Gysbers, N. C., Lapan, R. T., & Jones, B. A. (2000). School board policies for guidance and counseling: A call to action. *Professional School Counseling, 3*(5), 349–355.

Hall, G. S. (1904). *Adolescence: Its psychology and its relations to physiology, anthropology, sociology, sex, crime, religion, and education* (2 vols.). NY: Appleton.

Harter, S. (1988). Developmental processes in the construction of the self. In T. D. Yawkey & J. E. Johnson (Eds.), *Integrative processes and socialization: Early to middle childhood.* Hillsdale, NJ: Erlbaum.

Harter, S. (1990). Self and identity development. In S. S. Feldman & G. R. Elliot (Eds.), *At the threshold: The developing adolescent.* Cambridge, MA: Harvard University Press.

Hetherington, E. M., & Parke, R. D. (1993). *Child psychology: A contemporary viewpoint* (4th ed.). NY: McGraw–Hill.

Holland, J. L. (1992). *Making vocational choices: A theory of vocational personalities and work environments* (2nd ed.). Odessa, FL: Psychological Assessment Resources.

Hunerman, M. (1983). School improvement strategies that work. *Educational Leadership, 41* (3), November, 14–22.

Landers, P., & Leonard, S. (1996). Individual planning component. *CSCA developmental guidance and counseling program components,* 10–14.

Lindsay, N. (1994). *Pathfinder: Exploring career and educational paths for junior high and high school students.* Indianapolis, IN: JIST Works, Inc.

Manchester Public Schools. (1998). *Developmental guidance program.* Manchester, CT.

Mitchell, J. J. (1990). *Human growth and development: The childhood years.* Calgary, Alberta: Detselig Enterprises Ltd.

Morganette, R. S. (1990). *Skills for living: Group counseling activities for young adolescents.* Champaign, IL: Research Press.

Munter, P. K., Blaine, G. B., King, S. H., Leavy, J. H., Powell, D. H., & Walters, P. A., JR. (1988). *Counseling students.* Dover, Massachusetts: Auburn House Publishing Company.

Myrick, R. D. (1993). *Developmental guidance and counseling: A practical approach.* Minneapolis, MN: Educational Media Corp.

Nugent, F. A. (2000). *Introduction to the profession of counseling.* NJ: Prentice–Hall, Inc.

Paisley, P. O., & Habbard, G. T. (1994). *Developmental school counseling programs: From theory to practice.* Alexandria. VA: ACA.

Patterson, G. R., DeBaryshe, B. D., & Ramsey, E. (1989). A developmental perspective on antisocial behavior. *American Psychologist, 44*(2), 329–335.

Peterson, J. V., & Nesenholz, B. (1999). *Orientation to counseling.* Needham Heights, MA: Allyn and Bacon.

Prediger, D. J. (1976). A world of work map for career exploration. *Vocational Guidance Quarterly, 24*(3), 198-208.

Prouts, H. T., & Brown, D. T. (Eds.) (1999). *Counseling and psychotherapy with children and adolescents* (3rd ed.). Danvers, MA: John Wiley & Sons, Inc.

Schmidt, J. J. (1996). *Counseling in school: Essential services and comprehensive programs* (3rd ed.). Boston: Allen & Bacon.

Schrumpf, F., Freidberg, S., & Skadden, D. (1993). *Life lessons.* Champaign, IL: Research Press.

Schweinhard, L. J., & Weikart, D. P. (1996). *Early childhood developmental programs: A public investment opportunity.* Educational Leadership.

Shertzer, B., & Stone, S. C. (1981). *Fundamentals of guidance* (4th ed.). MA: Houton Mifflin.

Snowman, J., & Biehler, R. (2000). *Psychology applied to teaching.* NY: Houghton Mifflin Company.

Stone, J. R., & McCluskey, K. W. (1993). *Beginning career exploration system.* Circle Pines, MN: American Guidance Service, Inc.

Super, D. E. (1957). *The psychology of careers.* NY: Harper.

Thompson, C. L., & Rudolph, L. B. (2000). *Counseling children* (5th ed.). Belmont, CA: Brooks/Cole.

Thompson, R. (1992). *School counseling renewal: Strategies for the twenty-first century.* Muncie, IN: Accelerated Development, Inc.

Trotter, T. V. (1992). *Walking the talk.* Alexandria, VA: ASCA.

Vernon, A. (1989). *Thinking, feeling, behaving, 7-12.* Champaign, IL: Reseach Press.

Vernon, A. (1989). *Thinking, feeling, behaving, K-6.* Champaign, IL: Reseach Press.

Walz, G. R., & Ellis, T. I. (Eds.) (1992). *Counseling and guidance in the schools.* Washington, DC: National Education Association.

Washington, S. C. (2000). *Principles and applications of assessment in counseling.* Las Vegas, Nevada: Brooks/Cole.

Wilson, N. S. (1986). Developmental versus remedial guidance. *Elementary school guidence and counseling, 20*(3), 208-214.

Wittmer, J., Thompson, D., & Loesch, L. (1997). *Classroom guidance activities: A sourcebook for elementary counselors.* Minneapolis, MN: Educational Media Corporation.

Worzbyt, J. C., & O'Rourke, K. (1989). *Elementary school counseling.* Indiana: Accelerated Development, Inc.

찾아보기

[인명]

[내용]

저자 소개

강진령 (jrkang00@hanmail.net)

미국 인디애나 대학교 상담심리학 석 · 박사
전) 미국 플로리다 대학교 연구교수
미국 일리노이 주립대학교 임상인턴
한국청소년상담원 상담교수
한국교원대학교 학생생활연구소 소장
한국교원대학교 교육과학계열 교수
현) 경희대학교 교육대학원 상담심리전공 교수

주요 저 · 역서

- 간편 정신장애진단통계편람 DSM－IV－TR®(편역, 학지사, 2008)
- 상담심리용어사전(저, 양서원, 2008)
- 집단상담의 실제(저, 학지사, 2005)
- APA 논문작성법(5판, 저, 양서원, 2005)
- 초등학교 저학년을 위한 학교상담 프로그램 I(공저, 학지사, 2004)
- 초등학교 고학년을 위한 학교상담 프로그램 II(공저, 학지사, 2004)
- 학교상담: 21세기의 학생생활지도(저, 양서원, 2002)
- 집단 괴롭힘(공저, 학지사, 2000)
- 성교육학(공저, 교육과학사, 1998)
- 인성교육(공저, 문음사, 1998) 외 다수

주요 논문

- 단회 학생상담 모형 개발 연구(1999) 외 다수

유형근 (yhkcem87@knue.ac.kr)

한국교원대학교 대학원 교육학 석 · 박사
전) 대전성남초등학교, 신탄진초등학교 교사
충북대학교, 호서대학교, 청주대학교, 한남대학교 강사
한국교원대학교 학교생활상담센터 상담원
한국청소년상담원 상담교수
한국교원대학교 사도교육원 상담부장
현) 한국교원대학교 교육과학계열 교수
한국교원대학교 상담사례전공 주임교수

주요 저서

- 초등학교 저학년을 위한 학교상담 프로그램 I(공저, 학지사, 2004)
- 초등학교 고학년을 위한 학교상담 프로그램 II(공저, 학지사, 2004)
- 집단 괴롭힘(공저, 학지사, 2000) 외 다수

주요 논문

- 종합적인 학교상담 체제 구안에 관한 연구(2002) 외 다수

고등학생을 위한
학교상담 프로그램

2009년 7월 13일 1판 1쇄 인쇄
2009년 7월 18일 1판 1쇄 발행

지은이 • 강진령 · 유형근 공저
펴낸이 • 김진환
펴낸곳 • (주) 학지사
121-837 서울특별시 마포구 서교동 352-29 마인드월드빌딩 5층
대표전화 • 02)330-5114 / 팩스 • 02)324-2345
홈페이지 • www.hakjisa.co.kr
등 록 • 제313-2006-000265호

ISBN 978-89-6330-023-8 93180

정가 19,000원